Jean Mabire
Berlin im Todeskampf 1945

Jean Mabire

Berlin im Todeskampf 1945

Französische Freiwillige der Waffen-SS
als letzte Verteidiger der Reichskanzlei

Ins Deutsche übertragen von Dr. Erich Kopp

Die französische Originalausgabe
MOURIR A BERLIN
les SS français derniers défenseurs du bunker d'Adolf Hitler
erschien im Verlag FAYARD, Paris

Genehmigte Lizenzausgabe

Alle Rechte vorbehalten.
Kein Teil des Werkes darf in irgendeiner Form (durch Fotokopie, Mikrofilm oder ein ähnliches Verfahren) ohne die schriftliche Genehmigung des Verlages reproduziert oder unter Verwendung elektronischer Systeme verarbeitet, vervielfältigt oder verbreitet werden.

2 3 4 5   5 4 3 2

INHALT

VORWORT 7

EINLEITUNG 11

DER DURCHBRUCH DES BATAILLONS
FERNET ZUR OSTSEE (5. BIS 10. MÄRZ 1945)
Von Körlin bis Belgard 35
Von Belgard nach Meseritz 43
Von Meseritz an die Ostsee 52
Der Durchbruch von Dievenow 66
Auf dem Marsch zur Insel Wollin . . . 72
Von der Odermündung nach Anklam . . . 77

DIE NEUAUFSTELLUNG DER DIVISION
CHARLEMAGNE
Auf den Straßen Mecklenburgs 83
Sammelpunkt Neustrelitz 87
Die Prüfung 93
Neugruppierung der Division 97
Das Gesetz befiehlt 101
Freiwillige vor! 109
Disziplin ist alles 119
Ein Erlebnis 124

DER DURCHBRUCH NACH BERLIN
Der Befehl aus der Reichskanzlei 131
Von Neustrelitz nach Berlin 139
Der Durchbruch gelingt 149

In der Reichskanzlei 158
Der Auftrag 163
Charlemagne bezieht Stellung 172

DIE KÄMPFE IN NEUKÖLLN AM 26. APRIL 1945
Neukölln-Hasenheide 179
Gefechtsstand Rathaus Neukölln 187
Pausenloser Einsatz 206
Festung Rathaus Neukölln 218
Bis zur letzten Stunde 225
Die russischen Panzer sind am Hermannplatz . 232
SS-Brigadeführer Krukenberg in der Reichskanzlei . 241

DAS NETZ WIRD ENGER
Ein langer Tag 249
Eingeschlossen 255
Rückzug zur Französischen Straße 263
Der letzte Abschnitt 271

VON DER HEDEMANNSTRASSE ZUR REICHSKANZLEI
Einzelkämpfer 283
Der Triumph der Panzerfäuste 291
Trommelfeuer 309
Frontlinie Puttkamerstraße 320
Der letzte Widerstand 333
Im Namen des Führers 343

DAS ENDE
Die letzten Kämpfe 351
Charlemagne gibt nicht auf 361
Das Schicksal erfüllt sich 368
Gefallen für Europa 378

ANHANG 389

VORWORT

*Wanderer, kommst du nach Sparta,
verkündige den dortigen,
du habest uns hier liegen gesehen,
wie das Gesetz es befahl.*

Nichts läßt sich besser auf die Ereignisse, die in diesem Buch geschildert sind, anwenden als die Worte der Grabinschrift, die einst zu Ehren des Opferganges des tapferen Königs Leonidas von Sparta auf dem Thermopylenpaß in Griechenland geschrieben wurden.
Es ist nicht nur der Opfergang der Männer in der Hölle von Berlin in jenen Apriltagen 1945, der dem Leser drastisch vor Augen geführt wird. Was hier vom Schriftsteller anhand des Zeugnisses Überlebender niedergeschrieben wurde, ist ein eindeutiger Beweis dafür, daß die Waffen-SS nicht nur keine verbrecherische Organisation war, wie die Massenmedien aufgrund der Nürnberger Prozesse der Nachkriegsgeneration einzureden versuchen, sondern daß sie schon sehr früh ihren nationalen Rahmen gesprengt hat und gegen Ende des Krieges die wohl größte geschlossene europäische militärische Einheit dieser Art war, die je bestanden hat. Der dabei alle Beteiligten gleichermaßen beherrschende ideologische Gedanke war die Ausschaltung

des Bolschewismus und der Wunsch nach einem einigen, unabhängigen Europa, gleichgültig unter welcher Führerpersönlichkeit.

Was aber vor allem den jungen Leser verwundern wird und nachdenklich stimmen muß, ist die Tatsache, daß zu den treuesten und fanatischsten europäischen Freiwilligen die Männer der französischen Waffen-SS gehörten, zehntausend als Division, ein paar hundert als übriggebliebenes Todeskommando in Berlin. Viele Väter dieser französischen Jugend waren Verdunkämpfer im Ersten Weltkrieg, und mancher Führer und Unterführer der französischen Waffen-SS hat noch 1940 gegen die deutsche Wehrmacht gekämpft. Welche Anziehungskraft muß Adolf Hitler und die europäische Idee des Nationalsozialismus auf sie ausgeübt haben und welche Ausstrahlung muß von der Waffen-SS ausgegangen sein, daß diese französische Jugend aus allen Schichten und politischen Lagern — Adlige, Bürger, Bauern, Arbeiter, Industrielle, Studenten, Berufssoldaten und Geistliche — zu den schwarzen Fahnen mit den Sig-Runen geeilt ist.

Das vorliegende Buch gibt Aufschluß. Es ist den französischen Freiwilligen der Waffen-SS gewidmet, die 1945 als letzte Verteidiger der Reichskanzlei in dieser die Verkörperung des Abendlandes im Abwehrkampf gegen den menschenfeindlichen Bolschewismus sahen und die gleichzeitig entschlossen waren, nach dem Krieg ein völlig geläutertes, von den Schlacken der Vergangenheit befreites Europa mit zu schaffen. Für dieses Denken und Fühlen fanden sie in der Waffen-SS die wahre Heimat.

Nichts kann diese innere und äußere Haltung besser kennzeichnen als die Worte, die der Verfasser den jungen französischen Kommandeur des SS-Sturmbataillons Charlemagne, SS-Hauptsturmführer Fernet, in den ersten Apriltagen 1945 sprechen läßt: „Alle Völker Europas müßten an diesem Krieg gegen den Osten teilnehmen... Was aber auch kommen mag, aus unseren Opfern wird das Europa von morgen geboren werden... Und wenn es ganz schlimm kommt, so wird der Lauf unserer Revolution um eine Generation unterbrochen."

Hatte er recht? Die westlichen Demokraten, die „nützlichen Idioten Lenins", scheinen noch nichts gelernt zu haben. Vorerst wenigstens wachen sie eifrig über einem retuschierten Geschichtsbild, daß ihr Alibi nur nicht angetastet wird. Doch eine neue Generation fängt an stürmisch zu fragen. Sie will wissen, was wirklich war, wer diese Männer waren, die sich so selbstlos opferten, und was für eine Ideologie diesen ersten europäischen Patriotismus entzündet hat.

Treffend schrieb jüngst ein Schweizer Pädagoge: „Das Vergangene kehrt nicht wieder, schon gar nicht in den alten Formen. Aber was darin groß war, edel gedacht und aufrichtig geglaubt, von Liebe und Begeisterung erfüllt und zum letzten Opfer bereit war, das wird ewig leuchten, Ansporn und Kraftquell bleiben — solange es ein europäisches Menschentum geben wird."

Dr. Erich Kopp

EINLEITUNG

Nürnberg 1946. Der sogenannte Internationale Militärgerichtshof erklärt die SS als verbrecherische Organisation. Sozusagen in Bausch und Bogen, ohne Berücksichtigung der Unterschiedlichkeit der verschiedenen Gliederungen, Organisationen, Verbände, Einrichtungen, die alle unter der Führung des Reichsführers-SS und Chefs der Deutschen Polizei, Heinrich Himmler, gestanden hatten. Im Gegensatz zu weiten Teilen des deutschen Volkes, denen die Vielfalt dieser unter dem Begriff SS zusammengefaßten Formationen, mit Ausnahme der schon in den Wehrmachtberichten immer wieder genannten Waffen-SS, unbekannt waren, war für den Internationalen Militärgerichtshof Aufbau und Aufgaben aller dieser Formationen aktenkundig. Insbesondere trifft dies für die Waffen-SS zu, deren rein militärischer Charakter von den Urteilenden ernstlich nicht bestritten werden konnte. Ihr die Bezeichnung „verbrecherische Organisation" zu geben, ist daher eine der Fehlentscheidungen des Nürnberger Tribunals, das kein neues Völkerrecht schuf, wie nach dem Krieg Professoren juristischer Fakultäten eilfertig „lehrten", sondern bestehendes Völkerrecht mißachtete und mißbrauchte.
Es hat viele Jahre gedauert, bis allmählich das wirkliche Bild der Waffen-SS aus der überlagerten Schicht von Verleumdung und Diffamierung hervortreten konnte. Die ersten Bücher deutscherseits behandelten die Geschichte einzelner Regimenter oder Divisionen und erreichten meist

nur die persönlich Interessierten. Ein Gesamtbild der Waffen-SS zu schaffen, war nicht möglich, da einerseits die Archive der ehemaligen Kriegsgegner den Deutschen verschlossen blieben, andererseits „Umerziehung und Entnazifizierung" und der Kampf um die Existenz jede intensive Behandlung des Themas von vornherein lahmlegten.
Es waren vor allem Franzosen, die in den fünfziger Jahren mit der Sammlung von Unterlagen begannen. Unter Ausnutzung der ihnen früh zugänglich gemachten Kriegsgeschichtsquellen der westlichen Alliierten schuf Robert Soulat eine Dokumentation über die Beteiligung von Franzosen am letzten Weltkrieg auf deutscher Seite. Ihr folgten ein aufschlußreiches Schrifttum und Bücher, die das Kapitel Waffen-SS vor allem auch aus europäischer Sicht behandelten. Adolf Hitlers tragende politische Idee, über die Notwendigkeit der Beseitigung der vom Versailler Vertrag von 1919 ausgehenden Mißordnung Europas und der Vernichtung des Bolschewismus als menschenfeindliche Bedrohung des Abendlandes zu einer Neuordnung der europäischen Gemeinschaft zu gelangen, zieht sich wie ein roter Faden durch Publikationen. Zu Beginn des Krieges zählte die Waffen-SS kaum mehr als 40 000 Mann, davon eine große Anzahl Österreicher und Sudetendeutsche, die sich als Freiwillige, nach Eingliederung ihrer Heimatgebiete, gemeldet hatten.
Am 1. April 1940 berief Heinrich Himmler an die Spitze des SS-Hauptamtes den SS-Obergruppenführer Gottlob Berger und gab ihm freie Hand zur Aufstellung von Freiwilligen-Einheiten aus Ländern jenseits der Reichsgrenzen; demzufolge eilten sehr zahlreich Deutsche aus Danzig, Polen, dem Protektorat Böhmen und Mähren, den Balkanstaaten und Ungarn zu den schwarzen Fahnen mit den Silberrunen.
Am Ende des Westfeldzuges stieg die Stärke der Waffen-

SS auf über 100 000 Mann an. Nach der Besetzung Dänemarks, Norwegens, der Niederlande und Luxemburgs meldeten sich erstmals nichtdeutsche Freiwillige in großer Zahl. Ihre Abstammung aus germanischen Ländern ließ Himmler von der Schaffung eines nordisch bestimmten germanischen Reiches träumen. Aus den neuen Regimentern Nordland und Westland und dem alten deutschen Regiment Germania entstand Ende 1940 die Division Wiking.
Mit der Ausweitung des Krieges wurde auch der ideologische Gesichtskreis der Waffen-SS größer. Dies machte sich besonders bemerkbar, als am 22. Juni 1941 der Krieg im Osten begann. Hitler hatte oft genug betont, daß die Befreiung von der bolschewistischen Gefahr eine europäische Aufgabe sei. Diese Ansicht war selbstverständlich auch in der weltanschaulich und politisch geschulten Waffen-SS verankert, deren Flexibilität im politischen und militärischen Bereich in der Folgezeit besonders auffällig hervortrat und das Dynamische und Faszinierende dieses soldatischen Ordens deutlich erkennen ließ. Schon 1940 hatte sich im SS-Hauptamt eine Entwicklung angebahnt, die den Rahmen der bisher noch verhältnismäßig kleinen Waffen-SS sprengte. Der in diesem Amt befindliche Schweizer Arzt und SS-Sturmbannführer Dr. Franz Riedweg setzte sich sowohl bei SS-Obergruppenführer Berger als auch bei Himmler mit der Idee durch, daß die Waffen-SS in ihrer Gesamtstruktur keine rein deutsche Angelegenheit bleiben dürfe und auch keine germanische Sammlung, sondern auf alle Nationen des Abendlandes, ja sogar über dessen Begrenzung hinaus, ausgedehnt werden müsse.
In Sennheim im Elsaß wurde ein Lager geschaffen, in dem SS-Freiwillige aus allen europäischen Ländern neben der harten sportlichen und militärischen Ausbildung auch im Geist der Waffen-SS mit der nationalsozialistischen Weltanschauung vertraut gemacht und für die Aufgaben in ei-

nem neuen Europa, nach dem Krieg, geschult wurden. Daneben wurde in der SS-Junkerschule in Bad Tölz ein europäisches Führerkorps herangebildet, das in jeder Hinsicht eine Auslese darstellte. Am Ende dieses Prozesses — der ja im Krieg unter schwierigsten Umständen verlief — stand eine europäische Armee, in der man zum ersten Mal in der Geschichte eine geschlossene Gemeinschaft kämpfen sah: Deutsche, Franzosen, Schweizer, Flamen, Wallonen, Holländer, Dänen, Norweger, Schweden, Finnen, Italiener, Spanier, Kroaten, Slowenen, Muselmanen, Galizier, Ungarn, Bulgaren, Rumänen, Polen, Ukrainer, Russen, Letten, Esten, Asserbeitschaner, Turkmenen, Kaukasier, Engländer und selbst Hindus, Jugend aus 32 Nationen, über eine Million Freiwillige in 38 Divisionen und zahlreichen Sondereinheiten. So wie in Deutschland durch den Nationalsozialismus der Klassenkampf überwunden worden war, so war mit dieser europäischen Waffen-SS eine Bewegung entstanden, die außerhalb jedes alten Parteienstreits, jedes engstirnigen nationalstaatlichen Denkens, jeder spaltenden Eigensucht im Fegefeuer des unbarmherzigen Ostkrieges die Grundlagen eines neuen, unabhängigen, lebensfrohen Europas vorbereitete. Dies ist der eigentliche Grund, warum die Sieger von 1945 die Waffen-SS besonders verfolgt haben und noch heute verfolgen.

Ein Phänomen besonderer Art, aber durchaus logisch in der Entwicklung, stellte in diesem Zusammenhang der Einsatz der französischen Freiwilligen dar. Frankreich und Deutschland lagen sich einander ein Jahrtausend als Rivalen auf dem Kontinent gegenüber. Geopolitische Überlegungen fehlten. Das politische Testament Richelieus hatte jahrhundertelang das Denken und Handeln der französischen Führungsschicht bestimmt und zu einem fortgesetzten Aderlaß auf beiden Seiten geführt. Der unpopulärste Krieg zwischen beiden Nationen war zweifellos der von 1940. Der

Nationalsozialismus hatte schon in den Vorkriegsjahren eine gewisse Ausstrahlung auf das Nachbarland ausgeübt. Das Erscheinen deutscher Soldaten in Frankreich im Jahr 1940 brachte der französischen Bevölkerung unerwartet einen anderen Menschentyp zu Gesicht, als ihn die Propaganda, auch beeinflußt durch einige deutsche Emigranten, der Öffentlichkeit immer wieder darstellte. Die Front- und Jugendgeneration begann umzudenken.

Am 7. Juli 1941 — einige Wochen nach Beginn der deutschen Offensive in Rußland — riefen die Parteiführer der fünf großen Parteien, die für eine Zusammenarbeit mit Deutschland (Kollaboration) eintraten, die Franzosen auf, sich am Kampf gegen den Bolschewismus zu beteiligen. In wenigen Tagen meldeten sich aus dem besetzten und unbesetzten Frankreich mehr als 13 000 Freiwillige. Am 25. Juli wurde der Entschluß, eine Freiwilligen-Legion aufzustellen, in der Presse veröffentlicht. Am 5. August 1941 wurde „La Légion des Volontaires Français" (LVF) feierlich gegründet. Schirmherr war ein Gremium hervorragender Persönlichkeiten, u. a. Kardinal Baudrillart, Mitglied der Académie Française und Rektor der katholischen Universität in Paris, Domherr Tricot, der Präsident des französischen Presseverbandes Luchaire, der Schriftsteller Alphonse de Châteaubriant und viele andere, Gelehrte, Juristen, Industrielle, Generäle.

Bald begann die Musterung in einer Kaserne in Versailles, 5800 Mann wurden von der deutsch-französischen Kommission für felddiensttauglich befunden. Gesetze regelten den militärischen Status. Die Freiwilligen trugen deutsche Uniformen mit einem blau-weiß-roten Schild am rechten Oberarm. Nach einer harten Ausbildung im Lager Demba in Polen wurde schließlich die Legion als Infanterieregiment 638 der 7. deutschen Infanteriedivision unterstellt. Mit Eintritt des Winters 1941 gelangten die Franzosen in

den Mittelabschnitt. Im Dezember — bei 40 Grad Kälte — kämpften sie an den Ufern des Djukowo-Sees, 60 Kilometer vor Moskau, und zeichneten sich durch ihre Standhaftigkeit und Tapferkeit besonders aus. Infolge starker Verluste durch die ungewöhnliche Kälte wurde Anfang 1942 die Legion abgelöst, im Lager Kruszyna/Polen wieder aufgefrischt und dann bis Sommer 1944 ausschließlich im nicht minder erbitterten Partisanenkampf im Mittelabschnitt eingesetzt. Mit den Orten Mogilew, Orscha, Gomel, Briansk, Tolotschin, Bobr und Borissow sind Ruhmesblätter der Legion verbunden. Hier hatte sie beispiellose Erfolge, so daß sie des öfteren im OKW-Bericht lobend erwähnt wurde. Zu dieser Zeit standen die selbständig operierenden Bataillone unter dem Befehl des französischen Generals Puaud.
Bei der russischen Offensive Juni/Juli 1944 erwähnte der sowjetische Heeresbericht den besonders hartnäckigen Widerstand von „zwei französischen Divisionen", nicht wissend, daß es sich um nur 1000 Mann handelte, die 48 Stunden lang und lediglich von ein paar „Tiger"-Panzern unterstützt, weit überlegene russische Streitkräfte in Stärke von zwei Panzerdivisionen aufhielten.
Die Überlebenden der Legion wurden schließlich nach Greifenberg in Pommern und Salesch im Raum Danzig verlegt. Von dort aus kamen sie ab September 1944, im Rahmen der Aufstellung der SS-Division Charlemagne, auf den Truppenübungsplatz Wildflecken in der Rhön.
Während die Legion im Osten stand, meldeten sich noch Tausende von Freiwilligen zu anderen Formationen.
Im Januar 1942 wurde in Vilvorde, nördlich von Brüssel, eine Einheit des Nationalsozialistischen Kraftfahrkorps (NSKK), Gruppe Luftwaffe, aufgestellt. Neben Holländern, Flamen und Wallonen traten im Sommer 1942 zahlreiche französische Freiwillige dieser Einheit bei. Ihre Auf-

gabe bestand in der Absicherung von Reparaturstandorten und von Transporten hinter der Front. Die NSKK-Kompanien wurden aber nach und nach zu Kampfeinheiten, und so gelangten auch die französischen Freiwilligen zum Einsatz in Italien und Kroatien gegen Partisanen und schließlich in Ungarn gegen die Rote Armee, wo sie teilweise, auch nach Aufstellung der Division Charlemagne, in den örtlichen Kampfeinheiten verblieben.

Bei der Organisation Todt, die Hunderttausende von Fremdarbeitern am Atlantikwall beschäftigte, bestand eine mit der Überwachung dieser Einsatzgruppen beauftragte Einheit, das sogenannte Schutzkommando (SK). Es wurde eine Schule in La Celle-Saint-Cloud eingerichtet, in der ebenfalls Tausende französischer Freiwilliger eine Ausbildung erhielten, um dann teils am Atlantikwall, teils in Deutschland und Norwegen verwendet zu werden. Sie hatten hier vor allem den Verpflegungsnachschub zu den Stützpunkten im hohen Norden abzusichern. Auch aus diesen Reihen stießen 1944 zahlreiche Freiwillige zur Division Charlemagne.

Ein weiteres Tausend französischer Freiwilliger diente als Lkw-Fahrer in der NSKK-Transportgruppe Todt, der NSKK-Transportstandarte Speer, der Technischen Nothilfe (TENO), in der Heimat-Flak in Deutschland oder als Wachtposten bei der Kriegsmarine-Werftpolizei im U-Bootstützpunkt La Pallice.

Einen hohen Blutzoll zahlten die Franzosen in Tunis. Nach dem Waffenstillstand in Frankreich hatte ein Ordnungsdienst, der aus dem französischen Frontkämpferverband gebildet worden war, die „Phalange Africaine" gegründet. Als am 8. November 1942 die alliierten Streitkräfte in Nordafrika landeten, entstand eine gefährliche Bedrohung für das Afrikakorps des Marschalls Rommel. Deutsche Einheiten landeten auf dem Flugplatz El-Aouina. Nach anfänglichen Reibungen und Mißverständnissen wurde schließlich eine französische Kampfeinheit aufgestellt, die der 334. Infanteriedivision unter Generalleutnant Friedrich Weber zugeteilt wurde. In den Kämpfen vom 9. bis 28. April 1943 zeichnete sich diese französische Freiwilligen-Einheit durch ein außergewöhnliches Maß an Tapferkeit aus. Als das deutsche Afrikakorps der feindlichen Übermacht weichen mußte, wurde die französische Einheit am 7. Mai 1943 aufgelöst. In Ermangelung von Schiffen konnten die Männer nicht nach Frankreich gelangen. Der Schutz des Monsignore Gounod, Primas der Katholischen Kirche in Karthago, unter dem die Freiwilligen standen, konnte nicht verhindern, daß anschließend die gaullistische Regierung von Algerien den größten Teil der Freiwilligen erschießen ließ.

Im Februar 1944 begann die deutsche Kriegsmarine, auch französische Freiwillige anzuwerben. In Sennheim, Varel bei Wilhelmshaven, Mannheim und Duisburg wurden von der 28. Schiffsstammabteilung etwa 2000 Franzosen ausgebildet, die später an Bord zahlreicher leichter Einheiten der deutschen Flotte ihren Dienst versahen. Sie hatten Sicherungsaufgaben an der Küste und bei Geleitzügen in der Ostsee zu übernehmen, teilweise aber auch in der Nordsee und im Mittelmeer. Ihr hoher Ausbildungsstand und ihr Können wurde in deutschen Marineberichten des öfteren lobend hervorgehoben. Auch diese Freiwilligen wurden später größtenteils in die Division Charlemagne überführt.

Schließlich standen auch zahlreiche französische Freiwillige in der von Joseph Darnand im Januar 1943 aufgestellten Miliz, die es sich zur Aufgabe gestellt hatte, in Frankreich den unmittelbaren und wirksamen Kampf gegen kommunistische Terroristen und Widerständler zu führen. Mit Beginn der Invasion wurde die Miliz auf den Truppen-

übungsplatz Heuberg verlegt. Zu dieser Zeit zählte sie etwa 5000 Mann. Hiervon meldeten sich etwa 1500 zur Waffen-SS. Die restlichen zwei Drittel gelangten zum Arbeitseinsatz in Deutschland.
Es ist abschließend schwer zu sagen, wie viele Franzosen insgesamt auf deutscher Seite gekämpft haben. Nach vorsichtiger Schätzung dürften es etwa 30 000 Mann gewesen sein, die in den bisher genannten Einheiten standen. Aber weitere 30 000 Mann müssen den zahlreichen anderen Verbänden zugezählt werden, die auf deutscher Seite im Einsatz waren, so unter anderem Polizeieinheiten, Division Brandenburg, Division Großdeutschland, SS-Division Totenkopf, SS-Division Wiking.
Ein ganz besonderes Ereignis war das Erscheinen der ersten französischen Freiwilligen bei den Werbestellen der Waffen-SS in Brüssel und Antwerpen im Frühjahr 1943. Als man in Paris ebenfalls eine Werbestelle einrichtete, meldeten sich in kurzer Zeit über 1500 Freiwillige. Durch Gesetz vom 22. 7. 1943 gab die französische Regierung diesen den gleichen Status wie den Legionären der LVF. Damit hatten die Franzosen das Recht, in die Waffen-SS einzutreten. In der Kaserne in Clignancourt wurden die Bewerber gemustert und dann nach Sennheim im Elsaß geschickt, wo sie die Grundausbildung in sportlicher, militärischer und weltanschaulicher Hinsicht erhielten. Bald traf auch hier eine Anzahl französischer Offiziere ein.
Ende August 1943 wurden von Sennheim etwa 20 Offiziere und Offiziersanwärter auf die SS-Junkerschule nach Bad Tölz und eine weitere Auswahl von Unterführerschülern zum Lehrgang nach Posen-Treskau geschickt. Die Männer beendeten in Sennheim den ersten Lehrgang. Ende März 1944 wurden alle Beteiligten im Lager Neweklau in Böhmen-Mähren zusammengezogen und zur französischen SS-Freiwilligen-Brigade 7 formiert. Diese wurde an-

schließend im Lager Networschitz bei Beneschau unter der Devise „Schweiß spart Blut" einer ungewöhnlich harten Frontvorbereitung unterworfen.
Am 30. Juli 1944 zog das I. Bataillon der SS-Sturmbrigade unter Führung von SS-Hauptsturmführer Bance an die Front nach Galizien. Das Bataillon in Stärke von 1000 Mann bestand aus 3 Kompanien. Die 1. Kompanie wurde von SS-Obersturmführer Noël de Tissot geführt, der 1939/40 Artillerieoffizier und dann Mathematikprofessor gewesen war. SS-Untersturmführer Léon Gaulmier, Geschichtsprofessor und ehemaliger Attaché im Informationsministerium der Regierung Pétain in Vichy, führte die 2. Kompanie. An der Spitze der 3. Kompanie stand SS-Obersturmführer Fernet, ehemals Leutnant in der französischen Kolonialinfanterie, der 1940 verwundet wurde und nach weiterer Dienstzeit in Mauretanien (franz. Nordwestafrika) sich freiwillig zur Waffen-SS gemeldet hatte.
Angehängt an die 18. SS-Division Horst Wessel, begradigten die Franzosen in erbitterten Kämpfen vom 10. bis 15. August einen russischen Einbruch westlich von Sanok. Kurz darauf stellte sich die Sturmbrigade, auf einer Breite von 15 Kilometern verteilt, den wütenden Angriffen zahlen- und materialmäßig weit überlegener sowjetischer Gardeeinheiten entgegen und half in den Kämpfen bis zum 22. August, den russischen Einschließungsring zu sprengen. Die kämpferische Leistung des französischen SS-Bataillons drang bis zum Kommandierenden General des Abschnitts und fand höchste Anerkennung mit der Verleihung von 58 Eisernen Kreuzen. Aber die Verluste waren sehr hoch. Von siebzehn SS-Führern waren sieben gefallen und acht verwundet. Von tausend Männern waren neunzig gefallen, sechshundertsechzig verwundet und vierzig in Gefangenschaft geraten.
Die Reste sammelten sich im Wald von Tarnow. Da er-

reichte sie der Befehl des Reichsführers-SS, sich in den Raum Konitz/Westpreußen in Marsch zu setzen. Im Frühjahr 1944 bestand schon ein allgemeiner Befehl des Oberkommandos der Wehrmacht, der besagte, daß alle in der Wehrmacht dienenden Ausländer zur besseren Organisation grundsätzlich zur Waffen-SS abzustellen seien. Nach dem Attentat auf Hitler am 20. Juli befahl Himmler die beschleunigte Durchführung dieses Befehls. Demzufolge sammelten sich Ende August die Reste der Legion (LVF) und der SS-Sturmbrigade, einschließlich ihres in Reserve liegenden II. Bataillons, in den Lagern Bruss und Schwarnegast, nordöstlich von Konitz. Hinzu stießen die französischen Freiwilligen der Kriegsmarine, die vorher in Greifenberg in Pommern lagen, wo sich auch der Standort der LVF befand.

Am 1. September 1944 fand in der Kaserne der ehemaligen Unteroffizierschule in Greifenberg die feierliche Gründung der neuen französischen SS-Division Charlemagne statt. Anschließend wurden die in Konitz zusammengestellten Einheiten auf den Truppenübungsplatz Wildflecken in der Rhön verlegt. Hier trafen am 5. November 1500 Angehörige der Miliz ein, die zuvor auf dem Truppenübungsplatz Heuberg gelegen hatten. Außerdem meldeten sich täglich noch weitere Freiwillige, die bisher in anderen Einheiten der Wehrmacht oder sonstigen Organisationen ihren Dienst versehen hatten.

Die Zusammenfassung aller dieser Einheiten ergab eine Divisionsstärke von 7000 Mann, deren Kommando der bisherige Chef der Legion, der französische Brigadegeneral und jetzige Oberführer der Waffen-SS Puaud übernahm. Das deutsche Verbindungspersonal wurde von der Inspektion der französischen Freiwilligen-Verbände der Waffen-SS unter Führung von SS-Brigadeführer Dr. Gustav Krukenberg gestellt.

Die Aufstellung einer schlagkräftigen SS-Division, bei so verschiedenartigen Elementen, stellte die deutsche und französische Führung vor beachtliche Probleme. Im ideologischen Bereich bestanden starke Gegensätze zwischen LVF, Miliz und Sturmbrigade, da deren Freiwillige sich mit unterschiedlichen Zielsetzungen verpflichtet hatten. Hinter den abweichenden Meinungen standen zudem noch mehrere, im Programm voneinander abweichende Parteien.
Den Schwerpunkt bildete die Legion (LVF), deren Männer das Privileg besaßen, die ersten im Kampf gegen den Bolschewismus gewesen zu sein. Sie betrachteten sich als eine ausschließlich französische Truppe, da sie von französischen Offizieren nach französischem Militärreglement und unter französischer Fahne geführt wurden und so Frankreich an der russischen Front nach den Weisungen ihres legitimen Staatsoberhaupts, Marschall Pétain, vertraten. Deutschland war ihr Nachbar. In Zeiten gemeinsamer Gefahr mußten sie zusammenhalten und Seite an Seite kämpfen. Im Fall des deutschen Sieges war es Frankreichs Interesse, ein Mitspracherecht zu bekommen. Viele hatten auch einst in der kommunistischen Partei gestanden, ihr aber enttäuscht den Rücken gekehrt. Sie wollten jetzt lieber offen als Soldat in Rußland kämpfen als zu Hause gegen Franzosen, die im Grunde genommen wie sie selbst enttäuscht worden waren. Aber die Liebe der Legionäre zu ihrem entfernten undankbaren Vaterland wurde von ihnen nie geleugnet.
Die Miliz wiederum, die auch nach französischen Regeln geführt wurde und sich ebenfalls auf Pétain und die nationale Revolution berief, warf den Legionären und den SS-Freiwilligen vor, sie hätten die deutsche Uniform angezogen und sich dem dringenden Kampf gegen den kommunistischen Untergrund in Frankreich entzogen. Sie verneinten jedoch keineswegs die Notwendigkeit des Kamp-

fes an der Ostfront, und viele von ihnen waren schon unter den ersten SS-Freiwilligen.
Mit den Angehörigen der französischen Waffen-SS, der SS-Sturmbrigade und vielen sonstigen Freiwilligen, war demgegenüber ein ganz neuer Kämpfertyp entstanden. Er war jung und fanatisch, wobei der größte Teil noch nie in einer anderen Militäreinheit gedient hatte. Wie Brüder, so glich dieser Typ den anderen europäischen Soldaten der Waffen-SS. Im Gegensatz zur LVF und zur Miliz hatte er schon einige französische Besonderheiten verloren, war fast gar kein Franzose mehr und blickte nahezu mit Geringschätzung auf die Haltung und Denkweise der anderen herab. Vaterland? Er glaubte an das Kommende: Europa. Sein Symbol war nicht die Trikolore oder die Hakenkreuzfahne, sondern die schwarze Fahne mit den Sig-Runen. Die Kommandosprache war deutsch, und er sang in deutscher Sprache, was immerhin absonderlich war. Aber eine europäische Armee bedurfte eben einer gemeinsamen Sprache.
Auch auf dem religiösen Sektor waren deutliche Unterschiede zu erkennen. Die Angehörigen der LVF und der Miliz waren traditionsgemäß gläubige Katholiken. Ihr Feldgeistlicher war für sie selbstverständlich. Die SS-Freiwilligen distanzierten sich von der bestehenden konfessionellen Denkweise, die sie von politischer Zweckmäßigkeit überlagert betrachteten. Für sie war die naturgewollte Gottgläubigkeit eins mit dem Gedanken an das Ziel, das ihnen vorschwebte: über die Vernichtung des seelenlosen Bolschewismus zum neuen, freien Europa der erbgesunden Völker zu gelangen.
In diesem Spannungsfeld gelang es zwei Persönlichkeiten, in der kurzen Zeit der Ausbildung auf dem Truppenübungsplatz Wildflecken von Oktober 1944 bis Mitte Februar 1945 die Gegensätze auszuräumen und ein gemein-

sames Gefüge zu schaffen. Die eine war SS-Brigadeführer Krukenberg, die andere der bisherige Feldgeistliche der LVF, Monseigneur Comte Jean de Mayol de Lupé. Krukenberg war als ehemaliger Berufsoffizier in der kaiserlichen Armee in erster Linie von militärischem Denken erfüllt. Da er im Zivilberuf von 1926 bis 1931 in Paris gelebt hatte, sprach er nicht nur fließend französisch, sondern kannte auch die Mentalität der Franzosen. Er ließ die Freiwilligen, vor allem die der LVF, die Niederlage von 1940 vergessen und appellierte an ihre soldatischen Tugenden, die sich in Jahrhunderten bewährt hatten. Den Trikoloreschild am Ärmel legte er ihnen als traditionelle Verpflichtung auf, den Kampf gegen den Bolschewismus als europäische Aufgabe.

Monseigneur war eine der interessantesten Erscheinungen im Gesamtgeschehen. Aus altem Adelsgeschlecht stammend, wurde er am 21. Januar 1873 in Paris geboren. Sein Vater, Vicomte Henri de Lupé, stand noch im Dienst des Königs von Neapel, seine Mutter, eine geborene Elisabeth de Caracido-Girifalco, entstammte dem neapolitanischen Adel. Von ihr hatte „Monseigneur" die ihm eigene fröhlich listige Art geerbt, mit der er oft Probleme meisterte. Nach der Ausbildung in einer Benediktiner-Abtei wurde er Priester. Schon im Krieg 1914/18 war er Feldgeistlicher, unter anderem an der Front von Verdun. Nach dem Krieg diente er als Geistlicher in militärischen Einheiten in Bessarabien, Bulgarien, Marokko und Syrien, wo er Ritter der Ehrenlegion wurde. 1927 schied er aus dem aktiven Dienst aus und wurde Erzieher der Kinder der königlichen Familie in Italien. Er war ein enger Freund von Papst Pius XII. und des Präsidenten Caillaux und der Vertraute des Marschalls Lyautey. Nach 1933 weilte er des öfteren in Deutschland. Beim Reichsparteitag 1938 lernte er den späteren Botschafter Abetz kennen. Trotz seines Alters wurde er nach der

Gründung der LVF deren Feldgeistlicher. Mit ihr ging er an die Front, denn für ihn war der Bolschewismus der Antichrist. 1943 erhielt er das Eiserne Kreuz, das er mit anderen Auszeichnungen genauso trug wie auf der Brust sein pastorales Kreuz.

Nunmehr stand er in Wildflecken den Gewissensnöten der Freiwilligen der LVF und der Miliz gegenüber, die einerseits vor der „heidnischen" Waffen-SS und deren ideologischen Einstellung zurückschreckten, andererseits von Sorgen über das Schicksal ihrer dem neuen gaullistischen Regime im „befreiten" Frankreich ausgelieferten Angehörigen erfüllt waren, von denen kaum noch Nachrichten durchdrangen. Dazu sah die Lage an der Front alles andere als rosig aus, und der deutsche Sieg wurde schon mehr als zweifelhaft.

Monseigneur verstand es mit dem Einsatz seiner ganzen Persönlichkeit, das Gewissen seiner Gläubigen zu besänftigen, die Unruhigen wieder mutig zu machen, die Gesamtmoral zu heben und sogar den Männern der Waffen-SS zu predigen: „Im Kampf gegen den Bolschewismus seid ihr die Elite der Christenheit." Krukenberg bekannte selbst später, daß er in Comte de Mayol de Lupé eine wirklich überzeugende Hilfe gehabt hatte.

Doch die eigentliche Verschmelzung aller Unterschiede in der Charlemagne fand erst 1945 an der Front statt. Dorthin zu gelangen war augenblicklich der einzige gemeinsame Wunsch aller ehemaligen Angehörigen der LVF, der Miliz und der Waffen-SS

Monseigneur de Mayol de Lupé blieb nach Abzug der Division in Wildflecken zurück, da er erkrankt war. Er wurde später von den Amerikanern an die Franzosen ausgeliefert und im Mai 1947 vor Gericht gestellt, unter der Anklage, Kollaborateur gewesen zu sein, den Nationalsozialismus gerechtfertigt und feindliche Uniform und Ehrenzeichen getragen zu haben. Er wurde deshalb zu fünfzehn Jahren Kerker (!) verurteilt. Im Mai 1951 wurde er krankheitshalber „bedingt begnadigt". Im Alter von 83 Jahren starb er im Jahr 1956. Ein solcher Mann von Format müßte die heutige, so armselige Klerisei zum Nachdenken zwingen.

In Wildflecken wurde die Ausbildung in einer vom harten Winter 1944/45 geprägten Landschaft und unter den Nöten des sechsten Kriegsjahres mit allen Kräften vorangetrieben. Noch Anfang Dezember 1944 wurden Spezialisten aus den Reihen der Führer und Unterführer auf Kurzlehrgänge geschickt, ebenso Führer- und Unterführeranwärter. Täglich kamen neue Freiwillige in Wildflecken an.

Aus der Wach- und Ausbildungskompanie formte der deutsche SS-Obersturmführer Weber, der mit seinen 23 Jahren seit dem ersten Tag an der Front war, eine Elitekompanie, die, ganz auf Nahkampf eingestellt, für die Division ein Muster an Leistung wurde. Unter seiner Devise, daß der Dienst 24 Stunden dauert, übte er Alarmzustände unter schwersten Bedingungen, was ihm den Spitznamen „Zyklon" einbrachte.

Ende 1944 standen zwei Regimenter zu je zwei Bataillonen und den Zusatzeinheiten der Division-Aufklärung, Pioniere, Panzerjäger- und Artillerieabteilung, Nachrichten-, Sanitäts- und Veterinärstaffel, Werkstattzug und andere. Die Führer der Einheiten bis zum letzten Kompanieführer waren alle bewährte Kämpfer, und die Männer brannten darauf, zum Einsatz zu gelangen. Es fehlte jedoch noch vieles. Die Ausrüstung und Bekleidung war mehr als mangelhaft. Stiefel fehlten und Handschuhe. Viele Männer hatten noch nicht einmal einen Stahlhelm. Vor allem fehlten die schweren Waffen, Geschütze und Panzer. Und der Hunger peinigte die Freiwilligen zu jeder Stunde.

Mitte Januar 1945 standen die Sowjets in Ostpreußen und vor Breslau.
Am 25. Januar 1945 waren Thorn und Posen eingeschlossen, die Weichselfront aufgerissen. Von nun an tobte der Krieg auf deutschem Boden. Aber die Moral der französischen Freiwilligen war nicht zu erschüttern. Die Maueranschläge an den von Bombenangriffen heimgesuchten deutschen Städten: „Wir kapitulieren nicht!" fanden Eingang in ihren ständigen Sprachgebrauch.
Mitte Februar 1945 betrachtete der Inspekteur der französischen Freiwilligenverbände, SS-Brigadeführer Krukenberg, die Ausbildung als abgeschlossen. Das SS-Hauptamt gab der Division die Bezeichnung: 33. Waffen-Grenadier-Division der SS „Charlemagne" (französische Nr. 1). Noch fehlten die abkommandierten Lehrgangsteilnehmer und die einzige voll einsatzfähige Einheit der Division, die Flak-Kompanie. Sie war im Luftabwehreinsatz in Fulda, als am 17. Februar der erste Transport der Division in Wildflecken verladen wurde.
An der Ostfront überstürzten sich die Ereignisse. Himmler hatte den Oberbefehl über die Heeresgruppe Weichsel an Generaloberst Heinrici abgegeben. Die Frontlage war Mitte Februar wie folgt:
Die 9. Armee hielt die Front von der Elbe südlich Küstrin bis Stettin. Ihr standen vier sowjetische Armeen gegenüber.
Die 11. Armee (Steiner, später Generaloberst Rauß) hielt Pommern von der Odermündung bis Kolberg. Ihr standen drei sowjetische Armeen gegenüber.
Die 2. Armee (Generaloberst Weiß, später General von Saucken) hielt den Osten Pommerns und den Danziger Raum bis Marienburg. Ihr unterstanden
   die Truppen des Standorts Stettin,
   das XXXIX. Panzerkorps,

das III. SS-Panzerkorps mit den Divisionen Nordland und Nederland,
das X. Korps,
das Korps des Generals von Tettau,
die Brigade Munzel
und zwei Tage die Division Charlemagne.

Die sowjetische Heeresgruppe des Marschalls Rokossowski setzte zum Stoß an in Richtung Ostsee, von Danzig bis Kolberg, die des Marschalls Schukow in Richtung Oder mit Gabel Kolberg bis Neustettin. Eine Gegenoffensive, eingeleitet durch den Generalstabschef des Heeres, Generaloberst Guderian, von Süden her gegen die Flanke der Heeresgruppe Schukow mißlang. Nach drei Tagen erbitterter Kämpfe, besonders im Abschnitt Stargard, brach der Angriff zusammen. Ein Teil der Panzertruppen wurde in aller Eile an die bedrohte Front von Küstrin geworfen.
In dieser Lage traf am 22. Februar 1945 um 02.00 Uhr, nach fünftägiger Fahrt, der erste Transport des Regiments 57 unter SS-Hauptsturmführer de Bourmont am Bahnhof in Hammerstein ein. Schon unterwegs, im Bahnhof von Gollnow, nordostwärts Stettin, gab es durch einen russischen Fliegerangriff die ersten Toten und Verwundeten. Bald darauf trafen weitere Einheiten ein. In Hammerstein sollte die Division Charlemagne schwere Waffen empfangen, die jedoch nicht ankamen.
Der deutsche strategische Plan (XVIII. Gebirgsjägerkorps unter General Hochbaum) sah eine Verteidigungslinie südlich Hammerstein bis Konitz, etwa vierzig Kilometer ostwärts von Landeck vor. Hierzu sollte das I. Btl./57 (Fernet) in Heinrichswalde, das II. Btl./57 (Obitz) in Barkenfelde eingesetzt werden, mit Regimentsgefechtsstand in Bärenwalde. Aber Heinrichswalde war schon von den Russen besetzt und Barkenfelde gleich darauf auch.

Fernet hatte vor seinem Bataillon I./57 zehn sowjetische Divisionen und zwei Panzerkorps und Obitz fünfzehn Divisionen und drei Panzerkorps, die zum Sturm auf die Ostsee ansetzten. Das Regiment 57 stieß nach Norden und Westen mitten in die gewaltige russische Offensive. Die Franzosen besaßen keinerlei Panzerabwehrwaffen, um der Flut der T 34 begegnen zu können. Sie setzten sich zunächst an der Bahnlinie Bärenwalde—Hammerstein fest. Indessen trafen weitere Einheiten der Division Charlemagne in Hammerstein ein. Von diesen stieß das I. Btl./58 unter SS-Hauptsturmführer Monneuse zum Bataillon Obitz.

Die Sowjets griffen pausenlos die nur mit Infanteriewaffen ausgerüsteten Franzosen an. Bald gab es keine Verbindung mehr unter den Einheiten, die sich standhaft gegen die rote Flut von Menschen und Panzern zu wehren versuchten. Am Morgen des 25. Februar waren es nur noch auf sich selbst gestellte Kampfgruppen von höchstens zehn Mann, die gegen die überall auftauchenden Russen kämpften.

SS-Brigadeführer Krukenberg hatte seinen Gefechtsstand nordwestlich von Bärenwalde, in Elsenau. SS-Oberführer Puaud begab sich zu seinen Männern in Bärenhütte. Es wurde ihm klar, daß sie mit zwei oder drei Bataillonen machtlos waren. Zwar kam im Eilmarsch ein neues Bataillon unter SS-Hauptsturmführer Berret hinzu und endlich auch eine Pak-Abteilung und etliche Geschütze. Doch die sowjetischen Panzer durchbrachen schon bald die schwache Verteidigungslinie und drangen bis Elsenau vor. Trotz der Vernichtung mehrerer Panzer erzwangen die Russen auch den Durchbruch bei den in Bärenhütte eingeigelten Kompanien und schlossen so den Ring um dreitausend Mann der Division samt ihrem Kommandeur. Mit Todesverachtung wehrten sich die Männer der Charlemagne gegen die

Vernichtung. Der 26. Februar 1945 entwickelte sich zur Katastrophe.
Vor Elsenau wurden die sowjetischen Panzer zum Stehen gebracht. Die Ehrenkompanie Weber vernichtete allein achtzehn Panzer, darunter einen großen vom Typ „Stalin". Ein Wald von Stahl und Menschen war in Bewegung. Um jeden Meter Boden wurde gerungen. Der Friedhof von Elsenau wurde zu einem Nahkampf-Schlachtfeld.
Dann brach die Nacht herein. In ihrem Schutz entgingen die Überlebenden mit dem SS-Brigadeführer Krukenberg der Vernichtung. Die Männer in Bärenhütte mit SS-Oberführer Puaud konnten sich ebenfalls absetzen, da sich die Sowjets bei ihrem raschen Vorstoß zur Ostee nicht mehr um diese „Handvoll" Franzosen kümmerten. Diese gingen auf Hammerstein zurück und stießen auf das Bataillon Fernet, das der russischen Einschließung entgangen war. Von hier aus setzten sie sich befehlsgemäß nach Neustettin ab.
Noch in der gleichen Nacht wurde Hammerstein von den Sowjets besetzt.
Dieser erste Großkampftag in Pommern hatte der Division Charlemagne schwerste Verluste zugefügt. Von fünftausend Mann waren fünfhundert gefallen, tausend galten als vermißt, unzählige wurden verwundet. Die Männer waren am Ende ihrer Kraft und von der ersten Begegnung mit der Roten Armee schockiert. Aber sie waren auch stolz auf ihren Erfolg. Mehr als fünfzig Feindpanzer wurden vernichtet und der russischen Infanterie schwere Verluste beigebracht.
Als die dreitausend Überlebenden in Neustettin ankamen, war eben neuer Nachschub eingetroffen, einige hundert Mann unter Führung von SS-Obersturmführer Bassompierre, dazu endlich die Flak-Abteilung mit SS-Untersturmführer Fayard.

Am 28. Februar zog das Gros der Division in Richtung Belgard ab. Dreihundert Mann deckten den Rückzug. In vierundzwanzig Stunden mußte die Charlemagne auf vereister Straße in bitterster Kälte fast achtzig Kilometer zurücklegen. In Belgard sollte eine neue Widerstandslinie gebildet werden. Dort war inzwischen das Stammbataillon mit SS-Standartenführer Zimmermann eingetroffen sowie SS-Brigadeführer Krukenberg, dem es gelungen war, zwischen den russischen Panzern und der feindlichen Infanterie durchzukommen.

Die Division wurde umgruppiert. Am 2. März stand unter dem Befehl von SS-Hauptsturmführer de Bourmont ein Reserveregiment und unter SS-Sturmbannführer Raybaud ein Marschregiment mit den Bataillonen Fernet und Bassompierre, jedes sechshundert Mann stark, bewaffnet mit schweren Maschinengewehren, Granatwerfern und zwei 7,5-cm-Geschützen.

In der Nacht vom 3. zum 4. März sollten in Körlin feste Stellungen bezogen werden. Schon auf dem Marsch dorthin wurden Einheiten abgeschnitten. Sie trafen mit deutschen Soldaten und holländischer Waffen-SS zusammen, die dem übermächtigen Sturm der Sowjets zur Ostsee nur hinhaltend kämpfend begegnen konnten. Den eingehenden Meldungen war zu entnehmen, daß die Sowjets bereits Stolzenberg und Groß-Jestin besetzt hielten, Orte, die westlich von Körlin lagen. Eine sowjetische motorisierte Kolonne stieß von Westen her auf Körlin vor. Der russische Angriff geschah im Zusammenwirken mit Kräften, die von Köslin im Nordosten und von Bad Polzin im Südosten auf Belgard vordrangen.

Am 4. März, morgens um 05.00 Uhr, hatten die Sowjets den Stadtbezirk Kolberg von Südwesten her erreicht. Die Einschließung der um Körlin kämpfenden Einheiten war praktisch vollzogen. Die Division unterstand zu dieser

Zeit dem Oberkommando des Generals Munzel, der den Abschnitt Kolberg—Belgard—Köslin befehligte, mit Anschluß an das Korps des Generals von Tettau.
Mittags griffen die Sowjets Körlin von Südwesten an. Die Division Charlemagne erhielt vom Reichsführer-SS den Befehl, Körlin um jeden Preis zu halten, da es zum Mittelpunkt der Rückzugsbewegung der deutschen Truppen aus dem ganzen Raum geworden war. Erbittert kämpften die französischen SS-Männer gegen die sowjetische Übermacht und hielten die Stellung trotz schwerster Verluste. Am Abend des 4. März erhielt Krukenberg vom Stab der deutschen Heeresgruppe den Befehl, sich mit seiner Division abzusetzen, um damit der völligen Vernichtung zu entgehen.
Die Rückzugswege nach Westen und Nordwesten waren versperrt. So mußte man den Durchbruch nach Belgard wagen, obwohl auch dieser Ort bereits eingekesselt war.
Ab 23.00 Uhr räumte die Division Charlemagne abschnittsweise den Verteidigungsraum Körlin. Die Vorausabteilung mit Krukenberg, Jauss und Fernet gelangte bis vor Belgard, passierte den Friedhof und umging die brennende Stadt, in der sich schreckliche Kämpfe abspielten. Sie marschierten nachts ohne Aufenthalt weiter und verbargen sich tagsüber im Wald. Südlich von Belgard bogen sie in Richtung Westen ab, der Oder zu, die als Marschziel angegeben war. Das Gros der Division, mit dreitausend Mann unter dem Befehl von SS-Oberführer Puaud, hatte von Krukenberg Weisung, unmittelbar zu folgen. Aber Puaud zögerte. Er sollte ursprünglich mit dem Stab und dem I. Marschbataillon Fernet marschieren, wollte aber beim Reserveregiment de Bourmont bleiben, in welchem sich die meisten seiner alten Legionäre befanden. SS-Hauptsturmführer Bassompierre sollte sich mit seinem II. Marschbataillon am Schluß absetzen.

Die Absetzbewegung dieses Regiments vollzog sich verspätet und sehr schleppend in völliger Unordnung. Entgegen dem Befehl Krukenbergs, die Bewegungen in aller Stille und eiligst zu vollziehen und außer Waffen und Munition alles übrige Gepäck zurückzulassen, führten sie auf pferdebespannten Fahrzeugen die ganze Verwaltung mit sich, dazu Stacheldrahtrollen, Bekleidung, Wäsche, Waffen ohne Munition und sonstiges entbehrliches Gerät. Die Männer waren müde und hatten den Mut verloren, obwohl sich Puaud Mühe gab, sie aufzumuntern. Kurz vor Belgard versperrten die Sowjets den Weg. In völliger Verwirrung machten sie kehrt in Richtung Körlin und überqueren die Persante flußabwärts von Belgard. Sie schlugen dann wieder einen weiten Bogen und befanden sich am Morgen des 5. März außerhalb der Wälder in der Nähe von Zarnefanz, südostwärts von Belgard. Hier gerieten sie in heftiges Artilleriefeuer, konnten sich aber im Schutz eines dichten Nebels zerstreuen. Arglos verließen sie sich weiterhin auf diesen Nebel. Gegen 08.00 Uhr morgens löste sich dieser jedoch plötzlich auf, und sie sahen sich auf einer offenen Ebene. Sofort wurden sie von den Sowjets entdeckt und von Panzern, Granatwerfern und Maschinengewehren unter ein mörderisches Feuer genommen. In einer wahren Vernichtungsorgie wurde das Gros niedergemetzelt. SS-Hauptsturmführer de Bourmont fiel als einer der ersten. SS-Oberführer Puaud wurde verwundet. Ein Motorradfahrer wollte ihn in Sicherheit bringen. Unterwegs wurde er erneut schwer getroffen. Man brachte ihn in ein Dorf, das noch von Deutschen besetzt war. Bald darauf kamen aber russische Panzer. Man hat nie wieder etwas von ihm gehört.
Während dieses Drama abrollte, vollzog sich die völlige Einschließung Körlins. Noch am Nachmittag des 5. März stand das II. Marschbataillon unter SS-Hauptsturmführer

Bassompierre im Kampf. Hauptscharführer Walter, schon mit 23 Jahren Kompanieführer, der seit Winter 1942 im Osten an der Front stand, hatte an der Spitze der Mutigsten die Sowjets immer wieder angegriffen. In der Nacht vom 5./6. März beschloß Bassompierre mit seinen Einheitsführern den Ausbruch. Kaum hatten sie Körlin verlassen, stießen sie auf heftigsten Widerstand. Trotz pausenlosem Einsatz, vor allem der alten bewährten Unterführer der LVF, gelang es ihnen nicht, den sowjetischen Ring zu durchstoßen. In kleine Gruppen aufgelöst, kämpften sie noch tagelang, manche noch wochenlang, hinter den russischen Linien, oft unterstützt von Zivilisten oder zusammen mit versprengten deutschen Soldaten. In Hütten und Höhlen im Wald versteckt, warteten sie auf eine Wende. Vielen erfroren Hände und Füße. Manche begingen Selbstmord oder verschwanden für immer. Nur wenige entkamen dem grausamen Schicksal. SS-Hauptsturmführer Bassompierre wurde am 17. März von den Sowjets gefangengenommen und später an die gaullistische Regierung ausgeliefert. Am 28. April 1948 hat man ihn wegen seiner Tätigkeit in der Miliz erschossen.
Die SS-Division Charlemagne hatte gekämpft und gelitten, tapfer und getreu ihrem Eid. Es waren nicht viele übriggeblieben, aber Charlemagne war nicht tot. In Danzig und Kolberg waren immer noch französische SS-Männer am Feind. Und auf den Straßen nach Westen marschierte das ungeschlagene Bataillon des SS-Obersturmführers Fernet, der seine Männer aus der Umklammerung von Körlin herausgeführt hatte.

DER DURCHBRUCH DES BATAILLONS FERNET ZUR OSTSEE
(5. BIS 10. MÄRZ 1945)

Von Körlin bis Belgard

Pommern 1945. Auf dem Bahnhof Hammerstein werden Eisenbahntransporte mit Angehörigen der französischen SS-Division Charlemagne entladen, die ab 21. Februar in getrennten Einheiten in Bataillonsstärke oder auch nur in Stärke einer Kompanie in die Schlacht geworfen werden. Unversehens befinden sie sich im Angelpunkt der beiden sowjetischen Armeen, die auf die Oder und die Ostsee vorstoßen. Ohne Flieger- und Artillerieunterstützung, ohne Panzer, ohne Beistand und Verbindung zu den Nachbardivisionen empfangen sie die Feuertaufe und erleiden seitdem unaufhörlich schwere Verluste. Dennoch gelingt es ihnen, in Bärenwalde und Elsenau die Wogen der Roten Armee mehrere Stunden aufzuhalten.
In Neustettin verteidigt ein improvisiertes Marschbataillon die Stadt bis zum äußersten, während das Gros der Division seinen langen Marsch in den Raum Belgard und Körlin fortsetzt.
SS-Brigadeführer Krukenberg, der bisherige Inspekteur der Division, hat das Kommando übernommen, und es gelingt ihm, ein Marsch- und Reserveregiment, zwei ganze Bataillone mit je 500 Mann, aufzustellen.

Am Abend des 4. März erhält die Division Charlemagne nach hinhaltenden Kämpfen von der Heeresgruppe Weichsel, die der Reichsführer-SS Heinrich Himmler persönlich führt, den Befehl, das nicht weit von der Oder entfernt liegende Greifenberg zu erreichen.
Nur einer in Pommern im Einsatz befindlichen französischen Einheit gelingt es, vollständig und in geschlossener Ordnung der Falle von Körlin zu entkommen. Fünfhundert Männer von fünftausend, die in die Abwehrschlacht geworfen worden sind ...
Bei dieser Niederlage, die oft einer Flucht glich, haben einige hundert Kämpfer, meist ehemalige Angehörige der SS-Sturmbrigade Frankreich, das Unmögliche versucht und auch erreicht.

*

In der Nacht vom 4. zum 5. März 1945 gelangt das Marschbataillon des SS-Obersturmführers Fernet, bei dem sich auch der SS-Brigadeführer Krukenberg befindet, in den Raum östlich Belgard, wo noch hart gekämpft wird. Ohne Aufenthalt ziehen die französischen SS-Männer auf der Marschroute von Nordwesten nach Südosten weiter, lassen das Dorf Denzin hinter sich und marschieren auf den kleinen Flecken Boissin zu, der auf der anderen Seite des Flusses Persante an einer Straßenkreuzung liegt.
Der deutsche SS-Haupsturmführer Jauss, der mit seinem Kameraden Fernet an der Spitze marschiert, verständigt den SS-Brigadeführer Krukenberg.
„Wir müssen vermeiden, jetzt auf Standemin zuzugehen. Diesen Ort haben die Russen schon besetzt. Es bleibt uns nur noch der Weg entlang der Persante."
„Wir müssen uns beeilen, bevor es Tag wird."

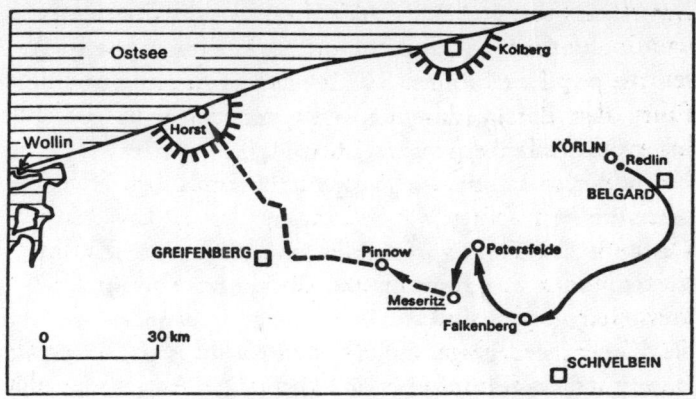

Der Durchbruch des Bataillons Fernet zur Ostsee (5. – 10. März)

→ Marschweg des Bataillons Fernet
--→ Marschweg des Korps Munzel, dem sich das französische Bataillon angeschlossen hat.
ᴜᴜᴜᴜ „Säcke" des deutschen Widerstands

Anmerkung: Am 8. März war das ganze obige Gebiet von der Roten Armee besetzt. Nur die sogenannten „Säcke" von Kolberg, Horst und Wollin leisteten Widerstand. Die Korpsgruppe des Generals von Tettau versuchte Horst zu erreichen.

Ein dicker Nebel läßt in eisiger, milchiger Sicht die Krümmungen des großen Wasserlaufs, der als Marschrichtung dient, gerade noch erkennen. Das Bataillon Fernet marschiert und läßt Boisson hinter sich.

Kurz vor Tagesanbruch entschließt sich der Divisionskommandeur der Charlemagne, die Straßen zu verlassen und Deckung zu suchen.

„Alles in den Wald!" befiehlt Krukenberg.

Rasch sind die Männer im Schutze der Bäume, wo sie, nachdem Sicherungsposten aufgestellt sind, nach dem Kampftag und dem Nachtmarsch vor Müdigkeit erschöpft hinsinken. Sie werden vom Schlaf buchstäblich übermannt. Aber sie dürfen nicht schlafen. Es ist zu kalt. In großen Flocken

wirbelt der Schnee. Der Wind hört nicht auf zu pfeifen und dringt durch die Uniformen der französischen SS-Männer. Ihre Zähne klappern, sie stampfen die Erde und puffen sich gegenseitig, um sich etwas zu erwärmen. Das Bataillon scheint durch die Kälte plötzlich erstarrt zu sein. Eisige Wolken bilden sich vor Mund und Nase der atmenden Männer.
Bald wird es Tag. Es ist unmöglich, weiterhin die Straßen zu benutzen, die sich von nun an unter der Kontrolle sowjetischer Truppen befinden. Der Marsch geht quer durch die Wälder. Aber zuvor muß man im Schutze der Deckung noch einige Stunden ausruhen.
SS-Obersturmführer Fernet, der das Bataillon führt, ist erst 25 Jahre alt. Aber er wurde schon zweimal verwundet. Im Jahre 1940 im Einsatz gegen die Deutschen und 1944 im Kampf gegen die Sowjets. Im Sommer 1943 hat er sich freiwillig zur Waffen-SS gemeldet. Nach seinem Abgang von der SS-Junkerschule in Bad Tölz führte er eine Kompanie der SS-Sturmbrigade 7. Er zog mit ihr an die Karpatenfront mit einer Kraft und Energie, die ihn zu einem der besten Offiziere der Division Charlemagne werden ließen, in einem bis zum Fanatismus ausgeprägten Bewußtsein seiner Qualität als „politischer Soldat".
Im Morgengrauen dieses tragischen 5. März 1945 kann Fernet mit der Disziplin seiner Männer zufrieden sein. Seine Befehle sind bei diesem Nachtmarsch peinlichst befolgt worden. Daher haben sie den Wald südlich Belgard auch erreichen können. Seine Männer sind in aller Stille wie Gespenster auf den verschneiten Wegen dahingezogen.
Während der Pause wird keine Zigarette angezündet, und die Vorgesetzten geben selbst ihre Befehle mit gedämpfter Stimme. Es wird abgezählt, die Einheiten werden neu gruppiert, und die Männer müssen alles, was zu entbehren

ist, wegwerfen. Noch einmal werden sie um einiges leichter und behalten nur ihre Waffen, Munition und Verpflegung.
Mit dem Morgengrauen steigt eine schreckliche Kälte auf. Die Bäume sind voll Schnee, manchmal schüttelt ein Windstoß die Äste. Die französischen SS-Männer, die darunter in Deckung marschieren, erhalten eisige Duschen. Auch Fernet schüttelt sich, wischt sorgfältig die Gläser seiner dünnen Stahlbrille und stellt den Kragen seines wasserdichten Mantels hoch. Tropfen laufen ihm am Hals hinunter.
„Wir müssen Spähtrupps vorausschicken", sagt er zu seinem Adjutanten Labourdette, der ihm seit Redlin nicht einen Meter von der Seite gewichen ist.
Schnell und leise haben kleine Gruppen Pfade und Deckungsmöglichkeiten im Wald ausgemacht. Die Russen haben alle Straßen und Dörfer besetzt. Noch scheint es aber möglich, ihnen zu entkommen. Einige Bauern geben über die von der Roten Armee besetzten Örtlichkeiten Auskunft.
Eingehüllt in seinen langen grauen Ledermantel betrachtet der SS-Brigadeführer eingehend die Karte und sucht den brauchbarsten Weg nach Greifenberg in diesem Land, das jetzt der Gegner besetzt hat. Plötzlich wendet er sich an seinen Stellvertreter, SS-Standartenführer Zimmermann: „Rufen Sie Jauss und Fernet!"
Schnell eilen der Deutsche und der Franzose herbei. Krukenberg mustert sie mit zugekniffenen Augen. Er wünscht, daß seine Männer in jeder Lage eine tadellose Haltung bewahren. Fernet und Jauss zeigen sich hier ebenso korrekt wie auf dem Übungsgelände in Wildflecken. In Estland hat der eine, in Galizien der andere bewiesen, daß sie auch die schwierigsten Lagen in Ruhe zu meistern verstehen.
„Die Bauern versichern uns", sagt Krukenberg, „daß die

großen Verkehrsstraßen und sogar die Forstwege von russischen Reiterspähtrupps ständig kontrolliert werden. Der Feind hält den Straßenknotenpunkt von Standemin besetzt und versperrt uns den Weg nach Westen."
Nachdem der Kommandeur die Lage anhand der Karte erklärt hat, fährt er fort: „Nachts haben wir die größte Chance durchzukommen. Am Tag müssen wir im Wald Deckung suchen."
„Das ist sicher richtig, Brigadeführer", erwidert Fernet, „vorausgesetzt, daß wir nicht den ganzen Tag in dieser Kälte auf einem Fleck verharren. Die Männer können dann nicht mehr weiter."
Versteckt unter den noch teilweise mit Schnee bedeckten Bäumen, scheinen sich die französischen SS-Männer in der Landschaft aufzulösen. Wenn sie so bis zum Abend unbeweglich liegenbleiben, wird der größte Teil von ihnen erfrorene Gliedmaßen haben.
„Und dann...", fügt Fernet hinzu.
„Und dann, was dann?" schneidet Krukenberg die Worte ab und runzelt die Augenbrauen.
„Ich meine, Brigadeführer, daß wir keine Zeit zu verlieren haben, wenn wir die deutschen Linien erreichen wollen. Wir müssen die Verwirrung ausnutzen, die dem russischen Vormarsch folgt. Von jetzt ab arbeitet die Zeit gegen uns."
„Ich glaube, Sie haben recht", sagt Krukenberg abschließend. Mit einer Handbewegung deutet er das Ende der kurzen Stabsbesprechung an.
Es ist jetzt völliger Tag, aber neblig. Als der Nebel sich auflöst, müssen die am Waldrand versteckten französischen SS-Männer des Bataillons Fernet der Niedermetzelung ihrer Kameraden vom Reserveregiment der Division Charlemagne zusehen, ohne daß sie diesen helfen können.
In die offene Ebene von Belgard zurückzugehen war sehr unvorsichtig.

Um den Sowjets zu entkommen, setzt das Bataillon Fernet am 5. März 1945 um 09.00 Uhr früh seinen Marsch fort und läßt Belgard hinter sich. Die französischen SS-Männer ziehen quer durch den großen Wald, der sich nach Westen hin erstreckt. Die Pfade sind auf der Karte nicht angegeben. Sie müssen nach dem Kompaß marschieren. Fernet an der Spitze des Bataillons führt und unterweist seine Kolonne, die ihm rasch folgt. Alles, was den langen Marsch zur Oder behindern konnte, ist vergraben oder vernichtet worden. Krukenberg hat ein für allemal die Idee seines Manövers präzisiert: „Wir müssen vor allem die Männer retten!"
Die Division, die er in den Kampf geführt hat, ist wehrlos geworden. Sie kann dem russischen Vormarsch zur Ostsee und zur Oder keinen Widerstand mehr entgegensetzen. So bleibt dem Kommandeur nichts übrig, als das letzte wertvolle Gut der französischen SS-Männer zu retten, ihr Leben.
Die nur noch mit leichten Waffen ausgerüsteten Männer tragen Munition und Handgranaten.

*

„Achtung!"
Die Späher weichen nicht vom Waldrand. Vor ihnen eine Straße. Die von den Russen kontrollierten Verbindungsstraßen sind die größte Gefahr. Sowjetische Panzer und Lastfahrzeuge können jeden Augenblick auftauchen.
Fernet vergleicht die Karte und meldet Krukenberg:
„Vor uns liegt die Straße von Rambin nach Belgard. Sie wird vermutlich überwacht."
Spähtrupps bestätigen bald, daß die Sowjets Beobachtungsposten aufgestellt haben. Jeder Versuch, die Straße zu überqueren, muß zur Entdeckung und damit zum Zusammenstoß führen.

„Wir müssen einen Umweg machen", entscheidet Krukenberg. „Weiter entfernt von hier werden wir vielleicht einen Übergang finden."
Die französischen SS-Männer brechen im Schutz des Waldes erneut auf. Schweigend gehen sie weiter. Sie haben volles Vertrauen, daß ihre Führer sie aus dieser Schlinge herausziehen. Die legendäre Disziplin der SS-Sturmbrigade 7, die sie im Ausbildungslager Sennheim erworben hat, zahlt sich aus. Im I. Bataillon stellt keiner eine Frage. Es wird marschiert, gehorcht und gekämpft.
„Augenblicklich dürfen wir uns auf keine Feindberührung einlassen. Wir werden später kämpfen...", sagt Fernet.
Die Späher entdecken endlich eine Wegstrecke, die von den russischen Wachtposten nicht eingesehen werden kann. Schwere Maschinengewehre werden im Straßengraben in Stellung gebracht, um für die Überquerung, falls es notwendig werden sollte, Feuerschutz zu geben. Sprungweise gehen die Männer nacheinander über die Straße und tauchen in der Deckung des Waldes erneut unter. Und weiter geht der lange Marsch nach Westen.
Die Kolonne bewegt sich in völliger Stille, die durch den Schnee und den Wald wie erstickt erscheint. Man hört kein Murmeln, man sieht keine Zigarette glimmen. Kein Kochgeschirr klappert auf dem Seitengewehr. Die Entkommenen bewegen sich wie auf dem Übungsfeld nach stummen, aber deutlichen Gesten.
Sie haben Hunger. Aber seit Monaten sind sie gewohnt, mit hohlem Bauch zu marschieren. Sie kauen Brotkrusten, die sie zusammen mit etwas Zucker in ihren Taschen aufbewahrt haben. Um zu überleben, muß man sich leicht machen. Das Gewicht ist der Feind der Geschwindigkeit. Es gilt, die Haut zu retten, um sie wieder ins Spiel werfen zu können. Später. Augenblicklich besteht nur ein Gebot: den Russen nicht in die Hände fallen. Weitermarschieren.

Sich nicht umdrehen. Nicht an die Kameraden denken, die in der Ebene von Belgard, zwischen Zarnefanz, Ristow und Boissin, verschwunden sind, weil sie unerbittliche Gesetze nicht beachtet haben, die da lauten: Vorsicht, Geschwindigkeit und Stille.
SS-Obersturmführer Fernet drückt auf das Tempo. Seine Männer versinken im Wald wie in einem Ozean. Die dunkelgrünen Tannen überdecken sie wie Wogen. Ein eisiger Wind pfeift durch die oberen Zweige. Es schneit nur noch wenig. Dieser Tag, der 5. März 1945, wird ihnen lang, lang, lang. Sie müssen marschieren und nochmals marschieren.

Von Belgard nach Meseritz

Am 5. März stehen nachmittags die Späher des I. Marschbataillons plötzlich einigen Männern gegenüber, die auf sie zukommen. Die Gewehrschlösser knacken trocken. Beide Seiten verschwinden hinter Baumstämmen, den Finger am Abzug. Aber die Neuankömmlinge tragen deutsche Stahlhelme.
„SS-Waffen-Grenadierdivision Charlemagne", schreit eine Stimme drüben. „Charlemagne? — Wie denn... Wir auch! Welche Einheit?"
„Nachrichtenzug vom Regiment 58."
„Wir sind vom I. Marschbataillon."
Ein Vorgesetzter tritt vor. Es ist SS-Untersturmführer Laune, ein ehemaliger Marineoffizier, der bald darauf seinem Kameraden Fernet berichtet:
„Ich befand mich heute morgen beim Gros der Division, als wir an Belgard vorbeikamen. Wir hatten Nebel, so

dicht, wie ich ihn noch nie gesehen habe, selbst auf dem Meer nicht."
„Ich weiß", sagt Fernet. „Ich war auch in dem Abschnitt, ein wenig weiter nach Südosten zu."
„Plötzlich", fährt Laune fort, „lichtete sich der Nebel. Die Russen sind von allen Seiten über uns hergefallen. Ein wahres Gemetzel. Kanonen, Panzer, Infanterie. In wenigen Minuten gab es kein Reserveregiment der Division Charlemagne mehr..."
SS-Obersturmführer Fernet denkt an den Kampf, dem er und seine Männer an diesem frühen Morgen von weitem zusehen mußten. Diese Soldaten, die unter den Schlägen des Feindes zerrissen wurden, waren immerhin seine Divisionskameraden.
„Es gelang mir herauszukommen", fährt Laune fort. „Fragen Sie nicht wie. Wir sind in die Wälder gerannt. Ich habe dann einige Entkommene aufgelesen. Etliche gehören zu meinem Regiments-Pionierzug. Der größte Teil sind ehemalige Angehörige der Französischen Freiwilligenlegion [LVF], die wissen, wie man den Russen entkommt. Dann sind noch Versprengte dabei. Wir sind etwa einhundert Mann."
„Wie haben Sie uns denn gefunden?"
„Ich habe den Marsch nach dem Kompaß geführt, wie auf dem Ozean. Kap im Westen. Vorwärts..."
Die Neuen werden rasch in die Kolonne eingegliedert, die im Schutz des Waldes weitermarschiert. Bei Einbruch der Nacht endet das Waldgebiet plötzlich.
„Wir haben Glück", sagt Krukenberg in der Art seines getreuen SS-Standartenführers Zimmermann. „Die Dunkelheit ersetzt uns das Unterholz. Aber vor allem, kein Geräusch!"
Sie müssen die ganze Nacht marschieren und alle Dörfer vorsichtig umgehen. Besonders Stolzenberg, der erste grö-

ßere Marktflecken, muß gemieden werden. Sie machen erneut einen Umweg, um ganz im Süden an den Häusern vorbeizugehen, in denen die Russen sitzen. Die französischen SS-Männer hören Musik, Schreie und Feuerstöße aus automatischen Waffen. Der Iwan regiert als Herr der pommerschen Erde.
Die lange Kolonne umgeht das Dorf, Zorn ist in den Herzen der Männer, daß sie keinen Kampf wagen dürfen. Es gibt nur einen Befehl: der russischen Schlinge zu entgehen.
Und weiter geht der Marsch. Sie müssen erneut eine Straße passieren, die breiter ist als die, welche sie am Morgen überquert haben. Sie führt von Schievelbein nach Groß Jestin und Kolberg. Russische Lastwagen fahren ständig vorbei und dröhnende Panzer mit Trauben von Infanteristen, die um die Panzertürme und auf den Raupenplatten kleben. Bei offenen Luken raucht die Panzerbesatzung in aller Ruhe. Unaufhörlich bewegen sich russische Kolonnen auf das belagerte Kolberg zu. Die völlig aufgewühlte Chaussee vibriert unter den Ketten der Panzer. Die Erde zittert.
Die französischen SS-Männer des Bataillons Fernet kauern in den Straßengräben, wenige Meter von den hintereinander fahrenden Fahrzeugen entfernt. Zwischen den russischen Konvois springen in Abständen kleine Gruppen über die Straße, gehen auf der anderen Seite in Deckung und erwarten ihre Kameraden. Das Hindernis wird ohne Zwischenfall genommen. Nicht einer der Männer ist in den Blendstrahl der sowjetischen Scheinwerfer geraten.
Die Kolonne setzt nunmehr auf einer zweitrangigen Straße ihren Weg fort. Die Russen haben sich als Herren des Landes noch nicht zurechtgefunden. Eile tut not. Man muß die Ruhe nach der Schlacht und dem Sieg ausnutzen und marschieren, solange jene schlafen. Nur nicht selbst dem Schlaf verfallen.

Die französischen SS-Männer ziehen rasch durch ein Dorf. In einigen Häusern hat sich zuvor der Gefechtsstand eines russischen Regiments einquartiert. Aber die vor Müdigkeit und Alkohol trunkenen Rotarmisten schlafen. Sie haben nicht einmal Wachtposten aufgestellt. Die Franzosen schleichen an den Häusern entlang. Jauss, der bei der Nachhut ist, stößt die Säumigen vorwärts und setzt sich an den Schluß der Kolonne.
Einer der Männer sagt plötzlich zu ihm: „Hauptsturmführer, wir kommen vor Durst um. Die Feldflaschen sind leer. Wir sollten sie in einem Bauernhaus füllen."
„Wenn Sie wollen", stimmt Jauss zu, „aber beeilen Sie sich."
Die französischen SS-Männer stoßen eine Haustür auf. Sie treten auf dunkle Gestalten, die auf Stroh und auf dem Boden schlafen.
„Sch...! Russen!"
Die Schläfer wachen auf. Beide Seiten wollen aber einen ernsten Zusammenstoß vermeiden. Einige Schüsse krachen. Die Wasserholer verschließen ihre Feldflaschen und rennen eiligst zu Jauss zurück.
„Hauptsturmführer, die haben ja noch mehr Angst als wir."
„Gab's Bruch?" fragt Jauss.
„Nicht allzuviel."
„Schnell, wir müssen zu den andern."

*

In völliger Dunkelheit gelangt jetzt das Marschbataillon in das Dorf Falkenberg. Die französischen SS-Männer gleiten zwischen ausgebrannten, kettenlosen Panzergerippen hindurch. Tote liegen außerhalb der Panzertürme, entstellt, die Arme auf den Rücken. Ein übler Geruch verbrannten Fleisches hängt in der Luft. Die Straße ist mit Trümmern übersät. Verbandszeug, Gewehre, Zeltbahnen, Kochgeschirre, Patronengurte.

„Hier wurde hart gekämpft", bemerkt Labourdette zu Fernet.

Die beiden Offiziere gehen zwischen den im Graben liegenden Panzern, deren Platten wie eine zu reife Frucht aufgesprungen sind. Die Fahrzeuge tragen rote Sterne oder Balkenkreuze. Deutsche und Russen haben sich ein gnadenloses Duell geliefert. Es riecht nach Brand und Verwesung. Dicke Rauchwolken winden sich noch um die Geschütztürme, deren Rohre himmelwärts stehen. Munition explodiert und läßt Funkengarben hochsteigen.

„Schnell", ruft Fernet.

„Schnell", wiederholt Laune.

Am Ende der Kolonne scheint auch Jauss nur das eine Wort zu kennen, denn er ruft unaufhörlich: „Schnell, schnell, schnell!"

Das Gelingen hängt vom Marschtempo ab. Aber die Männer können nicht mehr. Sie brechen vor Müdigkeit fast zusammen. Seit der Ausladung am Bahnhof Hammerstein vor zehn Tagen haben Märsche und Kämpfe kein Ende gefunden. Der Schlafmangel lastet auf den Köpfen wie ein eiserner Ring. Die Beine taumeln unter ihnen dahin. Die Augen fallen zu. Manchmal schläft ein Mann beim Marschieren ein und fällt hin. Trotzdem muß es weitergehen. Erneut wird ein Dorf erreicht. Schlenzig. Es ist 04.00 Uhr morgens. Die Männer sind derart erschöpft, daß sie nicht einmal mehr die Kälte spüren. Sie können nicht mehr weiter. Diesmal sind sie am Ziel.

Der SS-Brigadeführer, der steif und würdevoll wie ein Schlafwandler marschiert, bewilligt schließlich den Halt.

„Drei Stunden Ruhe", genehmigt Krukenberg.

Einige Wachen schützen den kurzen Schlaf ihrer Kameraden. Der anbrechende Tag verspricht erneut, lang und hart zu werden.
Am 6. März 1945, um 08.00 Uhr, befiehlt Krukenberg die Fortsetzung des Marsches. Er hat immer noch die Absicht, nach Greifenberg zu gelangen, wo sich das Stammlager der Division Charlemagne befindet und wo er die Reste seiner Kämpfer wieder ausrüsten könnte. Bis dahin gilt es zu marschieren. Näher rückt schon die Kaserne mit ihren hohen Fenstern, ihren roten Backsteinmauern, ihren sauber gescheuerten Gängen und ihren Blumen, die jetzt im Märzschnee unaufhaltsam emporsprießen.
„Schnell", wiederholt der Brigadeführer.
Deutsche Zivilisten schauen erstaunt auf diese sonderbaren SS-Männer, die auf dem linken Oberarm ein blau-weiß-rotes Abzeichen tragen. Sie scheinen nicht zu begreifen, wie eine Truppe des Reiches sich noch mit Waffen auf den Straßen in Pommern bewegen kann. SS-Standartenführer Zimmermann fragt die Bauern:
„Wissen Sie, wo die Russen sind?"
„Überall, Herr Oberst, überall..."
Die sowjetischen Streitkräfte haben soeben die Stadt Plathe, 15 Kilometer südöstlich von Greifenberg, besetzt. Es scheint, daß nichts und niemand mehr von nun an die Truppen Stalins auf ihrem Vormarsch nach Westen, zur Oder und nach Berlin aufhalten kann...
„Und Greifenberg?" fragt der SS-Brigadeführer mit knapper Stimme.
Die Bauern betrachten den General mit verstörter Miene. Aber sie müssen ihm die schreckliche Nachricht verkünden:
„Greifenberg ist von den Russen völlig eingeschlossen."
Doch Krukenberg kann nichts erschüttern. Er benachrichtigt sofort Jauss und Fernet. Der alte Soldat weiß, daß er auf sie zählen kann, was auch kommen mag. Er zieht sie

etwas zur Seite. Die Männer brauchen den Ernst der Lage nicht zu kennen.

„Nun, wir können Greifenberg nicht mehr erreichen. Die Russen sind uns zuvorgekommen. Das Stammlager der Division Charlemagne wird bald in ihren Händen sein."
„Es bleibt nur eines übrig", schaltet sich Zimmermann ein.
„Immer das gleiche..."
„Der Wald", sagen Fernet und Jauss wie aus einem Munde.

Der Wald... Sie müssen erneut diesen Schutzraum aufsuchen. Die Tannen, Eichen, Birken bekommen wieder ihren heidnischen Sinn als Schutzgötter des alten Germanien, die den Rückzug der französischen SS-Männer zu sichern haben. Unter ihrer Deckung schleichen die Männer auf den Waldwegen dahin, die Waffe in der Hüfte, der Blick angespannt. Der Kopf brummt ihnen vor Hunger, vor Müdigkeit und auch ein wenig vor Furcht. Seit dem Abzug aus Körlin ist die Spannung nicht gewichen. Das Fieber läßt den Puls höher schlagen. Die Ruhr wütet in den Därmen. Manchmal müssen sie sekundenschnell halten. Die Hosen kurz 'runterlassen. Und weiter, schnell zur Kolonne zurück. Es kommt sowieso nur Blut. Dieses fließt noch stärker aus den Wunden der Verwundeten, die bei ihren Kameraden geblieben sind, den Arm in der Schlinge, den Stumpf bandagiert, das Bein steif. Nicht einer darf zurückbleiben. Alle gehen sie mechanisch weiter. Es fallen immer noch einige Schneeflocken. Das Thermometer steigt einfach nicht über den Gefrierpunkt. Der Wald schützt sie und hüllt alles wie mit einem Leichentuch ein.
Ein Bauer steht plötzlich vor ihnen, als ob er aus einem Baumstamm herausgetreten wäre. Trocken, knorrig wie ein alter Klotz, eine schwarze Mütze auf, mit weißem Schnurrbart, vom Tabak gelb geworden, erscheint er wie ein Teutone mit rissigen Wangen wie Tannenzapfen. Ungläubig

betrachtet er Zimmermann, der auf ihn zugeht, am Kragen diese merkwürdige kroatische Auszeichnung, die der alte Bauer noch nie gesehen hat. Ist es denn möglich, daß Soldaten des Reiches noch kämpfen wollen?
„Sind Russen im Wald?" fragt der Standartenführer.
„Noch nicht, Herr Oberst, noch nicht!"
Krukenberg läßt die Männer halten, die sich im Unterholz, einige Meter vom Waldpfad entfernt, hinlegen. Manche schlafen trotz Kälte sofort ein. Andere durchwühlen ihre Taschen, um noch ein paar harte und trockene Schwarzbrotkrumen zu finden.
Zimmermann hat auf der Karte ein Forsthaus entdeckt. Er fragt den Bauern, ob es bewohnt sei.
„Ja", sagt der alte Pommer. „Ein früherer Soldat. Ein Offizier, Herr Oberst."
„Ich werde hinfahren", beschließt Zimmermann.
Er nimmt eines der letzten Fahrräder, die der Aufklärungszug seit Körlin verwendet, steigt auf und tritt kräftig in die Pedalen in Richtung Forsthaus.
„Drollig, dieser Zimmermann . . . Er führt ganz allein Krieg . . ., ein richtiger Champion!"
Den SS-Standartenführer scheint die Gefahr nicht zu stören. Seit er in Jugoslawien gegen die Partisanen Titos gekämpft hat, glaubt er unverwundbar zu sein. Nirgendwo zeigte sich die menschliche Grausamkeit schrecklicher und brutaler als bei jenen „Balkanesen".
Zimmermann gelangt zu dem Häuschen, steigt ab und entdeckt gleich eine weiße Fahne, die aus einem Fenster hängt. Der Offizier runzelt die Augenbrauen und mustert den Besitzer nicht gerade freundlich, der auf ihn zukommt und sich als ehemaliger Major der Kolonialtruppen seiner Majestät des Kaisers vorstellt.
„Sagen Sie, Herr Major, was soll dieser weiße Lappen?"
„Ich bin neutral, Herr Oberst!"

Der ehemalige Kolonialoffizier betrachtet geringschätzig das Eichenlaub auf den Kragenspiegeln seines Fragestellers, die den Rang eines SS-Standartenführers zu erkennen geben. Zimmermann spürt, wie der Zorn in ihm hochsteigt, und donnert:
„Sie betrachten sich wohl nicht mehr als deutscher Offizier? Nun gut, dann werden sie Koch. Und dazu noch für Franzosen!"
„Franzosen?"
„Ja, französische SS-Männer. Sie haben hart gekämpft und Pommern verteidigt. Ihre Heimaterde, Herr Major. Es sind mehrere hundert. Ausgehungert. Sie werden ihnen eine Suppe machen. Mit Kartoffeln."
„Aber, wo finden..."
„Es ist ein Befehl, Herr Major. Meine Franzosen sind hungrig wie Wölfe."
Die Männer des I. Marschbataillons der Division Charlemagne ziehen zum Forsthaus, erquicken sich und ruhen kurz. Aber sie dürfen nicht länger verweilen. Krukenberg wird ungeduldig.
„Schnell, Zimmermann. Wir müssen weiter. Wir werden einen Haken nach Norden schlagen und auf Petersfelde vorstoßen."
In diesem Marktflecken, wo sie nachmittags eintreffen, sind noch keine Russen, aber aus allen Fenstern hängen weiße Fahnen. Die französischen SS-Männer wollen sie herunterreißen, aber sie müssen weitermarschieren.
„Arme Leute", sagt Laune zu Fernet. „Wir können sie nicht einmal schützen. Wie schrecklich, daß ihr Land von den Sowjets befallen wird."
„Der Krieg geht weiter", brummt Fernet.
Einige Zivilisten betrachten diese Soldaten auf dem Rückzug teils mitleidig, teils wütend. Die Würfel des Schicksals rollen in Pommern. Man kämpft nicht mehr, um die

alte germanische Erde zu verteidigen, sondern nur noch, um das Leben einiger Soldaten zu retten, die für die letzten Kämpfe vorbehalten sind. Marschieren. Und wieder marschieren. Bauern bringen Nachrichten, beunruhigende, widersprüchliche, gefährliche Nachrichten.
„In Meseritz sind noch deutsche Truppen. Es sind nur noch 15 Kilometer, bis Sie zu ihnen stoßen."
Ein flüchtiges Lächeln huscht über das unbewegliche Gesicht des Kommandeurs. Er hatte sehr wohl recht, die Männer zu bedrängen, aus Leibeskräften zu laufen, sie zum Weitergehen zu zwingen, in dem einzigen Gedanken, der Umklammerung zu entkommen.
Die Nacht bricht schon herein, als das Marschbataillon der Division Charlemagne am 6. März 1945 abends in dem Ort Meseritz eintrifft. Dort lagern die Überreste des Armeekorps des Generals Munzel. Endlich ist die Verbindung mit einer deutschen Einheit hergestellt. Aber die Oder liegt noch weit entfernt im Westen.

Von Meseritz an die Ostsee

Im Schloßpark von Meseritz steigert sich am Abend des 6. März 1945 das Kommen und Gehen von Verbindungsmännern, Schreibern und Telefonisten. Es herrscht eine fieberhafte Atmosphäre. Von einer Niederlage ist nichts zu spüren. Kradmelder in langen grauen Gummimänteln rauchen schweigend neben ihren Maschinen und warten darauf, Befehle und Meldungen für ihre Einheiten zu erhalten. Bildet sich in Pommern etwa eine neue Front?

Die Finsternis verdichtet sich rasch. Die Männer des I. Bataillons der Division Charlemagne lagern im Park. Sie sind glücklich, auf Soldaten gestoßen zu sein, die mit ihren Waffen, ihren Offizieren und ihrer Versorgung offenbar noch eine kampfstarke Einheit bilden. Deutsche und Franzosen spüren plötzlich, daß sie als Soldaten und Frontkämpfer zusammengehören, so, wie sie die Schlacht in Pommern geformt hat.
„Obersturmführer Fernet!"
Krukenberg ruft den jungen Offizier zu sich, der seit der Ausladung auf dem Bahnhof Hammerstein das I. Bataillon an der Front führte. Henri Fernet hat schon in den Karpatenkämpfen das Eiserne Kreuz II. Klasse erhalten. Der Kommandeur der Division Charlemagne hat sich nunmehr entschlossen, ihm auch das Eiserne Kreuz I. Klasse zu verleihen. Die Dienststellen des Stabes haben jedoch keine vorrätig. Krukenberg wendet sich deshalb an General Munzel, mit dem er sich sehr gut versteht. Dieser sagt:
„Hier, nehmen Sie mein eigenes und geben Sie es ihm."
Kurz darauf wird der SS-Obersturmführer Fernet feierlich ausgezeichnet. Sein Kommandeur heftet ihm mit herzlichen Worten den Orden an die Uniform: „Im Namen des Führers..."

*

Bevor der Morgen anbricht, wecken die Vorgesetzten die Männer des Marschbataillons, die im Schloß Meseritz endlich einige Stunden Schlaf genießen durften.
„Aufstehen! Schnell!"
„Was ist los?"
„Es geht weiter."
„Wohin?"
„Ihr werdet es sehen, wenn ihr dort seid."

Die Männer stehen auf und spüren noch die Müdigkeit, die ihnen in den Muskeln steckt. Sie haben geschwollene Augen, rote Augenlider und fiebrige Blicke. Rasch machen sie sich fertig und nehmen die Gewehre, Handgranaten und Maschinengewehre an sich. Seit Belgard sind sie zweiundsiebzig Stunden marschiert. Und sie werden weitermarschieren.
Erste Etappe: Pinnow. Das Dorf wird in der Frühdämmerung erreicht. Der 7. März kündigt sich kalt und grau an.
Marschieren. Monotone Stunden. Die Füße bluten, die Schläfen hämmern. Die Kolonne gelangt nach Nabelfitz. Zimmermann radelt munter drauflos längs der Kolonne, wie ein Wachhund.
Er ist mit einer Nachbareinheit in Verbindung gekommen und bringt eine unglaubliche Nachricht: „Deutsche Einheiten der Kampfgruppe von Tettau versuchen nach Greifenberg durchzustoßen. Wir werden mit eingesetzt."
Obwohl die französischen SS-Männer mangels Schlaf und ausreichender Verpflegung noch völlig erschöpft sind, bereiten sie sich auf den Angriff vor. Hinter Meseritz hat sie Obersturmführer Fernet in vier Angriffskompanien zu je vierhundert Mann eingeteilt. Wenn es zu kämpfen gilt, werden sie kämpfen. Aber ein erneuter Befehl besagt, daß der Gegenangriff nicht durchgeführt wird.
„Neuer Sammelpunkt: Cammin an der Odermündung."
Die Männer der Division Charlemagne marschieren weiter auf der Straße nach Nordwesten, in Richtung Ostsee. Das Land ist menschenleer, die Bevölkerung geflohen. Alles deutet auf die drohende Ankunft der Sowjets hin. Seevögel fliegen mit klagenden Schreien um die verlassenen Höfe. Aus den Kanälen und Teichen steigt bläulicher Nebel. Unter dem dunkelgrauen Himmel erscheint das Land noch flacher, wie von einem zu schweren Geschick zermalmt.

Am Abend des 7. März 1945 gelangt die Kolonne in das Dorf Wendisch-Pribbernow. Die Männer verteilen sich so gut wie möglich auf die Häuser und Scheunen. Fernet prüft die Unterkünfte und begibt sich dann in einen Bauernhof, dessen alte pommerische Bäuerin ihn eingeladen hat.
„Sie sind Franzose? Das freut mich!"
Sie bittet die anwesenden Offiziere, am Familientisch Platz zu nehmen. Kartoffeln, eine Scheibe Speck, klares Wasser. Sie spricht wenig. Aber sie tut ihr möglichstes, um ihre Gäste zu bewirten, die der Zufall geschickt hat. Die französischen SS-Männer sind gut untergebracht und auch gut verpflegt. Fernet weiß nicht, wie er der Frau danken soll. Plötzlich fängt sie zu weinen an. Ohne ein Wort. Schließlich sagt sie:
„Ich habe einen Sohn, der in Frankreich Soldat ist. Seit Wochen habe ich keine Nachricht mehr von ihm erhalten. Ich habe keine große Hoffnung, daß ich ihn wiedersehe... Er schrieb mir vor längerer Zeit, um mich zu trösten. Er sagte, daß es ihm gut ginge und die Leute nett zu ihm seien ... Ich möchte deshalb an diesem Abend zu den französischen Soldaten auch nett sein."
Draußen fällt ein Gemisch aus eisigem Regen und Schnee. Die Strohdächer neigen sich fast bis zur Erde hinunter. Von der Ostsee her pfeift der Wind. Die französischen SS-Männer schlafen ein paar Stunden. Morgen bei Tagesanbruch geht's wieder weiter.

*

Im Morgengrauen des 8. März 1945 zieht das I. Bataillon auf seinem langen Marsch erneut nach Nordwesten. Die Ostsee rückt näher. Allmählich ändert sich die Landschaft, sichtlich vom Meereswind beeinflußt. Zimmermann gibt sein altes Fahrrad nicht auf und verpaßt keine Gelegenheit,

die wenigen Zivilisten auszufragen, die erstaunt den Kopf heben, wenn sie die französischen Soldaten sehen.
„Wo gehen Sie denn hin, Herr Oberst?" fragt ein pommerischer Bauer, dessen runzeliger Kopf einem jener rissigen Holzstücke gleicht, die das Meer immer wieder an den Strand der Ostsee spült.
„Wir gehen auf Cammin zu."
„Auf Cammin?" ruft der Alte und streckt die Arme gen Himmel. „Aber da ist doch der Iwan schon lange vor Ihnen."
Die Rote Armee hat sich in diesem Blitzkrieg in Pommern vollkommen die Lehren der Wehrmacht vom Juni 1940 angeeignet und stößt mit den Spitzen ihrer Panzereinheiten mit größtem Tempo auf das Meer zu, ohne sich allzusehr darum zu kümmern, ob die Infanterie diesem aufreibenden Rhythmus zu folgen vermag. Von jetzt ab sind die meisten Straßenkreuzungen und Dörfer besetzt. Keiner ist mehr da, um die Panzer anzugreifen, die die Straßen, die Lebensadern dieses Landes, kontrollieren. Überall haben die Russen Riegel vorgeschoben, die zu sprengen von Stunde zu Stunde schwieriger wird.
Krukenberg beschließt, weiterhin nach Nordwesten zu marschieren.
„Wir müssen das Meer erreichen", sagt er zu Zimmermann. „Die Kriegsmarine ist immer noch Herr der Ostsee. Ihre Schiffsgeschütze werden uns Feuerschutz geben."
Also heißt es wieder: kein Aufenthalt, weitermarschieren, die Nachzügler antreiben und die Gangart beschleunigen.
Plötzlich zerreißt eine Detonation die Luft.
„Achtung Minen!" schreit Jauss und rennt zum Ort des Geschehens.
Ein Wehrmachtsfahrzeug ist auf eine Mine gefahren. Sechs französische SS-Männer sind verwundet. Sie werden vom Sanitäter versorgt und müssen den Weg dann fortsetzen.

Die nicht marschieren können, werden von ihren Kameraden getragen. Die anderen haben ihr Gepäck abgegeben und gehen auf einen Stock gestützt weiter.
Kilometer folgt auf Kilometer. Schleppend, monoton. Der Meereswind schneidet den Entkommenen von Körlin ins Gesicht. Die Gesichter triefen vor Schweiß, vom Regen und Schnee. Tausend eisige Nadeln stechen die Haut. Sie schließen die Augen. Marschieren. Einer hinter dem andern. An nichts anderes denken. Die Zähne zusammenbeißen.
Vereinzelt fallen Schüsse. Die Späher kommen rennend zurück: „Die Russen sind da!"
„Vorwärt!" ist die Antwort des Kommandeurs Krukenberg.
Das Bataillon muß alles daransetzen, die Küste zu erreichen. Für ein listenreiches Versteckspiel ist es zu spät. Sie müssen den sowjetischen Widerstand brechen und sich einen Weg durch das Feuer bahnen.
Einschläge und Feuerstöße. In den Dörfern Gorke und Woedtke stehen sich plötzlich Franzosen und Sowjets in kurzen, aber heftigen Gefechten gegenüber.
Ungläubig betrachten die deutschen Zivilisten diese wilden Soldaten, die offenbar zu ihrer Befreiung gekommen sind, jedoch ihres Weges weiterziehen und sie erneut der Rache der Sowjets überlassen müssen. Herausgerissene Türen, Matratzen auf den Straßen, zertrümmerte Möbel. Ein Tornado scheint über das Land gefegt zu sein. Frauen, welche die ganze Nacht vergewaltigt wurden, erzählen weinend ihr Martyrium. Greise und Kinder irren verstört in den Ruinen umher. Leichen pommerischer Bauern liegen mit aufgeschlitztem Leib auf der Straße. Ihre Gesichter sind durch Schläge mit Gewehrkolben entstellt, ihre Füße verbrannt, ihre Finger abgeschnitten, die die abgerissenen Eheringe trugen. Die Tiere sind samt Stallung verbrannt. Ein

übler Geruch schlägt denen entgegen, die das Dorf wieder in Besitz nehmen. Ganze Familien liegen tot oder sterbend unter umgestürzten Karren. Mädchen mit schwarzen Schals und blutbefleckten Röcken weinen unaufhörlich und stieren den Franzosen aus irren Augen entgegen.
„Iwan kommt wieder", wiederholen die Zivilisten.
Die Männer des I. Marschbataillons der Division Charlemagne zucken mit den Schultern. Sie können nichts tun. Sie müssen weiter.
„Es ist Krieg", antworten sie mit wildem Ausdruck in ihren Gesichtern. Ein Krieg, der das Land verwüstet und Hunderte, ja Tausende von Menschen auf die Straße wirft. Menschen, die ihre Heimat verlassen müssen und jetzt die Ostsee zu erreichen versuchen. Pommern gleicht einem Aderlaß, bei dem die Bevölkerung wie schwarzes Blut dahinrollt.

*

Nach einem Halt an einem Fluß läßt Standartenführer Zimmermann das Bataillon auf einer Wiese antreten. Das vom Reif weiße Gras knirscht unter den Stiefeln.
Sieben- bis achthundert Mann stehen in Linie zu drei Gliedern wie bei einer Parade angetreten. Die Unterführer verbessern die Richtung. Kommandos ertönen. Die gequälten Hände mit aufgerissenen Fingern klatschen auf die Schäftung der Gewehre. Fernet meldet Zimmermann sein Bataillon. Dieser stellt mit einem flüchtigen Blick fest, daß die Haltung der Einheit nach fünfzehn Tagen Marsch und Kampf nicht zu bemängeln ist.
„Heil Kameraden!" ruft er. „Der Brigadeführer kommt. Heute, am 8. März, hat er Geburtstag. Ich werde euch fragen: ‚Was wünscht das Bataillon dem Brigadeführer?', und ihr antwortet: ‚Eine gute Gesundheit'."

Der Divisionskommandeur der Charlemagne, der etwas abseits steht, nähert sich mit langsamen Schritten. Gustav Krukenberg ist heute siebenundfünfzig Jahre alt. Seit Tagen schon marschiert er wie ein einfacher Grenadier, als Soldat unter Soldaten.
Wie aus einem Munde wünschen ihm die französischen SS-Männer: „Eine... gute... Gesundheit!"
Krukenberg scheint trotz seines eisigen Gesichtsausdrucks sehr bewegt zu sein. Er hält eine kleine Ansprache.
„Ich bin mit der Haltung und der Disziplin dieses Bataillons sehr zufrieden. Die Lage ist jetzt besser für uns als in Körlin. Ihr seid aus der sowjetischen Schlinge herausgekommen, weil ihr die Befehle genau befolgt habt. Macht so weiter und bewahrt euren Mut."
Dann gibt der Kommandeur der Division Charlemagne erneut den Marschbefehl. Er will noch vor Anbruch der Nacht im Dorf Zappten sein. Die Soldaten brauchen Ruhe, solange sie noch möglich ist.
Die Männer des Bataillons Fernet haben Hunger. Als sie an diesem Abend in das Dorf kommen, finden sie nur ein paar gefrorene Kartoffeln. Die Züge verteilen sich aufs Geratewohl auf die Unterkünfte. Schlauköpfe suchen nach Lebensmitteln. Sie streunen um Ställe und Scheunen. Einige schauen lüstern auf die Suppe, die die Hunde vor ihren Hütten fressen...
Später läßt Krukenberg Fernet herberufen. „Soldaten sind in einen Hof eingedrungen", sagt er. „Sie haben Gänse gestohlen. Der Bauer ist zu mir gekommen und hat sich bitter beklagt. Sorgen Sie dafür, daß derartige Übergriffe sofort unterbleiben. Wir sind eine disziplinierte Truppe und keine Räuberbande."
„Ich bin ganz Ihrer Meinung, Brigadeführer, auch ich lehne jede Art von Plünderung ab. Aber unsere Männer müssen etwas zu essen haben."

Krukenberg ist ungehalten.
„Aber diese Gänse waren anscheinend eine ganz besondere Art. Es waren seltene Zuchttiere, unbezahlbar."
„Die Rotarmisten werden auch hierher kommen. Glauben Sie, daß die um Erlaubnis fragen, wenn sie Gänse stehlen wollen? Es ist doch besser, unsere Jungens haben etwas davon."
„Noch eine, die die Deutschen nicht bekommen werden, wie sie in Frankreich sagen . . . Gehen Sie zu dem Bauern und sehen Sie zu, ihm das freundlich auseinanderzusetzen."

*

Am 9. März 1945 dauert der Marsch zur Ostsee den ganzen Tag an. Als schließlich die Nacht hereinbricht, bekommen die Späher die graue, fast metallfarbene Masse des Meeres zu Gesicht, das mit einem Mal den Horizont abschließt. Endlich haben die französischen SS-Männer die Küste erreicht.
„Das Meer", murmelt bewegt der Untersturmführer Laune, der ehemalige Offizier der Handelsmarine.
Das Meer ist da, ganz brüderlich nahe. Einige dunkelgraue Schiffe kreuzen draußen. Sie zeigen die Reichskriegsflagge. Noch ist nicht alles verloren!
Die Männer des I. Bataillons erhalten Befehl, in Horst Quartier zu beziehen. Der Ort ist ein kleiner Fischereihafen, wo gerade die letzten Boote die Mole anlaufen und vertäut werden. Der Wind bläst in die Wanten. Möwen tauchen in das graugrüne Wasser und schnappen sich mit gellendem Geschrei Abfälle, die auf der Oberfläche schwimmen. Auf den steilen Dächern liegt immer noch etwas Schnee. Ein Geruch von faulem Fisch und Salzwasser zieht durch das Dorf.

„Die Sowjets kommen näher", sagt Krukenberg. „Sie werden nur noch von Truppen aufgehalten, die unseren Rückzug decken. Wir werden nach Westen, entlang der Küste, weitermarschieren."
Die SS-Männer des Bataillons Fernet verlassen den Fischereihafen Horst in Richtung des Badeortes Rewahl, den sie gegen 17.00 Uhr nachmittags erreichen.
Anstelle der alten Fischerhäuser wie zuvor finden sie hier Villen und Ferienhäuser mit gepflegten ansehnlichen Fassaden und Dächern, mit Masten, an denen keine Fahne mehr flattert. Die Fensterläden sind geschlossen, stickige Luft verbreitet einen Geruch von Naphtalin und Schimmel. Das Meer erscheint grau und kalt. Der Himmel ist traurig. In Rewahl wird es keinen Badegast mehr geben. Wetterfahnen aus Zink ächzen in rostigen Angeln.
Die Unterführer verteilen die Männer auf die verschiedenen Unterkünfte. Sie müssen lachen, als sie in den Dachstuben Fischernetze und Strohhüte finden. Die goldenen gotischen Buchstaben auf schwarzen Baumwollbändern blättern ab. Es ist kalt. An den Wänden schlägt sich die Feuchtigkeit nieder. Die Männer schaudern. Sie lassen sich auf die Betten fallen, deren schwere kupferne Bettpfosten mit Grünspan bedeckt sind.
„Du könntest trotzdem deine Stiefel ausziehen", ruft einer dem Rottenführer Evrand zu.
„Oh, nein! Ich habe noch genug vom letzten Mal..."
Evrand, ein Pariser Student, hat sich am Tag nach der Invasion am 7. Juni 1944 freiwillig zur Waffen-SS gemeldet und ist mit dem Nachschubbataillon aus dem Stammlager Greifenberg an die Front gekommen. Im Rückzugsdurcheinander hat er seine Vorgesetzten und Kameraden verloren. Er fand sich wieder unter Soldaten der Wehrmacht und der Waffen-SS. Nun erzählt er die Geschichte, die ihm passiert ist:

„Wir waren völlig erschöpft und ausgehungert. Wir kamen vor Kälte fast um. Ich glaubte schon, erfrorene Füße zu haben. Unsere Truppe glich damals wohl den Trümmern der Großen Armee [Napoleons] beim Rückzug aus Rußland. Wir kamen durch Ortschaften und Geländeabschnitte, die häufig den Besitzer gewechselt hatten. Ich erinnere mich nur an einen Namen: Großzeppelin. Ich fand den Ort toll."

„Aber was war nun mit den Stiefeln?"

„Wartet, das kommt noch", fährt Evrand fort. „Eines Abends waren wir in einem Bauernhof. Ich glaubte, wir würden da eine ruhige Nacht verbringen. Ich hatte nur einen Gedanken: mir die Füße zu waschen. Ich treibe eine Wanne auf, mache mir heißes Wasser und ziehe schließlich die Stiefel aus. Ich bin begeistert. Da kommt auf einmal ein deutscher SS-Mann und brüllt: ‚Iwan kommt!' Alles greift nach seinem Gepäck und den Waffen. Ich auch. Es ist mir unmöglich, die Stiefel anzuziehen. Meine Füße waren geschwollen, und wie geschwollen ... Mit den Stiefeln in der Hand, statt an den Füßen, bin ich in Socken in den Schnee hinausgerannt. Zwei Tage lang konnte ich sie nicht anziehen. Um marschieren zu können, habe ich mir aus Lumpen eine Art Schuhwerk gemacht. Man wird mich nicht mehr dazu bewegen können, sie auszuziehen. Jetzt behalte ich meine Stiefel an den Füßen!"

Evrand ist froh, daß er endlich in dieser Villa in Rewahl ein richtiges Bett gefunden hat. Ohne Hemmungen steckt er seine schlammigen Beine unter die Bettdecke.

„Die reinste Orgie", murmelt der Rottenführer und schläft sofort ein.

*

Brigadeführer Krukenberg setzt eine Stabsbesprechung an. Die SS-Führer nehmen in Sesseln Platz, die sie aus einem

Keller herangeschafft haben. Die hohen Rückenlehnen lassen sich verstellen.

„Morgen", kündet Krukenberg an, „werden wir längs der Küste angreifen, mit Ziel Dievenow, das noch von deutschen Truppen gehalten wird."

Er zählt die Einheiten auf, über die die Kampfgruppe des Generals von Tettau verfügt, der auch das französische SS-Bataillon zugeteilt worden ist.

„Alle Einheiten, mit denen wir hier in dieser Kampfgruppe zusammen sind, haben schwere Verluste erlitten. Die Divisionen sind wie die unsrige oft auf Bataillonsstärke zusammengeschmolzen. Viele Männer, mit denen wir gemeinsam kämpfen sollen, kommen aus örtlichen Reserve- und Lehreinheiten, wie zum Beispiel die Division Holstein, Pommern und Bärwalde. Auch einige Angehörige der SS-Polizeidivision sind dabei."

SS-Standartenführer Zimmermann ist ein persönlicher Freund des Generals von Tettau. Er begibt sich auf dessen Gefechtsstand, um mit ihm über die allgemeine Lage und den Einsatz der französischen SS-Freiwilligen zu sprechen."

„Wissen Sie, es sind großartige Jungens. Mutig, wohlverstanden, aber auch diszipliniert."

„Überraschend", bemerkt der Wehrmachtsgeneral. „Also kann man wirklich auf sie zählen?"

„Zweifellos", versichert der Standartenführer.

„Ich werde ihnen einen Sonderauftrag erteilen: sie werden den Durchbruch längs der Küste erzwingen, um damit einem Flüchtlingskonvoi den Weg frei zu machen."

*

Die französischen SS-Männer haben, fast vor Müdigkeit umfallend, die Ostsee erreicht. Nach einer Nacht der Ruhe

stellt sich ihr unermüdlicher Gefährte wieder ein, der Hunger.
Die Gruppe Evrand hat sich neben einem Schloßgut einquartiert, das von Stallungen umgeben ist. Etwa hundert verlassene Kühe brüllen unaufhörlich. Seit vielen Tagen sind sie nicht mehr gemolken worden.
„Wenn man Kaffee auftreiben könnte", bemerkt Evrand am frühen Morgen, „an Milch würde es nicht fehlen."
„Sag mal, Student, kannst du überhaupt melken?"
„Nein, und du?"
„Ich auch nicht."
Sie haben Mühe, für diese Operation unter ihren Kameraden einen Bauernjungen zu finden. Schließlich sind einige Tiere erleichtert, aber der junge Bauer kann allein die Aufgabe nicht bewältigen, und die anderen Kühe, vor allem die aufgeblähtesten, schreien jämmerlich weiter.
„Wenn das kein Unglück ist..."
Seine Kameraden hören es schon nicht mehr, da sie unterwegs auf der Suche nach Hühnern sind. Sie treiben sogar ein Schwein auf. Aber keiner kann es schlachten. Schließlich entschließt sich ein Unterführer, das Opfer mit seiner Pistole zu töten. Er will dem Tier eine Kugel in den Kopf jagen, doch sie verfehlt das Ziel. Quiekend flieht das Tier davon, verfolgt von einer Meute, die es wieder einzufangen versucht. Endlich gelingt es. Das Schwein wird geschlachtet, ausgenommen, zerlegt und wandert anschließend in die Kochtöpfe, die plötzlich in allen Ecken über Holzfeuern auftauchen. Der Krieg scheint weit, weit weg zu sein...

Den Sowjets ist es gelungen, mit Spähtrupps bis zum Meer zwischen Rewahl und Dievenow vorzudringen. Noch gibt es keine geschlossene Front. Diese letzte freie Durchgangsstelle muß unbedingt gehalten werden.

Der 11. März 1945 ist für die Männer des SS-Bataillons Fernet ein langersehnter Ruhetag. Sie bringen ihre Ausrüstung in Ordnung und bereiten sich auf den Angriff vor, der in der kommenden Nacht beginnen soll. Die wenigen Fahrzeuge, die noch aufgetrieben werden konnten, sind instand gesetzt worden. Einwohner und Flüchtlinge scheinen verblüfft darüber zu sein, daß französische Soldaten der Waffen-SS ihnen den Weg in die Freiheit bahnen sollen.
Unter dem Schutz von Nachzüglern, die den Raum um Rewahl sichern, organisiert sich die Kolonne. Krukenberg hat die Überlebenden der SS-Division Charlemagne in zwei Teile gegliedert und gibt seine Befehle: „Obersturmführer Fernet wird mit dem Gros der Infanterie auf dem Sandstrand am Rande des Meeres vorgehen, mit Flankenschutz auf den Dünen. Die Fahrzeuge, denen die Panzer vorausgehen, werden die Küstenstraße oberhalb des Abhangs nehmen. Bei ihnen wird Hauptsturmführer Roy sein."
Der ehemalige Kolonialartillerist, der seit dem Rückzug von Körlin über keine Geschütze mehr verfügt, schimpft, weil er sich unnütz fühlt. Eingehüllt in Groll und Schweigen hat er den langen Marsch wortlos mitgemacht. Zusammen mit einem ehemaligen Offizier der Französischen Freiwilligenlegion (LVF) und noch einem anderen, der von der Miliz gekommen ist, hat er freiwillig den Schutz und die Sicherung der Kolonne übernommen, die auf der parallel zum Ufer führenden Straße vorgehen soll.
Die Stunde X, Antritts- und Angriffsbeginn, ist auf Mitternacht festgesetzt.

Der Durchbruch von Dievenow

Zu guter Letzt muß das Bataillon Fernet nicht einen, sondern zwei Flüchtlingstransporte mit je ca. 5000 Menschen begleiten. Für die Unglücklichen ist es die letzte Chance, den Sowjets zu entkommen. In ihren Augen spiegelt sich der Schrecken dessen wider, was sie erduldet haben und was sie befürchten. Insbesondere die Frauen ziehen den Tod der russischen Gefangenschaft vor. Sie legen ihr Schicksal in die Hände der Soldaten, denen sie blind vertrauen. SS-Standartenführer Zimmermann ist vorne bei der Vorhut des Bataillons.
„Ich bin Pionieroffizier. Vermutlich werden die Roten am Ufer Minen verlegt haben..." Er ermahnt die Männer zur äußersten Vorsicht. „Ich brauche zwanzig mit Panzerfäusten bewaffnete Männer." Die Freiwilligen kämpfen gerne mit ihm und weichen nicht von seiner Seite. Der Standartenführer ist eine Frohnatur. Das gefällt den Franzosen. Doch vor allem verfügt er über eine reiche Kriegserfahrung, die schon aus den Grabenkämpfen von 1914/18 herrührt.
„Ich garantiere euch, daß wir durch die russischen Linien gehen werden, ohne daß einer von euch verwundet wird." Der Transport setzt sich in Bewegung. Zimmermann marschiert an der Spitze, den linken Fuß auf dem Strand, den rechten im Wasser... Späher eines russischen Vorpostens entdecken die Silhouetten, die aus der Nacht hervortreten und anscheinend aus dem Meer auftauchen. Feuerstöße bellen plötzlich laut in die Nacht. Handgranaten detonieren, Sand und Splitter spritzen durch die Luft. Dann ist Ruhe.
„Zimmermann wird zufrieden sein!"
Aber wo ist er? Der Standartenführer liegt auf dem Sand, mit offenem Fuß, vom Splitter einer Handgranate getrof-

fen. Männer stürzen herbei, um ihn zu behandeln. Ein Notverband stillt das Blut. Unmöglich, daß der deutsche Offizier seinen Stiefel wieder anziehen kann. Er zieht auch den anderen aus und sagt nur: „Ich werde in Pantoffeln weitermarschieren."
Er bemüht sich, über seine Verwundung zu lächeln, und sagt zu den Männern neben ihm: „Ich habe euch garantiert, daß keiner von euch verwundet wird. Aber was mich betrifft, bin ich keine Verpflichtung eingegangen."
Es ist bereits kurz nach Mitternacht. Nach dem kurzen Kampf zwischen der Vorhut und dem russischen Vorposten darf keine Zeit mehr vertan werden. Fernets Grenadiere und die Flüchtlinge eilen vorwärts. Der Strand ist schmal. Es sind höchstens zehn Meter zwischen dem Fuß des Abhangs und dem Meer, das Trümmer und Leichen anschwemmt. Nur die Umrisse der Gegenstände, die auf dem Wasser schaukeln, sind im fahlen Mondlicht soeben zu erkennen. Dumpf rauscht das Meer. Manchmal wird der Strand ganz eng, und Fernets Grenadiere und die Flüchtlinge müssen dicht hintereinandergehen, um in der Dunkelheit den Anschluß nicht zu verlieren.
Zwei Stunden später — die Infanteristen und sehr viele Flüchtlinge sind weit voraus — erreicht die Fahrzeugkolonne die Küstenstraße. Damit beginnt das große Feuerwerk.
Mit allen diesen Zivilisten, die durch Gepäck und kleine Kinder stark behindert sind, kann es nur langsam vorangehen. Straßenverstopfungen treten ein. Flüchtlinge und Soldaten treten sich gegenseitig auf die Füße. Nachzügler müssen angetrieben werden. Der Kontakt zur Vorhut darf nicht verlorengehen. Einzelgänger werden eingesammelt.
Die kurze Feindberührung, in deren Verlauf Zimmermann verwundet worden ist, hat die sowjetischen Spähtrupps

aufmerksamer gemacht, die nun vom Steilufer, einige Meter über dem Konvoi, diesen unter Kontrolle halten. Die Russen wagen jedoch nicht, ans Ufer hinunterzusteigen. Sie werfen Handgranaten, die mit schrecklicher Wirkung inmitten der Kolonne detonieren. Das Durcheinander ist grenzenlos und unbeschreiblich.
Obersturmführer Fernet drängt unaufhörlich vorwärts. Die Toten müssen zurückbleiben. Sie liegen in ihrem Blut am Ufer, teils im Wasser oder zur Hälfte von der See bedeckt, deren weißer Schaum im Mondlicht glänzt. Die Verwundeten müssen weitergehen. Man wird sie in Dievenow versorgen.
Jetzt wieder Maschinengewehrfeuer. Doch die Schüsse liegen zu hoch und verlieren sich im Meer.
Zehntausend deutsche Flüchtlinge und einige hundert französische SS-Männer folgen in Richtung Westen der Vorhut, die entschlossen ist, sich durch keinerlei Hindernis aufhalten zu lassen. Zimmermann humpelt, hält sich aber auf seinen Stock gestützt aufrecht. Sein rechter Fuß macht ihm viel zu schaffen; es ist gerade der, der unaufhörlich von den Wellen beleckt wird.
Die Männer patschen um ihn herum. Manchmal fällt einer fluchend ins eisige Wasser.
Draußen auf der See tanzen rote und grüne Lichter auf und ab. Es sind Signallampen von Schiffen der Kriegsmarine. Der schwere Kreuzer „Admiral Scheer" und das Torpedoboot „T 33" müssen den Rückzug der Flüchtlinge und ihrer Begleitmannschaft von Rewahl bis Dievenow decken. Plötzlich schießen grelle Blitze aus den Flanken der Schiffe. Abschüsse, Pfeifen und Einschläge kündigen an, daß die Kriegsschiffe das Feuer eröffnet haben. Granaten detonieren am Strand.
„Die sind verrückt! Sie schießen auf uns! Sie sollen doch aufhören, mein Gott, sie sollen doch aufhören!"

Fernet befiehlt: „Leuchtkugeln! Schnell, Leuchtkugeln! Sie sollen das Feuer vorverlegen!" Jauss neben ihm reagiert sofort. Vielfarbige Sterne jagen vom Strand gen Himmel. Vom Kreuzer blinken Scheinwerfer auf, wie Eulenaugen. Die Lichter der Schiffe steigen und fallen am Horizont in buntem Wechselspiel. Endlich schweigen die Geschütze. Wieder werden einige Verwundete aufgelesen. Der Marsch geht weiter.

Bei der Vorhut ertönen Rufe: „Vor uns sind die Russen!" „Hinein in den Haufen!"

Nichts kann den ungestümen Angriff der französischen SS-Männer aufhalten. Zehntausend Flüchtlinge haben sich ihnen anvertraut. Dieses Vertrauen erscheint ihnen noch heiliger als ihr Eid. Deshalb stürmen sie unaufhaltsam mit Feuerstößen aus Maschinenpistolen und Maschinengewehren vorwärts, und mit Einsatz von Handgranaten kämpfen sie sich den Weg frei.

Drei schnelle Angriffe hintereinander erzwingen den Durchbruch. Das Gelände wird zusehends flacher und wandelt sich in eine Dünenlandschaft. Die Russen können jetzt leichter aus Häusern heraus mit Maschinengewehren den Konvoi beschießen, der sich am Strand entlang, über Leichen und Trümmer hinweg, immer weiter nach Westen bewegt. Die französischen SS-Männer säubern mit Maschinenpistolen und Handgranaten ein Haus nach dem anderen.

Jauss marschiert mit in der Spitzengruppe, die Leuchtpistole in der Hand. Manchmal jagt er einen grünen Stern in die Luft. Die Kriegsschiffe erkennen das Signal und eröffnen das Feuer. Sie beharken trotz Dunkelheit mit gutliegenden Salven die Sicherungsposten der Sowjets. Das Meer donnert mit großen Wogen gegen die Küste.

SS-Unterscharführer Gilbert Gillet, ein Zugführer an der Spitze der Kolonne, erhält einen Schuß ins Bein, sein Kamerad neben ihm fällt. Die Russen beschießen sie aus dem ersten Stockwerk einer Villa.

„Vorwärts", ruft Gillet und stürmt humpelnd drauflos.

Sein Hund „Sirocco" folgt ihm als erster und springt auf das Haus zu, aus dem die Schüsse kommen. Ein Feuerstoß aus einer automatischen Waffe trifft den Kopf des Tieres. Rasend vor Zorn stürzt Gillet die Freitreppe der Villa hinauf, drückt die Tür ein und wirft eine Handgranate ins Innere, deren Detonation das Treppenhaus zum Wanken bringt. Der Unterscharführer steigt ins erste Stockwerk. Die Russen sind verschwunden.

„Schnell", ruft Gillet seinen ihm folgenden Männern zu, „auf den Speicher!"

Feuer aus Maschinenpistolen empfängt ihn. Eine Handgranate ist seine Antwort. Drei russische Soldaten springen aus dem Rauch hervor. Mit einer Maschinenpistole streckt Gillet sie nieder. Wieder ist ein russischer Wachtposten erledigt.

Draußen vor der Villa findet Gillet seinen verendeten Hund „Sirocco". Er drückt seinem treuen Kampfgefährten die Augen zu. Hinkend wendet er sich zum Strand, wo der Konvoi in Richtung Dievenow weiterzieht.

Bei jeder Feindberührung werden französische Freiwillige verwundet. Der Bataillonsarzt, der junge Lothringer Oberjunker Anneshaensel, eilt unentwegt von einem zum andern, legt da einen Knebelverband an, dort eine Beinschiene. Nach und nach läßt er Soldaten und Flüchtlinge an sich vorüberziehen, denn er will noch die versorgen, die seiner Hilfe bedürfen.

„Beeilen Sie sich", ruft ihm Fernet im Vorbeigehen zu, „die Russen sind dicht hinter uns!"

Der junge Arzt gibt keine Antwort. Wieder legt er einem Schwerverwundeten einen frischen Verband an. In der Dunkelheit spürt er das warme Blut durch seine Finger

rieseln. Der französische SS-Mann stöhnt. Sein Bauch ist aufgerissen. Niemand kann ihm mehr helfen. Anneshaensel legt eine Kompresse auf, spricht leise tröstend mit dem Mann und verspricht ihm eine Morphiumspritze. Der Arzt weiß, daß er in dieser Nacht noch viele andere Verwundete retten muß. Er verläßt den Sterbenden, wendet sich einem anderen Verwundeten zu, der in die Nacht hineinächzt.
Die Nachhut des Konvois taucht auf, hastend zwischen Abhang und Ufer.
„Schnell, kommen Sie, Oberjunker!"
Der junge Arzt scheint nichts zu hören. Im Sand kniend neigt er sich über den Verletzten. Mit einer Geste bedeutet er den Männern, nicht auf ihn zu warten. Das Bataillon hat Dr. Anneshaensel nie wieder gesehen*.
Als der Tag anbricht, haben die französischen SS-Männer die deutschen Vorpostenlinien noch nicht erreicht. Der junge Peter Terzaghi ist in eine Blutlache gefallen. Seine feuchte Uniform fängt an zu gefrieren. Er marschiert wie in einem Eispanzer. Hinter Tannen versteckte russische Schützen nehmen die Kolonne unter Feuer.
Der an der Seite von Terzaghi marschierende Sanitäter fällt. Ein deutscher Offizier bittet den jungen Franzosen, einen deutschen Major, dem von einem Splitter der Hals aufgerissen wurde, auf den Rücken zu nehmen und ihn zu einem Sanitätsposten zu tragen. Der Verwundete ist ein Koloß von achtzig Kilo. Jedesmal, wenn er sprechen will, läuft ein Blutstrom aus seinem Hals über den Uniformrock seines Trägers. Als schließlich Terzaghi in einer als Notverbandsplatz eingerichteten Villa den Verwundeten

* Nach etlichen Zeugenaussagen ist Dr. Anneshaensel kurz darauf verwundet worden. Auf dem Transport in ein rückwärtiges Lazarett soll er gestorben sein. Krukenberg verlieh ihm noch nachträglich das Eiserne Kreuz I. Klasse.

auf den Tisch legt, ist er derartig blutig, daß die Sanitäter glauben, er sei auch verwundet.
Nach schnellem Lauf stößt der Franzose wieder zu seinen Kameraden, die ihn ebenfalls bestürzt anschauen.
„Dich haben sie ja toll zugerichtet!"
„Nicht doch, das kommt von einem Verwundeten, den ich getragen habe."
Sie stehen um ihn herum und fangen an zu lachen. Nervenreaktion dieser Höllennacht.

*

Trotz zahlreicher Feindberührungen und dreier Nahkämpfe ist der Marsch der Grenadiere des Bataillons Fernet nicht entscheidend aufgehalten worden. Der dunklen Nacht folgt nun ein grauer Morgen. Nach und nach tauchen Dünen und Villen aus der Finsternis auf. Silhouetten mit typischen Stahlhelmen erscheinen am Strand: Deutsche Waffen-SS, die von Dievenow her ihren französischen Kameraden entgegenkommt.
Obersturmführer Fernet schaut auf seine Uhr. Es ist 08.00 Uhr morgens. Man schreibt den 12. März 1945

Auf dem Marsch zur Insel Wollin

Das I. Bataillon der Division Charlemagne hat endlich die deutschen Linien erreicht. Zimmermann, dem sein Fuß viel Schmerz bereitet, kann es nicht lassen, seinen um ihn herumstehenden Männern einige nette Worte im Pariser Argot zum besten zu geben. Sie sind naß bis zu den

Hüften, mußten sie doch zum Schutz des Konvois oftmals mehrere Meter in das eisige Meer hinauswaten. Trotzdem lachen sie. Die acht zurückliegenden Stunden haben sie auf eine harte Probe gestellt. Der Einsatz hat sich gelohnt. Es ist gelungen. Die zehntausend Flüchtlinge sind gerettet.
Die SS-Männer ruhen am Strand aus, die Flüchtlinge ziehen die Straße weiter nach Westen. Wortlos danken die Unglücklichen ihren Rettern. Die französischen Soldaten geben den Müttern die Kinder zurück, die sie während eines Teils des Marsches am Strand getragen haben.
Ein verlegenes Lächeln huscht im traurigen Licht des Morgengrauens über die ausdruckslosen, blutleeren Gesichter, die der Farbe des Sandes gleichen. Aus dieser Hölle lebend herauszukommen scheint noch der einzig mögliche Sieg zu sein.
In Dievenow wimmelt es von Soldaten, die in aller Eile eine provisorische Verteidigung aufbauen.
Obersturmführer Fernet geht auf eine Gruppe deutscher Offiziere zu, die offenbar diesen Widerstand organisieren.
„Weiß man schon etwas von dem Transport auf der Küstenstraße?"
„Noch nicht."
Der Chef des Marschbataillons muß über sechs Stunden warten, bis er seinen Kameraden Roy wiedersieht. Der Artillerieoffizier erzählt: „Anfangs ging alles gut. Wir hatten Tiger und Panther bei uns, die den Weg freischossen. Aber die Russen kamen von allen Seiten. Um 05.00 Uhr früh waren wir mitten im Schlamassel. Auf der anderen Seite hat man motorisierte Einheiten eingesetzt. Wir mußten halten, manövrieren und kämpfen."
Roy scheint wütend zu sein, daß er in dieser Nacht keine Geschütze hatte, um den sowjetischen Widerstand zu brechen. „Bevor wir den Durchbruch erzwingen konnten, mußten wir uns in die Wälder absetzen. Erst um 10.00

Uhr heute vormittag ging es wieder weiter. Wir mußten alles aufbieten, um die Russen zu verjagen. Die deutschen Fallschirmjäger haben großartig gekämpft, einfach fabelhaft dieser Opfermut. Aber auch unsere Jungs haben sich tapfer geschlagen ... Und wie ging's auf dem Strand?"
„Einige Feindberührungen. Aber schließlich ist der Durchbruch gelungen."
Roy kann nicht genug das Eingreifen der Luftwaffe und der Kriegsmarine loben. Sie ermöglichten nach dem Kampf auch den letzten Fahrzeugen, noch intakt nach Dievenow zu gelangen und wieder auf die Infanteristen des Bataillons Fernet zu treffen.
„Was machen wir jetzt?" fragt Roy.
„Wir gehen weiter nach Westen", antwortet Fernet. „Ich glaube, man sollte keine Zeit verlieren, wenn man noch retten will, was von der Division Charlemagne übriggeblieben ist."

*

Den deutschen Streitkräften fehlt es an Männern, Treibstoff und Waffen. Als die französischen SS-Männer aus der Gefahrenzone heraus sind und die Oderlinie passiert haben, müssen sie die Waffen abliefern, gemäß einem Befehl, der alle Einheiten betrifft, die aus der Front abgezogen werden. Schweren Herzens trennen sie sich von ihren Panzerfäusten, Gewehren und Maschinengewehren, mit denen sie den langen Marsch durch das von den Russen besetzte Gebiet und den Durchbruch längs der Ostsee erkämpft haben.
Andere Einheiten warten auf diese Waffen, um die russische Offensive, die Pommern durchfegt, aufzuhalten, wobei nur noch der Raum um Danzig von deutschen Truppen offengehalten wird. Patronen und Handgranaten sind

Mangelware geworden und müssen sorgfältig gesammelt, sortiert und neu verteilt werden. Nur die Dienstgrade der Division Charlemagne dürfen ihre persönlichen Pistolen behalten. Die Männer müssen mit leeren Händen weiterziehen. Sie sind ein wenig außer Fassung, daß sie nach Tagen unsteten Daseins und Kampfes jetzt entwaffnet werden.

Am 12. März 1945, kurz nach Mittag, setzen sich die aus Pommern Entkommenen nach Kolzow auf der Insel Wollin in Marsch. Zimmermann gelingt es wiederum, ein Fahrrad aufzutreiben. Trotz Verwundung weigert er sich, vor dem Eintreffen in Swinemünde ein rückwärtiges Lazarett aufzusuchen. Im Zickzack radelt er die gepflasterte Straße entlang und senkt den Kopf vor dem eisigen Wind der Ostsee, der ihn bei jeder Umdrehung aus dem Gleichgewicht zu bringen droht.

Der Kommandeur hat sich ins Stabsquartier begeben. Jetzt weiß Krukenberg seine Männer vorläufig außer Gefahr und wird erst später wieder zu ihnen stoßen.

Das Marschbataillon überquert eine der Inseln der Odermündung. Die Soldaten sind erschöpft, aber doch glücklich darüber, daß sie der Falle in Pommern entronnen sind. Sie haben das Gefühl, aus einem Alptraum zu erwachen. Trotz Kälte und Wind ist dieser Nachmittag für sie etwas Herrliches. Ein salziger, eisiger Regen brennt ihnen auf den Lippen. Aber sie singen.

Am Ende des Tages gelangen sie nach Mellenthin auf der Insel Usedom. Es ist kalt. Zimmermann versammelt alle in der Dorfkirche, tritt vor den Altar und spricht kurz zu ihnen in seiner bekannten Weise:

„Wir haben uns sehr gut der Umklammerung entzogen. Die Lage ist aber nach wie vor ungeklärt und beklemmend ... Was wollt ihr lieber? Die Nacht in der Kirche verbringen oder im Wald?"

Mit dem alten Instinkt von Flüchtigen und Kriegern wählen die französischen SS-Männer den Wald.
Im Morgengrauen des 13. März 1945 erscheint Krukenberg in einer von zwei requirierten Pferden gezogenen zweirädrigen Kutsche; seit langem darf im Kriegsdeutschland kein Tropfen Benzin mehr vergeudet werden.
Das Bataillon Fernet setzt seinen Marsch fort. Der Divisionskommandeur fährt in seiner Kutsche, und Zimmermann radelt aufrecht vor den Pferden auf seinem alten Fahrrad mit der gekrümmten Lenkstange.
Die aus Pommern Davongekommenen marschieren in geordneten Reihen wie bei einem Ausmarsch. Sie singen auf der vom Regen gepeitschten Straße die alten Lieder der Waffen-SS:

> „SS marschiert in Feindesland
> und singt ein Teufelslied.
> Wo wir sind, da ist immer vorne,
> Und der Teufel, der lacht noch dazu
> Ha! Ha! Ha! Ha! Ha! Ha! Ha! ..."

Der Teufel reitet mit der französischen Waffen-SS, die der Tod nicht gewollt hat. Die jetzt singend die Ostseeküste entlangmarschieren, glauben, daß ihnen von nun an nichts mehr den Weg versperren kann.
Das Marschbataillon gelangt schließlich nach Swinemünde. SS-Standartenführer Zimmermann hat sich, immer noch radelnd, zum Gefechtsstand des Generals Aiching begeben, wo ihn der Stabschef zu der großartigen Haltung seiner Männer beglückwünscht.
„Ich habe auf der Straße in Swinemünde eine Einheit in tadelloser Haltung marschieren sehen. Die Männer sangen. Ich gestehe, daß ich überrascht war, als ich hörte, daß es Franzosen sind."

„Es sind die Überlebenden der 33. Waffen-Grenadier-Division der SS Charlemagne", erläutert Zimmermann mit begeisterter Miene.
„Nun, das ist das erste Mal seit langer Zeit, daß ich wieder Männer sehe, die noch Soldaten gleichen."

Von der Odermündung nach Anklam

Vor vier Tagen sind in Jargelin, in der Nähe von Anklam in Westpommern, SS-Männer der Stabskompanie der Division Charlemagne und Versprengte unter Führung von Sturmbannführer Boudet-Gheusi eingetroffen; dieser, ein bekannter ehemaliger Rechtsanwalt aus Nizza, ist Führer eines Gespensterbataillons von Panzerjägern ohne Panzer. Seine Männer sind erschöpft und demoralisiert. Sie sind der Gefangenschaft entgangen als Teil einer Armee, die aufgerieben wurde. Die ältesten unter ihnen ertappen sich dabei, mit fadem Gefühl von Groll an den Sommer 1940 zu denken. Damals überrannte das deutsche Heer Frankreich im Sturm. Alle auf dem Rückzug befindlichen Heere gleichen sich irgendwie. Es scheint, daß die Spannkraft der einst so stolzen Wehrmacht jäh gebrochen ist. Nur die wenigen kleinen Gruppen der Waffen-SS, mit dem Fanatismus politisch geschulter Soldaten, halten noch aus.
Die französischen SS-Männer kampieren in einer zugigen Scheune. Das Stroh ist voll Ungeziefer. Auf den Feldern dieses einst schwedischen Teils Pommerns liegt noch Schnee. In der Nähe ist die Ostsee mit ihren kalten, grauen Wassern, ihren zähen Nebeln und dem Dunst, der sich bis zu dem Elendshaufen hin erstreckt.

Um diese nun Untätigen zu beschäftigen, beginnen einige Unterführer mit Exerzierdienst, Gefechtsausbildung . . . Monotone Übungen in geschlossener Ordnung. Dazwischen Entlausung. Sie vergleichen ihre Funde untereinander. Rottenführer Soulet, Dolmetscher im Stab, zeigt einen Parasiten von der Größe eines Getreidekorns, den er in seinem Hemd gefunden hat.

Für die Schreiber, Furiere und Fahrer war dieser Krieg in Pommern nur ein trostloser Rückzug nach Westen in einer jeden Tag mehr beängstigenden Atmosphäre. Jetzt, da die Geretteten die Oder hinter sich gebracht haben, ist der Druck gewichen, und sie fühlen sich durch ihre Untätigkeit ein wenig beschämt. Sie denken an ihre Kameraden in den Einsatzkompanien, von denen sie keine Nachricht haben, bis ihnen Boudet-Gheusi berichtet, daß die Division in der Ebene von Belgard vernichtet worden ist, daß es aber dem Bataillon Fernet gelang, die russischen Linien zu durchbrechen und Swinemünde zu erreichen.

Beide Truppenteile sollen am 15. März 1945 im Raum Anklam zu einer neuen französischen Waffen-SS-Einheit zusammengeschlossen werden.

Von den im Raum Anklam zusammengezogenen Resteinheiten kann man nicht mehr von einer Division sprechen. Der Stab nimmt eine Namensänderung vor, so daß die neue Einheit nunmehr Waffen-Grenadier-Regiment der SS Charlemagne heißt, mit SS-Standartenführer Zimmermann an der Spitze. Trotz seiner Fußverwundung läßt er sich in kein Lazarett verlegen und fährt weiterhin mit dem Fahrrad von einer Kompanie zur anderen.

Der Stab sucht ein Quartier und findet eine große Landwohnung, die vollgestopft ist mit Flüchtlingen, denen die Schrecken der letzten Tage noch in den Gliedern stecken. Angehörige des Stabes werden in einem Vorzimmer un-

tergebracht, in dem ein riesiges Billard steht. Zwei kleine Tische am Fenster bilden die „Schreibstube". Sie führt Obersturmführer Bénétaux, der es immer noch nicht fassen kann, wie es ihm gelungen ist, den Russen zu entkommen, und der jedem, der es hören will, seine Odyssee von der vierundzwanzigstündigen Gefangenschaft erzählt.
Schreiber und Melder bauen sich unter dem Billardtisch ein Strohlager. Der Papierkrieg nimmt seine Arbeit auf.
In einer der Scheunen des Gutshofes streitet sich Soulet heftig mit einem Inspektor wegen ein paar Strohballen. Wütend ruft der junge Franzose: „Wir haben für Ihr Land gekämpft, und Sie wollen, daß wir auf der Erde schlafen. So geht's nicht!"
Da der Deutsche weiterhin Geschrei macht, endet Soulet mit seinem Lieblingsausdruck: „Ein Büro, in dem geweint wird, gehört in eine Trauerweidenstraße."
Der Deutsche, der nichts versteht, weiß nicht, ob er sich ärgern soll, und dreht sich auf dem Absatz um. Soulet sagt ihm in aller Ruhe: „Ich habe nicht den Eindruck, daß die Russen Sie fragen werden, wenn sie sich bedienen. In einigen Wochen wird der Iwan da sein."
Nach diesen defaitistischen Worten kehrt er zu seinen Kameraden zurück, die gerade die neuen Rationen des Regiments Charlemagne fassen. Etwa sechshundert Mann sind jetzt im Raum Anklam beisammen; aber es kommen noch jeden Tag Gerettete und Versprengte hinzu.
Die deutsche Bevölkerung betrachtet verblüfft diese SS-Männer in ihren abgetragenen und verschlissenen Uniformmänteln. Das Elitekorps des Reichs wird in den Strudel der Auflösung mit hineingerissen. Mit besiegten Landsleuten verträgt man sich schlecht, aber zu Fremden wird der Abstand noch größer. Die französischen SS-Freiwilligen verstehen sich mit manchen Bauern längst nicht mehr so wie früher. Jene sehen den Krieg herankommen und

spüren, daß sie niemand mehr schützt. Was in Pommern Soldaten und Flüchtlinge so fest zusammengefügt hat, scheint sich hier in ein Nichts aufzulösen.
Die Kälte hört nicht auf. Immer noch sind einige Schneefelder da, über die der Wind der Ostsee hinwegfegt und die starre, gewellte Oberfläche regenbogenfarbig schillern läßt. Verdrießlich liegen die Bauernhöfe unter ihren großen Strohdächern.
Die Gegend, in welcher sich die Überlebenden der Division Charlemagne zusammengefunden haben, ist eine sandige und sumpfige Ebene. Trotz des bevorstehenden Frühlings scheint nichts den noch eisigen Wind aufhalten zu können. Die französischen SS-Männer finden hier wieder eine monotone Landschaft aus Wald, Sand und Seen vor, ähnlich jener, in der sie tagelang in einem unglaublichen Durcheinander gekämpft haben.

*

Am 18. März 1945 fährt SS-Brigadeführer Krukenberg zum Einsatzstab des Reichsführers-SS, der in der Gegend von Prenzlau liegt.
Er kehrt bald zurück. In seiner Kutsche bringt er einige Kisten Marketenderware mit, die den Einheiten zu gleichen Teilen übergeben werden.
Der Reichsführer-SS Heinrich Himmler hat ihm eine stattliche Anzahl Eiserner Kreuze zur Auszeichnung der französischen SS-Freiwilligen übergeben.
„Stillgestanden!"
Ein Stiefelschlag, und alles steht stramm.
„Augen-rechts!"
Mit einem Ruck wenden sich die Köpfe nach rechts, die Augen auf den Brigadeführer gerichtet. Krukenberg ist

für die Männer nicht mehr der Kommandeur auf Distanz, wie er ihnen in Wildflecken noch erschien. Er ist jetzt ganz der Truppenoffizier, der SS-Führer, wie ihn sich die Freiwilligen in Sennheim vorgestellt haben. Sein Gesicht ist schmal und hart geworden, erhellt vom durchdringenden Blick seiner kleinen dunklen Augen. Sein ewiger Ledermantel von einer unbestimmten Farbe zwischen grün und grau hat Risse bekommen. Seine Männer, denen der Durchbruch bis Dievenow gelungen ist, wissen, daß er stets an der Spitze marschiert ist und alle Risiken des einfachen Grenadiers auf sich genommen hat.
„Augen gerade... aus!... Rührt euch!"
Krukenberg ist kein Freund von langen Reden. Er will jedoch die Erinnerung an die wachrufen, die gefallen sind. Er erinnert daran, daß Franzosen noch gestern in Kolberg kämpften und andere an der Front in Gotenhafen und im Raum von Danzig eingesetzt sind.
Der Kommandeur befördert Fernet zum SS-Hauptsturmführer, der den Durchbruch zur Ostsee fertiggebracht hat und seit Meseritz das Eiserne Kreuz I. Klasse trägt. Sein Adjutant, der Oberjunker Labourdette, wird zum SS-Untersturmführer befördert.
Nachdem der Brigadeführer einige Auszeichnungen verliehen hat, verliest er eine Glückwunschbotschaft Heinrich Himmlers.
„Dadurch, daß die französischen SS-Männer in Körlin achtundvierzig Stunden standgehalten haben, konnte der Plan des Generalstabs durchgeführt werden... Das Opfer der gefallenen und vermißten Kameraden ist nicht umsonst gewesen."
Die kurze Ansprache ist beendet. Die Kompanien können wieder in ihre Unterkünfte abrücken.
Im ganzen Dorf werden in aller Eile Plakate angeschlagen: Die Oder ist Hauptkampflinie. Diese von Heinrich

Himmler unterzeichnete Proklamation kündet das letzte
Aufbäumen vor der unvermeidlichen Niederlage an.

*

Am 21. März 1945, dem ersten Frühlingstag, marschieren
die französischen SS-Männer durch Anklam zum Bahnhof,
um mit der Bahn einen neuen Standort in Mecklenburg
zu erreichen.
Die Enttäuschung ist groß. Es geht kein Zug mehr. Wieder
müssen sie marschieren, und wieder sind sie mehrere Tage
auf der Landstraße. Trotzig singen sie im Gleichschritt
in französischer Sprache das Lied, das jetzt Spott herausfordert:

„Monika, liebe Gefährtin,
Das Land ist nun im Felde,
um neu die Zeit zu schaffen...
Wir werden die Russen in die Flucht schlagen,
sehr weit bis zum Ural."

In diesem Frühling 1945 stehen die Sowjets an der Oder.

DIE NEUAUFSTELLUNG DER DIVISION CHARLEMAGNE

Auf den Straßen Mecklenburgs

Keine Eisenbahnwagen mehr, keine Lastwagen mehr, keine Pferde mehr . . . Die SS-Männer der Division Charlemagne marschieren auf den Straßen Westpommerns nach Mecklenburg.
Marschieren — marschieren — marschieren.
Es ist wieder still geworden. Kein Gesang ertönt mehr aus der Kolonne, die kaum tausend Mann stark ist.
Hinter den letzten Häusern des Ortes wird fieberhaft gearbeitet. Panzergräben werden ausgehoben. Niemand glaubt mehr daran, daß die Oder für die Rote Armee eine unüberwindliche Sperre bildet. Techniker der Organisation Todt in langen Khaki-Mänteln mit leuchtend rotem Band am linken Ärmel kommen und gehen und feuern die Arbeiter an.
Alle verfügbaren Männer des Reiches dienen von nun an in der Wehrmacht, in der Waffen-SS oder im Volkssturm. Selbst Greise und Kinder. Zur Arbeit mit Schaufel und Hacke stehen nur russische Kriegsgefangene und deutsche Frauen zur Verfügung. Sie sind durch eine Straße voneinander getrennt, auf der Wachtposten auf und ab gehen. Sklaven und Herren sind von jetzt ab in die gleiche Arbeit eingespannt, die ihnen die Hände blutig macht und

das Kreuz verrenkt, und das am Rande dieser Gräben, die nichts aufhalten können, wenn die russische Offensive Mecklenburg überrollt.
„Ein Flugplatz! Flugzeuge!"
Die Franzosen haben gekämpft, als der Himmel völlig leer von deutschen Flugzeugen war, und hier entdecken sie verblüfft neben den Gerippen von Flugzeughallen völlig intakte Flugzeuge. Messerschmitt 109 und Focke-Wulf 190 stehen aufgereiht wie bei einer Parade, zur Tarnung sorgfältig mit Planen bedeckt. Warum haben sie nicht am Kampf teilgenommen? Männer des Bodenpersonals der Luftwaffe erklären den französischen SS-Männern resigniert: „Kein Benzin mehr!"
Das Reich besitzt nur noch das Blut der Jugend: bei der Flak, die rings um den Flugplatz von Anklam in Stellung gegangen ist, sind „Kanoniere" in der dunkelblauen Uniform der Hitlerjugend tätig. Sie sind höchstens vierzehn oder fünfzehn Jahre alt. Mit kindlichem Eifer erfüllen sie ihre Aufgabe.
Monoton dehnt sich das Land aus. Die Straße scheint unendlich zu sein. Müdigkeit macht sich bemerkbar. An diesem ersten Frühlingstag des Jahres 1945 ist es immer noch kalt. Dennoch kleben die Uniformen vor Schweiß auf der Haut. Zwischen zwei Regenschauern scheint die Sonne. Die Männer schleppen sich mühselig auf den Beinen haltend dahin, Kilometer um Kilometer.
„Schon 15 Kilometersteine", seufzt Soulet, dessen Tätigkeit als Dolmetscher beim Stab ihn schlecht auf dieses „Tippeln" vorbereitet hat.
„Wir kommen zu einem Landgut. Meckert nicht."
Es ist die erste Rast. Schwrinsbring. Die Freiwilligen werden im großen Saal eines Gasthauses untergebracht. Es hat schon Kriegsgefangenen als Unterkunft gedient und ist deshalb mit einem Stacheldrahtzaun umgeben.

„Das erinnert mich an mein Stalag 1940", ruft Soulet aus. Er legt sich auf eine Bank des Gasthauses und bemerkt witzig: „Ich bin offenbar noch nicht aus der Herberge 'raus..."
Am folgenden Tag müssen sie beim Morgengrauen wieder auf die Straße. In Sarnow empfängt die Kolonne Verpflegung. Die deutsche Organisation klappt trotz der großen Ausfälle. Es ist erstaunlich. Aber die Männer murren.
„Und Brot?"
„Kein Brot mehr da!"
Im Reich scheint auch künftig nicht mehr Brot als Benzin vorhanden zu sein. Die Franzosen nehmen widerwillig einige Kekse in Empfang, die aus Pappe geknetet zu sein scheinen. Jeder hat Anspruch auf drei bis fünf Schachteln solcher Kekse, welche die deutsche Intendantur „Knäckebrot" nennt.
„Das füllt die Taschen, aber nicht den Bauch", stellt Soulet fest, der sich bemüht, dem Marschtempo zu folgen.
Ein schrecklicher, eisiger Wind pfeift über die mecklenburgische Ebene. Er wirbelt den Staub hoch, der die Gesichter peinigt und sich auf Uniformen und Marschgepäck legt. Die Männer bekommen ein gräuliches, leichenähnliches Aussehen.
Die französischen SS-Männer marschieren durch die große Stadt Friedland, eine vorpommerische Stadt wie jede andere auch mit ihren ehrbaren Häusern und engen Gassen. Zivilisten und verwundete Soldaten betrachten die seltsame Kolonne. Wo sind die einst so stolzen Divisionen?
Erneute Pause am Ausgang der Stadt. Eine kleine alte Frau, ganz in Schwarz, kommt aus ihrem Haus und geht auf die auf dem Bürgersteig sitzenden SS-Männer zu. Sie bringt ihnen einige Kannen heißen Kaffee-Ersatz.
In der Nacht werden die Männer auf verschiedene Dörfer verteilt. Die Stabskompanie ist in der Schule von Schön-

beck untergebracht. Die schwarze Schultafel gibt einem Karikaturisten eine Anregung. Mit ein paar Kreidestrichen zeichnet er die Division Charlemagne auf dem Rückzug. Er hat keine Hemmungen, und so sieht man sogar Kriegsversehrte in Rollstühlen.

Am 23. März 1945 legen die französischen SS-Freiwilligen mehr als zwanzig Kilometer zurück und gelangen in den Raum Stolpe. Bei jeder Pause versuchen sie, sich zu entlausen; ihre Uniform wimmelt von Ungeziefer. Am Morgen haben sie unerwartet eine Milchsuppe empfangen, in die sie ihre Kekse eintauchten. Des Abends bekommen sie dann einige Kartoffeln. Fast ein Festessen ... Der Tag ist günstig verlaufen. Selbst von zwei russischen Fliegern, die über die Kolonne hinwegflogen, wurden sie nicht beschossen.

Am 24. März, nach einem weiteren Marsch von etwa zehn Kilometern, treffen die Reste der Division Charlemagne in Carpin ein. Der Aufenthalt ist kurz, der Wind hat aufgehört, die Sonne scheint. Man hört sogar wieder Lieder:

„Wir werden die Russen in die Flucht schlagen
sehr weit bis zum Ural."

„Es gibt welche, die zu allem fähig sind", stellt Soulet fest und zerquetscht erneut eine Laus in seiner Uniformjacke. Hufgeklapper läßt ihn aufhorchen. Ein Reiter kommt angetrabt. Es ist SS-Hauptsturmführer Pachur, ein großer Berliner von vornehmem Äußeren, der Adjutant des Brigadeführers. Die Männer der Stabskompanie umringen ihn, sie wollen was Neues erfahren.

„Ich brauche für den in Carpin liegenden Stab der Division Charlemagne Personal, Dolmetscher, Schneider, Friseur..."

Die Organisation fordert ihr Recht. Der vorschriftsmäßige Haarschnitt kündigt an, daß sich was tut. Die Schreibstuben werden erneut rührig. Der Krieg geht weiter.

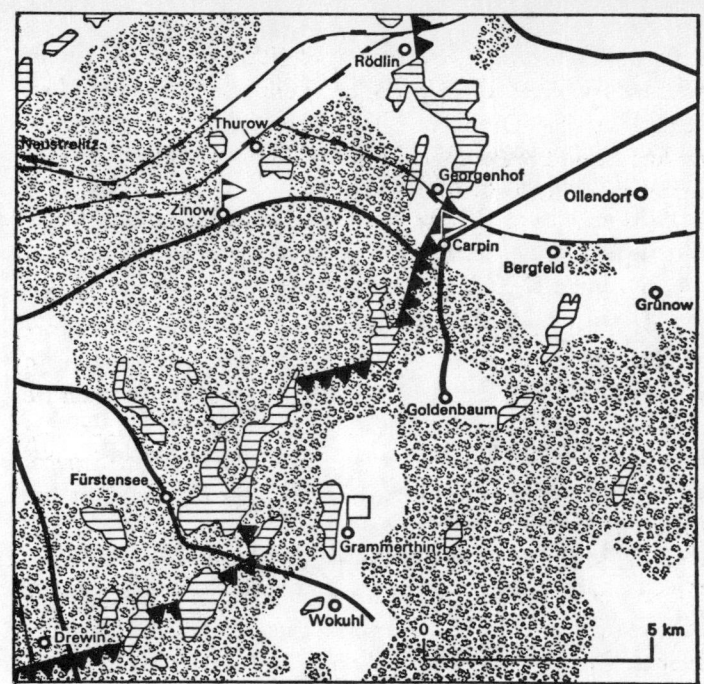

Neugruppierung der Division Charlemagne im Raum Neustrelitz (24. März – 29. April)

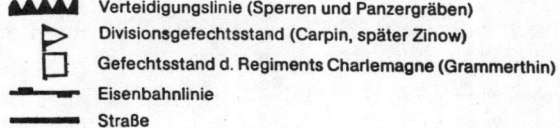

Verteidigungslinie (Sperren und Panzergräben)
Divisionsgefechtsstand (Carpin, später Zinow)
Gefechtsstand d. Regiments Charlemagne (Grammerthin)
Eisenbahnlinie
Straße

Sammelpunkt Neustrelitz

Das Dorf Carpin bekommt von nun an die Bezeichnung Stabsquartier Division Charlemagne, deren Mannschaftsbestand kaum über den eines starken Bataillons hinausgeht.

Das kümmert die Stäbe wenig, die anfangen, Schreibstuben und Dienststellen zu errichten. Für Brigadeführer Krukenberg ist Unordnung der Feind Nummer eins.
In der Nähe des Dorfes befindet sich ein See am Rande eines Waldes. An der Straße von Woldeck nach Neustrelitz liegen einige Häuser verstreut. Carpin hat sich einen friedlichen, bäuerlichen Charakter bewahrt. Der Bahnhof gleicht einem Kinderspielzeug; selten kommt ein Zug vorbei. Doch am Himmel erscheinen jetzt des öfteren feindliche Flugzeuge.
Die französischen SS-Männer beginnen sich einzurichten. Telefonisten, Sanitäter, Schreiber und Lagerverwalter haben bald ihren Platz gefunden. Sie wahren ihren Ruf, die größten Organisatoren der Division zu sein. Soulet hat als Dolmetscher wieder eine Schreibmaschine, ein Wörterbuch und ein Radio. Ein guter Ofen brummt im Zimmer.
SS-Brigadeführer Krukenberg hat seine Befehlsstelle im Schloß Carpin, einem ausgedehnten Gebäude unbestimmten Baustils. Die deutschen Führer seines Stabes haben bereits ihre Arbeit aufgenommen.
Die Reste der Division Charlemagne werden in zwei Einheiten gegliedert, die die Tradition der ehemaligen Regimenter bewahren werden.
Das Bataillon 57 wird direkter Erbe der SS-Sturmbrigade 7, und viele ihrer Männer, die im Sommer 1943 in die Waffen-SS eingetreten sind, haben in den Karpaten gekämpft. Sie wissen, daß sie der Falle in Pommern dank ihrer Disziplin und ihrer Tapferkeit entgangen sind, und sind darauf sehr stolz. SS-Hauptsturmführer Fernet behält selbstverständlich die Führung dieser Eliteeinheit. Er bezieht im Schloß Bergfeld Quartier, während seine drei Grenadierkompanien auf benachbarte Höfe verteilt werden.
Das Bataillon 58 liegt in der Umgebung des Dorfes Grunow. Wie im Traditionsregiment, so findet man auch in

dieser Einheit eine Mischung aus ehemaligen Milizangehörigen, die sich in der Feuertaufe in Pommern bewährt haben, sowie aus alten Frontkämpfern der LVF, die nach vier Jahren harter Kämpfe an der Ostfront durch den jetzigen unglückseligen Verlauf ziemlich entmutigt sind. Die Legionäre haben immer ihren Ruf als Haudegen hochgehalten und lassen es sich daher auch nicht nehmen, die zu kritisieren, denen sie die Schuld an ihrem Unglück beimessen.

SS-Obersturmführer Géromini, der damals mit der Freigarde der Miliz ins Lager Wildflecken gekommen war, hat die schwere Aufgabe der Führung des Bataillons 58 übertragen bekommen, das weniger einheitlich und moralisch gefestigt ist als das Bataillon 57. Der ehemalige Kolonialinfanterieoffizier und sehr mutige Kompanieführer im Pommernfeldzug scheut keine offene Aussprache. Dies stört gelegentlich seine Vorgesetzten, verhilft ihm aber zu einer unleugbaren Popularität. Als heißblütiger Korse ist Géromini entschlossen, den Kampf fortzusetzen, ein gewisser argwöhnischer Trotz bleibt aber unverkennbar.

Die Überlebenden der Ehrenkompanie, die seit den Kämpfen um den Friedhof in Elsenau einen guten Ruf als Panzerjäger besitzen, sind in Ollendorf untergebracht.

SS-Obersturmführer Weber gehört zur Inspektion der französischen Waffen-SS und bemüht sich, sich etwas abseits der anderen Einheiten der ehemaligen Division Charlemagne zu betätigen. Um die Verluste des Pommernfeldzuges auszugleichen, bekommt er einige neue, ausgesuchte Anwärter für seine Lehrgänge in der Ausbildungskompanie, die teils als Lehreinheit, teils als eine Art Freikorps betrachtet wird. Weber macht auch weiterhin seinem Spitznamen „Zyklon" alle Ehre und scheint entschlossen zu sein, die Ausbildung wieder mit höllischem Rhythmus fortzusetzen.

SS-Brigadeführer Krukenberg ist es gelungen, von den Teilnehmern am Pommernfeldzug etwa wieder siebenhundert zu gruppieren. Um eine neue, noch größere Einheit der französischen Waffen-SS aufstellen zu können, bittet er Berlin, alle Versprengten, denen es gelungen ist, die deutschen Linien an der Oder zu erreichen, in den Raum Neustrelitz zu leiten. Er weiß, daß eine Marschkompanie an der Verteidigung Kolbergs* teilgenommen hat, und er meint, daß auch noch zahlreiche französische SS-Männer bei der Verteidigung von Danzig eingeschlossen sind**. Dazu kommt noch die in Stärke eines Regiments auf dem Truppenübungsplatz Wildflecken befindliche Ersatzeinheit.

Der Kommandeur fordert, daß diese Männer so schnell wie möglich nach Neustrelitz in Marsch gesetzt werden. Vorweg erscheint es ihm förderlich zu sein, den Männern, die unter seinem Befehl in Carpin liegen, eine moralische Aufrüstung zu geben. Er erläßt daher den in den Unterkünften Bergfeld, Grunow und Ollendorf ausgegebenen Tagesbefehl vom 27. März 1945:

„Wir haben einschneidende Tage bitterer Kämpfe und Gewaltmärsche hinter uns. Wir haben nicht als kleiner Haufen in der deutschen Wehrmacht gekämpft, sondern als selbständige französische Division.
Mit dem Namen Charlemagne ist der Ruf von der Tapferkeit und Ausdauer der Franzosen erneut bestätigt worden. Die Dauer der Kämpfe hat uns geeinigt.
Mit Stolz erinnern wir uns daran, daß wir im Süden von Bärenwalde den Feind, der in die deutschen Linien eingebrochen war, zum Stehen gebracht haben. Außerdem ha-

---

* und ** Siehe die im Anhang dieses Buches zusammengefaßte Schilderung der Kämpfe der französischen Waffen-SS in Kolberg und Gotenhafen-Danzig.

ben wir dort bei Elsenau und Bärenhütte in knapp einer Stunde sechzehn feindliche Panzer vernichtet.
Auch in Neustettin haben wir unsere Tapferkeit bewiesen. Aber ganz besonders in Körlin haben wir gezeigt, daß wir zu kämpfen verstehen. Wir waren die letzten auf dem Schlachtfeld, als die Interessen der Wehrmacht es erforderten.
Nur der Tatsache, daß wir bis zu den ersten Morgenstunden des 5. März ausgehalten haben, ist es zu verdanken, daß ein Teil der deutschen Armeen und auch ein Großteil unserer Einheiten sich von der russischen Einschließung frei machen konnten.
Wir haben dann die deutschen Stellungen bei Dievenow erreicht, indem wir mehrmals die feindliche Front durchstoßen haben.
Diesen Erfolg verdanken wir nicht nur unserem Kampfgeist, sondern auch unserer Disziplin.
Wir wollen aber auch unsere Kameraden nicht vergessen, die in Kolberg vom Kommandanten der Festung mehrmals wegen ihrer besonderen Tapferkeit lobend erwähnt worden sind.
In diesem Augenblick verteidigen noch Angehörige unserer Division an der Seite ihrer deutschen Kameraden die Stadt Danzig.
Wir haben überall dazu beigetragen, den Ansturm der Bolschewisten zurückzuhalten oder zu bremsen. Dieser Kampf konnte nicht ohne ernstliche Verluste geführt werden, und viele unserer Kameraden haben sich bisher noch nicht bis zu unserer jetzigen Linie durchschlagen können. Hoffen wir, daß General Puaud und mit ihm andere heldenhafte Kämpfer bald unter uns sind.
Der gemeinsame Kampf hat uns zusammengeschweißt. Die Tatsache, daß unsere Division in ruhmreichen Kämpfen zusammengeschmolzen ist, soll uns zum Vorteil gereichen,

da wir nun einen Block, eine geschlossene Mannschaft bilden.
Weit von unserer Heimat entfernt konnten wir neuen Ruhm an unsere Fahne heften. Wir wissen, daß alle Franzosen, die wie wir für die Freiheit des Vaterlandes und für eine neue europäische Ordnung einstehen, uns mit Stolz betrachten.
Wir haben immer gesagt, daß nur diejenigen beim Wiederaufbau Frankreichs mitwirken können, die in härtesten Lagen sich als Soldaten bewiesen haben. Nach langen Ausbildungsmonaten haben wir den Geist, der uns beseelt, zeigen können, ein Geist, der uns in kommenden Tagen zu neuen Erfolgen führen wird bis zu dem Tag, der, sehnlichst erwartet, uns an der Befreiung unseres Landes teilnehmen lassen wird.
Die Geschichte hat uns gelehrt, daß man nach einer Schlacht nicht müde werden darf, sondern im Gegenteil alle Kräfte für neue Kämpfe mobilisieren muß. Der gegenwärtige Augenblick ist entscheidend. Möge die Ehre der Waffen-SS die unsrige sein, so daß kein Soldat, der sich seiner Ehre bewußt ist, unsere Reihen verlassen kann. Der Ruhm der LVF im Osten, der Erfolg der französischen SS-Sturmbrigade in den Karpaten, die Kämpfe der französischen Miliz in unserem Vaterland müssen einen Block schaffen, besiegelt von dem französischen Blut, das in Pommern vergossen worden ist und zur Geburtsstunde einer Tradition führen wird, die der revolutionären Idee würdig ist, für die wir kämpfen.
Unser Glaube an den nationalsozialistischen Sieg ist unerschütterlich. Er wird noch entschlossener, wenn die Lage schwieriger wird.
An der Seite unserer deutschen Kameraden, die für das gleiche Ideal kämpfen, folgen wir dem Führer, dem Befreier Europas."

Die Prüfung

Jede Woche treffen mehrmals französische SS-Männer in Carpin ein. Männer mit Sonderausbildung kehren von den Lehrgängen zurück und ärgern sich, daß sie nicht mit ihren Kameraden an der Front in Pommern dabei sein durften. Leichtverwundete, die rechtzeitig auf das Westufer der Oder gebracht worden sind, wollen wieder in eine Einheit eingegliedert werden, obwohl sie dort kaum noch bekannte Kameraden treffen. Neu Verpflichtete, noch in Zivil, betonen, daß sie immer noch Freiwillige der Waffen-SS sind, selbst noch am Ende des Monats März 1945.
„Verstehen Sie, wir haben unterschrieben . . . Nun, wir sind nur etwas verspätet . . . Es war nicht so einfach, Sie zu finden."
Krukenberg, der über ihre Hartnäckigkeit erstaunt ist, stimmt der Eingliederung dieser neuen Freiwilligen zu, die immer wieder mit einem verächtlichen Lächeln sagen:
„Nach dem, was wir bei den Bombardierungen in den deutschen Städten erlebt haben, kann es an der Front auch nicht schlimmer sein."
Einige Naive bilden sich ein, daß die Waffen-SS besser verpflegt werde als die Zivilbevölkerung, und verhehlen nicht, daß sie zur Division Charlemagne „des Kochgeschirrs wegen" gekommen seien.
„Oh, ihr Jungs", bemerkt der Führer der Personalstelle, der alte SS-Obersturmführer Bénétaux, „ihr werdet schmählich enttäuscht werden."
Dann erzählt er auch ihnen die Geschichte seiner einen Tag dauernden Gefangenschaft bei den Russen. Es scheint, es muß noch dicker kommen, um die Neuankömmlinge zu beeindrucken, die gelassen ihre Verpflegung in Empfang nehmen.

Das ständige Anwachsen der Truppenstärke und die dadurch erforderliche Neugliederung und Ausbildung macht eine Verlegung der Einheiten unumgänglich. Das Bataillon 57 kommt daher von Bergfeld nach Fürstensee. Dort bezieht es die Baracken eines ehemaligen Ausbildungslagers. Das Bataillon 58 wird von Grunow in das kleine Städtchen Wokuhl verlegt.

Das Tempo der Ausbildung steigert sich. Aber die Moral einiger bleibt schwankend. Die Nachrichten werden im März 1945 für die Wehrmacht immer bedrückender.

Am 6. März 1945 beginnt die Offensive am Plattensee, um die ungarische Hauptstadt Budapest wiederzugewinnen und die rumänischen Ölfelder zu besetzen. Sie bricht zusammen. Die besten Divisionen der Waffen-SS, Leibstandarte, Totenkopf, Wiking, Das Reich, Hitlerjugend, Hohenstaufen, können die Rote Armee nicht aus Ungarn hinauswerfen. Auch die erfahrenen Generäle der Waffen-SS wie Otto Gille oder der legendäre Sepp Dietrich können das Kriegsschicksal nicht mehr wenden.

Die Lage im Südosten Europas scheint ebenso dramatisch zu sein wie hier im Nordosten. Bei der Heeresgruppe Weichsel übernimmt am 20. März 1945 General Heinrici die Führung an Stelle des Reichsführers-SS Himmler. Die Sowjets beginnen eine neue Offensive, um den Oderübergang zu erzwingen. Es ist offensichtlich, daß der nächste Vorstoß das Herz des Reiches treffen soll: Berlin.

„Das Schicksal des Krieges", erklärt SS-Hauptsturmführer Fernet bei einer Kompanieführerbesprechung, „hängt weder von Ihnen noch von mir, noch von einem unter uns ab. Wir haben nur eine Wahl: zu kämpfen. Solange wir noch können. Alle Völker Europas müßten an diesem Krieg gegen den Osten teilnehmen ... Was aber auch kommen mag, aus unseren Opfern wird das Europa von morgen geboren werden ..."

Der Kommandeur des Bataillons 57 schließt mit den Worten: „Und wenn es ganz schlimm kommt, so wird der Lauf unserer Revolution um eine Generation unterbrochen."
In den ersten Tagen des Monats April 1945 kommt ein Aufklärungsstab der Wehrmacht durch die Gegend von Neustrelitz. Ihr Kommandeur, Oberst von Massow, trägt ein Monokel und legt jene hochmütige Steifheit an den Tag, wie sie einst wohl noch im kaiserlichen Heer üblich war. Mit offensichtlicher Geringschätzung betrachtet er von oben herab die französischen Männer der Waffen-SS. Trotzdem muß er ihrem Kommandeur seinen Auftrag bekanntmachen.
„Ich bin hier", sagt er, „mir den Abschnitt anzusehen, um Verteidigungsmaßnahmen einzuleiten . . . Kämpfe können sich auch hier abspielen."
Was die eisige Art betrifft, fürchtet der Kommandeur der Division Charlemagne niemanden, und der Vertreter der Wehrmacht trifft auf einen Gesprächspartner, der sich noch undurchdringlicher zeigen kann. Die drei Offiziere, die Oberst von Massow begleiten, zeigen den Umständen entsprechende Mienen.
Der Trennungsgraben zwischen den europäischen Freiwilligen, die der nationalsozialistischen europäischen Idee gläubig zugewandt sind und diese verwirklichen wollen, und den deutschen Offizieren, die im Nationalismus der Kaiserzeit noch befangen sind, erscheint offensichtlich. Den in Neustrelitz versammelten SS-Männern bedeuten die alten Grenzen nichts mehr. Ihr Vaterland ist Europa geworden. Sie würden es keinem Bauern sagen, bei dem sie untergebracht sind, und keinem Soldaten, dem sie begegnen: „Wir, wir haben den Mut nicht verloren!"
Sie fassen sogar noch neuen Mut und glauben noch hartnäckiger und naiver an die berühmten Geheimwaffen als die Deutschen selbst. Trotzdem bewahren sie als Franzo-

sen eine gewisse tadelnde Skepsis, so scheint es wenigstens. Es wird ihnen der Befehl erteilt, Befestigungsgräben auszuheben und Panzersperren anzulegen. Keiner glaubt an die Nützlichkeit dieser Hindernisse. Man braucht andere Dinge, um die amerikanischen und sowjetischen Panzer aufzuhalten, die nur noch einige zehn Kilometer von Neustrelitz entfernt sind, das von Ost und West gleichzeitig bedroht ist.

„Solche Arbeiten demoralisieren unsere Männer mehr als alles andere", bemerkt Fernet verbittert.

„Es ist nun mal ein Befehl", erwidert Labourdette.

„Ich weiß wohl. Er wird auch ausgeführt. Aber ich weiß auch, daß unsere Männer wie wir denken: das ist Blödsinn... Ich werde sie morgen früh aufsuchen."

Als der Kommandeur des Bataillons 57 vor seinen mit Schanzzeug ausgestatteten Männern steht, weiß er, daß er sie schwerlich von der Notwendigkeit solcher Befestigungsarbeiten überzeugen kann. Diese Sperren sind unnütz. Fernet weiß, daß keine Unterhaltung zu etwas führt. Trotzdem muß man etwas tun.

Wortlos legt er seinen Uniformrock ab, auf dem jeder das EK I und das Verwundetenabzeichen sehen kann. Dann sagt er zwischen den Zähnen: „Gebt mir eine Schaufel!"

Während mehrerer Stunden spricht er kein Wort. Seine kurzen Haare kleben vor Schweiß auf der Stirne, seine Brillengläser sind beschlagen. Aber er arbeitet mit zusammengebissenen Zähnen. Alle seine Männer haben die Lektion verstanden und arbeiten gleich ihm an den Befestigungsanlagen.

*

Jeden Tag um 15.00 Uhr ertönt über den Rundfunk der Wehrmachtbericht. Alle, die keinen Dienst haben, versammeln sich um die Lautsprecher.

„Still, Jungs ... Aufgepaßt!"
„Wir verstehen nicht."
„Das ist doch Sch ... !"
„Haltet euer Maul!" meldet sich Soulet, der die Meldungen übersetzt: „Durchbruchsversuche der Sowjets wurden vereitelt ... Ihr seht, die Front hält noch."
„Aber wie lange?"
„Örtliche Einbrüche wurden abgeriegelt."
„Diesmal ist die Front aufgerissen." — „Unsere Truppen haben sich auf vorbereitete Stellungen zurückgezogen ..."
„Sag mal, hast du das nicht schon 1940 gehört?"
Der Bericht endet unverändert stets mit der gleichen Wortfolge: „Truppen der Wehrmacht und der Waffen-SS setzen dem Feind erbitterten Widerstand entgegen; dieser greift pausenlos mit frischen Kräften an."
Alle, die gegen die Rote Armee gekämpft haben, stellen sich die Sintflut aus Granatwerfern, Geschützen und Stalinorgeln vor, die auf die Verteidiger der Oderfront niedergeht. Der Boden dort ist nur noch ein einziger Geysir aus Flammen, Eisen und Blut. Und das „dort" ist nur rund hundert Kilometer von den Unterkünften in Mecklenburg entfernt, wo die französischen SS-Männer den Eindruck haben, auf einer Sandinsel zu sein, die die Flut verschlingt.

Neugruppierung der Division

Anfang April 1945 führt der SS-Brigadeführer Krukenberg das Kommando über eine Truppe von ungefähr tausend Mann. Das ist keine Division, nicht einmal ein Regiment ...

Er beruft einige Offiziere in sein Quartier. Im Schloß Carpin setzt er ihnen die Lage auseinander:
„Wir sind jetzt abhängig von der III. Panzerarmee und augenblicklich dem Kommandanten der rückwärtigen Sperrlinien (abgekürzt: KoRück) unterstellt. Dessen Gefechtsstand befindet sich in Feldberg."
Das Kommandoamt der Waffen-SS hat den SS-Brigadeführer Krukenberg gebeten, die französische Waffen-SS zu reorganisieren und aufzufrischen. Er kann nun eine Idee verwirklichen, die ihm schon lange am Herzen liegt.
„Schauen Sie, Pachur", sagt er zu seinem Adjutanten, „ich will nur die Freiwilligen bei uns behalten. Die Waffen, die wir bekommen, sind zu kostbar, um sie Männern anzuvertrauen, die sie nicht mit Entschlossenheit gebrauchen wollen. Ich will sicher sein, daß sie aus freiem Willen den Kampf fortsetzen. Viele von ihnen sind von den Führern der LVF oder der Miliz in die Waffen-SS gedrängt worden. Sie untergraben die Moral ihrer Kameraden und wären, falls es zu neuen Einsätzen kommt, nicht zu gebrauchen."
Krukenberg geht durch die Kompanien, und er spricht die unter seinem Befehl stehenden Männer darauf an:
„Der Reichsführer hat mich bevollmächtigt, euch zu entlassen. Ich werde ein Arbeitsbataillon aus denjenigen bilden, die nicht mehr kämpfen wollen. Sie werden weiterhin Soldaten bleiben, jedoch ohne Waffen. Sie werden weiterhin dienen, jedoch mit Schaufel und Hacke. Folglich können sie sagen, daß sie sich geweigert haben, bis zuletzt zu kämpfen."
Eine solche Formulierung muß natürlich die Verachtung derjenigen herausfordern, die für ihre entmutigten Kameraden kein Verständnis aufbringen. Die Betroffenen tun so, als ob sie den Zornesausbruch ihrer alten Kameraden nicht begreifen. Sie versuchen, ihnen die Stirn zu bieten,

wissen aber sehr wohl, daß sie dabei keine gute Rolle spielen.
„Es ist doch alles verloren", sagen sie. „Warum seid ihr so hartnäckig?"
„Angsthasen! Wenn die Deutschen in Paris wären, würdet ihr bessere Nationalsozialisten sein wollen als wir!"
Der Brigadeführer hat den „Arbeitern" versprochen, daß ihnen niemand Vorwürfe machen wird, aber man erkennt sehr wohl seine Einstellung. Mit seinem Sinn für Genauigkeit und Disziplin bringt er diese mit einer Deutlichkeit zum Ausdruck, die nicht ohne hintergründigen Humor ist.
„Wohlverstanden, nur Frontkämpfer können eines Tages das Eiserne Kreuz bekommen, Arbeiter dagegen, sofern sie sich gut führen, erhalten das Kriegsverdienstkreuz*."
Diejenigen, die sich bereit erklären weiterzukämpfen, müssen eine neue Eidesformel unterschreiben. Sie verpflichten sich, „in Treue und Tapferkeit bis zum Tod" zu kämpfen. Alle wissen, daß sie damit einen Opfergang antreten.
Die ganze Kompanie Weber, 75 Prozent der Männer des Bataillons Fernet und 50 Prozent des Bataillons Géromini, entschließen sich zur Fortsetzung des Kampfes bis zum Ende. Nicht wenige Milizangehörige, die in die Waffen-SS überstellt worden sind, nehmen die Gelegenheit wahr und treten der Erklärung bei.
Unter den ehemaligen Angehörigen der SS-Sturmbrigade 7, die sich aus weltanschaulichen Gründen verpflichtet haben, gibt es wenig „Abfällige", höchstens ein Dutzend. Andererseits folgt eine große Anzahl von jungen Milizangehörigen, ohne zu zögern, den Fanatikern des I. Bataillons.

* Auszeichnung für die diensttuenden Soldaten, die nicht mit der Waffe in der Hand kämpfen.

„Ich möchte die Angsthasen nicht mehr sehen", sagt Fernet zu Labourdette. „Sie sollen sich so schnell wie möglich zum Teufel scheren. Dann sehen wir klarer."
Dem Kommandeur des Bataillons 57 sind unklare Verhältnisse zuwider, und er meint, daß keine Zeit mehr für Nebensächlichkeiten vorhanden ist.
„Vor dem Abmarsch von Wildflecken war die Aussiebung nicht streng genug", fügt er hinzu. „Zehn von hundert der Männer und insbesondere zwanzig von hundert Offizieren wären gegebenenfalls nicht bei uns. Diese haben andere nach sich gezogen, denn heute sind die Abgänge bei uns höher als 20 Prozent."
Labourdette stößt einen langen Seufzer aus.
„Ich bekam Herzbeklemmung, als ich sah, wie man unfähige Chefs nach dem Dienstalter und dem Dienstgrad auswählte, den sie in der französischen Armee 1939/40 oder gar 1914/18 schon besaßen."
„Damit ist Schluß", sagt Fernet. „Wir brauchen Vorgesetzte, die drauflosgehen und ihre Männer mit sich reißen. Wir dürfen nicht zögern, die Kompanieführung jungen Offizieren anzuvertrauen. Du weißt ja, daß Counil nur zwanzig* und Colnion nur achtzehn** Jahre alt waren. Bei diesem Alter kann man alles verlangen. Wenn ein einfacher Soldat demoralisiert wird, ist das keine Katastrophe. Wenn das bei einem Vorgesetzten passiert, geht in einem Zug oder in einer Kompanie alles drunter und drüber. Heute gilt nur eins: gut kämpfen. Bis zum Ende. Die Herkunft des einen oder anderen hat wenig Bedeutung. Ob sie von der LVF, von der SS-Sturmbrigade oder der

---

* Untersturmführer Counil, Führer der 3. Kompanie im Regiment 57, ist am 24. Februar 1945 in Heinrichswalde gefallen.
** Untersturmführer Colnion, Führer der 8. Kompanie im Regiment 57, fiel bei einem Bombenangriff in Stolp am 5. März 1945.

Miliz kommen, ist völlig unwichtig. Es gibt nur diejenigen, die treu bleiben wollen, und die anderen."
In Neustrelitz verbleibt kaum ein Viertel der Antrittsstärke von Wildflecken. Gleichwohl entsteht zum ersten Mal unter allen französischen Freiwilligen der Division Charlemagne ein echter Gemeinschaftssinn.
„Bis zum Ende mit unseren Freunden, bis zum Ende gegen unsere Feinde", spricht Fernet zu den vorgesetzten Dienstgraden. „Wir werden weiterhin hoffen, bis zum letzten Atemzug!"

Das Gesetz befiehlt

SS-Brigadeführer Krukenberg kann sich zum Erfolg seines Vorschlags gratulieren, den er den französischen Freiwilligen der Waffen-SS gemacht hat. Wenn auch vierhundert nicht mehr an der Front mitmachen wollen, so haben doch siebenhundert entschieden, daß sie den Kampf bis zum Ende führen werden.
Die militärische Lage ist zweifellos dramatisch. Die Alliierten sind am 11. April 1945 bis zur Elbe vorgedrungen. Die Sowjets haben am 13. April Wien besetzt und am 16. April mit ihrer großen Oder-Offensive begonnen und versuchen nun auf Berlin vorzustoßen. Diese Tatsachen kümmern Krukenberg weniger als der ihm von Himmler gegebene Auftrag, die französischen SS-Männer für den Kampf vorzubereiten. In Wildflecken hatte er siebentausend Mann, jetzt nur noch siebenhundert. Auch das stört ihn nicht. Wichtig ist nur, die Versprengten zu sammeln, ihnen ebenfalls die Wahl zu überlassen und die Entschlossensten auf die Kampfkompanien möglichst gleichmäßig zu verteilen.

Die Männer des Bataillons Fernet und die kriegstüchtigen Soldaten, die mit aus Pommern kamen, bilden den harten Kern der neuen Division Charlemagne. Zu ihnen gesellen sich jetzt noch einige Gerettete aus Gotenhafen, die am 10. April nach Neustrelitz gelangen; des weiteren tauchen zahlreiche Versprengte auf, meist einzeln, ferner Leichtverwundete, die noch einsatzfähig sind, und auch neue Freiwillige aus deutschen Fabriken und Arbeitslagern.

Krukenberg erwartet noch die Männer der Sturmgeschütz-Kompanie, die ihren Lehrgang in Böhmen-Mähren beendet haben, und die Führeranwärter von der Schule in Neweklau. Vor allem aber wartet er auf die 1200 französischen SS-Männer vom Truppenübungsplatz Wildflecken unter der Führung von SS-Obersturmbannführer Hersche, auf deren Überstellung er ständig drängt.

Währenddessen werden die Einheiten im Raum Neustrelitz von den Dienststellen der Inspektion neu aufgegliedert.

Theoretisch wird das Regiment Charlemagne immer noch von SS-Standartenführer Zimmermann geführt, der seit dem 18. März wegen seiner Fußverwundung im Lazarett in Anklam liegt. Alle bedauern das und bewundern seinen Mut. Er wird durch SS-Hauptsturmführer Kroepsch abgelöst, der Quartier in Grammerthin bezogen hat. Dieser deutsche Offizier kommandiert das Regiment jedoch nur vorübergehend, denn jede Einheit der ehemaligen Division besitzt unter der Führung des Brigadeführers und seines Stabes ein mehr oder weniger selbständiges Dasein.

Krukenberg hat in der Person des SS-Hauptsturmführers Pachur einen Adjutanten ganz nach seinem Geschmack und versteht sich vorzüglich mit diesem Berliner. Ein halbes Dutzend deutsche SS-Führer sind auf die verschiedenen Dienststellen verteilt: v. Wallenrodt hat den Nachrichtendienst, Meier das Gerätelager, Hagen die Verpflegung,

Schlegel die Sanitätsabteilung und Datum den Kraftfahrzeugpark unter sich, der infolge des sich zuspitzenden Treibstoffmangels keine große Bedeutung mehr hat. SS-Obersturmführer Ruhnow, der die Stabskompanie führt, hat sein Quartier in Carpin, SS-Obersturmführer Görr und seine Feldgendarmerie liegen in Thurow.
Ab 10. April 1945 ist das sogenannte Baubataillon, dessen Männer nicht mehr mit der Waffe kämpfen wollen, einsatzbereit. Es zu führen, bedarf eines tatkräftigen und energischen Offiziers. Hierzu zeigt sich SS-Hauptsturmführer Roy als geeignet. Seit 1943 Freiwilliger der Waffen-SS, hat sich dieser ehemalige bretonische Kolonialoffizier der Artillerie in Pommern besonders ausgezeichnet. Seine Geschütze haben die sowjetischen Panzer lange Zeit aufgehalten und damit schwereres Unheil abgewendet. Roy, der manchmal gern als alter Haudegen auftritt, hat ein flottes Mundwerk und verhehlt nicht, daß ihm der Befehl, ein Bataillon „Hasenfüße" führen zu müssen, keineswegs paßt.
In seiner Unterkunft nahe dem Dorf Drewin teilt er seinen Groll seinem Stellvertreter, SS-Untersturmführer Martret, mit. Dieser ist seit langem sein unzertrennlicher Vertrauter und ein ebenso überzeugter SS-Mann wie er selbst.
„Wenn unsere Jungens glauben, daß sie sich drücken können, werden sie ihre Entscheidung nur bedauern."
„Sie werden lernen, daß mit dem Tausch Gewehr gegen Spaten nichts gewonnen ist", bemerkt Martret.
Zur besseren Erfassung der drei Kompanien seines Baubataillons hat Roy drei Untersturmführer bestimmt, die alle aus der Miliz kamen. Dies geschieht nicht, um die Ecken abzuschleifen, denn Roy legt äußersten Wert auf die Feststellung, daß er Freiwilliger der Waffen-SS ist und schon bei der SS-Sturmbrigade 7 gedient hat.

SS-Obersturmführer Géromini wird, obwohl er sich an der Spitze des Bataillons 58 freiwillig für die Fortsetzung des Kampfes entschieden hat, als Kompanieführer zurückversetzt. Er büßt so für seine viel zu freimütigen Vorschläge, die den strengen Ohren Krukenbergs nicht paßten. Zwischen dem Bretonen Roy und dem Korsen Géromini bestehen zahlreiche Reibungspunkte; der ehemalige Milizoffizier findet dabei immer die Unterstützung von Rougemous, der sich geweigert hat weiterzukämpfen, und von Darrigrand, der besonders in den Dienststellen des Stabes gewütet hat.

In Drewin scheint die Moral der Männer auf dem Nullpunkt zu sein. Die „Arbeiter", die mit dem Bau von Panzersperren und Erdbefestigungen beschäftigt sind, werden von nun an von ihren Kameraden in den Kampfeinheiten völlig getrennt*.

Obwohl Sturmbannführer Boudet-Gheusi seit seinem wenig ruhmvollen Feldzug in Pommern mehr und mehr demoralisiert ist und nicht mehr weiterkämpfen will, bekommt er das Kommando über eine seltsame Einheit, die im Dorf Goldenbaum liegt und „schweres Bataillon" genannt wird.

Diese Formation, die gegen Panzer kämpfen soll, besitzt keinerlei Pak, sondern nur Panzerfäuste und Panzerschrecks.

---

* Das Baubataillon verließ am 27. April 1945 seine Unterkunft und zog in den Raum Malchin. Nachdem es von den letzten bewaffneten Teilen der Division Charlemagne abgeschnitten war, die im Raum Neustrelitz kämpften, setzte sich das Bataillon nach Teterow-Gustrow ab. Als Hauptsturmführer Roy sah, daß seine waffenlosen Männer den sie verfolgenden Russen keinerlei Widerstand entgegensetzen konnten, gab er ihnen auf Rat des Obersturmführers Géromini die Möglichkeit, Zivilkleider anzuziehen und zu verschwinden. Die Männer des Baubataillons bemühten sich dann, einzeln oder in kleinen Gruppen den Westen zu erreichen. Sie ließen sich später in Frankreich repatriieren, wobei sie angaben, Zwangsarbeiter oder Kriegsgefangene gewesen zu sein.

Als die Männer der Einheit Boudet-Gheusi zwischen Fortsetzung des Kampfes und Eintritt in das Baubataillon wählen müssen, sind viele dafür, den Kampf aufzugeben.
Vergeblich versucht SS-Unterscharführer Delion, ein guter Berufssoldat, seiner Stimme Gehör zu verschaffen.
„Diejenigen, die Waffen haben, können sich bei einem Einsatz immer herausschlagen. Die aber mit Schaufel und Hacke bewaffnet sind, werden, ohne sich wehren zu können, wie Hasen abgeknallt."
„Wir werden uns unserer Haut wehren."
„Gut, dann verteidigt sie!"
Aber es tut sich nichts. Der Schwung scheint erlahmt zu sein. Im Bataillon, das der ehemalige Rechtsanwalt aus Nizza führt, beschäftigt man sich anscheinend nur mit der Verpflegung. Ein Borstentier ausfindig zu machen, ist die Hauptsorge, denn der Krieg ist verloren und die Zukunft unsicher. So will man wenigstens nicht vor Hunger sterben.
Die Division, die sich jetzt Regiment Charlemagne nennt, hat noch einen Pionierzug ohne Gerät, einen Nachrichtenzug mit einigen schlechten Feldtelefonapparaten, ohne Funkgeräte, eine Sanitäts- und Veterinärstaffel unter Führung eines deutschen Arztes, der von der Division Totenkopf abgestellt wurde, eine pferdebespannte Verpflegungskolonne und Bruchstücke eines Triebwagenzuges, den man aus einem Ausbesserungswerk in Zinow herausgefischt hat.
Wesentlich aber für kommende Einsätze sind nach wie vor die beiden Grenadierbataillone und die ehemalige Ehrenkompanie, die sich jetzt den Namen Kampfschule zugelegt hat.
Das im Lager Fürstensee liegende Bataillon 57 unter Führung des SS-Hauptsturmführers Fernet ist einsatzbereit und wahrt so die Tradition der SS-Sturmbrigade 7. Die

drei Kompanien werden von drei kampferprobten Männern geführt: SS-Untersturmführer Labourdette, SS-Hauptscharführer Hennecourt und SS-Oberscharführer Olliver.
In Fürstensee herrscht eine gute kämpferische Moral. Zur Verstärkung des Bataillons 57 sind noch einige Überlebende aus dem Raum um Danzig dazugekommen, so der Sturmmann Bourral, der sich von Gotenhafen über Dänemark durchgeschlagen und erneut als Freiwilliger gemeldet hat.
„Wenn man schon mitmacht", sagt er, „muß man auch bis zum Schluß mitspielen."
Der Feldzug in Pommern hat bei ihm keine Verbitterung, sondern nur Bedauern ausgelöst, und er gesteht den Kampfgefährten von Körlin und des Durchbruchs nach Dievenow: „Im Grunde genommen habe ich vielleicht noch nicht einmal genug mitgemacht."
Viele seiner Kameraden leiden unter Erfrierungen stärksten Grades an Händen und Füßen. Aber sie sind kampfentschlossen und machen alle Übungen mit; sogar die Behinderten passen sich dem Tempo an.
Im Bataillon 58, das fast die Hälfte seiner Männer an das Baubataillon abgegeben hat, herrscht der Geist der besten Teile der alten Legion der französischen Freiwilligen (LVF). Zahlreiche Männer sind darunter, die den ersten Kriegswinter 1941/42 mitgemacht und die Ostmedaille, den sogenannten „Gefrierfleischorden", erhalten haben. Sie machen sich wieder die alte Devise der Soldaten Napoleons vor Moskau zu eigen: „Wir murren, aber wir marschieren."
Als bewährte Frontkämpfer und Überlebende harter Einsätze gegen Partisanen und sowjetische Panzereinheiten zeichnet sie eine besondere Härte aus. Die Kompanien werden von Veteranen der Ostfront geführt, wie dem SS-

Obersturmführer Fantin, der seine Männer aus dem Wespennest Pommern herausgelöst und nach Danzig geführt hat, wo er das Eiserne Kreuz I. Klasse erhielt, wie dem SS-Hauptscharführer Rostand, einem ehemaligen Unteroffizier der Kolonialtruppe und Eckpfeiler des Jagdzuges der LVF, sowie dem SS-Untersturmführer Laune, der mit dem Bataillon Fernet am Durchbruch nach Dievenow beteiligt gewesen ist.

SS-Hauptsturmführer Jauss wird als Kommandeur des Bataillons 58 Nachfolger von Géromini. Er hat schon in Estland gekämpft, wo er das Deutsche Kreuz in Gold erhalten hat, eine Tapferkeitsauszeichnung, die gewöhnlich der Verleihung des Ritterkreuzes vorausgeht. Während des ganzen Pommernfeldzuges zeichnete er sich durch seinen draufgängerischen Mut aus. Er hat sich mit Fernet an der Spitze des I. Bataillons bei dem langen Marsch durch das von den Sowjets besetzte Land abgelöst. Auch war er unter den ersten am Strand von Rewahl nach dem Durchbruch.

Und doch scheint er in Neustrelitz nicht mehr der alte zu sein. Irgendwie hat er den Schwung verloren; er hüllt sich oft für lange Zeit in Stillschweigen. Auch pflegt er sich kaum noch. Niemand erkennt mehr in ihm den feurigsten der jungen deutschen Führer der SS-Division. Eingeschlossen in seinem Zimmer im Schloß Wokuhl liest Jauss Gedichte von Rainer-Maria Rilke und vertieft sich in den „Untergang des Abendlandes", das großartige Werk des Philosophen Oswald Spengler, dessen pessimistische Gedankengänge von den obersten Vertretern des Dritten Reiches nicht gerade anerkannt worden sind.

SS-Obersturmführer Weber, der mit seinen Männern in einigen Bauernhöfen in Georgenhof liegt, scheint gerade das Gegenteil seines Freundes Jauss zu sein. Mehr als je verdient er seinen Spitznamen „Zyklon". Er will aus der

Kampfschule eine Eliteeinheit schaffen. Er verbirgt keineswegs seine Neigung zur Unabhängigkeit und bewegt sich am Rande der anderen Einheiten und möglichst weit von Krukenberg entfernt.

Die Ausbildung geht weiter. Bevor sie mit Waffen versehen worden sind, haben die Jungens der Kampfschule als erste Tarnanzüge erhalten. Die ganze Ausbildung wird übrigens auf Tarnungsaufgaben abgestellt, auf den Nahkampf Mann gegen Mann bis zur Selbstaufopferung, wobei der persönliche Einsatz den Mangel an Kriegsmaterial ersetzen muß.

Weber hat nie daran gezweifelt, daß nur zum Todeskampf entschlossene Soldaten noch in diesem Feuerorkan standhalten können, der über ein Land hinwegbraust, dessen Grenzen überall aufgerissen sind.

Unter den fünfzig Jungens der Kampfschule herrscht eine Kamikaze-Atmosphäre. Die Erfahrung von Elsenau brennt noch in ihnen. Unaufhörlich sprechen sie von den sechzehn russischen Panzern, die von der Ehrenkompanie vor dem Friedhof von Elsenau vernichtet worden sind.

Pierre Soulier, ein ehemaliger Angehöriger der Kriegsmarine, hat den Kompanierekord geschlagen, als er allein vier Panzer zerstörte. Beim Angriff auf den fünften ist er gefallen.

„Zyklon" hat seine Männer wissen lassen: „Ich muß euch von einem Befehl der Division Kenntnis geben. Diejenigen, die weiterkämpfen wollen, können dies tun und bleiben hier bei der Kampfschule. Die anderen werden in ein Baubataillon gesteckt. Es ist wohl nicht nötig, daß ich euch nach eurer Meinung befrage."

Alles lacht. Keiner macht vom Angebot Krukenbergs Gebrauch. Die ehemalige Ehrenkompanie bekundet eher noch einen stolzeren Trotz.

Weber improvisiert immer wieder neue Übungen. Da die

Waffen auf sich warten lassen, üben die Männer mit Stöcken. Die Hauptsache ist, sie laufen, robben, springen, schreien und singen.

Die Männer der Kampfschule stehen zum Morgenappell in Tarnkleidung angetreten. Ein deutscher SS-Führer der Inspektion betrachtet sie etwas erstaunt und wendet sich an Obersturmführer Weber: „Die Männer tragen ja kein Koppel!"

Soldaten der Wehrmacht hätten es nie gewagt, so anzutreten. Aber der Führer der Kampfschule erklärt seelenruhig: „Wir haben Koppel der Wehrmacht bekommen, mit der Inschrift auf dem Koppelschloß ‚Gott mit uns'. Dieser Spruch paßt nicht zur Waffen-SS. In der Ehrenkompanie brauchen wir den lieben Gott nicht."

Der deutsche Stabsoffizier ist verblüfft. Wieder einmal mehr benehmen sich Weber und seine Jungs anmaßend. Der Kastengeist dieser Formation macht daraus zusehends eine Art Freikorps, ein kleines, militärisch unabhängiges Gebilde im Schoß der Division. Für diese französischen SS-Männer, die entschlossen sind, nur ihrem Chef, SS-Obersturmführer Weber, allein zu gehorchen, scheint Krukenberg eine weit entfernte Persönlichkeit zu sein. Schließlich haben sie gewonnenes Spiel und empfangen bald darauf SS-Koppel, deren metallenes Schloß die einzige Devise trägt, die sie in der Kampfschule anerkennen: „Meine Ehre heißt Treue."

Freiwillige vor!

„Die Truppe ist das Spiegelbild ihrer Führung." Mehr als in jeder anderen Armee scheint dieses Wort für die Waffen-SS zuzutreffen. Das Prinzip, das hier bei der Erziehung und Ausbildung herrscht, ist das der Auslese.

Die Freiwilligen der Division Charlemagne, die als Führeranwärter ausgesucht worden sind, bilden nach ihrem Lehrgang eine wahrhaftige Aristokratie junger SS-Führer. Als sie in der zweiten Aprilhälfte in Neustrelitz eintreffen, tragen sie wesentlich zur Verstärkung der Bataillone 57 und 58 bei.

Es sind etwa zwanzig angehende SS-Untersturmführer, die jetzt noch für ein paar Wochen den Dienstgrad SS-Standarten-Oberjunker tragen.

Diese Oberjunker waren alle auf der SS-Panzergrenadier-Schule Kienschlag bei Neweklau in Böhmen-Mähren. Als Verstärkung des Führerkorps zeigen sie eine unerschütterliche Kampfmoral mit dem Fanatismus politischer Soldaten.

Die Lehrgänge begannen im Herbst 1944 und dauerten sechs Monate. Trotz der Kriegswirren weiß die Führung der Waffen-SS, daß der erforderliche Zeitaufwand für Erziehung und Ausbildung durch nichts ersetzt werden kann. Das größte Problem der Ausbildung war die Ungeduld der Lehrgangsteilnehmer, die immer wieder darum baten, zur Front entlassen zu werden, um mit ihren Kameraden kämpfen zu können.

Die Führeranwärter entstammen den verschiedenen Ursprungseinheiten der Division Charlemagne. Die einen kommen von der LVF und haben schon in Rußland gekämpft. Sie sind „die Alten". Sie sind oft nur zweiundzwanzig oder dreiundzwanzig Jahre alt, haben aber schon etliche Fronteinsätze hinter sich, was ihnen eine gewisse Überlegenheit gegenüber ihren Kameraden verschafft. Ginat, Gardinier, Croseille, Cossard, Douraux oder Protopopoff scheinen die Senioren der Truppe zu sein. Andere Junker sind mit der Freigarde gekommen und haben Neweklau gern gegen Wildflecken eingetauscht. Ein Junger wie Maxime de Castel beweist, daß einige Monate Lehrgang alles wegfegen können, was die Miliz ehedem an Konservativem oder Reaktionärem mit sich führte. Was die aus der SS-Sturmbrigade 7 kommenden Führeranwärter betrifft, sei es Ulmier, François, Le Maignan oder Billot, so haben diese in der Schule von Kienschlag wieder die vergleichbare Atmosphäre des Ausbildungslagers Sennheim angetroffen, jene Mischung zwischen Härte und Idealismus, von der sich die Achtzehnjährigen so angezogen fühlten.

„In Neweklau sind wir der gleichen strengen Ausbildung und Prüfung unterworfen worden", erzählt Douraux einigen Kameraden der LVF, die er in Neustrelitz wiedergetroffen hat. „Ich, der ich aus der protestantischen Pfadfinderbewegung kam, stand neben einem alten fünfundfünfzigjährigen Bataillonskommandeur der ehemaligen Fremdenlegion namens Fortis. Ein Phänomen, sage ich euch. Vielleicht ein wenig zu sehr von der Sonne bearbeitet. Er hat immerhin die Schule mit dem Dienstgrad eines SS-Oberscharführers verlassen können. Das war Neweklau: Wir waren bei Lehrgangsbeginn dreihundert Mann, und nur etwa dreißig davon haben bestanden. Es war eine harte, aber auch schöne Zeit für uns Lehrgangsteilnehmer."

Die SS-Panzergrenadier-Schule bestand aus mehreren Lehrkompanien, den Inspektionen, in denen jeweils Junker der gleichen Sprache erfaßt waren. So befanden sich in der zehnten Französisch sprechenden Inspektion Franzosen, Wallonen, einige Schweizer und zwei in Paris geborene Georgier, die für Führungsstellen in irgendeiner kaukasischen Befreiungsarmee bestimmt waren.

Der verantwortliche Offizier, SS-Obersturmführer Kleindienst, war kaum mehr als 25 Jahre alt. Er gehörte der Leibstandarte SS Adolf Hitler seit 1938 an und hatte an allen Feldzügen teilgenommen; mehrfach verwundet, trug er etliche Tapferkeitsauszeichnungen. Dieser schwungvolle und begeisterte Riese trug den Spitznamen „kleiner Moritz". Warum, blieb unbekannt, doch ging der Name von einer Versetzung zur anderen mit.

Die Inspektionen waren in Junkerschaften unterteilt, die den Zügen entsprachen und vorbildlichen Ausbildern mit Fronterfahrung anvertraut waren.

Die Vorgesetzten stammten, wie es in der Waffen-SS üblich war, aus verschiedenen europäischen Ländern. So unterstanden die Junker mal Deutschen, mal Wallonen, Franzosen, Schweizern und selbst einem Letten, der die Nachrichtenabteilung führte.

Unter den ersten französischen Freiwilligen, die sich im Sommer 1943 zur Waffen-SS gemeldet hatten, verkörperte SS-Untersturmführer Kreuzer, der auch die Junkerschule in Bad Tölz absolviert hatte, den Typ des Offiziers, wie ihn sich die Lehrgangsteilnehmer in Kienschlag vorstellten. Mit neunzehn Jahren hatte dieser Ausbilder schweizerischer Abstammung die Ufer der Loire verlassen, um in die Waffen-SS einzutreten, so wie sonst jemand einer Religionsgemeinschaft beitritt. Bei der Sturmbrigade 7 führte er in den Karpaten die Panzerabwehreinheit. Im Kampf mit einem sowjetischen Panzer im Dorf Radomysl war er schwer verwundet worden. Nun konnte er seine Ungeduld, zur Front zurückzukehren, kaum zügeln. Seine Junkerschaft erlebte bei ihm ein höllisches Training.

Die Schule Neweklau befolgte das Prinzip Nietzsches, daß gelobt sei, was hart macht. „Rauhe Schule, gute Schule", hat einmal Léon Degrelle gesagt, als er seinen wallonischen Landsleuten einen Besuch abstattete. Besser kann man den spartanischen Geist in dieser „Offiziersfabrik" nicht charakterisieren. Im übrigen war sie notdürftig in einem geräumten tschechischen Dorf untergebracht. Die Junker wohnten in Bauernhöfen und den übrigen Häu-

sern. Aus dem alten Billardtisch im Dorfgasthaus hatte man für taktische Planspiele einen Sandkasten gebaut. Der politische Unterricht fand im Rathaus statt, die Küche war im Haus einer Modistin und die Sanitätsstation im Pfarrhaus untergebracht.
Zum Unterricht mußte jeder Junker seinen Hocker mitbringen und zwei bis drei Stunden darauf sitzen. Die Räume waren nicht geheizt. Die Lehrgangsteilnehmer behielten ihre Mäntel an. Alle halbe Stunde war eine kurze Pause, damit sich die Junker wieder etwas warmklopfen konnten.
In Neweklau gab es noch nicht einmal elektrisches Licht. Wenn die Junker abends arbeiten wollten, mußten sie Kerzen anzünden. Da auch diese rar waren, fabrizierten sie sich aus Stiefelwichse regelrechte „Qualmer". Es gab auch kein warmes Wasser; deshalb rasierten sich die Junker morgens mit einem Teil des sowieso schlechten Kaffees. Hunger plagte sie unaufhörlich. Dennoch waren sie stolz darauf, solche Härteproben überwinden zu müssen. „Man muß alles lächelnd ertragen", sagte Gardinier. „Das ist ein Teil unserer eingegangenen Verpflichtung."
Unaufhörlich lösten Nachtmärsche und Übungen im Gelände einander ab. Kriegsbedingungen wurden geschaffen: Kälte, Müdigkeit, Unsicherheit, Schlafmangel und Läuse.
Die Ausbilder, die fast alle Schwerverwundete waren, gaukelten den Lehrgangsteilnehmern keine Traumbilder vor. Wenn sie bei ihren Gesprächen von Geheimwaffen redeten, geschah dies mit einem bezeichnenden Augenblinzeln. Das Besondere bei den Junkern sollte eben darin bestehen, daß sie der Sache treu blieben, wenn sonst auch alle um sie herum verzweifelten.
Immer wieder sagte man ihnen: „Wenn Sie wollen, können Sie jederzeit aus der Waffen-SS ausscheiden. Wir wollen keinen zurückhalten."

Alle blieben, gerade deshalb, weil ihre Ausbilder jeden Tag schonungslos mehr von ihnen forderten und trotzdem in völliger Kameradschaft mit ihren Schülern verbunden waren. SS-Obersturmführer Kleindienst wiederholte stets: „Wenn man im Kampf Menschen sparen will, muß man bei der Ausbildung hart sein."

*

In der Erinnerung der SS-Standartenoberjunker, die nach Neustrelitz gekommen sind, ist die Ausbildungszeit auf der SS-Panzergrenadier-Schule in Kienschlag als das bisher größte Erlebnis haftengeblieben.
„Was haben Sie in Neweklau gelernt?" fragt der Kommandeur des Bataillons 57, als er Oberjunker Douraux zu seinem Adjutanten macht.
„Härte, Hauptsturmführer", gibt er Fernet zur Antwort. Man hat den Führeranwärtern wesentliche Grundsätze gelehrt:
„Wer befehlen will, muß auch gehorchen können; muß in der Ausbildung gehorchen gelernt haben.
Es kann nur der Befehle erteilen, der auch bereit ist, seine eigenen Befehle auszuführen.
Führen ist gleichbedeutend mit vorleben; SS-Führer haben mit ihrer geistigen und körperlichen Befähigung, in der Haltung und ihrer Gesamtleistung ein Beispiel zu geben und Vorbild zu sein.
Autorität gewinnen heißt in erster Linie Verantwortung tragen."
Ein weiterer Grundsatz ist immer wieder herausgestellt worden:
„Es gilt, das Leben der Männer zu erhalten und nicht leichtfertig zu opfern, auch nicht das eigene. Je sorgsamer Sie mit dem Leben Ihrer Soldaten umgehen, desto zahlreicher werden wir in der letzten Widerstandsmauer sein."

Das Eintreffen der SS-Standarten-Oberjunker trägt entscheidend mit dazu bei, den Geist der Entschlossenheit der siebenhundert Männer zu stärken, die im Raum Neustrelitz versammelt sind und aus denen die neuen Kampfeinheiten der französischen Waffen-SS aufgestellt werden sollen.
In Mecklenburg entdecken die Oberjunker etwas, was sie „den schönen Monat April" nennen. Die Tage werden schon länger. Es kommen die romantischen Morgenstunden, in denen die herbe Landschaft der Wälder und Seen mit dem Aufsteigen des Nebels im Glanz der Frühsonne erstrahlt.
Nach den harten Prüfungen in Neweklau freuen sie sich, jetzt endlich ein Kommando übernehmen zu können. Der Marsch zur Front wird nicht mehr lange auf sich warten lassen. Die Übungen gehen weiter.
Der größte Teil der neuen Offiziere, die früher in der LVF gedient haben, wird auf das Bataillon 58 verteilt, in dem sie sich nicht fremd fühlen. Erfreut treffen sie wieder auf die alten Kameraden der Ostfront. Aber in der Schule in Kienschlag haben sie mit der alten Welt gebrochen. Sie leben fortan im Geist einer neuen aufsteigenden Ordnung, die über die Zufälligkeiten des Krieges weit hinausgeht.
Ginat, Gardinier und Dumoulin sind der 6. Kompanie zugeteilt worden, deren Führer, SS-Hauptscharführer Rostand, schon seit langem Offizier werden will.
Da er schon mehr als fünfunddreißig Jahre alt ist, gilt Rostand als „ein Alter". Ihm geht ein außerordentlicher Ruf voraus. Ab 1941 war er in Rußland. Als einer der meist ausgezeichneten Unteroffiziere der LVF hat er an den kühnen Unternehmungen des berühmten Jagdzuges des Oberleutnants Seveau teilgenommen, der seit dem Rückzug in Rußland vermißt ist. Der Kompanieführer der 6.

Kompanie zeigt sich gern als alter Haudegen. Sein gebräuntes Gesicht ist in den Winkeln der Augenlider mit einer Art bläulichen Tätowierung geschmückt, die seinen dunklen Blick noch mehr hervorhebt. Er hat sich einst zur Kolonialinfanterie verpflichtet und es bis zum Oberfeldwebel gebracht. Infolge einer unüberlegten Handlung hat er den Abschied genommen, ist aber dann wieder in die Kolonialartillerie eingetreten, um sich auch hier bis zum Feldwebel hochzudienen. Nunmehr ist er als Hauptscharführer der Waffen-SS so ruhig und so entschlossen wie am ersten Tag. An seiner Tapferkeit ist nicht zu zweifeln, noch weniger an seiner Gesinnung. Er verkörpert vollendet den Typ des ausgezeichneten Truppenoffiziers, wie ihn die grausame Ostfront formte, weit eher als alle Schulen und Lehrgänge.
Die Oberjunker anerkennen Rostand als den geborenen Führer. Obwohl er nach gallischer Tradition ein Brummbär bleibt, ist er sehr diszipliniert. Er ist klug genug, sich darüber klar zu sein, was die jungen Oberjunker, die jetzt Zugführer geworden sind, ihm an Wissen und Können bringen werden.
„Es fehlt an Geräten", sagt Rostand. „Ich hoffe, daß Sie Einfälle haben."
Bei den Übungen gilt es, einen russischen Panzer darzustellen. Vier Mann stellen den Unterbau, ein fünfter steigt auf ihre Schultern und mimt so den Panzerturm und die Bedienungsmannschaft.
Mit einer Pfeife gibt er schrille Töne von sich, sobald er einen schlecht getarnten SS-Mann entdeckt.
„Das bedeutet, daß er schießt", schreit Ginat. „Und das bedeutet, daß ihr alle tot seid."
Die Begeisterung der Junker springt auf die Soldaten über. Sie sind im schwungvollen Alter. Nachdem sie nun wieder energisch angepackt werden, verflüchtigt sich ihre Mut-

losigkeit, die nach dem unglücklichen Ausgang des Pommernfeldzuges über sie hereingebrochen ist.
Langweilige Arbeiten an den Panzersperren am Morgen und militärischer Unterricht am Nachmittag füllen den Tagesablauf. Zwischen beidem kurz eine dünne Suppe. Rostand macht beide Augen zu, wenn seine Jungs einige Kartoffeln aus den Silos mitgehen lassen.
Der Kommandeur des Bataillons 58, SS-Hauptsturmführer Jauss, reitet von Kompanie zu Kompanie. Er ist schwach geworden. Aber er hat doch ein für allemal den Auftrag der Unterführer festgelegt: „Die Stellung halten im Sinne der Befehle, das heißt, auf der Stelle verharren ohne Rückzugsgedanken."
Kurz nach den Oberjunkern kommt einer ihrer früheren Lehrer aus Neweklau ebenfalls nach Neustrelitz. Obersturmführer Michel gilt als der fanatischste Nationalsozialist der Division Charlemagne. Er ist Bretone und stolz darauf, sowohl Autonomist als auch „Neuheide", wie er behauptet, zu sein. Er hat die LVF verlassen, dann beim NSKK gedient und war einer der ersten französischen SS-Freiwilligen in Sennheim. Da Michel perfekt Deutsch spricht, hat er seinen Führerlehrgang in Bad Tölz in einer germanischen Junkerschaft absolviert. Er hatte seinen Männern gelegentlich erlaubt, auf Rehe eines Jagdschutzgebietes zu schießen, und durfte deshalb nicht mit an die Karpatenfront. Er wurde dann als Kompanieführer zur Sturmgeschütz-Einheit der Division Charlemagne versetzt und mit einer Handvoll Männer zum Lehrgang nach Votice geschickt. Dort angekommen, packte sie der Zorn. Ihre Jagdpanzer T 38 wurden unterwegs zurückgehalten, so daß sie als einfache Grenadiere üben mußten.
Michel wird jetzt dem Bataillon 57 zugeteilt, wo er Fernet wiederfindet, den er seit den Anfängen der Sturmbrigade 7 kennt.

„Was für ein Kommando hast du für mich?"
„Ich werde ‚Vater' Hennecourt zum Bataillonsstab versetzen und dir die Jungs seiner 2. Kompanie anvertrauen. Gewinne sie für dich."
Michel trifft ausgezeichnete Unterführer an. Oberscharführer Lardy, der vor nicht langer Zeit im Manöver in Böhmen-Mähren ernstlich verwundet wurde, ist ein sehr guter Ausbilder. Die anderen Züge sind zwei Oberjunkern unterstellt, dem ehemaligen Milizangehörigen Mongourd, der aus Lyon stammt, und dem „Schwarzfüßler" Neroni, der aus Algier herausgekommen ist und sich dann zur Waffen-SS gemeldet hat.
Ulmier, Maxime de Castel und Le Maignan werden der Kompanie des SS-Untersturmführers Labourdette zugeteilt, wo der Rhythmus der Ausbildung demjenigen der Kompanie Michel in nichts nachsteht. „Prinz" Protopopoff wird als Stellvertreter dem Kompanieführer der 4. Kompanie, SS-Oberscharführer Olliver, zugeteilt, der mit Roy bei der Infanteriegeschützabteilung in Pommern war. Oberjunker Bellier wird ebenfalls zu dieser schweren Kompanie versetzt. Das Bataillon 57 ist damit eine schlagkräftige Einheit geworden.
Ende April 1945 bekommen die kampfentschlossenen französischen SS-Männer endlich Waffen. Und was für Waffen! Das MG 42 ist ihnen schon lange bekannt, diese Waffe mit der ungeheuren Feuerkraft von 1200 Schuß pro Minute. Aber nie zuvor waren sie mit Sturmgewehren ausgerüstet, der modernsten und schlagkräftigsten Infanteriewaffe. Diese Sturmgewehre SG 44 sind sehr gefürchtete, kleine leichte Maschinengewehre von fast einem Meter Länge.
„Und sie wiegen nur fünf Kilo", bemerkt Unterscharführer Riberto seinem unzertrennlichen Freund Bicou gegenüber.

Jeder bewundert die neuen Waffen und ihre halbrunden Magazine mit dreißig Schuß, Spezialkaliber 7/92 kurz.
„Mit diesen da", beendet Unterscharführer Millet das Gespräch, „bekommen die ‚Popofs' die Schnauze voll."
Die französischen SS-Männer sollen auch Panzerfäuste empfangen, mit denen ein Mann allein einen Panzer vernichten kann. Vorausgesetzt, daß er unter Lebensgefahr den Panzer bis auf wenige Meter herankommen läßt.
Die Gefechtsausbildung wird durch einige Schießübungen ergänzt. Man hört die trockenen Feuerstöße aus den Sturmgewehren der Bataillone 57 und 58. Dumpfes Krachen von Panzerfäusten läßt erkennen, daß die französischen SS-Männer sich auf den Kampf gegen die russischen Panzer vorbereiten.

Disziplin ist alles

Am 20. April 1945 ist Adolf Hitler 56 Jahre alt. Alle ahnen, daß es sein letzter Geburtstag sein wird. Trotzdem wird in den Unterkünften in Neustrelitz das Fest gefeiert. Die Männer bekommen die letzten Marketenderwaren.
„Man muß die Gelegenheit wahrnehmen. Es sind die letzten."
„Na hör' mal, das zeugt nicht vom Überfluß..."
Einige Kekse, Schokoladenersatz, drei Zigaretten. Krukenberg ist es gelungen, von der Verwaltung noch ein paar Flaschen Wein zu bekommen.
„Wer hat einen Korkenzieher?" fragt Soulet.
Der Wein fließt in die Gläser. Abends zünden sie zu Ehren dessen, dem sie Treue und Tapferkeit geschworen haben, Kerzen an.
Die französischen SS-Männer singen. Sie empfinden es

wohl, daß dieser Kameradschaftsabend ihr letzter vor dem Schlußkampf sein wird.
Die Aufstellung des Baubataillons vor zehn Tagen hat die Kampfkompanien von der Belastung der Müden und Zaudernden befreit. Ganz neue Bande knüpfen sich nunmehr zwischen Vorgesetzten und Männern. Die Disziplin bleibt zwar streng gewahrt, jedoch verschwindet die Kasernenhofatmosphäre. Alle stehen jetzt auf gleichem Boden, entschlossen weiterzukämpfen, wenn auch alles um sie herum in Trümmer fällt.
Die wenigen Tage vor dem Einsatz verbringen die französischen SS-Männer in einem Zustand der Entsagung und Reinheit, den sie vorher nie gekannt haben, der ihnen aber als der eigentliche Sinn ihrer Verpflichtung erscheint. Die jüngsten unter ihnen sind dabei die eifrigsten. Man hört immer wieder den Ausspruch:
„Unsere Toten dürfen nicht umsonst gefallen sein!"
Mehr als je zuvor ist für sie die Waffen-SS eine revolutionäre Armee, bei der Grenzen und Gewohnheiten bisheriger Art kaum noch zählen. Das Verhältnis zu der örtlichen Bevölkerung wird zunehmend herzlicher.
„Warum sind Sie denn zur Waffen-SS gegangen?" fragen die Deutschen. „Wir haben noch nie Soldaten, wie ihr es seid, gesehen. Für euch ist alles so einfach."
Erstaunt begegnen die mecklenburgischen Bauern den Fremden, die bessere Nationalsozialisten sind als sie. Sie entdecken, daß da im selben Augenblick, in dem das alte zu sterben beginnt, ein neues Europa im Entstehen ist.
Diese etwas seltsame Atmosphäre zeigt sich täglich in tausenderlei Dingen, wortlos und ohne Reden. Nie war die Kameradschaft größer als in diesen letzten Tagen in Neustrelitz. Nie haben die französischen Freiwilligen weniger Fragen gestellt als gerade in diesem Augenblick, da ihre ganze Welt einstürzt.

Einige deutsche Angehörige der Division Charlemagne teilen diesen Glauben nicht. Selbst der einst so tapfere Jauss läßt sich mehr und mehr von Mutlosigkeit treiben. Krukenberg beschließt, schlicht und einfach die Abberufung des jungen Kommandeurs des Bataillons 58 anzufordern.
Der Bericht, den der Brigadeführer an das SS-Führungshauptamt in Berlin einreicht, enthält keinen Bezug: „SS-Hauptsturmführer Jauss erscheint mir geeigneter, eine Junkerschaft zu führen als eine Einheit der französischen Waffen-SS."
In der Stunde des letzten Kampfes kann der Kommandeur nicht die geringste moralische Anwandlung dulden. Waffen sind derart rar geworden, daß er sogar einen neuen Eid leisten läßt, um sie nur denjenigen anzuvertrauen, die sich ihrer wirklich bedienen wollen. Die siebenhundert Frontkämpfer in Neustrelitz bilden eine Einheit von ausnahmsloser Verbissenheit. Krukenberg duldet nicht, daß ihr Kampfeswille wieder in Frage gestellt wird.

*

Während die Einschließung Berlins in vollem Gange ist und Sowjets und Amerikaner sich schon die Hände gereicht und Deutschland in zwei Teile gespalten haben, meldet sich an der Schranke vor einer der Unterkünfte der französischen Waffen-SS in Neustrelitz ein junger Mann. Er ist in Lumpen gehüllt und macht einen ausgehungerten und erschöpften Eindruck. Ein Wachtposten kreuzt vorschriftsmäßig sein Gewehr und fragt in rauhem Ton:
„Wer da?"
„Mach keinen Blödsinn! Ich bin auch Franzose."

Der hinzukommende Postenführer betrachtet den Neuankömmling mit der ganzen Geringschätzung des Soldaten gegenüber dem Zivilisten:
„Was willst du, Junge?"
„Ich will mich verpflichten. Ich will zur Waffen-SS."
„Na, da hast du dir Zeit gelassen", bemerkt der Unterscharführer.
Der Bataillonskommandeur will dieses sonderbare Phänomen selbst sehen. Ein Franzose, der am 23. April 1945 noch in die Waffen-SS eintreten will ... Fernet kann ihm nur raten, zur Armee der Entlassenen zu gehen.
„Du kommst zu spät, Kleiner. Du hast noch nicht gedient, und bei uns gibt es keine Ausbildungseinheit."
„Haben Sie wirklich keinen Platz für mich?" fragt der Junge halb ungläubig, halb verdrießlich.
„Nein, keinen mehr. Fertig."
„Das ist schade", seufzt der Junge und verschwindet.

*

Seit Tagen fragt Krukenberg seinen Adjutanten unaufhörlich:
„Pachur, sind noch keine Nachrichten von Obersturmbannführer Hersche da?"
„Noch keine, Brigadeführer, noch keine. Aber ich hoffe, daß er bald eintrifft."
„Es wird bald zu spät sein", brummt der Brigadeführer unwillig.
Am 30. März 1945 wird das Lager Wildflecken geräumt, und SS-Obersturmbannführer Hersche, ehemals Mitglied der Schweizer Nationalmannschaft bei internationalen Reitkunstwettbewerben vor dem Kriege, hat in der Nacht vom 30. auf den 31. März an der Spitze von 1200 Mann

den rückwärtigen Stützpunkt der Division Charlemagne verlassen.
Er hat die Absicht, Krukenberg in Neustrelitz zu erreichen und ihm drei Marschkompanien, zwei Baukompanien und eine Strafkompanie zuzuführen.
Da aber die Kolonne Hersche von amerikanischen Panzern hart bedrängt und von Jagdbombern beschossen wird, verliert sie kostbare Zeit. Auch ist kein Bahntransport möglich, und so zieht sie in Gewaltmärschen durch Thüringen und Oberfranken. Am 12. April gelangt sie schließlich nach Marktredwitz.
Krukenberg weiß noch nicht, daß Hersche einen Befehl erhalten hat, seinen Marsch nach Mecklenburg aufzugeben. Obergruppenführer Berger, der Chef des SS-Hauptamtes, hat persönlich angeordnet, daß diese französische Waffen-SS-Einheit sich auf die „Alpenfestung" zurückziehen soll. Er will sie zweifellos im letzten Karree im Raum Berchtesgaden für den Fall bereithalten, daß der Führer einwilligt, die Reichskanzlei zu verlassen, um in seinen Adlerhorst in Bayern zu gehen*.
Aber das Schicksal ist schon besiegelt.
Die Sowjets haben die gesamte Oderverteidigung überrannt und besetzen am 23. April Potsdam und Spandau. Am Abend sind sie bereits in Pankow und Köpenick.
Joseph Goebbels, Gauleiter von Berlin, glaubt die fiebrigen Stunden der Machtübernahme wieder zu erleben. Er richtet an die Bevölkerung einen Aufruf: „Wir werden unsere Pflicht ehrenvoll und als Männer erfüllen und so dem ganzen Volk ein Beispiel unseres mutigen Widerstands geben."

---

* Siehe im Anhang die Geschichte des Regiments des SS-Obersturmbannführers Hersche vom Abzug aus dem Lager Wildflecken an bis zu seiner Auflösung in der „Alpenfestung" am Ende des Krieges.

Der mit seiner ersten Ausgabe erscheinende „Panzerbär" trägt als Untertitel die Bezeichnung: Kampfblatt der Verteidiger Groß-Berlins.
Adolf Hitler hat sich entschlossen, seine eingeschlossene Hauptstadt nicht zu verlassen. Er verfaßt einen letzten Tagesbefehl an die Armee Wenck: „Berlin wird niemals vor dem Bolschewismus kapitulieren. Da die Verteidiger von Ihrem raschen Anmarsch Kenntnis haben, sind sie wieder ermutigt; sie kämpfen tapfer und erbittert in der festen Überzeugung, bald das Donnern Ihrer Geschütze zu hören. Der Führer ruft Sie. Sie werden zum Angriff antreten wie ehemals in Zeiten des Sieges. Berlin erwartet Sie, Berlin ersehnt mit heißem Herzen Ihr Kommen."

Ein Erlebnis

Seit Beginn der Offensive der russischen Armeen Schukow und Koniew gegen Berlin im Morgengrauen des 16. April 1945 laufen in den Unterkünften in Neustrelitz die tollsten Gerüchte um. Sowjetische Panzer sollen die Front aufgerissen haben, und ihre Spitzen seien schon weit hinter der Frontlinie. Fallschirmjäger seien nachts hinter den deutschen Truppen gelandet. Die Fallschirmjägerpsychose ist nicht neu. Die Franzosen haben dies schon 1940 erlebt. Bei den Deutschen tritt sie jetzt wieder in noch gesteigertem Umfang auf, vor allem ausgelöst durch das Getümmel der aus den von den Sowjets besetzten Ostgebieten abziehenden Flüchtlinge und der aus ganz Europa stammenden Fremdarbeiter.
Auch im Schloß Carpin tauchen solche Parolen auf.
„Fallschirmjäger sind an einem See entdeckt worden."
„Im Wald ist ein rotes Widerstandsnest."

„Die Häuser der Jagdhüter sind von Sowjets besetzt."
Die Ortskommandantur möchte klare Verhältnisse schaffen und ordnet den Einsatz der Truppe an. Der Brigadeführer setzt gegen diese mysteriösen, unauffindbaren Fallschirmjäger — die wohl nur in der Einbildung einiger deutscher Bauern existieren, die wegen einer Handvoll wirklich vorhandener polnischer Marodeure beunruhigt sind — die Kampfkompanien der Bataillone 57 und 58 an. Die Einheitsführer sind mit der Leitung der Operationen gegen diese Fallschirmjäger beauftragt.
Bei Einbruch der Dunkelheit gelangt der Stab des Bataillons 57 in das Forsthaus von Serrahn. Fernet hat seinen Ordonnanzoffizier und einige Verbindungsmänner bei sich. Das schräge Dach, die Wände aus Holzfachwerk, die Tannen im Hintergrund, die im lauen Wind der Abenddämmerung leicht schwanken, all dies ruft unwillkürlich die Erinnerung an ein germanisches Märchen wach. Aber die rauhe Wirklichkeit unterbricht jäh die romantische Betrachtung. Am Abend zuvor ist der Forstwart von einem polnischen Landstreicher ermordet worden.
Schweigend und erstaunt betrachten die zum Besuch der betroffenen Familie herbeigeeilten mecklenburgischen Bauern die Neuankömmlinge. Ein bewaffneter Waldhüter mit einem Stahlhelm auf berichtet dem französischen Offizier, was sich zugetragen hat. Fernet fragt im Flüsterton:
„Darf ich seiner Familie mein Beileid aussprechen?"
Der Mann hebt den Kopf, bittet, kurz zu warten, und verläßt die Diele des Forsthauses. Fernet betrachtet die Holzwände, auf denen im Halbdunkel ausgestopfte Hirsch- und Wildschweinköpfe zu erkennen sind. Dolchklingen und Spieße glänzen auf einer Ritterrüstung. Der Holzboden kracht unter den Stiefeln des Offiziers. Unsichtbar ertönt aus einer Ecke das gleichmäßige Ticken einer Uhr.

Eine Tür öffnet sich. Hinter dem Waldhüter erscheint ein junges Mädchen. Es trägt die Uniform einer Arbeitsdienstführerin. Längliche Gesichtszüge und ein feines Gesicht verraten auf den ersten Blick Trauer und Energie zugleich. Seine Augen sind rot. Aber es hat Nachtwache gehalten, ohne zu weinen.

Die Verbindungsmänner des französischen Bataillons stehen längs der Wand, in deren Dunkel sie sich zu verflüchtigen scheinen. Kaum kann man noch ihre Tarnjacken von der Wandtäfelung unterscheiden. Schweigend verfolgen sie den Vorgang, um ja durch kein Geräusch das Gespräch zu stören. Ihre Hände klammern sich um die Sturmgewehre oder um den Griff ihrer im Koppel steckenden Handgranaten.

Eine schwache Kerze brennt auf dem Tisch. Ihr Wachs rollt am schmiedeeisernen Kerzenhalter herunter und dringt langsam in die Risse der dicken Tischplatte ein, auf die die Familie eine Vase mit Blumen und die Fotografie des Forstwarts gestellt hat. Fernet und Douraux fühlen sich peinlich berührt, mit ihren Männern in Kampfanzügen inmitten der Trauerfamilie stehen zu müssen. Der junge Bataillonskommandeur beherrscht die deutsche Sprache ziemlich gut. Leise spricht er sein Beileid aus und sagt dann:

„Ich bitte Sie zu entschuldigen, daß ihr Ihre Trauer in dieser Weise störe, aber es sind leider rauhe Kriegszeiten..."

„Bitte keine Entschuldigung", antwortet das Mädchen mit weicher, aber beherzter Stimme, die völlig zu ihrem Gesicht paßt, von dessen Anblick Fernet plötzlich bewegt ist. „Bei dem Unglück unseres Volkes hat unser eigener Schmerz nur geringe Bedeutung. Mein Vater ist im Dienst für unser Vaterland und aus einem Anlaß gefallen, den wir alle nicht abwenden konnten."

Ihre Gesichtszüge zeigen im Schein der aufflackernden Kerze plötzlich eine gewisse Härte, die aber im Wechselspiel von Licht und Schatten sofort wieder verschwindet. Sie spricht langsam, besorgt darum, sich diesem fremden Offizier verständlich zu machen.
„Wir müssen einfach unsere Pflicht weiterhin erfüllen, wie er auch seine getan hat."
Sie ist näher auf Fernet zugekommen. Jetzt erkennt er noch besser ihr stolzes und trauriges Gesicht. Eine Brosche mit einem Hakenkreuz und zwei Kornähren schimmert am Kragen ihrer weißen Bluse. Der Franzose hört diese ruhige Stimme, die ihm auf einmal die Stimme des todwunden Deutschlands zu sein scheint.
„Meine Mutter bittet, sie zu entschuldigen. Sie möchte bei meinem Vater bleiben. Ich vertrete sie. Ihre Anteilnahme berührt uns besonders, weil Sie gekommen sind, mit uns zu kämpfen und in der ernstesten Stunde die Gefahren mit uns zu teilen..."
Trotz aller Propaganda scheint sie keine Illusionen mehr zu haben. Aber noch weniger Verzweiflung. Seit ihrer Kindheit hat man sie gelehrt, bis zum Ende standhaft zu bleiben. Mut ist also nicht nur Männersache.
Der Offizier und das Mädchen schauen sich in die Augen. Fernet ist noch keine sechsundzwanzig Jahre alt. Sie selbst sieht zum erstenmal einen dieser französischen SS-Männer, von deren Vorhandensein im Schoß der Sturmtruppen des Reiches sie kaum eine Vorstellung hatte. Beide wissen, daß dieses Zusammensein nur wenige Minuten dauern wird und daß sich ihre Wege nie mehr kreuzen werden. Sie sprechen. Manchmal liegt eine plötzliche Stille schwer und bedrückend im Raum. Sie hören den Atem der Verbindungsmänner, die an der Wand stehen, die Waffe in der Hand. Douraux hat sich in eine dunkle Ecke zurückgezogen. Fernet weiß wohl, daß alle Beleidsbezeigun-

gen unnütz sind. Aber sie soll wissen, daß auch diese jungen Männer, die an diesem Abend in das Forsthaus gekommen sind, Kummer und Angst kennen.

„Es ist nicht einer unter uns", versichert Fernet, „der in Frankreich nicht auch ein teures Wesen zurückgelassen hat, um dessen Schicksal er besorgt ist. Viele uns Nahestehende sind schon umgekommen. Sie sind als Soldaten gefallen wie Ihr Vater."

Sie hört zu, ihre Augen glänzen. Auf solche Worte hat sie heute nacht gewartet. Ihr ganzes Leben entzündet sich an dieser Flamme. Die beiden jungen Menschen sind gleichen Blutes, gleichen Glaubens.

„Wir dürfen nicht verzweifeln", betont Fernet. „Wir dürfen nur an die Fortsetzung des Kampfes denken — ohne nach rückwärts zu schauen. In wenigen Tagen stehen wir wieder im Einsatz. In einem solchen Augenblick müssen wir im Feuer sein."

„Wie Ihre Worte mich berühren", sagt die junge Deutsche. „Ihre Anwesenheit heute abend unter unserem Dach ist keine Störung. Mein einziger Trost ist, daß ich weiß, daß es noch solche Männer gibt wie Sie."

„Auch Ihre Worte sind für Soldaten, die in den Kampf ziehen, von unschätzbarem Wert."

Der Kommandeur des Bataillons 57 unterdrückt eine tiefe Rührung, die er noch nicht einmal zu erklären versucht. Aber er muß Abschied nehmen, das Forsthaus und dieses Mädchen mit den traurigen Augen und der strengen graubraunen Uniform verlassen.

„Vielleicht sind wir bei Sonnenaufgang schon weit weg", sagt er.

„Es ist spät, und ich will meine Mutter nicht allein lassen. Möge die Zukunft Ihnen Glück bringen, Ihnen und Ihren Kameraden. Alles Gute!"

„Alles Gute, Fräulein."

Ja, alles Gute. Alles ist einfach. Alles ist recht. Die beiden jungen Menschen reichen sich die Hand und schauen einander noch einmal in die Augen. Es gibt nichts mehr zu sagen. Der Krieg befiehlt. Die Verbindungsmänner grüßen gemeinsam mit gestrecktem Arm, während der junge Offizier das Mädchen bis zur Tür des Sterbezimmers geleitet.
Die französischen SS-Freiwilligen verlassen das Forsthaus, die Tür schlägt zu, ein Windstoß verlöscht die Kerze. Lange noch raucht der Docht im Dunkel.

DER DURCHBRUCH NACH BERLIN

Der Befehl aus der Reichskanzlei

In der Nacht vom 23. auf den 24. April 1945 läutet im Stabsquartier der Division Charlemagne in Carpin das Telefon. Eine Ordonnanz weckt bald darauf den Brigadeführer und meldet ihm:
„Ein Anruf für Sie vom Personalamt der Waffen-SS."
Der Stab des Personalamtes befindet sich in der Nähe von Fürstenberg. Dieser bemüht sich verzweifelt, bewährte Kommandeure freizubekommen, die dann führerlose Einheiten schnellstens übernehmen sollen, um mit diesen dem Ansturm der Sowjets auf Berlin zu begegnen.
Eine Stimme, die keinen Widerspruch duldet, befiehlt:
„Begeben Sie sich sofort nach Berlin und übernehmen Sie dort die Führung einer Division, Ihr Vertreter wird in Neustrelitz das Kommando der Division Charlemagne übernehmen."
Einige Minuten später bestätigt ein zweiter Anruf diesen Befehl. Diesmal übermittelt der Stab einer bei Prenzlau liegenden Heeresgruppe eine Nachricht des Oberkommandos der Wehrmacht: „Sobald Sie in Berlin sind, wollen Sie sich beim General der Infanterie Krebs melden. Er befindet sich in der Reichskanzlei."
„Aber was ist denn los?" fragt Krukenberg.
„Die Sowjets haben an zwei Stellen die Oderfront durch-

brochen. Sie rücken auf Berlin vor. Zweifellos wird die Hauptstadt in einigen Stunden eingeschlossen sein."
„Wo stehen denn unsere Truppen?"
„Ein Panzerkorps, das die Stadt nach Osten abschirmen sollte, ist überrannt worden. In den Vorstädten wird schon gekämpft. Beeilen Sie sich, bevor die Zangenbewegung der Roten Armee vollendet ist."
Krukenberg hat also Befehl, nach Berlin zu gehen. Sofort gibt er seinem Stab die nötigen Anweisungen. In den Dörfern rings um Neustrelitz, in denen die Unterkünfte der französischen SS-Männer liegen, läuten die Telefone. Die Verbindungsmänner wecken die Kompanie- und Zugführer. In kürzester Zeit, mitten in der Nacht, sind alle Kampfeinheiten der Division Charlemagne zum Einsatz bereitgestellt*.

SS-Hauptsturmführer Fernet ist in der Nacht vom 23./24. April der erste, der sich zum Stab der Division Charle-

---

* In einem zehn Jahre später verfaßten Bericht hat Krukenberg erklärt, daß der Befehl, nach Berlin zu kommen, um die Führung einer Division zu übernehmen, nur ihn selbst betraf und er lediglich die Ermächtigung erhalten hätte, ein Begleitkommando von 90 französischen SS-Männern mit sich zu führen. Diese Angabe entspricht weder den zahlreichen späteren Zeugenaussagen von französischen und deutschen überlebenden Führern, Unterführern und Männern noch dem Umfang der Transportkolonne, etwa zwölf Lkw der Luftwaffe und mehrere Pkw, noch der Stärke der Einheit, die am Morgen des 24. April 1945 mit dem Ziel Berlin verladen wurde; sie bestand immerhin aus vier Kompanien zu je 65—70 Mann, ferner aus der Kampfschule, dem Stab des Bataillons 57 und einem kleinen Stab mit Krukenberg, also insgesamt etwa 350 Mann. SS-Hauptsturmführer Weber berichtet, daß er in der Schreibstube der Division ein Telegramm aus dem Führerhauptquartier gelesen habe, dessen knapper Text in seinem Gedächtnis haftengeblieben sei: „Division Charlemagne unter Ausnutzung aller Verkehrsmöglichkeiten sofort Einsatz Berlin. Meldung Reichskanzlei. Adolf Hitler." Der Text dieses Telegramms ist später nirgends mehr gefunden worden, daß er aber echt ist, hat nach dem Krieg ein SS-Führer aus der engen Umgebung Adolf Hitlers, der ehemalige SS-Sturmbannführer Otto Günsche, bestätigt, der Weber gegenüber erklärte, daß er seinerzeit für die Versendung der Telegramme persönlich verantwortlich war.

magne in Carpin begibt. Krukenberg empfängt ihn mit einem Lächeln wie in besten Tagen.

„Wir gehen nach Berlin", sagt er. „Der Führer hat sich entschlossen, die Reichshauptstadt nicht zu verlassen; er bleibt in der Reichskanzlei. Wir werden unter seinem Kommando an der Schlacht teilnehmen."

Fernet verbirgt seine Freude nicht.

„Sind Sie zufrieden?" fragt Krukenberg.

„Zufrieden? Brigadeführer, das ist fürwahr zu wenig gesagt."

Es wird festgelegt, daß die siebenhundert Frontkämpfer der Division Charlemagne in mehreren Transporten nach Berlin fahren. Die Zahl der Fahrzeuge ist begrenzt. Als Transportmittel stehen ein Dutzend von der Luftwaffe gestellte Lastkraftwagen und einige Privatwagen zur Verfügung. Das Benzin wird bis auf den Liter genau zugeteilt.

Die erste Kraftfahrstaffel besteht aus den drei Kampfkompanien und der Kampfschule Weber.

Die Lastkraftwagen können noch etwa weitere hundert Männer aufnehmen. Hierzu bestimmt der Stab, daß eine Kompanie des Bataillons 58 dem ersten Transport zugeteilt wird. Die beste Einheit scheint die des SS-Hauptscharführers Rostand in Wokuhl zu sein, dieses alten Haudegens des Jagdzuges der LVF.

Beim Divisionsstab im Schloß Carpin sind alle SS-Führer versammelt. Schweigend und ernst warten sie. Die Nachricht ist noch nicht bestätigt.

„Wissen Sie inzwischen etwas Genaueres?" fragen leise Stabsarzt Métrais und Abbé Verney.

„Nichts Genaues. Die Frontnachrichten werden immer schlechter, Doktor."

Das Eintreffen des SS-Brigadeführers unterbricht sie. Die SS-Führer nehmen Haltung an, als der Kommandeur her-

eintritt und ihnen bekanntgibt, was seit kurzer Zeit unter ihnen umgeht.
„Meine Herren", sagt Krukenberg ohne Umschweife, „Berlin wird von den Sowjets eingeschlossen. Wir haben den Befehl erhalten, die Hauptstadt zu verteidigen. Lassen Sie Ihre Kompanien antreten. In einer Stunde sind die Lastwagen hier. Wir werden versuchen, Oranienburg eher als der Feind zu erreichen*."
Mit der Kompanie Rostand muß auch SS-Obersturmführer Fantin fahren, der aus dem Kampfgebiet um Danzig entkam und einer der kämpferischsten SS-Führer des Bataillons 58 bleibt. Verney flüstert halblaut:
„Soll ich ihn begleiten?"
Es ist halb Bitte, halb Frage. Der kleine „Pfarrer Mickey" zögert nicht lange. Er wendet sich an Krukenberg und spricht einige Sekunden leise mit ihm. Dann kommt er freudig auf Stabsarzt Métrais zu.
„Ich fahre mit ihnen", sagt er schlicht.
Der Arzt Métrais wird bei dem Unternehmen nicht dabei sein. Der Brigadeführer will nur den deutschen Divisionsarzt und Herpin, den französischen Arzt des Bataillons 57, mitnehmen, der ganz selbstverständlich dem Schicksalsweg seiner Einheit folgt.
Mit einer höflichen, aber bestimmten Geste beendet Krukenberg die kurze Besprechung. Die Welt ist wieder in Ordnung...
Die drei- bis vierhundert Frontkämpfer, die im Raum Neustrelitz verbleiben, bekommen den Befehl, sich für einen zweiten Transport nach Berlin bereitzuhalten. Da der SS-Standartenführer Zimmermann immer noch im Lazarett liegt, werden sie SS-Sturmbannführer Boudet-Gheusi

---

* Worte, die Dr. Métrais in einem nicht veröffentlichten Manuskript festgehalten hat.

unterstellt, dem ältesten unter den ranghöheren Offizieren. Später soll sich erweisen, daß er an seinem seit seiner Rückkehr aus Pommern gefaßten Entschluß festhält, nicht mehr zu kämpfen und sich mit den Männern aus einer Sache zu lösen, die er als verloren betrachtet*.
Bevor die Männer des Bataillons verladen werden, empfangen sie Munition. Die Intendantur schleift Kisten herbei, die bald geleert sind. Jeder füllt seinen Brotbeutel und selbst die Taschen mit Munition. Im Bataillon 57 haben fast alle Grenadiere Sturmgewehre empfangen. In der Kompanie Rostand sind es drei Stück auf zehn Mann.
„Diesmal fehlt es nicht an Waffen", jubeln die französischen SS-Männer.
Jede Kampfgruppe verfügt über ein oder auch zwei Maschinengewehre MG 42. Die Schußfolge ist sehr schnell — 1200 Schuß pro Minute — deshalb müssen sich die Männer mit Patronengurten, die sie kreuzweise über die Schulter und Brust hängen, reichlich versorgen.
„Aufgepaßt", sagen die Jungens der Kampfschule, „dort, wo wir hingehen, ist die wirksamste Waffe immer noch die Panzerfaust."
Sie raufen sich förmlich um diese gefürchtete Panzerabwehrwaffe. Manche tragen zwei oder sogar drei Stück bei sich.
„Und die Handgranaten?"
Alles ist zum Platzen voll. Sie stecken noch Stielhandgranaten hinter ihre Koppel und heften Eierhandgranaten an die Kampfanzüge. Nie sind die Männer der Division Charlemagne so schwer beladen, aber auch nie so froh gestimmt gewesen.

---

* Siehe im Anhang die Geschichte der von SS-Sturmbannführer Boudet-Gheusi geführten Einheit vom 24. April bis 2. Mai 1945, dem Tag, an dem er sich im Raum Bublitz in Mecklenburg der britischen Armee ergibt.

Der SS-Brigadeführer in seinem langen grauledernen Mantel überwacht die Munitionsverteilung. Die Mütze sitzt über den Augen, eine Hand liegt am Koppel, in der anderen hält er ein Paar Handschuhe.
Die SS-Männer, die Patronen und Handgranaten verstauen, scheinen es plötzlich gar nicht so eilig zu haben, ihre Verpflegung zu empfangen. Krukenberg runzelt die Augenbrauen. Das ist ja das erste Mal, daß er seine Franzosen das Essen vernachlässigen sieht. Und noch selten hat man so großzügig Verpflegung verteilt. Jeder bekommt mehrere große Käse, doch viele Männer machen auf einmal Schwierigkeiten.
„Nein, was stinkt denn da so!"
„Gebt den Käse zurück. Wir können dafür besser Patronen mitnehmen."
Es scheint sie nur die Furcht zu plagen, in Berlin Mangel an Munition zu haben.
Es ist Zeit, auf die Lastwagen zu steigen. Die Männer schwingen sich hoch. Keiner will diese Abfahrt verpassen. Es gibt sogar Schwarzfahrer, denen es gelingt, sich unter die Kolonne zu mengen.
Da sie beim ersten Schub nicht dabei sind, streichen sie um den Transport herum.
„He, Jungs, habt ihr keinen Platz für mich?"
„Wir sind ja schon wie die Heringe zusammengepreßt. Steig auf, wenn du dich in Stücke teilen kannst."
Gelegentlich stößt einer beim Aufsteigen mit seinen Waffen und seinem Gepäck gegen die Planken oder gegen seine Kameraden. Keiner nimmt daran Anstoß. Die Schwerbeladenen helfen sich gegenseitig, man rückt zusammen und läßt sich so gut es eben geht auf den Munitionskisten nieder.
Fernet und sein Adjutant, SS-Obersturmführer von Wallenrodt, ein ehemaliger Kriegsberichter, überwachen die

Verladung der vier Kompanien. Etwas abseits stehen die Männer der Kampfschule schon auf ihrem Lkw. Man sieht gegen den dunklen Himmel nur ein unbestimmtes Hin- und Herbewegen, Silhouetten von Stahlhelmen, die konischen Köpfe von Panzerfäusten, Läufe von Sturmgewehren. Manchmal glimmt eine Zigarette rot auf.
„Sind alle Männer auf den Fahrzeugen?" fragt Fernet.
Sein Adjutant geht nochmals die Fahrzeugkolonne ab. Oberjunker Douraux hat sich für die Fahrt nach Berlin um den Hals ein besonders kokettes, weißes Seidentuch geschlungen, dessen Enden er in den Ausschnitt seiner Tarnjacke gesteckt hat. Ein guter Schutz gegen den zu erwartenden Straßenstaub. Türen schlagen zu. Die Motoren laufen.
Am Dienstag, dem 24. April, genau um 08.30 Uhr, fährt das Marschbataillon los. Es verläßt Neustrelitz durch den Südausgang der Stadt.
„Das ist ja großartig! Es ist wirklich großartig!" wiederholen die Männer immer wieder, die nach Berlin fahren.
„Sicher ist es ein persönlicher Befehl des Führers!"
„Er hat uns ja nicht untätig stehenlassen können. Wieder ein Glücksfall, daß wir nicht vergessen worden sind."
„Mein Lieber, das ist deutsche Organisation..."
Der SS-Brigadeführer, in Begleitung seines Adjutanten Pachur und seines Ordonnanzoffiziers Patzak, eines riesigen, mehr als zwei Meter großen Wiener SS-Untersturmführers, geht auf und ab. Da ertönen starke Hupsignale. Krukenberg wendet den Kopf. Von Norden her nähert sich rasch ein Wagen. Es ist ein Mercedes mit aufklappbarem Verdeck. Ein rechteckiger Stander zeigt an, daß eine hohe Persönlichkeit zu erwarten ist. Krukenberg, Pachur und Patzak stellen sich an den Rand der Straße und grüßen.
„Der Reichsführer!" sagt Krukenberg.

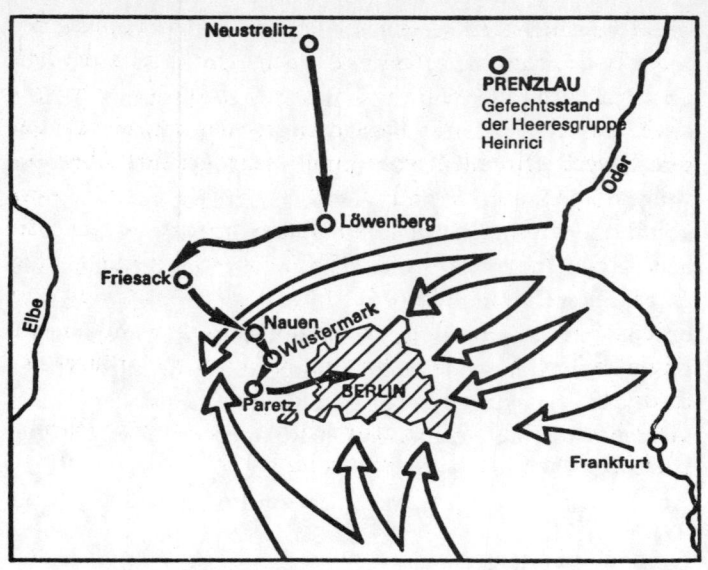

**Der Durchbruch des Bataillons Fernet
auf dem Marsch nach Berlin**

→ Marschweg des Sturmbataillons

⇒ Einschließungsbewegung der russischen Armeen

Es ist tatsächlich Heinrich Himmler. Statt seiner Mütze mit dem Totenkopf trägt er eine Kopfbedeckung aus Leder. Er sitzt selbst am Steuer, ganz aufrecht. Er verlangsamt das Tempo. Ohne den Kopf zu wenden, gibt er auf den Gruß der drei Offiziere nur ein Zeichen. Die Augen hinter der bekannten farblosen Metallbrille bleiben auf die Straße gerichtet. Der Wagen schlägt die Richtung nach Hohenlychen ein und verschwindet rasch.

„Er hat nicht gehalten", sagt Krukenberg in bitterem Ton. Der Brigadeführer ist überrascht und ein wenig verstimmt, als er sieht, daß sein Chef, der ihn gut kennt und ihm

schon bei mehreren Gelegenheiten seine Hochachtung bezeugt hat, nicht wenigstens einen Augenblick gehalten hat. Er hätte ihm gern seine französischen SS-Männer vorgestellt, die er noch nie so begeistert gesehen hat, wie in diesen Tagen. Himmler war immer sehr gerührt über die Treue der nichtdeutschen Freiwilligen der Waffen-SS, ganz besonders, als viele Deutsche bereits entmutigt waren. Einen Monat zuvor hat er dies Krukenberg gegenüber zum Ausdruck gebracht, und vor einigen Tagen bekundete er es auch Léon Degrelle gegenüber, dem Kommandeur der Division Wallonie, als er ihn zum SS-Standartenführer beförderte.
„Der Reichsführer hat es aber sehr eilig", bemerkt Pachur. „Sicherlich hat er andere Sorgen im Kopf*."

Von Neustrelitz nach Berlin

Der von SS-Brigadeführer Krukenberg geführte Truppentransport fährt von Neustrelitz aus in Richtung Süden. Die Entfernung nach Berlin beträgt nicht mehr als etwa hundert Kilometer, aber die sowjetische Offensive im Norden der Reichshauptstadt zwingt die Kolonne, in südwestlicher, bald sogar in westlicher Richtung zu fahren.
Der SS-Brigadeführer und seine ständigen Begleiter Pachur und Patzak sitzen in einem großen Kommandowa-

---

* Himmler kam von Lübeck, wo er dem Schweden Bernadotte ein Separatsfriedensangebot mit den Westalliierten übergeben hatte. Jetzt kehrt er in Eile zu seinem Gefechtsstand in Hohenlychen zurück, um dort auf die Antwort zu warten, die Bernadotte ihm zukommen lassen soll. Die Antwort kommt nicht.
Himmler beging einen Monat später, am 23. Mai 1945, bei seiner Gefangennahme durch eine englische Streife Selbstmord.

gen, der in entsprechendem Tempo den mit SS-Männern, Waffen und Munition beladenen Lastwagen vorauseilt.
Schönes und trockenes Wetter kündigt sich an. Es ist an diesem Aprilende noch ein wenig frisch. Doch manchmal lassen am Straßenrand einige Obstbäume schon malvenfarbige und rosarote Blütenknospen erkennen. Dann tauchen erneut Massen dunkler Tannen auf, gelegentlich unterbrochen von den hellen Flecken einiger Birken. Die großen Bauernhöfe mit ihren Stroh- oder Ziegeldächern atmen Verlassenheit und Furcht aus.
Die französischen SS-Männer stehen derart zusammengepfercht auf den überladenen Fahrzeugen, daß die Stoßdämpfer drohen, schon vor Ende der Fahrt ihren Geist aufzugeben. Man hat, ohne zu murren, den Schwarzfahrern Platz gemacht, die sich eingeschmuggelt haben. An diesem Morgen herrscht ein Gefühl der herzlichen Kameradschaft und der Fröhlichkeit.
Mit einem Mal stimmen sie ein Lied an und singen im Chor:

„SS marschiert im Feindesland
und singt ein Teufelslied..."

Immer wieder wird die Kolonne des französischen SS-Bataillons von Flüchtlingstransporten aufgehalten, die auch aus dem Norden kommen und die man nur schwerlich überholen kann. Aber nach und nach tauchen aus dem Süden noch mehr und noch dichter gedrängt Flüchtlingskolonnen auf.
„Das ist ein böses Zeichen", sagt Fernet zu von Wallenrodt, der den Kommandowagen des Bataillons steuert. „Die Straße nach Süden wird versperrt sein."
Deutsche Zivilbevölkerung und Soldaten flüchten aus der von den Sowjets eingeschlossenen Reichshauptstadt. Alle

Plakatanschläge, Broschüren, Handzettel, Radiosendungen und Kinowerbungen forderten ab Sommer 1943 die jungen Franzosen auf, in die Waffen-SS einzutreten.

Die Freiwilligentransporte wurden in der Kaserne Clignancourt zusammengestellt und zu den Ausbildungslagern geleitet. Eingerahmt von alten Freiwilligen, die aus Deutschland kamen, sieht man einige noch in Zivil, während andere Uniformen der Miliz und befreundeter Parteien tragen, die sich für eine Zusammenarbeit mit Deutschland einsetzen.

JOURNAL DE COMBAT DE LA COMMUNAUTÉ EUROPÉENNE

1ʳᵉ Année – N° 2 — Édition de Mars 1944

MANIFESTATION SPONTANÉE DES FRANÇAIS ENVERS LE FUEHRER

Symbole pour l'Europe

Les soldats du Führer

Im Frühjahr veröffentlichte die Zeitung „Devenir", das Kampfblatt für die europäische Gemeinschaft, ein Bild über einen Besuch des Hauptsturmführers Léon Degrelle, Kommandeur der SS-Sturmbrigade „Wallonie", der mit einigen hundert Überlebenden aus dem Kessel von Tscherkassy in der Ukraine entkommen war. Von Hitler persönlich mit dem Ritterkreuz ausgezeichnet, hat er, bevor er in Brüssel an der Spitze seiner Soldaten aufmarschierte, im Palais Chaillot in Paris eine Großkundgebung veranstaltet, um die Werbung französischer Freiwilliger zu unterstützen. (Dokument aus der Bibliothèke Nationale.)

Ausgewählte Führeranwärter erhalten in der Junkerschule der Waffen-SS Bad Tölz ihre dreimonatige Au[s]bildung. Sie bilden d[ie] Führungsmannschaf[t] der französischen SS Sturmbrigade 7, die i[n] Neweklau (Böhmen-Mähren) aufgestellt wird.

Die SS-Freiwilligen a[us] allen Ländern Europa[s] müssen einen Lehrgang von mehreren Monaten im Ausbildungslager Sennhei[m] im Elsaß mitmachen. Dieser Lehrgang ist e[in] körperlicher, geistige[r] und militärischer Au[s]leseprozeß. In einem höllischen Tempo werden zur Ausnutzung der Zeit jeden Sonnabend Sportwet[t]kämpfe veranstaltet.

Trotz der Zeitknappheit wird auf Vorträg[e] über Erbgesetze und Erbgesundheitslehre nicht verzichtet.

Ein schweres Maschinengewehr und seine Schützen. Nach den Kämpfen bei Sarnok und Tarnow in den Karpaten wird die französische SS nach Schwarnegast verlegt und bildet dort das Regiment 57 der Brigade Charlemagne.

August 1941. Französische Freiwillige an der Ostfront. Winter 1941 vor Moskau. 1942–44 Partisaneneinsatz.

Rückzug in Weißrußland. Neuaufstellung in Greifenberg und Saalesch. Sie bilden später das Regiment 58 der Brigade Charlemagne.

Miliz in Paris besetzt die Räume der kommunistischen Partei.
Mehr als 2000 Freigardisten der Miliz werden in die Waffen-SS eingegliedert.

Joseph Darnand (1897–1945), Führer und Gründer der Miliz (Mitte), und Fliegerhauptmann de Vaugelas, Stabschef der Miliz, bei der Beerdigung des 1943 in Marseille von Kommunisten ermordeten Chefs der Miliz, de Grassowski.
Im Krieg 1914/18 sechsmal ausgezeichnet. 1939/40 im Freikorps der Alpenjäger. In der „Action Française" und der „Cagoule" tätig. Nach 1940 Leiter der SOL, der bald zur Miliz wurde. SS-Sturmbannführer ehrenhalber, jedoch nicht in die Brigade Charlemagne aufgenommen. In Italien gefangengenommen. Am 10. Oktober 1945 in Fort Montrouge erschossen.

Oberleutnant Doriot (links) und Oberleutnant Seveau.
Jacques Doriot (1898–1945), ehemaliger Sekretär der kommunistischen Jugend und Rivale von Maurice Thorez, bricht mit Moskau und gründet die „Parti Populaire Française" (PPF). Ab August 1941 Freiwilliger in der LVF. Frontkämpfer in zwei Kriegen gegen Deutschland. In Rußland bekommt er als Leutnant das EK II. Sturmbannführer ohne Befehlsbereich, spielt aber in der Brigade Charlemagne keine Rolle. Am 22. Februar 1945 am Bodensee auf mysteriöse Weise von einem unbekannten Flugzeug aus getötet.

Fahnenträger an der Spitze eines Aufmarsches der LVF in Greifenberg (Pommern) im Winter 1944.

Lehrgangsteilnehmer der Schule von Uriage in den Straßen von Vichy. In der ersten Reihe mit den hellen Schulterstücken Leutnant Artus, der später in Pommern fiel.

Jean Graf de Mayol de Lupé (1900) mit seinem Sekretär Henri Caux. Feldgeistlicher 1914-18. Orientarmee und Marokko. 13 militärische Auszeichnungen. „Monsignore" der römischen Kurie. 1941 mit 68 Jahren freiwillig als Kämpfer gegen den bolschewistischen Atheismus an die Ostfront. Für den Wechsel der LVF zur Waffen-SS. Sechs Jahre Kerker. 1956 im Kloster verstorben.

SS-Oberführer Puaud. Höherer Offizier der Fremdenlegion, später der Kolonialarmee. „Légion tricolore". Unter Pétain Generalmajor. In der Wehrmacht Oberst. In Rußland führte er die Legion nach Oberst Labonne. Er und seine Männer traten in die Waffen-SS ein. Kommandeur der Brigade Charlemagne. Im Raum Belgard vermißt.

Brigadeführer und Generalmajor der Waffen-SS Dr. Gustav Krukenberg. Offizier 1914-18. Stabsoffizier in der Wehrmacht. In der Waffen-SS, bei kroatischen und lettischen Einheiten. Generalinspekteur der französischen SS-Verbände. Kommandeur der Division Charlemagne. Dreizehn Jahre Haft in Rußland.

Appell in der Kaserne in Greifenberg (Pommern), dem Standort der Division Charlemagne.

Links: SS-Sturmbannführer de Vaugelas. Ehemaliger Fliegeroffizier. Chef der Freigarde der Miliz. Stabschef der SS-Division Charlemagne. – Mitte: SS-Standartenführer Zimmermann. Frontkämpfer 1914/18. Chef der Pioniere der SS-Division Prinz Eugen. Ausbildungschef der französischen Waffen-SS. – Rechts: SS-Hauptsturmführer de Bourmont. Berufsoffizier und Führer der Miliz. Kommandeur des Regiments 57 der SS-Division Charlemagne. In Pommern vermißt.

Links: SS-Hauptsturmführer Bridoux, Sohn des Kriegsministers der Regierung in Vichy. Erster Kommandeur des Regiments 58. In Berlin vermißt. – Mitte: SS-Obersturmbannführer Gamory-Dubourdeau. Berufsoffizier der Kolonialtruppe. Führte die Sturmbrigade 7, dann das Regiment 57. Versetzt zum SS-Hauptamt. – Rechts: SS-Sturmbannführer Boudet-Gheusi. Kommandeur des schweren Bataillons der Division. Kam von der SOL zur LVF 1942.

Links: SS-Hauptsturmführer Monneuse in Milizuniform. Kommandeur des I. Bataillons des Regiments 58. Frontkämpfer 1914/18 und 1939/40. Fiel im Raum Belgard. – Mitte: SS-Hauptsturmführer Obitz. Kommandeur II. Bataillon/Rgt. 57. Offizier in der LVF. Beim Luftangriff auf Stolp verwundet. Über Gotenhafen abtransportiert, seitdem vermißt. – Rechts: SS-Hauptsturmführer Bassompierre. Kommandeur des Nachschubbataillons. Chef der Freigarde. In Körlin von Russen gefangengenommen. An Gaullisten ausgeliefert. Am 20. April 1948 erschossen.

Links: SS-Hauptsturmführer Berret. Kommandeur II. Bataillon/Rgt. 58. Berufsoffizier. Freiwillig zur LVF. – Mitte: Der Oberjunker des französischen Bataillons in Berlin, Croseille. Zugführer in der 1. Kompanie. – Rechts: SS-Untersturmführer Labourdette, Führer der 1. Kompanie. Am 27. April 1945 im Tunnel der Berliner U-Bahn gefallen.

Links: Douraux, Ordonnanzoffizier des Bataillons. – Rechts: SS-Hauptsturmführer Fernet, Kommandeur des I. Bataillons des Regiments 57. War Offizier in der kolonialen Infanterie, trat 1943 in die Waffen-SS ein, wurde in den Karpaten verwundet, entkam der Einschließung in Körlin (Pommern). Wurde Kommandeur des französischen SS-Sturmbataillons in Berlin vom 24. April bis 2. Mai 1945. Ist der einzige lebende französische Ritterkreuzträger der Division Charlemagne.

Links: SS-Obersturmführer Michel. Führer der 2. Kompanie. Bei den Kämpfen im Stadtteil Neukölln vermißt. – Mitte: SS-Hauptscharführer Rostand, Führer der 3. Kompanie. – Rechts: SS-Unterscharführer Albert-Brunet. Bei der Sturmbrigade in den Karpaten dabei. In Berlin führte er eine Panzerjägergruppe. 2. Mai 1945: Gefangenschaft. Beim Abtransport wurde er vor seinen Kameraden von einem Russen durch Kopfschuß getötet.

Links: SS-Oberscharführer Olliver, Führer der 4. Kompanie. — Rechts: SS-Hauptsturmführer Weber. Führer der Kampfschule. In Pommern Führer der Ehrenkompanie. Mit der Panzerfaust 13 Panzer vernichtet. Er ist der deutsche Ritterkreuzträger der SS-Division Charlemagne.

Oberjunker Protopopoff. Führer der 4. Kompanie nach der Verwundung des SS-Oberscharführers Olliver.

SS-Unterscharführer Vaulot von der Kampfschule. Hier in Uniform der LVF. Hat selbst acht Panzer vernichtet. Der erste Franzose, der das Ritterkreuz erhielt. Er fiel am letzten Tag der Kämpfe in Berlin, am 2. Mai 1945.

Ankunft eines der ersten Freiwilligen-Transporte der Legion LVF im Lager Demba (Polen) 1941.

Ankunft der ersten französischen Offiziere im Lager Demba. Capitaine Casabianca unterhält sich mit Commandant Baud.

Französische Offiziere und deutsche Ausbilder im Lager Demba.

Demba, 5. Oktober 1941. Vereidigung des I. Bataillons der LVF.

Der Kommandeur der Legion, Colonel Labonne, leistet auf den Degen des Generals der Infanterie Halm den Treueid.

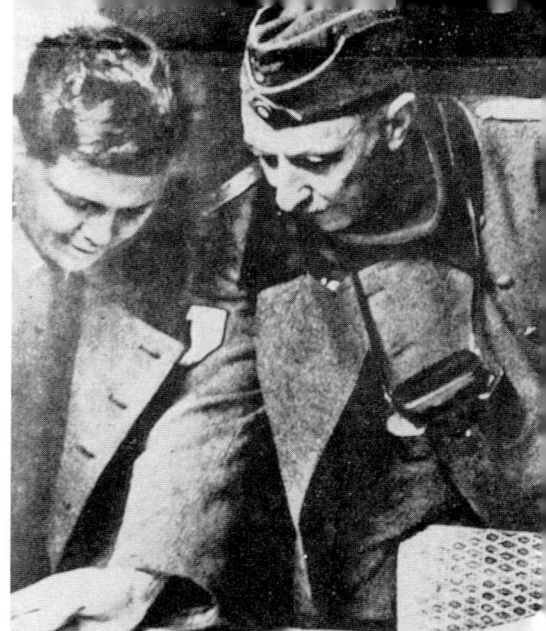

Rechts: Unteroffizier Doriot, der Führer der Parti Populaire Français (PPF), der als einziger Parteiführer an die Ostfront ging.

Colonel Labonne, Kommandeur der LVF, erklärt Leutnant Fontenoy, Chef der Propagandakompanie, die Lage.

September–Oktober 1941. Straße bei Mogilew. Die Legion auf dem Marsch nach Jelnja.

November 1941. Die Legion geht in Stellung. Der Train des I. Bataillons am Ausgang von Gschatsk auf dem Marsch nach Borodino.

Winter 1941/42. Teile der 3. Kompanie des I. Bataillons der LVF.

November 1941. Von der Legion eingebrachte Kriegsgefangene bei Malo-Jaroslawetz.

Dezember 1941. Die 3. Kompanie des I. Bataillons kehrt nach ihrem Einsatz vor Moskau von der Front zurück.

scheinen über den Transport erstaunt zu sein, der sich da auf Berlin zubewegt. Gelegentlich tippen sich einige ungläubig oder auch spöttisch an die Stirn, als wollten sie sagen: „Nein, ihr seid ja völlig verrückt..."
Die französischen SS-Männer scheinen nichts zu verstehen. Sie schimpfen auf die Flüchtlinge, die ihre Fahrt behindern. Die Gesichter der Flüchtenden haben einen schrecklichen Ausdruck; tiefe Runzeln sind in die gräulich getönte Haut gekerbt. Die Menschen scheinen die Farbe ausgebrannter Mauersteine angenommen zu haben. Alle riechen nach Rauch und wilder Flucht. Krukenberg hält eines dieser Fahrzeuge an und fragt kurz die Insassen: „Wissen Sie, wo die Russen sind?"
Die Befragten betrachten ihn mit erstaunter Miene. Weiß dieser General der Waffen-SS denn nicht, daß alles verloren ist? Die anderen zucken die Schultern und antworten bedrückt: „Überall. Absolut überall, Herr General."
„Was Genaueres wissen Sie nicht?" fragt der Kommandeur ungeduldig.
„Ihre Panzer sind schon in der Nähe von Oranienburg."
Krukenberg wendet sich an Pachur, der eine große Karte auf seinen Knien aufgeschlagen hat.
„In diesem Fall können wir nicht mehr über Frohnau fahren."
„Versuchen wir es über Neuruppin, Brigadeführer."
Die SS-Männer müssen durchkommen, bevor sich der Ring um die zum Untergang verdammte Stadt schließt, damit es den letzten Kampfauftrag erfüllen kann.
In Höhe von Löwenberg befiehlt Krukenberg, die Straße, auf der das Bataillon rollt, zu verlassen und einen anderen Weg einzuschlagen. Er will über Luch nach Fehrbellin. „Dort", sagt er, „können wir zweifellos Friesack erreichen und die große von Hamburg kommende Straße benutzen."

Die Wahl dieses Weges scheint aufs gleiche hinauszulaufen. Die Straßen sind mit zurückflutenden Truppen verstopft. An allen Orten und Kreuzungen entstehen Stauungen. Pferde ohne Führung, Lastwagen ohne Benzin, Fahrräder und Karren, alles verheddert sich und bleibt in Verwirrung und Schrecken stehen.
Manchmal ertönt längs der endlosen Konvois der schreckliche Schrei, der wie die Flammen eines riesigen Brandes auflodert:
„Iwan kommt!"
Jawohl, Iwan wird kommen, trunken von Rachelust und Alkohol und voll Haßgefühl.
„Iwan kommt."
In diesem völligen Durcheinander taucht plötzlich eine Truppe auf, deren Männer Tarnjacken der Waffen-SS tragen. Ihr Führer springt auf den Wagen Krukenbergs zu und meldet sich vorschriftsmäßig. Als ob nichts die Disziplin der Sturmtruppen erschüttern könnte. Der Kommandeur grüßt und dankt mit einer Kopfbewegung. Er ruft Fernet:
„Endlich wieder Männer, die noch Soldaten gleichen. Sie gehören zu einer Nachrichtengruppe der SS-Division Nordland."
„Warum sind Sie aus Berlin weg?" wundert sich der französische Bataillonskommandeur.
„Es ist ein Befehl. Man schickt uns nach Holstein."
„Ja, warum denn?"
Krukenberg zuckt die Schultern. Er kann nicht alle Fragen beantworten. Das weiß übrigens auch Fernet genau, der ja selbst seit Monaten Befehle ausführt, auf die es weder Fragen noch Antworten gibt.
Von Berlin kommend, treffen weitere Fahrzeuge ein. Männer einer Polizeieinheit sitzen dicht gedrängt darin, unbeweglich, stillschweigend, mit verschlossenen Gesichtern,

die die graue Farbe ihrer Regenmäntel haben. Auch sie erwecken den Anschein einer geschlossenen Ordnung, aber einer besiegten und daher wertlosen.
Da ertönt ein Lied. Ein unverschämter Gesang, beinahe aufreizend in diesem Chaos. Soldaten ohne Koppel, mit offener Uniformjacke, brüllen aus vollem Hals.
„Schau", bemerkt Fernet zu seinem Adjutanten, „auch die singen auf einmal so schlecht wie die Franzosen..."
Aber es sind Deutsche. Sie haben getrunken, sind fröhlich, haben keine Angst mehr. Sie stoßen Schimpfworte aus und gröhlen vor Freude.
„Was sagen die denn?" fragen die französischen SS-Männer ihre Führer.
„Blödsinn", knurrt Untersturmführer Labourdette, der Chef der 1. Kompanie. „Sie meinen, die Engländer würden gegen die Russen kämpfen ... Sie betrachten sich schon von ihren neuen Verbündeten als entlassen."
Bei diesen Straßenverstopfungen haben es die Lastwagen schwer, miteinander in Verbindung zu bleiben. Oft muß die Spitze halten und sich vergewissern, ob alle folgen. Das Warten scheint endlos zu dauern.
Krukenberg wird ungeduldig und nervös.
„Ihr Bataillon kommt nicht nach", sagt er gereizt zu Fernet. „So werden wir nie ans Ziel kommen, und ich werde melden müssen, daß dies französische Bataillon seinen Auftrag nicht erfüllen kann."
„Brigadeführer, bei diesem Verkehr in beiden Richtungen kann ich mit meinem Wagen die Kolonne nicht abfahren; wir brauchen ein oder zwei Kräder."
„Wo soll ich die denn hernehmen? Wir müssen uns mit dem behelfen, was wir haben..."
Krukenberg dreht sich um und geht wütend zu seinem Wagen zurück.
Kurz darauf erscheint sichtlich aufgebracht sein Adju-

tant. Pachur nimmt sich von Wallenrodt vor, der am Steuer des Fahrzeugs sitzt.

„Was machen Sie denn am Steuer? Sie sollten wissen, daß ein besonderer Befehl des Reichsführers den SS-Führern verbietet, ein Fahrzeug zu steuern."

„Ich wage nur heute, die Geschwindigkeit zu überschreiten, Hauptsturmführer", antwortet ruhig der Stellvertreter Fernets, der die Gründe des Himmlerschen Befehls genau kennt.

„Es tut mir leid! Befehl ist Befehl!" antwortet Pachur in einem Ton, der keinen Widerspruch duldet, und entfernt sich eiligen Schrittes...

Resigniert und zugleich spöttisch überläßt von Wallenrodt seinen Sitz dem Fahrer, der mit Unterscharführer Riberto hinten im Wagen sitzt, während Fernet unruhig die Straße hinter ihnen beobachtet, ob die Nachzügler endlich kommen.

Etwas später fährt die Kolonne durch die Stadt Nauen und wendet sich in Richtung Wustermarck. Plötzlich taucht ein sowjetisches Flugzeug am Himmel auf, neigt sich und jagt einige Feuerstöße auf sie.

„Fehlanzeige!" ruft SS-Obersturmführer Michel, der Chef der 2. Kompanie, und befiehlt den MG-Schützen, die sich entfernende Maschine aufs Korn zu nehmen.

Es sind Granateinschläge zu hören. Jetzt ist der Transport in Reichweite sowjetischer Geschütze gelangt. Sie beschießen systematisch die Zugangsstraßen Berlins und die Knotenpunkte. Das Artilleriefeuer wird stärker.

„Wir kommen hier nicht durch", bemerkt Krukenberg unruhig. „Wir müssen einen anderen Weg finden."

Der Kommandeur der Division Charlemagne kennt die Umgebung von Berlin zu genau, um sich zu verirren.

„Vor dem Krieg", wendet er sich vertraulich an Pachur, „habe ich eine Fabrik für chemische Produkte in Berlin-

Plötzensee geleitet. Diese gehörte damals sogar zu einer englischen Firmengruppe."
„Kennen Sie einen andern Weg, Brigadeführer?"
„Ich glaube. Wir werden die Straße nach Ketzin nehmen und versuchen, Berlin über Marquart zu erreichen."
Seit etwa sechs Kilometern hat der Transport die Hauptstraße verlassen. Plötzlich packt Pachur seinen Chef am Ärmel und sagt: „Schauen Sie, Brigadeführer!"
„Ich habe sie schon gesehen", knurrt Krukenberg vor sich hin.
Auch Fernet sieht, was den Brigadeführer und seinen Adjutanten beunruhigt. Einige hundert Meter entfernt gehen sowjetische Soldaten beiderseits der Straße vor. Sie scheinen nicht zahlreich zu sein und bewegen sich daher vorsichtig unter Ausnutzung der Häuser und des Buschwerks als Deckung.
„Sie kommen von überall her", stellt Douraux fest.
Fernet orientiert sich nochmals rasch anhand einer Karte und bestätigt dann die Befürchtungen seines Adjutanten.
„Wir müssen uns auf der letzten freien Straße nach Berlin befinden. Die Sowjets machen offenbar jetzt die letzte Zangenbewegung, um den Ring zu schließen. Schau, sie kommen aus dem Raum Paretz im Südwesten und auch von Priort im Nordosten her."
„Meinen Sie, daß wir durchkommen?"
Die beiden Offiziere beobachten aufmerksam die Sowjets, die immer zahlreicher werden, den eigenen Transport aber nicht unter Feuer nehmen.
„Glücklicherweise", stellt Fernet fest, „sind das anscheinend nur Spähtrupps der Vorhut. Sie haben keine schweren Waffen."
Krukenberg in seinem leichten Wagen wendet sich an Pachur: „Ich frage mich, ob wir auf dem richtigen Weg sind..."

„Glauben Sie, daß die von Nord und Süd kommenden Sowjets sich schon vereint haben?"
„Noch nicht. Aber das ist nur noch eine Frage von Stunden. Wenn es noch einen freien Zugang gibt, dann muß er genau vor uns sein. Aber die Überwindung des Kanals macht mich unruhig."
Krukenberg verharrt einen Augenblick in Schweigen. Dann verkündet er seinen Entschluß:
„Wir müssen den Kanal in Höhe der Bauernhöfe in Falkenrehde überqueren, auf der Straße nach Marquart. Dort muß eine Brücke sein. Vor dem Krieg habe ich sie mehrfach benutzt. Soweit ich mich erinnere, ist es eine massive Sandsteinbrücke."
„Ist die wohl noch heil, Brigadeführer?"
„Hoffentlich, wenn nicht, liegen wir fest. Und die Zange schließt sich um uns."
SS-Brigadeführer Krukenberg könnte bei diesem unkontrollierbaren Chaos nach Westen umkehren und so der Zangenbewegung entgehen. Aber nein! Krukenberg hat Befehl, in Berlin zu kämpfen, und er wird mit seinen Männern nach Berlin gehen. Er kennt nur ein Gebot: „Vorwärts!"
„Aber die sowjetischen Infanteristen?" fragt Pachur.
„Kümmern Sie sich nicht um die", knurrt Krukenberg. „Die werden sich auch nicht um uns kümmern."
Der General hat manchmal eine Vorliebe für einfache Formulierungen. Er weiß, daß diese gerade im Krieg unmißverständlich sein müssen.
Die Kompanie des Bataillons 58 bildet den Schluß der Kolonne. Die durch den Vormarsch der Sowjets notwendig gewordenen zahlreichen Umwege haben die Benzinvorräte fast verbraucht.
Der Lastwagen mit dem Zug des Oberjunkers Ginat wird plötzlich langsamer. Der Motor klopft. Dann steht er still.

„Was ist los?"
„Panne."
„Keine Zeit, um nach der Ursache zu sehen. Das verdammte Benzin verschmutzt alle Vergaser."
Ginat springt vom Lastkraftwagen und gibt dem vorausfahrenden Fahrzeug ein Zeichen. Sein Freund Gardinier hält. Die beiden Oberjunker lassen das Panne-Fahrzeug an den anderen Lastwagen anhängen. Dann geht es weiter. Ginat hängt sich aus dem geöffneten Türfenster und starrt fortgesetzt auf das Abschleppseil, das ihn nach Berlin ziehen soll. Es bleibt seine einzige Verbindung zum Bataillon. Zwei andere Lastwagen haben ebenfalls eine Panne, können sich aber nicht abschleppen lassen. Oberjunker Chavant, Führer des 3. Zugs der Kompanie Rostand, gelangt nicht nach Berlin. Dessen Einheit verliert dadurch ein Drittel ihrer Stärke.
Auf dem anderen Fahrzeug befinden sich SS-Obersturmführer Fantin und Abbé Verney. Der ehemalige Unteroffizier im ersten Winter vor Moskau und der kleine „Pfarrer Mickey" sehen voll Zorn die Lastkraftwagen ihrer Kameraden hinter einer Straßenkurve verschwinden. Einige graue Häuser, Gebüsch, und weg sind sie.
„Verdammte Sch...!" flucht Fantin.
Abbé Verney gibt keine Antwort. Bevor er Feldgeistlicher wurde, kämpfte er als einfacher Soldat in der LVF und war dann Fahrer beim NSKK. Jetzt läßt er geschlossenen Auges sein Schicksal über sich ergehen. Gott hat beschlossen, daß sein militärisches Abenteuer hier, auf dieser Vormarschstraße in Brandenburg, endet. Er wird also keine Gelegenheit zum letzten Kampf in Berlin haben. Seine Pflicht als Soldat und Priester war es, seinen Männern zu folgen. Er hat das immer, ohne zu zögern, getan. Heute wird er nun brutal von diesen Fanatikern getrennt, die begeistert nach Berlin rollen und singen:

„Wo wir sind, da ist immer vorne,
Und der Teufel, der lacht noch dazu..."

Ja, da, wo von nun an die französischen SS-Männer sich bewegen, kann nur noch der Teufel mit ihnen lachen. Das, was sich in Berlin abspielt, gehört zu einer anderen Welt, die nichts Christliches an sich hat.

„Ha, ha, ha, ha, ha, ha, ha!
Wir kämpfen für die Freiheit,
Wir kämpfen für Hitler..."

Adolf Hitler hat General Weidling zum Chef der Verteidigung Berlins ernannt. Was zur Verfügung steht, ist eine Mischung von Formationen des Volkssturms, der Wehrmacht, der Hitlerjugend und der Waffen-SS. Man wirft auch die Soldaten der Dienststellen des Generalstabs in die Schlacht, Telefonisten, Schreiber, Männer und Frauen. Alle müssen von jetzt ab mit der Waffe in der Hand kämpfen.

Seit dem Morgen erscheint der Völkische Beobachter, die Tageszeitung der nationalsozialistischen Partei, nicht mehr. In Hermsdorf, in der Nähe von Berlin, haben die Russen den ersten Bürgermeister unter kommunistischer Kontrolle eingesetzt. Die Streitkräfte der Roten Armee sind am Abend des 24. April 1945 in die Vorstädte Zehlendorf, Neukölln und Tempelhof eingedrungen. Die Truppen der Marschälle Koniew und Schukow schließen die riesige Stahlzange, die die Reichshauptstadt umfaßt, am Knotenpunkt Keutzin.

Adolf Hitler organisiert noch einmal, wenigstens auf dem Papier, alle verfügbaren Streitkräfte des Reiches. Er verfaßt einen Tagesbefehl und erteilt den Frontkämpfern den Auftrag, die Schlacht um Berlin siegreich zu Ende zu führen.

Auf den Lastwagen des Marschbataillons der Division Charlemagne singen die Männer unentwegt.

> „Wir pfeifen auf unten und oben,
> Und uns kann die ganze Welt
> Verfluchen oder auch loben,
> Gerad' wie es jedem gefällt..."

Der Durchbruch gelingt

24. April 1945. Kurz nach Mittag gelangt der Transport ohne Feindberührung bis Falkenrehde, einer Häusergruppe in der Nähe einer Kanalbrücke. Krukenberg ist beruhigt, die Brücke ist unzerstört. Die Kolonne kann sicher in spätestens einer Stunde vor den Toren Berlins stehen.

Der Brigadeführer hat sein Fahrzeug verlassen und wartet darauf, daß die Männer des ersten Lastkraftwagens eine Straßensperre beseitigt haben.

„Es dauert nicht lange", versichert SS-Oberscharführer Olliver, der Chef der 4. Kompanie.

Krukenberg wendet sich an Pachur, der bei ihm auftaucht.

„Dieses Mal ist die Straße nach Berlin frei, und..."

Eine ungeheure Detonation schneidet ihm das Wort ab und wirft ihn zu Boden. Die Brücke ist hochgegangen. Die Straße nach Berlin ist ihnen wieder versperrt.

In die Luft geschleuderte Steinbrocken fallen ringsum in einer Wolke von Staub und Dreck zu Boden. Das Wasser im Kanal scheint zu kochen.

Vom Bataillonsstab waren bereits einige Männer auf der Brücke. Sie sind in hohem Bogen in den Kanal geflogen. Die ersten Verwundeten werden herausgefischt.

Oberjunker Douraux glaubte zunächst, in zwei Teile gespalten worden zu sein. Ein Pflasterstein hat ihn an der Schulter getroffen. Jetzt kommt er nach Berlin mit dem Arm in der Schlinge, trotz seines schönen weißen Schals. Nach einem Schluck aus der Schnapsflasche geht er auf Fernet zu, der leicht betäubt die Finger in die Ohren steckt und sich wie ein nasser Hund schüttelt.

„Nichts gebrochen?" fragt er Douraux, als er diesen mit dem Arm in der Schlinge sieht.

„Ich glaube nicht, Hauptsturmführer. Ich habe einen Pflasterstein an die Schulter bekommen, aber es scheint alles in Ordnung zu sein. Und Sie?"

„Nichts", sagt Fernet, „aber wo steckt Riberto? Er war doch ganz in der Nähe..."

„Dort ist er, Hauptsturmführer, im Kanal. Er schwimmt ans Ufer."

Von der Böschung aus ziehen zwei Männer den Unterscharführer heraus auf die Straße.

Der Bataillonskommandeur geht auf den Geretteten zu. Patschnaß, die Augen voll Dreck, halb taub und völlig blind schnappt Unterscharführer Riberto nach Luft.

„Nanu, Roger", sagt Fernet, „du hast einen ganz tollen Kopfsprung gemacht. Wir werden dich für eine Sportmedaille vorschlagen. Du bist der beste Taucher des Bataillons."

Schon einmal, es war auf dem Rückzug in Pommern, ist Riberto in einen halb zugefrorenen Jauchegraben gestürzt, und seine Kameraden vom Meldetrupp hatten ganz schön zu tun, ihn aus dem stinkigen Bad zu befreien.

Der Truppenarzt, SS-Untersturmführer Herpin, untersucht den Verwundeten.

„Ich habe schon einen mit gebrochenem Arm weggeschickt. Ich hätte Lust, diesen da auch abtransportieren zu lassen. Glücklicherweise hat er keine Knochenbrüche, dafür aber

eine Gehirnerschütterung. Er ist mindestens bis morgen blind und taub. Und da er nichts sieht, kann er auch wohl kaum marschieren und schon gar nicht kämpfen."
Riberto regt sich. Einer seiner Kameraden hat ihm ins Ohr gebrüllt, was der Arzt äußerte.
„Ich... will... bleiben... bei euch."
Millet und Bicou, seine unzertrennlichen Gefährten, stützen ihn. Drum herum steht unruhig und ungeduldig die ganze „Bande Fernet".
„Hauptsturmführer", bittet Bicou mit seinem südländischen Akzent, der das „r" rollen läßt, „Roger muß bei uns bleiben. Wir helfen ihm. Morgen wird das schon wieder gehen."
Von seinen beiden Kameraden gestützt, hält sich Unterscharführer Riberto aufrecht. Fernet packt ihn an den Schultern.
„Geht's, Roger? Kannst du marschieren?"
Riberto hört schlecht. Fernet wiederholt seine Frage mit stärkerer Stimme.
„Ich fühle mich wie im Nebel, aber ich kann mitmachen", sagt der Unterscharführer. „Laßt mich nicht hier."
„Gut, dann bleibst du bei uns! Die anderen werden dir helfen."
Der Bataillonskommandeur wendet sich an die Kameraden und befiehlt:
„Besorgt ihm etwas Alkohol. Das bringt ihn wieder auf die Beine."
Während die Melder sich um Riberto kümmern, geht Fernet einige Meter weiter zu Krukenberg. Der Brigadeführer ist leicht verwundet und von der Wirkung der Detonation noch etwas benommen. Doch er ist schnell wieder beisammen und kurze Zeit später wieder auf den Beinen, ganz der alte. Schon ruft er erneut im Befehlston: „Patzak, meinen Wagen!"

„Der Wagen ist sehr stark beschädigt, Brigadeführer", ruft der riesige Ordonnanzoffizier.
„Dann gehen wir eben zu Fuß weiter, wie in Pommern."
„Schau mal, der Brigadeführer", flüstert Bicou seinem Kameraden Millet zu, „einfach unverwüstlich."
v. Wallenrodt hört es und lächelt. Denn die unmittelbare Begleitung Krukenbergs weiß, daß Krukenberg mit seinen Beinen während des Rückzuges in Pommern Schwierigkeiten hatte, obwohl er sich Mühe gegeben hat, sich nichts anmerken zu lassen.
„Lassen Sie die Lastkraftwagen entladen", befiehlt er Fernet mit ruhiger Stimme, „und beeilen Sie sich, die Sowjets werden nicht mehr weit sein."
Schon sind die Männer von den Lastkraftwagen herunter und fangen unverzüglich an abzuladen. Der Gedanke, daß sie jetzt das letzte Hindernis im Fußmarsch auf der Straße nach Berlin bezwingen müssen, macht sie ganz aufgeregt und läßt alle in fliegender Hast arbeiten. Es ist die letzte Partie im Wettlauf mit der Roten Armee. SS-Obersturmführer Weber, der rastlose „Zyklon", streicht um die Fahrzeuge herum. Nur gar keine Panzerfaust, keinen Patronengurt, kein Sturmgewehrmagazin vergessen!
Die Fahrzeuge der Kampfschule werden in Rekordzeit entladen. Dann kehren sie um. SS-Untersturmführer Herpin bleibt bei ihnen, um sich um die Verwundeten zu kümmern. Ein letzter Gruß der alten Fahrer, die zurückbleiben: „Sagt den Kumpels in Neustrelitz, daß wir Berlin ganz gewiß erreichen werden."
„Wenn die uns noch einholen wollen", meint Sturmmann Bourral, „dann müssen sie sich tummeln."
Die neuen Fahrer sind nicht sehr zuversichtlich. Sie fürchten, daß die Straßen nach Westen bald von den Sowjets abgeschnitten sind. In einer gelben Staubwolke machen sie sich im Eiltempo auf den Weg. Die Wagen schwanken auf

dem holprigen Straßenpflaster. Die Männer des SS-Sturmbataillons fühlen nun, daß die letzte direkte Verbindung mit der Außenwelt abgeschnitten ist.

*

24. April 1945, 15.00 Uhr. Die Kolonne überquert den Kanal. Die Männer klettern so gut wie möglich über die Trümmer der Brücke. Mehrfach müssen sie den Weg zurücklegen, um Waffen, Munition und das übrige Gerät an das andere Ufer zu bringen.
Drei Soldaten des Volkssturms beobachten sie. Schließlich gehen sie betreten auf Krukenberg zu.
„Herr General, die Brücke..."
„Was ist mit der Brücke...?"
„Wir haben sie gesprengt."
„Was?" ruft zornig der Kommandeur der Division Charlemagne. „Sind Sie denn verrückt!"
Die alten Volkssturmmänner in ihren schäbigen Zivilkleidern mit der gelblichen Armbinde stammeln Entschuldigungen.
„Wir wußten es nicht ... Wir haben Sie für Russen gehalten ... Die Pioniere haben uns befohlen ... Wir sollten die Brücke vor Eintreffen der Sowjets sprengen..."
„Immerhin", meint Pachur philosophisch, „besser zu früh als zu spät."
Einer der Alten seufzt: „Wenn wir gewußt hätten, daß Sie Deutsche sind."
Der Wiener Patzak lacht schallend und ahmt die Berliner Mundart nach: „Wir sind keine Deutschen, mein Lieber. Wir sind Franzosen."
„Franzosen?" antwortet verdutzt der Volkssturmmann.
„Sicher", erklärt Patzak. „Französische Waffen-SS."
„Das ist doch..."

Nachdem der Kanal über die halb zerstörte Brücke mühselig bezwungen ist, sammelt sich die Kolonne und setzt sich in Marsch. Krukenberg mit Fernet und der Gruppe der Bataillonsmelder sind an der Spitze. Millet und Bicou stützen Riberto unter den Armen. Gleichmäßig, manchmal tastend, läuft er wie in einem Nebel. Krukenberg zieht ein Bein nach; man sieht, daß es ihm Mühe bereitet, doch sein Gesicht bleibt unbeweglich.

Der General mit siebenundfünfzig Jahren und der Unterscharführer mit achtzehn Jahren marschieren trotz Verwundung und Erschütterung, unverwüstlich . . .

Die Kolonne marschiert so schnell sie kann bei dem schweren Gewicht der Waffen und der Munition, die jeder zu schleppen hat. Vorneweg zieht die Kampfschule Weber, gefolgt von den Kompanien Michel, Rostand und Olliver. Am Schluß sammelt Labourdette Nachzügler und Gehbehinderte. Das ist keine schwere Aufgabe, denn niemand will zurückbleiben.

Die französischen SS-Männer beeilen sich, aber der Weg ist lang. Sie meinen, die Hauptstadt sei viel näher. Kilometer um Kilometer, Stunde um Stunde verfließen. Die Last der Waffen und der Munition drückt schwer auf die Schultern.

„Die Autobahn!"

Die Kolonne benutzt jetzt die Ringbahn, die große Gürtelstraße, die später, nach dem Sieg, nach Groß-Berlin führen soll . . .

Nach etlichen Kilometern müssen sie die noch nicht fertiggestellte Ringbahn verlassen, um auf einer gewöhnlichen Straße weiter vorzugehen. Von Zeit zu Zeit wird eine Sammelpause eingelegt. Beiderseits der Straße hört man Geschützlärm, manchmal auch das Schießen von Maschinengewehren.

„Die Popofs sind nicht weit", sagt Douraux unruhig.

Diejenigen, die Deutsch sprechen, fragen Zivilisten und Soldaten, denen sie begegnen. Die Sowjets rücken überall vor, oft aufs Geratewohl, wie es scheint. Sie marschieren drauflos, solange sie keinem Widerstand begegnen.
„Sie füllen sich mit Alkohol, wo sie ihn in Häusern und Läden finden", erzählt ein Zivilist. „Der größte Teil von ihnen ist völlig betrunken."
„Das behindert sie offenbar nicht bei ihrem Vormarsch", bemerkt Fernet, der, von Unruhe erfüllt, die Kolonne vorantreibt...
Zehn, fünfzehn, zwanzig Kilometer. Die Beine werden steif vor Müdigkeit, und immer noch ist von Berlin nichts zu sehen.
Kolonnen von Zivilisten kommen ihnen entgegen. Sie fliehen vor der völligen Einschließung aus der Stadt. Manchmal sind auch Soldaten darunter, die anscheinend den Widerstand bereits aufgegeben haben. Etwas weiter eine Gruppe französischer Kriegsgefangener. Feindselige Zurufe. Aber beide Kolonnen haben es eilig. Die einen sind auf der Flucht aus Berlin, die andern wollen hinein, so daß es nicht zu ernsthaften Zwischenfällen kommt.
Um ihre Müdigkeit zu überwinden, singen die französischen Freiwilligen alle erdenklichen Lieder...
Längs des Marschweges sieht man vereinzelt Dienststellen in requirierten Häusern. Manchmal ertönt hinter verschlossenen Läden Musik, man hört Lachen, Lieder, Unterhaltung...
„Schau mal", sagt Unterscharführer Vaulot, einer der Gruppenführer der Kampfschule, zu seinen Männern, „die Deutschen sind gar nicht beunruhigt."
„Ja, wie denn", fragt ein Junger, „gibt es keine Schlacht?"
Eugen Vaulot gibt keine Antwort. Er rückt seine Panzerfäuste auf der Schulter zurecht, die er seit dem Abmarsch vom Kanal an einer Schnur trägt. Er weiß, daß er in Ber-

lin alle Gefahren und Freuden des Friedhofs von Elsenau wiederfinden wird.
Schwer beladen mit Waffen und Munition marschieren die Männer dahin. Wie Vaulot, so tragen etliche ihre Panzerfäuste, andere über die Brust gekreuzte Maschinengewehrgurte. Schwer hängen die Stielhandgranaten und Sturmgewehrmagazine am Lederkoppel, an dem die meisten auch ihren Stahlhelm befestigt haben. Auf dem Weg nach Berlin haben einige ihre Gebirgsjägermütze mit dem Totenkopf aufgesetzt, die anderen lassen sich die Haare vom Wind zerzausen. Nur ein Gedanke beherrscht sie: schnell marschieren und sich nicht von den Sowjets einholen oder gar von der Hauptstadt abschneiden lassen.
Die Nacht bricht herein. Fernet wendet sich an Krukenberg: „Ich hätte nicht geglaubt, daß wir noch so weit von Berlin entfernt gewesen sind."
„Nach der Luftlinie waren wir mit unseren Fahrzeugen ziemlich nahe. Aber die Sowjets haben uns zu langen Umwegen gezwungen. Und wenn wir uns nicht durchgehauen hätten, wären wir die allerletzten. Trotzdem kann ich Ihnen versichern, daß wir unser Ziel letztlich erreichen werden."
„Aber wir sind doch noch immer im freien Gelände."
„Berlin ist nicht Paris. Auf dieser Seite der Stadt gibt es keine Vororte. Abgesehen von kleinen Siedlungen, erstrecken sich die Seen, die Heide und die Brandenburger Wälder bis dicht an die Stadt.
Die Kolonne erreicht Glienicke, dann Gatow. An einer Straßenkreuzung fahren einige Radfahrer an den Franzosen vorbei. Es sind Hitlerjungen, Knaben von vierzehn bis sechzehn Jahren; sie sind mit Panzerfäusten bewaffnet.
„Ist das der ganze Schutz für Berlin?" fragt Douraux besorgt.
„Nein, sicher nicht", antwortet von Wallenrodt. „Das ist

nur ein Panzerspähtrupp ... Die russische Infanterie ist noch weit weg, aber es könnten einzelne Panzer auftauchen."
„Wo verläuft die Verteidigungslinie?" fragt Douraux beharrlich.
„Auf dieser Seite ist die Havel, die schwer zu überwinden ist. Die Brücken selbst sind leicht zu verteidigen. Wir sind bald an der Brücke von Pichelsdorf..."
Fernet drückt erneut auf das Tempo. Die erschöpften Männer beißen die Zähne zusammen und holen weiter aus. Da, endlich sehen sie die große Straße von Nauen nach Berlin und die Pichelsdorfer Brücke, die glücklicherweise verbarrikadiert ist, aber nicht bewacht zu sein scheint. Hinter dem schlechten, improvisierten Hindernis sind keine Soldaten zu sehen, nicht einmal Angehörige des Volkssturms. Niemand kümmert sich offenbar darum, den Zugang zur Reichshauptstadt über die strategisch wichtige Straße Berlin—Spandau zu überwachen.
Gegen 22.00 Uhr erreichen die Franzosen nach über dreißig Kilometer Marsch den Grunewald. Sie verbringen die Nacht an den Hängen der Havel, nicht weit vom Reichssportfeld entfernt, dem Olympischen Dorf, wo neun Jahre zuvor die Sportler wohnten, die aus der ganzen Welt zu den Olympischen Spielen 1936 nach Berlin gekommen waren.
In der Nähe ist ein Versorgungslager der Luftwaffe, das scheinbar nicht mehr bewacht ist. Krukenberg befiehlt: „Los, Männer, bedient euch!"
„Brigadeführer, ist das keine Plünderung?"
„Ich beschlagnahme dieses Depot. Für euch ist es Befehl", antwortet der Brigadeführer mit einem Lächeln, das die Dunkelheit nicht ganz verbergen kann.
„Wir sind im Schlaraffenland", ruft Douraux.
Doch dieses Lager, das die Begierde der jungen Soldaten

geweckt hat, enthält fast nur für Flugzeugführer bestimmte Aufmunterungsschokolade. Etliche, die zuviel davon essen, machen kein Auge zu in dieser ersten Nacht in Berlin.

In der Reichskanzlei

Man hört Geschützdonner und jetzt auch Maschinengewehrfeuer. Offensichtlich wird in der Nähe gekämpft. Die französischen SS-Männer horchen auf und schätzen die Entfernung der dumpfen Einschläge. Die Erde scheint zu zittern.
Die Luft ist sehr mild, fast warm. Der Frühling kündigt sich an. Auf dem mit Tannennadeln und Moos bedeckten Boden haben sich die Männer in voller Ausrüstung hingelegt. Erschöpft schlafen die meisten bald ein. So werden die letzten Stunden der Ruhe vor der großen Schlacht gut genutzt.
Die sowjetische Artillerie hat es anscheinend auf die nicht weit entfernte Brücke in Pichelsdorf abgesehen. Salvenweise schlagen dort die Granaten ein.
„Fällt da was?" fragt Douraux.
„Das gilt nicht uns", erwidert Fernet gelangweilt.
„Unsere Männer kann nichts mehr aufwecken."
„Die sollen ruhig weiterschlafen."
„Schlafen Sie denn nicht, Hauptsturmführer?"
Fernet gibt keine Antwort. Ist es der Geschützlärm oder Mattigkeit oder eine Art wilder Freude, die ihn seit dem Abmarsch von Carpin gepackt hat? Schließlich sagt er zu Douraux: „Du siehst es doch, der Feuerzauber wird immer größer."
Seit er bei den protestantischen Pfadfindern war, hat der heutige Adjutant eine Vorliebe für ritterliche Symbole. Er

lehnt sich gegen den Stamm einer Tanne, sperrt die Augen weit auf und bemüht sich, den Fortgang der Schlacht zu verfolgen. Die Dunkelheit wird von leuchtenden Feuerfontänen zerrissen, die wie Funken aus einer riesigen Schmiede aufschießen. Plötzlich ist es, als ob durch eine riesige Detonation der Grunewald in den Himmel geschleudert würde. Ein sowjetisches Flugzeug hat eine Bombe großen Kalibers auf die Brücke in Pichelsdorf abgeworfen.
Geschütze und Maschinengewehre bellen unaufhörlich. Zwischendurch hört man das Motorengeräusch des sich entfernenden Flugzeuges.
„Ergebnis?" fragt Fernet.
„Sie haben die Brücke aufs Korn genommen."
Die Sowjets haben anscheinend keine Eile mehr. Eine seltsame Stille tritt ein. Die Nacht wird wieder dunkel und ruhig. Müde. Man hört nur noch das Schnarchen einiger Schläfer unter den Tannen.
„Selten haben unsere Männer so ruhig geschlafen", bemerkt Douraux.
„Du solltest es auch tun. Wir finden doch so bald keine Ruhe mehr."
Fernet streckt sich am Fuße der Tanne aus, bettet den Kopf auf seiner Kartentasche und steckt seine Brille sorgfältig in ein Etui. Er denkt an das Erlebnis im Forsthaus und an die Begegnung mit der Tochter des Jagdhüters. Jetzt geht er mit dieser sonderbaren Erinnerung an die Front. Als er endlich in einen tiefen Schlaf verfällt, stört ihn kein Kriegsbild mehr.

„Beschlagnahmen Sie einen Wagen", sagt Krukenberg zu seinem Ordonnanzoffizier.
Es ist fast Mitternacht, als Untersturmführer Patzak ein brauchbares Fahrzeug entdeckt, das verlassen vor einem

Haus steht, nicht weit vom Reichssportfeld entfernt. Als sich dann auch noch Benzin aus einigen Reservekanistern finden läßt, gelingt es, den Motor in Gang zu setzen. Sofort besteigt der Brigadeführer in Begleitung von Pachur den Wagen.

„Zur Reichskanzlei", ruft Krukenberg dem Adjutanten zu. Er kennt Berlin genau und beschreibt, so gut es geht, den Weg: Reichskanzlerplatz, Bismarckstraße, Charlottenburger Allee, Brandenburger Tor, Wilhelmstraße...

Die Straßen sind menschenleer. Keine Streife hält den Wagen an, der eilig durch die Hauptstraßen der von Luftangriffen hart getroffenen Stadt fährt.

„Das ist doch unerhört", seufzt Pachur. „Keine Spur von Verteidigung. Man könnte meinen, in Berlin sei kein einziger Soldat mehr."

„Wir werden sehen", brummt Krukenberg, der sich selbst schon seine Gedanken macht.

Eine halbe Stunde nach Mitternacht hält der Wagen in der Voßstraße. Der 25. April 1945 hat begonnen. Pechschwarze Nacht. Ein einfaches Loch am Bürgersteig: der Eingang zum Bunker der Reichskanzlei.

Der Kommandeur der SS-Division Charlemagne und sein Adjutant steigen einige Stufen hinunter, die zum Bauch des sterbenden Reiches hinabführen. Die Wache denkt nicht daran, sie nach ihrer Absicht zu befragen. Die beiden Offiziere bewegen sich wie in einem Traumbild. Bleiche Gespenster kommen und gehen, mit Akten bewaffnet. Sie haben graue, undurchdringliche Gesichter.

„Ich soll mich bei General Krebs melden", sagt Krukenberg, sichtlich überrascht über die Gleichgültigkeit, mit der man ihn empfängt.

„General Krebs ist zur Zeit nicht hier, er wird jedoch jeden Augenblick zurückerwartet", antwortet ein Offizier. Niemand scheint sich um Krukenberg und Pachur zu küm-

mern, bis schließlich eine Ordonnanz sich ihrer annimmt.
„Bitte, setzen Sie sich erst einmal, Brigadeführer."
In der Nachrichtenzentrale finden sich zwei Stühle. Funker und Fernsprecher sind mit ihren Funkgeräten und Telefonapparaten beschäftigt. Krukenberg fragt einen der Männer: „Kann man noch mit... draußen telefonieren?"
Man gewinnt den Eindruck, sich in einem Unterseeboot zu befinden, das in die Meeresabgründe hinabtaucht. Es ist sehr warm in der Zentrale. Elektrische Lampen werfen ein grelles Licht in den Raum, während es außerhalb stockdunkel ist.
„Wir halten alle Verbindungen aufrecht, Brigadeführer."
„Dann melden Sie dem Stab meiner Heeresgruppe in Prenzlau, daß ich gut angekommen bin."
„Ist das alles?"
„Das ist alles."
Der Brigadeführer setzt sich neben Pachur. Für die nächsten drei Stunden hat man die beiden Offiziere der Waffen-SS offenbar vergessen, die da in der Funkzentrale sitzen und das Kommen und Gehen von Ordonnanzen beobachten. Leise unterhalten sie sich.
„Was für ein Ameisenhaufen", bemerkt Krukenberg. „Keiner hat uns kontrolliert. Stellen Sie sich vor, wir wären ein sowjetisches Kommando..."
Pachur nickt zustimmend mit dem Kopf. Auch ihn beunruhigt dieses Durcheinander und die offenbar außer Kontrolle geratenen Aktionen, die sie seit ihrer Ankunft in Berlin feststellen müssen.
„Wollen Sie mir bitte folgen, Brigadeführer."
Ein Offizier führt Krukenberg in ein tiefer gelegenes Büro, wo ihn General Krebs, der Stabschef des Heeres erwartet. Die beiden Männer kennen sich seit 1943. Krukenberg gehörte damals noch der Wehrmacht an und war zu jener Zeit der Heeresgruppe Mitte unter Generalfeld-

marschall von Kluge unterstellt. Neben Krebs befindet sich noch General Burgdorf im Raum, der das Attentat auf Hitler am 20. Juli 1944 im Führerhauptquartier überlebt hat. Da er als einer der treuesten Nationalsozialisten unter den Generälen gilt, vertritt er beim Führer das Heer.
Krukenberg hat ihn nie zuvor gesehen und ist deshalb etwas verwundert über den freundlichen Empfang. General Krebs erklärt ihm aber gleich den Grund dieser Herzlichkeit:
„Seit achtundvierzig Stunden haben wir an die Führung mehrerer außerhalb Berlins liegenden Einheiten den Befehl gerichtet, zur Verstärkung der Verteidigung in die Reichshauptstadt zu kommen. Sie sind der einzige, der dem Befehl bis jetzt gefolgt ist."
Krukenberg erklärt, daß er mit seiner Truppe zwischen den Spitzen der Roten Armee hindurchgestoßen ist, die die Wälder und Dörfer beiderseits der Anmarschstraße besetzt halten.
„Das macht nichts", sagt General Krebs. „Es sind nur schwache Truppenverbände. Die Armee Wenck wird sie hinwegfegen. Im übrigen werden die Anglo-Amerikaner es nicht hinnehmen, daß die Sowjets Berlin besetzen."
General Burgdorf bleibt merkwürdig ruhig und betrachtet Krukenberg mit Eulenaugen, während Krebs dem ehemaligen Kommandeur der Division Charlemagne seine Befehle erteilt:
„Sie werden sich in der Frühe bei General Weidling melden, der den Verteidigungsabschnitt Berlin führt. Er hat Sie angefordert und wird Ihnen Ihren Auftrag erklären. Sie werden das Kommando der Division Nordland übernehmen."
„Wo ist sein Gefechtsstand?"
„Am Hohenzollerndamm, im ehemaligen Gebäudeblock des Kommandierenden Generals des III. Wehrbereichs."

„Den kenne ich genau. Das erinnert mich an Vorkriegszeiten..."
Krukenberg fügt beim Weggehen noch hinzu: „Muß ich mich nicht noch bei Gruppenführer Fegelein melden?"
„Er ist im Augenblick nicht da. Es ist übrigens auch nicht notwendig", antwortet Krebs.
Der General, wie auch die meisten Stabsoffiziere der Wehrmacht, scheint den Verbindungsoffizier der Waffen-SS beim Führer abzulehnen.
Am 25. April, kurz nach 04.00 Uhr morgens, verlassen Krukenberg und Pachur die Reichskanzlei. Nach dem schrecklichen grellen elektrischen Licht fällt die Finsternis, die Berlin noch einhüllt, wie ein schwarzer Mantel auf sie.

Der Auftrag

Mittwoch, 25. April 1945. Es ist bereits 05.00 Uhr, als Krukenberg mit Pachur und Patzak zusammen nach ihrem Gespräch mit General Krebs in der Reichskanzlei wieder zum Reichssportfeld zurückkehren.
Die französischen SS-Männer schlafen noch immer unter den Tannen des Grunewalds. Nur die Wachen gehen im Halbdunkel auf und ab.
Langsam steigt im Osten eine milchige Helle auf. Mit ihr bereiten sich mehrere Millionen sowjetischer Soldaten zum Sturm auf die Reichshauptstadt vor.
Der Tag bricht an. Der Himmel ist klar. In Berlin herrscht an diesem Morgen absolute Stille. Aber dieser Mittwoch beginnt in einer seltsamen Atmosphäre. Die Unterführer gehen von Gruppe zu Gruppe, wecken die letzten Schläfer zu einem kurzen Appell.
Trotz des langen Marsches fehlt keiner. Die letzten Nachzügler sind noch in der Nacht eingetroffen. Keiner der

französischen Freiwilligen hat sich das allgemeine Durcheinander zunutze gemacht, um die Kolonne zu verlassen und sich der Flut der Flüchtlinge aus Berlin anzuschließen.
„Auf! Es ist Tag!"
Die Sonne strahlt durch die Tannen. Einige Berliner sind zu sehen. Man könnte glauben, sich im Urlaub zu befinden. Phantastische Gerüchte gehen in den Kompanien um.
„Es scheint, der Führer nimmt eine Besichtigung vor."
„Bist du verrückt. Der hat jetzt wohl anderes zu tun."
„Nein, das ist amtlich. Krukenberg ist schon weg, um ihn von der Reichskanzlei abzuholen."
„Der Brigadeführer ist schon wieder zurück, aber allein."
Die Unterführer tun nichts gegen die Gerüchte. Sie schikken ihre Männer zum Waschen an die Havel, wo sie sich rasieren, die Uniformen bürsten und die Ausrüstung reinigen. Sie wollen tadellos antreten zu diesem letzten Kampf, der nicht mehr lange auf sich warten läßt.
Unter den Tannen sitzend, knabbern sie Schokolade und rauchen Zigaretten, die ihnen zugeteilt worden sind.
„Das ist ja Heu!" behauptet Hauptscharführer Rostand, der Chef der 6. Kompanie des Bataillons 58, die von jetzt ab die 3. Kompanie des Sturmbataillons Berlin heißt.
Auf welchen Umwegen ist wohl die deutsche Intendantur zu diesen englischen Zigaretten gekommen? Den Franzosen, die sich nach ihrem dunklen Tabak sehnen, machen sie keine reine Freude. Aber immerhin ist die Verproviantierung großzügig. Zwei Zigaretten pro Tag wie in Sennheim, wo die Meckerer sie „die zwei Waisenkinder" nannten.
An diesem Morgen meckert keiner. Die französischen SS-Männer scheinen nur beunruhigt zu sein, daß noch keine Befehle ergangen sind.
Fernet ist nicht weniger ungeduldig als seine Männer. Als er am Morgen aufgewacht ist, kam gerade Krukenberg

von der Reichskanzlei zurück. Sein Chef konnte nur knurren:
„Ich habe keinen genauen Befehl. Ich werde heute morgen noch General Weidling treffen, dem die Verteidigung Berlins untersteht. Sobald ich einen Abschnitt zugewiesen bekommen habe, werde ich Untersturmführer Patzak schikken, um Sie einzuweisen."
Jetzt sitzt Fernet auf den Tannennadeln zwischen von Wallenrodt und Douraux und findet, daß die Zeit unendlich langsam verstreicht.
Krukenberg und Pachur eilen mit ihrem Wagen durch die immer noch ausgestorbenen Hauptverkehrsstraßen. Immerhin sieht man jetzt schon einige Militärstreifen. Auch sind da und dort Barrikaden errichtet.
In den Gebäuden des ehemaligen Wehrbereichs am Hohenzollerndamm herrscht ein Treiben, das an friedliche Zeiten vor dem Krieg erinnert. Auf den Stühlen hocken schlafende Ordonnanzen. Keiner denkt daran, das Soldbuch zu prüfen, das Krukenberg zugeklappt anstelle eines Ausweises vorzeigt.
„Was für eine Unordnung", sagt Krukenberg brummend zu seinem Adjutanten. Pachur betrachtet erstaunt das Schauspiel in den Gängen. Feldmarschmäßig gekleidete Offiziere, zahlreiche Zivilisten und Stenotypistinnen gehen hin und her. Niemand scheint in Unruhe zu sein. Ein fast fröhliches Stimmengewirr hallt wider.
General Weidling möchte Krukenberg unter vier Augen sprechen.
„Seit zwei Tagen bin ich hier", sagt er. „Man hat mich zum Kommandanten der Festung Berlin ernannt, ohne mich zu fragen. Man weiß übrigens, daß ich mit dem Verteidigungsplan in keiner Weise einverstanden bin."
Der General zählt dann die Mittel auf, über die er verfügt und die er als trostlos bezeichnet.

„Stellen Sie sich nur mal vor, Krukenberg, ich soll die Reichshauptstadt mit den Resten meines 56. Panzerkorps verteidigen, die praktisch auch nur noch auf dem Papier bestehen. Zur Verstärkung dieser Geistertruppe hat man mir noch einige Alarmeinheiten zugeteilt. Unter dieser Bezeichnung hat man alles mobilisiert, was auf den Dienststellen entbehrlich war. Schreiberlinge, die nicht einmal Offiziere haben, die sie führen! Neben diesen glänzenden Einheiten soll ich Berlin mit greisen Volkssturmmännern und mit Jungen der Hitlerjugend verteidigen, die ersteren im Durchschnitt 65 Jahre, die letzteren 15 Jahre alt."
Weidling sieht sehr blaß und abgespannt aus. Die Augen sind mangels Schlaf geschwollen. Eine wächserne Nase sticht aus dem merkwürdig fahlen Gesicht hervor. Die Backenknochen scheinen die Haut sprengen zu wollen. Er empfindet keinerlei Sympathie für die Waffen-SS und läßt dies auch erkennen.
Er führt Krukenberg vor einen Stadtplan. „Sie besetzen mit der 14. SS-Division Nordland den Verteidigungsabschnitt C. Wenn ich Division sage, so wissen Sie wohl, was davon noch übrig ist."
„Wo liegt sie?"
„Das weiß niemand genau. Man trifft Angehörige der SS-Division Nordland in den verschiedensten Vierteln von Berlin."
„Kämpfen die Männer nicht?"
„Doch, im Gegenteil! Aber diese Norweger und Dänen scheinen eine eigene Auffassung vom Krieg zu haben. Sie kämpfen, wo sie wollen, und mit Führern nach ihrem Belieben. Was wollen Sie, Krukenberg. Diese Burschen haben in ihren Adern das Piratenblut der Wikinger."
„Und Brigadeführer Ziegler?"
„Ich enthebe ihn seines Kommandos. Er war früher ein ausgezeichneter General. Aber heute scheint er nicht mehr

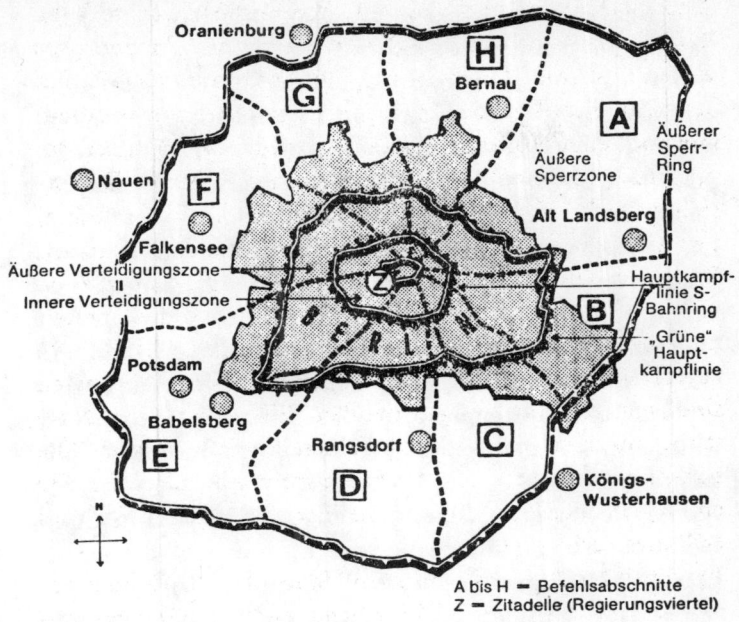

Verteidigungsplan für Berlin
(nach dem „Grundsätzlichen Befehl" vom 9. März 1945

Herr der Lage zu sein. Sie werden an seine Stelle treten."
„Ist er unterrichtet?"
„Noch nicht. Sie werden es ihm selbst sagen."
„Ich hätte lieber einen schriftlichen Befehl."
„Damit auch das noch in Ordnung geht", seufzt Weidling und kritzelt rasch den Befehl auf ein Stück Papier. „Sobald Sie das Kommando übernommen haben, sagen Sie Ziegler, er möge in die Reichskanzlei kommen."
„Und meine französischen SS-Männer?" fragt Krukenberg.

„Sie werden innerhalb der Division Nordland ein selbständiges Sturmbataillon bilden."
General Weidling kann Brigadeführer Krukenberg keine genauen Angaben über die Einheit machen, deren Kommando er übernehmen soll. Er sagt nur:
„Die Telefonverbindung ist unterbrochen. Ich glaube, Sie finden den Gefechtsstand in der Hasenheide."
Die Hasenheide ist ein Viertel im Südosten Berlins, zwischen Kreuzberg und Neukölln, in der Nähe des Flughafens Tempelhof.
Der neue Kommandeur der Division Nordland entschließt sich, sofort dorthin zu fahren, um festzustellen, wie er diese Nordländer zusammentrommeln kann, die in den verschiedenen Vierteln der Reichshauptstadt selbständig kämpfen.
Als Krukenberg den Gefechtsstand der Nordland in einem Gebäude in der Hasenheide erreicht, hat dort die sowjetische Artillerie gerade einen Volltreffer erzielt. Die oberen Stockwerke sind zerstört. Staubwolken steigen hoch. Der Stab liegt im Erdgeschoß. Die Detonation hat den ganzen Dienstbetrieb durcheinandergebracht. Zuerst müssen die Verwundeten geborgen und versorgt werden.
„Wo ist Ihr Kommandeur?" fragt Krukenberg.
„Hier", erwidert einer der Verwundeten.
Die beiden SS-Generale haben sich im Baltikum kennengelernt. Zu jener Zeit war Ziegler Stabschef bei SS-Gruppenführer Steiner an der Narwafront und Krukenberg Höherer SS- und Polizeiführer von Litauen, Estland und Lettland.
„Ich soll Sie ablösen", sagt Krukenberg ziemlich betreten.
„Darauf habe ich gewartet. Weidling kann mich nicht ausstehen. Aber geben Sie sich keinen Illusionen hin. Mehr als vierundzwanzig Stunden behalten Sie den Posten nicht."

Ziegler scheint mehr unter seiner Abberufung als an der Verwundung zu leiden. Vor allem ist er über die übermenschliche Anstrengung wütend, die man schon so lange und pausenlos seinen Männern der Division Nordland abverlangt.

„Man hat mir einen Auftrag erteilt, der unmöglich zu erfüllen ist. Da die Front überall durchstoßen wird, braucht man ‚Verantwortliche'. Nun, Sie haben einen solchen vor sich..."

Der neue Kommandeur der nordischen Division hält nicht viel von einem solchen Gespräch, und kurz angebunden fragt er: „Wieviel Männer haben Sie augenblicklich im Einsatz?"

„Hinsichtlich der ganzen Division? Weniger als hundert. Siebzig vielleicht."

„Aber das ist doch verrückt? Was machen denn die anderen?"

Ziegler macht eine müde Geste.

„Die sind versprengt, doch versuchen Sie es, sie zusammenzutrommeln."

Krukenberg stellt besorgt fest, daß die beiden Regimenter Norge und Danmark auf die Größe von je einer verstärkten Kompanie zusammengeschmolzen sind. Dazu sind noch einige Panzer und vor allem einige Geschütze im Tiergartenviertel übriggeblieben. Aber niemand weiß, wie man mit ihnen Verbindung aufnehmen kann.

Am Mittag hat sich Ziegler verabschiedet und ist in einem Meldewagen zur Reichskanzlei gefahren. Krukenberg ruft Untersturmführer Patzak zu sich. „Nehmen sie so viele Lastwagen wie möglich von der Division Nordland mit und holen Sie die Franzosen vom Reichssportfeld hierher..."

Dann wendet sich der Kommandeur an Pachur: „Ihre Aufgabe ist es, einen Stab und einen Gefechtsstand aufzu-

bauen. Wir müssen schnellstens Verbindung zu unseren Nachbarn bekommen. Ich will mir die Stellungen ansehen."
„Wohin gehen Sie denn, Brigadeführer?"
„Zur Frontlinie und zu den Stützpunkten."
Krukenberg macht sich zu Fuß auf den Weg, in Richtung des hörbaren Kampflärms.
Die Hasenheide liegt im Feuerbereich der leichten sowjetischen Artillerie. Der neue Kommandeur der Division Nordland findet einige deutsche und skandinavische SS-Männer, die einen Stützpunkt ausgebaut haben. Da sie nur leicht bewaffnet sind, könnten sie im Falle eines ernsten gegnerischen Angriffs diese Stellung nicht lange halten.
Krukenberg geht weiter durch die halb verwüsteten Straßen. Nirgendwo erblickt er ein Geschütz, einen Panzer oder eine brauchbare Verteidigungsstellung. Er fragt sich, wer hier den Verteidigungsring halten soll. Von Zeit zu Zeit hört er Feuerstöße. Der endgültige Kampf um Berlin hat noch nicht begonnen ...
Dann ist der SS-General bei den vordersten von Deutschen gehaltenen Stellungen angelangt, die aus Barrikaden bestehen. Karren, umgestürzte Autos, einige Mauerstücke aus den Ruinen, Sandsäcke und Pflastersteine bilden ein zweifelhaftes Hindernis. Die Männer, die hier auf Wache stehen, sind ausschließlich Greise und Knaben. Manche sind in Zivil und tragen die gelbe Armbinde des Volkssturms auf ihrer schäbigen Kleidung. Ihre Waffen sind alte Gewehre französischer, tschechischer oder italienischer Herkunft. Krukenberg ist einem Zornesausbruch nahe.
„Was habt ihr an Munition?" fragt er mühsam beherrscht.
„Wir haben nur ein paar Schuß Munition. Hoffentlich paßt diese zu den Gewehren."
Krukenberg möchte seinen Zorn vor Pachur nicht zu erkennen geben. Er brummt nur und dreht sich auf dem Ab-

satz um. Sein Entschluß ist gefaßt. Er wird den Verantwortlichen sagen, was er vom Volkssturm hält.
„Wo ist Ihr Gefechtsstand?"
Einer der angesprochenen Alten macht eine andeutende Bewegung nach hinten. Er zeigt auf einen noch fast unbeschädigten Häuserkomplex.
„Dort, Herr General."
An der Ecke Hasenheide—Kottbusser Damm steht ein großes Wohnhaus. Krukenberg wird dort von einem Kreisleiter empfangen. Er trägt die braune Parteiuniform. Der Kommandeur der Division betrachtet ihn von oben bis unten. Der Mann gleicht keineswegs einem Soldaten, außerdem klagt er nur. „Es ist ein furchtbares Durcheinander, Brigadeführer. Man hat meine Männer einzeln eingesetzt. Wir haben keine Verbindung, weder mit der Wehrmacht noch mit der Waffen-SS. Wenn die Sowjets angreifen, können wir diesen Abschnitt nicht halten..."
„Wo sind denn diese Sowjets?"
„Überall. Sie gehen von Osten her vor. Eine unaufhaltbare Flut. Der Bezirk Treptow ist gestern in ihre Hände gefallen. Ich habe Spähtrupps bis Urbandamm und Sonneallee geschickt, doch diese können uns im Angriffsfalle nur alarmieren."
Krukenberg unterbricht ihn und weist seinen Pessimismus scharf zurück. Selbst wenn die Lage verzweifelt erscheint, gilt es standzuhalten. So lautet der Befehl. Dann fragt er: „Haben Sie mit Ihren Nachbarn Verbindung?"
„Keine unmittelbare, aber ich kann noch mit dem Abschnitt Görlitzer Bahnhof telefonieren. Der dortige Befehlshaber, Reichshauptamtsleiter Hilgenfeld, ist gefallen. Unsere Nachbarn haben keinen Kommandeur mehr."
„Es ist immer ein Chef da", erwidert Krukenberg. „Und im anderen Abschnitt?"

"Der vom Flugplatz Tempelhof? Bis jetzt konnte ich keine Verbindung bekommen. Dort sind russische und deutsche Panzer aufeinandergestoßen. So haben mir Flüchtlinge berichtet."

Der Kommandeur der Division Nordland ist von der Nachricht überrascht, daß es in Berlin noch kämpfende deutsche Panzer gibt. Im gleichen Augenblick hört er Motorengeräusch und das Rollen von Panzerketten. Er stürzt ans Fenster. Auf der anderen Seite des Hermannplatzes tauchen zwei Panzer auf. Es sind sowjetische T 34. Sofort eröffnen sie das Feuer.

Krukenberg wendet sich an den Kreisleiter.

"Wenn die Feindpanzer so nahe herankommen, sollte es möglich sein, sie mit der Panzerfaust angreifen und vernichten zu können."

"Für diese Arbeit habe ich keine ausgebildeten Männer."

"Ich weiß, wo man diese findet. Die würden nicht zögern."

"Es gibt eben nur wenige, die es wagen, einem Panzer gegenüberzutreten."

"Doch, die Waffen-SS. Ich habe französische SS-Männer bei mir."

Charlemagne bezieht Stellung

Als SS-Untersturmführer Patzak am 25. April 1945 im Laufe des Nachmittags auf dem Reichssportfeld eintrifft, wird er sofort von dem französischen Bataillonskommandeur und seinem Adjutanten bestürmt.

"Nun", fragt Fernet, "wie lauten die Befehle?"

"Es kommen Lastkraftwagen der Division Nordland. Sie sollen sich mit Ihren Männern in das Stadtviertel Hasenheide begeben."

„Ich kenne die Ecke", sagt von Wallenrodt. „Wir werden sicher im Abschnitt Neukölln eingesetzt."
Nie zuvor sind die Kompanien so schnell feldmarschmäßig angetreten. Minuten später besteigen die Männer die Fahrzeuge.
Sie müssen durch die Innenstadt.
In der Reichshauptstadt, die ihre letzte Woche in Freiheit erlebt, geht das entbehrungsreiche, gefahrvolle Leben weiter. Die Berliner gehen weiterhin ihrer Beschäftigung nach, in den Fabriken und Büros. Am Abend werden viele ihr Zuhause entweder zerstört oder verbrannt vorfinden. Vielleicht ist es auch schon von den Sowjets besetzt. Bisher haben sie noch keine Anweisung erhalten, mit der Arbeit aufzuhören. Also gehen sie zur Arbeitsstelle, wenn auch mit fahlen Gesichtern, gesenkten Köpfen und schleppendem Gang. Die Polizei regelt an den Kreuzungen weiterhin den Verkehr. Auch die U-Bahn fährt noch immer. Doch Berlin zeigt auch andere Gesichter: Gruppen von Flüchtlingen begleiten Karren, die von robusten Pferden gezogen werden. Andere haben sich selbst vor solche Fahrzeuge gespannt, auf denen sie in aller Eile ihre wenigen Habseligkeiten untergebracht haben, manchmal auch einige Möbelstücke. Sie ziehen rundum in der eingeschlossenen Stadt. Jetzt sind sie am Ende ihrer Reise angelangt. Die große Flucht dieser Bauern aus dem Baltikum endet in Berlin. Die Hauptstadt ist übervölkert, aber immer mehr Flüchtlinge ergießen sich in die Keller der Häuser und in die U-Bahn-Stationen. Berlin riecht nach Schwefel, Rauch und Tod.
Die auf den Lastkraftwagen auf engstem Raum zusammenhockenden französischen SS-Männer entdecken eine ungewöhnliche Hauptstadt, die eher einem endlosen Vorort gleicht als einer belagerten Festung. Die Männer des Bataillons Charlemagne fangen an zu singen. Sie halten

sich an den Verstärkungsgurten der Lastwagen fest und singen in deutscher und französischer Sprache:

„SS marschiert in Feindesland
Und singt ein Teufelslied..."

Die Berliner heben überrascht die Köpfe. Was sind das für deutsche Soldaten, die noch singen? Was für SS-Männer sind das, die den Umritt des Teufels feiern? Der Akzent der Sänger macht die Berliner neugierig, und sie entdecken verblüfft die Trikolore-Abzeichen.
„Franzosen! Franzosen!"
Die Sache kommt ihnen unglaublich vor. Jetzt, wo Berlin sich zur letzten Schlacht aufrafft, kommt diese seltsame Verstärkung.
„Franzosen! Franzosen!"
Die Freiwilligen winken, grüßen mit gestrecktem Arm, schwingen ihre Waffen, werfen den Mädchen Handküsse zu.
Zeitungsjungen verkaufen laut rufend Exemplare des „Panzerbär".
„Am Ende des Kampfes steht der Sieg", verkündet Dr. Goebbels noch immer. Welcher Berliner, welcher Soldat, welcher SS-Mann kann noch daran glauben?
Trauben von Männern, Frauen und Kindern bilden sich um die Lastkraftwagen, wenn sie mal anhalten müssen. Die Franzosen bieten Zigaretten an, die Deutschen antworten mit einem Lächeln. Die Berliner haben nichts mehr zu bieten. Sie können nur noch die Hände drücken, die sich ihnen entgegenstrecken, können danke sagen, ohne dieses unglaubliche Ereignis richtig zu begreifen. Französische Waffen-SS kommt und kämpft in Berlin. Das ist absurd und doch so wunderbar. Seit langer Zeit verspricht ihnen die Propaganda Wunder... Dieses Bataillon der Division Charlemagne wird wohl die letzte Wunderwaffe sein.

Der Empfang durch die Berliner Bevölkerung hat die Neuangekommenen zuerst überrascht und dann mit Freude erfüllt. Jetzt erst fühlen sie sich in diese schreckliche Kampfgemeinschaft voll aufgenommen, in der nur die letzten Getreuen des im Sterben liegenden Reichs verbleiben.

*

Im Abschnitt Hasenheide verstärkt die sowjetische Artillerie ihr Feuer. Panzer greifen die deutschen Verteidigungsstellungen nacheinander an. Stahl- und Steinsplitter fliegen überall umher. Ein gelblicher Rauch steigt hoch und wird immer dichter. Häuser brennen wie Fackeln. Es gibt Tote und Verwundete, die geborgen werden müssen. Krukenberg ist zu seinem Gefechtsstand Hasenheide geeilt.
Das Gesicht des Kommandeurs ist durch eine lange blutige Wunde entstellt. Ein Granatsplitter hat ihn gestreift. Die Verwundung berührt ihn wenig mehr, als wenn er sich beim Rasieren geschnitten hätte. Mit dem Taschentuch versucht er das Blut zu stillen. Pachur überbringt ihm die Nachricht, auf die er ungeduldig gewartet hat:
„Brigadeführer, Hauptsturmführer Fernet ist soeben mit seinem Bataillon eingetroffen."
„Wo sind die Männer untergebracht?"
„In der Gneisenau-Kaserne, Brigadeführer."
„Ab heute abend nach Anbruch der Dunkelheit werden Teile des Bataillons eingesetzt. Verständigen Sie Fernet von dieser Absicht."
Krukenberg verlegt seinen Gefechtsstand in die Gneisenau-Kaserne. „Dies ist eine Polizei-Kaserne", sagt Pachur, „mit einer beachtlichen Telefonzentrale."
„Wie ist die Verbindung?"
„Tadellos."

„Melden Sie dem Korpsstab, daß ich mich hier festgesetzt habe. Verlangen Sie, daß man mir genaue Angaben über meinen Verteidigungsabschnitt macht."
Krukenberg sammelt zunächst alles, was er an brauchbaren Soldaten finden kann, um diesen unglückseligen Volkssturm ablösen zu können. Sein Adjutant meldet ihm unversehens mit erstaunter und zugleich fröhlicher Miene: „Brigadeführer, in der Kaserne liegen zwei Polizei-Bataillone. Es sind zwar keine fronterfahrenen Soldaten, dafür sind sie aber ausgeruht und gut bewaffnet."
„Versuchen Sie zunächst, alle versprengten Teile der Division Nordland nach hier zu bekommen. Ich will alle Männer zur Verfügung haben."

*

Sammelstelle der Division Nordland ist der Abschnitt Gendarmenmarkt.
Um 20.00 Uhr begibt sich Krukenberg zum Korpsgefechtsstand:
„Ah, da sind Sie ja", begrüßt ihn sein Chef. „Die Division Nordland wird ab morgen mittag im Verteidigungsabschnitt ‚Z' eingesetzt."
Der Stabschef führt den Brigadeführer zu einem großen Stadtplan und berichtet zur Gesamtlage:
„Melden Sie sich bitte so schnell wie möglich bei Oberstleutnant Seifert. Sein Gefechtsstand ist im Luftfahrtministerium. Er wird Ihnen genaue Anweisungen geben können..."
„Das ist ja ein unglaublicher Zustand", bemerkt Krukenberg zu Pachur, als er mit seinem Adjutanten allein ist. „Ich soll Ziegler ablösen, und man unterstellt mich einem Luftwaffenoffizier, der noch nicht einmal Oberst ist."
Oberstleutnant Seifert empfängt den SS-Brigadeführer Krukenberg sehr zurückhaltend. „Ich brauche weder Ihre

Regimentskommandeure noch deren Stäbe", sagt er zu Krukenberg. „Man hat mir gemeldet, daß Ihre Männer noch nicht einmal die Stärke eines Bataillons ausmachen."
„Ich bin gerade dabei, die versprengten SS-Männer zusammenzuziehen. Und ich meine, man sollte vor allem die skandinavischen und französischen SS-Freiwilligen nicht ihrer Führer berauben, deren Leistungen sie kennen und denen sie seit langer Zeit bedingungslos gefolgt sind. Das wäre in diesem Augenblick unverantwortlich und eine folgenschwere Fehlentscheidung. Der Abschnitt ‚Z' scheint mir für die Verteidigung Berlins ungeheuer wichtig zu sein."
„Ich weiß", unterbricht Seifert den Brigadeführer. „Und deshalb gebe ich Ihnen genaue Anweisungen. Ich habe übrigens alles vorbereitet."
Er entfaltet vor Krukenberg, den diese Begegnung peinlich berührt, eine Karte, auf welcher alle Stützpunkte eingezeichnet sind, die Krukenberg unterstellt werden sollen.
„Ich brauche Ihre Männer und nicht Ihre Stabsoffiziere und auch nicht Sie selbst."
Krukenberg reagiert mit erzwungener Gelassenheit. „Unbeschadet meines Dienstgrades bin ich bereit, mich Ihnen zur Verfügung zu stellen, um Sie beim Aufbau der Verteidigung in Ihrem Abschnitt zu beraten."
Seifert hebt brüsk den Kopf, als wenn Krukenberg sich eine Anmaßung erlaubt hätte.
„Mich beraten? Aber Sie sind doch von der Waffen-SS?" Ein abwertender Unterton ist deutlich erkennbar.
Nur mit Mühe unterdrückt Krukenberg seine Empörung. Ziemlich barsch erwidert er:
„Ich möchte bemerken, daß ich noch vor knapp einem Jahr dem Generalstab des Heeres angehörte und danach in der Waffen-SS als Divisionskommandeur meinen Dienst versehen habe. Mit Stolz möchte ich auf die großartigen

Leistungen dieser Truppe verweisen. Es ist wohl nicht der rechte Ort und die Zeit, Ihnen das näher zu erklären." Der Oberstleutnant winkt ungeduldig ab. Nichts kann anscheinend das Vorurteil erschüttern, das Seifert schon immer gegen die Waffen-SS hegte. Es sind gewiß nicht nur die Vorgänge der letzten Tage in diesem sterbenden Reich, die aus ihm keinen Nationalsozialisten machen ...

*

Die Nacht von Mittwoch, dem 25. April, auf Donnerstag, den 26. April 1945, verläuft in einer fast absoluten Stille. Ist das die letzte Waffenruhe vor der Schlacht um Berlin? Trotz eines sternenklaren Himmels überfliegt kein sowjetisches Flugzeug die deutsche Reichshauptstadt. Der Frühling zeigt sich nur schüchtern. Es ist immer noch frisch, beinahe kalt.
Die berühmte Allee Unter den Linden liegt bis zur Schloßbrücke völlig ausgestorben da. Jenseits der Spree mit ihren dunklen Wassern ertönt aus den Vorstädten nördlich und ostwärts von Berlin vereinzelt Geschützdonner. Die sowjetische Artillerie scheint eine Art Probeschießen abzuhalten. Abschüsse und Einschläge sind nur vorausgehender Lärm, bevor sich der Vorhang zur Entscheidung hebt. Die Zeit scheint stillzustehen.

DIE KÄMPFE IN NEUKÖLLN AM 26. APRIL 1945

Neukölln-Hasenheide

Am späten Nachmittag des 25. April 1945 gelangt das französische SS-Bataillon in seinen Einsatzraum. Die Kompanien beziehen in einem Stadtviertel Unterkunft, das nördlich der Hasenheide zwischen Hermannplatz und der Kirche am Gardepionierplatz liegt.
Der Kampfschule des SS-Obersturmführers Weber wird ein Brauereigebäude am Hermannplatz zugewiesen. Die Männer ruhen dort auf den mit Plüsch bezogenen Bänken. Doch die Ehrenkompanie rastet nicht lange. Der Unterführer vom Dienst läßt laut seine Stimme ertönen: „Raustreten!"
Die Männer greifen nach der Ausrüstung und ihren Waffen, eilen hinaus und treten auf der Straße an.
„Morgen kommen wir zum Einsatz", verkündet kurz darauf Obersturmführer Weber. „Heute haben wir Flüchtige und Versprengte zu kontrollieren und den Auffangstellen zu übergeben."
Die französischen SS-Männer helfen den Feldgendarmen, die Papiere aller Passanten zu kontrollieren. Zivilisten und Soldaten müssen sich ausweisen und glaubhaft angeben können, aus welchem Grunde sie sich hinter der Frontlinie aufhalten und die Sperre passieren wollen. Verdächtige werden festgehalten. Die Feldgendarmerie arbeitet mit

einer Genauigkeit und Ruhe, als ob sie kilometerweit hinter der Hauptkampflinie wäre. Mit dem Metallschild auf der Brust und den grünen Tuchhandschuhen sind sie „ganz im Dienst".

Am Abend werden die Freiwilligen abgelöst, und sie ziehen wieder in ihre Brauerei am Hermannplatz. Levast und eine Gruppe verbringen die Nacht auf der Bühne des Festsaales. Im Saal selbst liegen Zivilisten und Soldaten bunt durcheinander.

Auf Bänken liegen die Panzerfäuste, und die Sturmgewehre hängen an Kleiderhaken. Die Männer des Obersturmführers versuchen zu schlafen.

Die vier Grenadierkompanien sind auf das Erdgeschoß und das Untergeschoß verteilt. Die Unterführer haben ihren Männern bekanntgegeben, daß im Morgengrauen um 05.00 Uhr das Bataillon angreifen wird. Also heißt es auszuruhen und zu schlafen, so gut wie nur möglich. Hoffentlich bleibt diese Nacht ohne ernstliche Störungen.

Am besten haben es einige Männer, die in einem Teppichlager untergebracht sind und sich dort herrliche, gemütliche Schlafplätze bauen können.

„Wo bleibt die Verpflegung?"

Die Frage geht reihum. Die Männer, die noch Stunden zuvor aus vollem Hals sangen, wie sie fasten wollten, fangen nun an zu murren, weil sie nichts zu essen haben. „Wir haben allen Grund zu protestieren."

„Keiner hat an unsere Verpflegung gedacht."

„Das ist hier vielleicht ein Saftladen."

Plötzlich rennt Unterscharführer Puech daher, unter den Armen trägt er Schachteln und Pakete. Seine Uniform hat Brandflecke. „Kommt, Jungs, da geht ein Lager hoch. Man kann nehmen, was man will."

Die Hungrigen schütteln ihre schlafenden Kameraden.

„Los, auf, es gibt was zu beißen!"

Die Schläfer fahren hoch, greifen automatisch nach ihren Stahlhelmen und stürzen auf die Straße. Ein Geschäftshaus brennt. Prasselnde Flammen schlagen hoch. Sie müssen durch den Rauch hindurch, der die Kehlen packt. Das Feuer wird stärker, die Flammen nehmen eine violette Färbung an. Inzwischen staut sich eine Menschenmenge vor dem brennenden Gebäude; keiner wagt sich hinein; es geht aber auch nicht einer fort.
„Zur Seite bitte! Aus dem Weg!" rufen die Franzosen und stoßen durch die Menge hindurch. Sie rennen in das Gebäude, sehen aufgerissene Kisten und füllen sich die Taschen.
Mit Kisten voll Eßbarem und sogar einigen Flaschen Wein kehren sie zu ihren Kameraden zurück. Sie haben auch gezuckerte Mandel- und Haselnußtörtchen mitgebracht, von denen sie so viel essen, daß etliche Männer bis zum Morgengrauen von Durst geplagt sind.
Von der Kompanie Olliver ist eine Gruppe des Zuges Sauvageot ebenfalls auf Verpflegungssuche gegangen, denn keiner vergißt sobald das bekannte Wort: „Wenn man gut kämpfen will, muß man auch gut essen."
„Die beiden anderen Gruppen mit mir!" befiehlt der Kompanieführer. SS-Oberscharführer Olliver hat ebenfalls wie alle anderen Einheiten des Bataillons den Befehl bekommen, Spähtrupps anzusetzen. Er hält es in der bestehenden Situation für richtig, selbst die Führung zu übernehmen. Er geht zunächst quer durch das Stadtviertel Hasenheide und wendet sich dann dem Flugplatz Tempelhof zu. So kann er sich, wenn er Feindberührung bekommen sollte, trotz Dunkelheit besser orientieren und schneller zu seiner Kompanie zurückfinden. Der Geschützdonner wird vernehmlich lauter, und einige Granaten schlagen auch in ihrer Nähe ein.
„Oberscharführer, kommen Sie schnell...!"

Olliver eilt herbei. Seine Männer haben einen auf einer Bank sitzenden toten Zivilisten entdeckt. Von weitem schien es so, als ob er schliefe. Er hat keinerlei Verletzungen. Olliver zieht daraus die Folgerung, daß der Mann einen Herzschlag erlitten haben muß. Seinen Ausweispapieren nach ist er ein achtundsechzigjähriger Berliner. Weder der Spähtruppführer noch sonst jemand kann noch etwas für ihn tun.

„Schauen Sie, Oberscharführer, was für einen Berg Lebensmittel er mit sich schleppt."

Ollivers Männer untersuchen den Rucksack des Toten genauer, sie finden Konservenbüchsen und Zigaretten, sogar zwei Flaschen Kognak. Der Führer der 4. Kompanie bestimmt, daß der Fund das bescheidene Mahl seiner Männer aufbessern soll. Kurz danach erreicht der Spähtrupp ohne Zwischenfall wieder die Kompanieunterkunft.

Um die Spitzen des eingesickerten Gegners festzustellen, haben die Kompanien des französischen SS-Bataillons, seitdem sie im Abschnitt Hasenheide liegen, noch vor Einbruch der Nacht Spähtrupps angesetzt. Vom Stab der Division Nordland kommt die Nachricht, daß sowjetische Panzerspitzen bis in die Nähe des Hermannplatzes vorgedrungen sind.

SS-Obersturmführer Michel hat mit der Durchführung der Feindaufklärung SS-Oberscharführer Mongourd beauftragt, ein Lyoner, der mit ihm zusammen auf dem Sturmgeschützlehrgang in Votice im Protektorat Böhmen und Mähren gewesen ist.

„Man weiß nicht genau, wo die Popofs stecken", sagt der Führer der 2. Kompanie. „Passen Sie gut auf! Nehmen Sie die Panzerfäuste mit. Sicherlich werden Sie Gelegenheit haben, einige T 34 zu knacken."

Der Zug Mongourd ist über zwanzig Mann stark. Der größte Teil der Männer ist sehr jung und kennt die

Grausamkeiten des Krieges noch nicht. Sie sind noch nicht im Kampf gewesen und haben es deshalb sehr eilig, ihn zu erleben. Mongourd behält sie scharf im Auge.
Der noch nicht achtzehn Jahre alte Grenadier Jean-François Lapland marschiert an der Spitze des Zuges mit seinem Gruppenführer, SS-Unterscharführer Fodot. Beide stammen aus dem Limousin. Sie gehen getrennt beiderseits der Straße vor. Jeder beobachtet die gegenüberliegende Häuserfront, wie sie es gelernt haben.
Seit Lapland in Berlin ist, hat er den Eindruck, in einer anderen Welt zu leben. Heute nachmittag ist er noch durch die Stadt gegangen, deren Stille ihn bedrückt hat. An diesem Abend erlebt er plötzlich den Krieg. Abschüsse, Detonationen und Feuerstöße sind deutlich zu vernehmen, deren Ausgangspunkte er jetzt noch nicht feststellen kann. Wo mögen nur die Sowjets stecken?
Lapland und Fodot haben nicht mehr viele Illusionen. Sie sind nicht sehr weit von dem Gedanken entfernt, daß alles verloren ist und daß ihnen nur noch übrigbleibt, den Endkampf so gut wie möglich zu bestehen.
„He, ihr an der Spitze, paßt auf!" ruft Mongourd. „Die Russen sind vielleicht nicht weit."
Die Kolonne kommt an einem großen Haus vorbei. Kisten stehen offen und lassen den Inhalt erkennen: Stahlhelme, fein säuberlich hintereinander aufgeschichtet. Unnütz. Die französischen SS-Männer haben Stahlhelme auf. Nur einige tragen Mützen und denken nicht daran, diese gegen Stahlhelme einzutauschen. Viele Männer empfinden eine Art Betäubung; der Zustand scheint aber eher eine Mischung aus Müdigkeit und Überreizung zu sein.
Schüsse peitschen über das Straßenpflaster. Die Männer suchen Deckung an den Hauswänden. Mongourd ruft Befehle. Fodot und Lapland sind am Ende einer Straße angelangt. Sie haben das Straßenschild nicht beachtet. Es hat

auch für sie keinerlei Bedeutung. Sie schießen, ohne genaue Ziele ausmachen zu können. Fodot ruft dem jungen Grenadier zu:
„Sag, Jean-François, ich sehe die anderen nicht mehr. Ich glaube, wir sind allein."
„Du spinnst, die lassen uns doch nicht im Stich."
Plötzlich hören Sie Geräusche und Schritte, ganz nahe. Undeutliche Stimmen.
„Endlich! Ich habe dir ja gesagt...", meint Lapland. Gedämpft ruft er: „Mongourd! Chef, Mongourd! Wir sind hier."
Keine Antwort. Er drängt nochmals: „Mongourd! Sind Sie es?"
Gegenüber ergießt sich ein Hagel von Schimpfworten. Auf Russisch.
„Sch...!" ruft Lapland. „Die Popofs!"
Die beiden französischen SS-Männer springen hinter eine Holzwand und gehen in Deckung, so gut es geht. Zwischen grob zusammengefügten Brettern hindurch sehen sie einen sowjetischen Spähtrupp langsam vorgehen. Die Rotarmisten richten ihre großen Maschinenpistolen auf die Schutzwand. Man kann ihre Gesichter genau erkennen. Sie sichern nach links und rechts. Lapland und Fodot können sich vorstellen, daß ihre Gegner genausoviel Angst haben wie sie. Sie ducken sich noch tiefer hinter einem Haufen von Mülleimern und Kisten.
Die Russen spähen noch einen Augenblick umher, drehen sich aber dann uninteressiert um und gehen auf ihre Ausgangsstellung zurück.
„Du siehst", sagt Fodot, „nur keine Aufregung. Das war eine russische Patrouille."
„Die sind aber nicht weit weg."
Die Russen haben jetzt einen Panzer erreicht, der einige Meter entfernt an einer Straßenecke im Hinterhalt steht.

Sie scheinen sich sehr sicher zu fühlen, denn sie rauchen Zigaretten und sprechen laut miteinander.
Wenige Minuten später entdecken Lapland und Fodot nicht weit vom ersten entfernt einen zweiten Panzer.
„Das ist doch toll. Sie halten da ohne Mißtrauen."
„Sollen wir uns die beiden kaufen?" fragt Lapland.
Sie haben beide eine Panzerfaust bekommen und nicht ohne Neid den alten Pommern-Frontkämpfern zugehört, wenn sie vom Kampf gegen die Panzer in Bärenwald und in Elsenau erzählten.
„Einverstanden. Aber warten wir, bis es dunkel wird."

*

In der Nacht vom 25. auf den 26. April ist es merkwürdig ruhig im Abschnitt Hasenheide. Der französische Bataillonskommandeur und sein Adjutant machen bei den Unterkünften und Vorposten die Runde.
Fernet und Decour gehen durch dunkle und ausgestorbene Straßen. Unter ihren Stiefeln knirschen Glasscherben, von denen der Boden übersät ist. Manchmal läßt ein Loch in einer Mauerwand eine zerstörte Wohnung erkennen. Um die Hauptstraße frei zu machen, hat man die Trümmer aufgeschichtet. Selbst Ruinen sind vom deutschen Ordnungssinn erfaßt.
„Der Kanal in Neukölln beunruhigt mich etwas", gesteht Fernet seinem Kameraden. „Ich fürchte, da können die Sowjets einsickern."
Sie gehen auf diesen Abschnitt zu. Nichts rührt sich auf den Molen und Brücken. Schwarze Wasserstrudel gurgeln und verbreiten einen üblen Geruch.
Mit einem Mal erfüllt mächtiges Brummen nach und nach den Himmel. Russische Flieger tauchen in großen Wellen auf und fangen an, sich über der Stadt zu drehen. Bald

darauf beginnt der Luftangriff. Explosionen folgen. Die Bomben lassen die Wohnhäuser erzittern. Wände brechen ein, Mauern reißen auf und stechen seltsam gegen den brandroten Himmel ab. Rettungsmannschaften suchen unter Trümmern verschüttete Verwundete.

Werden die Russen diese Sintflut aus Eisen und Feuer für einen neuen Angriff ausnutzen? Die in den Vororten bereitstehenden Infanteristen und Panzer haben ja nur noch einige hundert Meter zu überwinden, um den Weg zum Herzen der Reichshauptstadt freizulegen.

„Unsere Männer sollen sich zur Abwehr eines möglichen Angriffs fertig machen", befiehlt Fernet.

Aber die Sowjets, denen der Sieg sicher ist, scheinen sich nicht sonderlich zu beeilen. Nachdem die Einschließung Berlins vollzogen ist, gönnen sie sich eine Verschnaufpause und sammeln ihre Streitkräfte.

Nach der Detonation der letzten Bombe kehrt im Abschnitt Hasenheide wieder eine bedrückende Stille ein.

*

Als es gegen drei oder vier Uhr morgens in dem Viertel, in dem sich Lapland und Fodot auf Erkundung befinden, ruhig wird, kriechen sie aus ihrem Versteck heraus und schleichen geduckt an den Häusern entlang. Die beiden Grenadiere der Kompanie Michel machen deutlich die unbeweglichen Umrisse der beiden russischen Panzer aus. Sie können auch die Glut der Zigaretten der Panzerbesatzung erkennen. Aus einem Panzerturm ertönt Radiomusik. Der Soldat im Turm scheint zu schnarchen.

„Sie schlafen", flüstert Lapland.

„Die sind ja völlig blau", meint Fodot.

„Packen wir sie?"

„Los drauf!"

In der gleichen Sekunde leuchten zwei rote Blitze der Panzerfäuste auf. Die beiden Franzosen werfen die leeren Rohre weg und rennen davon, was die Beine hergeben. Die Panzer sind voll getroffen und fangen an zu brennen. Die Bedienungsmannschaften brüllen auf. Ein Wachtposten schießt blind in die Gegend.
Minuten später werden die beiden Sieger von einem Spähtrupp ihres Zuges aufgenommen. SS-Oberscharführer Mongourd hat kaum Zeit, sie zu beglückwünschen, und sagt: „Unser Gegenangriff erfolgt im Morgengrauen."
Es ist 04.00 Uhr morgens. Bis zum Angriffsbeginn dauert es nicht mehr lange. Lapland und Fodot schlafen bis dahin kurz auf einem Bürgersteig*.
Der Gegenangriff ist auf 05.00 Uhr früh angesetzt und soll vom Rathaus Neukölln aus erfolgen.
Man hört vereinzelte Abschüsse und schwere Detonationen. Einige Spähtrupps kämpfen mit vorrückenden Russen.
Dann wird es erneut still in Berlin, die letzte Ruhe vor dem Sturm.

Gefechtsstand Rathaus Neukölln

Donnerstag, 26. April 1945. Das SS-Bataillon verläßt vor Tagesanbruch den Nordteil der Hasenheide in Richtung Rathaus Neukölln, von wo aus der Angriff erfolgen soll, mit dem Ziel, einen gefährlichen sowjetischen Einbruch in den Verteidigungsring von Berlin abzuriegeln.

---

* Im Verlauf eines nächtlichen Spähtruppunternehmens hatte der Grenadier Ronzier von der Kompanie Michel mit der Panzerfaust einen sowjetischen Panzer zerstört. Es war der erste Panzer, den die französische Waffen-SS in der Schlacht um Berlin vernichtet hat.

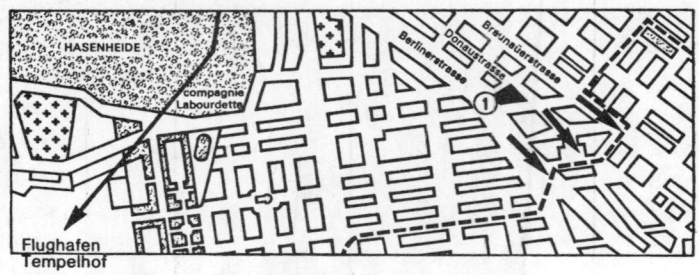

Kämpfe in Berlin am 26. April

① Rathaus Neukölln, Bataillonsgefechtsstand
---- Russische Stellungen am Morgen des 26. April
→ Angriffsrichtungen der französischen Kompanien

Der Bataillonskommandeur muß leider die Kompanie Labourdette für den Abschnitt Tempelhof abstellen und hat so nur drei Grenadierkompanien zur Verfügung. Fernet beschließt, mit den Kompanien Rostand und Michel anzugreifen und die Männer Ollivers in Reserve zu halten.

Schweigend bewegen sich die französischen SS-Männer in die befohlene Bereitstellung und erreichen kurz vor 05.00 Uhr das Rathaus Neukölln. Einige deutsche Panzer sind bereits in ihre Ausgangsstellung gefahren, darunter ein riesiger „Königstiger" mit seinen breiten Ketten und seiner langen 8,8-cm-Kanone. Etwas weiter entfernt stehen „Panther" und einige Sturmgeschütze mit den kurzrohrigen 7,5-cm-Kanonen.

Soldaten in voller Ausrüstung stehen herum und warten auf weitere Befehle.

Die Panzermänner gehören zum Regiment „Hermann von Salza" der Division Nordland. Gelassen warten sie auf den Augenblick, wo sie den französischen Angriff mit ihren Kanonen unterstützen und den sowjetischen Widerstand brechen sollen. Deutsche, Holländer, Dänen, Norweger, Finnen und Schweden halten fest zusammen, ols ob sich seit den Tagen nichts geändert hätte, als sie im Zeichen des Sonnenrades der Wikinger erstmalig an der Ostfront angetreten sind.

Fernet, dem von Wallenrodt und Douraux folgen, geht auf den Führer der Panzereinheit zu, um mit ihm die letzten Einzelheiten des Angriffs zu besprechen.

„Meine Grenadiere gehen beiderseits der Straße vor. Sie werden diese Männer, wenn sie die Häuser und Querstraßen säubern, bei hartnäckigem Widerstand mit Ihrem Feuer unterstützen. Im Zuge des Angriffs ziehen Sie nach, und wir werden gemeinsam auf diese Weise weitere Stellungen angreifen und niederkämpfen."

„Verstanden, Hauptsturmführer."

Es ist ein klassisches Manöver. Der Straßenkampf erfordert mehr denn je ein gut funktionierendes Zusammenspiel zwischen Infanterie und Panzern.

05.00 Uhr. Es ist die zum Angriff vorgesehene Zeit. Nichts rührt sich. Alles bleibt still. Das erwartete Zeichen kommt nicht. v. Wallenrodt schaut nochmals auf seine Uhr. Douraux wird ungeduldig.

„Was ist denn im Stab der Division Nordland los?" fragt Fernet.

Minuten verstreichen unendlich langsam. 05.30 Uhr. Noch immer tut sich nichts. Das Warten bedrückt alle. In seinen großen Regenmantel eingehüllt, geht der Bataillonskommandeur vor dem Rathaus auf und ab. Er blickt auf die beiden Kompanieführer, die den Angriff inmitten ihrer Grenadiere vom Kommandozug ausführen sollen. Kaum gibt es einen größeren Unterschied als Michel und Rostand. Aber an diesem unsicheren Morgen unterscheidet nichts den alten Kämpen der LVF vom jungen Führer der Waffen-SS. Sie haben ihre Truppe fest in der Hand und warten schweigend auf den Befehl zum Angriff. Im Halbdunkel stehen die Männer in Gruppen, sprungbereit, sobald das Signal ertönt.

Kurz vor 06.00 Uhr kommt endlich der Befehl. Die Schlacht in Neukölln beginnt.
„Vorwärts!"
Die Kolonnen der französischen Freiwilligen kommen in Bewegung. Die Infanteristen rücken längs der Häusermauern vor, springen von einer Toreinfahrt zur anderen, suchen Deckung hinter Trümmern, spähen zum Feind und setzen erneut zum Sprung an.

*

SS-Oberscharführer Olliver hat den Befehl erhalten, sich mit seiner Kompanie in einer Stellung in Reserve zu halten, von der aus er leicht als Verstärkung für die beiden anderen Einheiten des Bataillons herangezogen werden kann. Auf dem Wege zum Befehlsempfang bei Fernet kommt Olliver an einem deutschen Panzer vorbei. Er wechselt einige Worte mit dem Kommandanten und dessen Männern, die ihre Luken geöffnet haben und auf weitere Befehle warten.
Nun unterweist Olliver seine drei Zugführer Sauvageot, Bellier und Fitelbrand sowie seinen Stellvertreter, Oberjunker Protopopoff. Plötzlich krachen Einschläge.
„Ein deutscher Panzer schießt auf uns!" schreit Protopopoff.
Der Panzerturm dreht sich und richtet sein Rohr auf die Männer der Kompanie Olliver. Jetzt feuert er eine Granate ab und schießt mit dem Maschinengewehr auf sie. Um Olliver herum liegen Tote, Sterbende und Verwundete.
„Die sind verrückt!" brüllt Sauvageot.
„Keineswegs", verbessert ihn Olliver. „Das sind Russen, die mit einem deutschen Beutepanzer auf uns schießen."
Männer des Zuges Bellier, die zur Überwachung einer Straßenkreuzung in einem Haus in Deckung liegen, ha-

ben den Vorfall genau beobachtet. Sofort greifen sie den Panzer an. Ein Schuß mit der Panzerfaust in den Munitionsbehälter, und der mit Sowjets besetzte Panzer fliegt mit seiner ganzen Mannschaft in die Luft.
Dieser Handstreich der Sowjets hat in der Kompanie Olliver schreckliche Verluste verursacht. Siebzehn französische SS-Männer sind gefallen. Zahlreiche Verwundete kommen hinzu. Der an einen Baum angelehnte Dolmetscher der Kompanie, dessen Bauch aufgerissen ist, versucht vergeblich, seine Gedärme festzuhalten, die zwischen seinen blutigen Fingern hindurchgleiten. Zwischen den Verwundeten liegt ein Zugführer, Unterscharführer Fitelbrand. Der rechte Fuß ist ihm oberhalb des Stiefels abgetrennt worden. In einem Druckereigebäude wartet er auf den Sanitätskraftwagen, der die Verwundeten holen soll. Inzwischen müssen ihm die Kameraden mit dem Messer den Fuß vollends abtrennen.
„Oberscharführer, Sie sind ja auch verwundet."
Durch einen Granatsplitter ist Ollivers rechte Hand verletzt worden. Ein weiterer Splitter steckt in seinem Hals zwischen zwei Wirbeln. Er ruft Protopopoff.
„Du übernimmst die Führung der Kompanie. Wenn ich verbunden bin, komme ich zurück."
Ein Sanka bringt Olliver und drei Schwerverwundete zum Verbandsplatz. Die Reservekompanie hat, bevor sie überhaupt zum Einsatz gekommen ist, ein gutes Drittel ihrer Stärke eingebüßt.
Als der Bataillonskommandeur von dem Unheil, das die 4. Kompanie betroffen hat, Kenntnis bekommt, eilt er herbei. Das Herz verkrampft sich ihm beim Anblick der Leichen dieser schrecklich zugerichteten Männer. Ein Führer der Division Nordland kommt hinzu. Angesichts dieses Blutbades können die beiden Offiziere keine Worte finden.

„Sie sind dahingemäht worden, bevor sie überhaupt kämpfen konnten", sagt schließlich Fernet.
Der Angriff geht weiter.

*

Die 3. Kompanie des Hauptscharführers Rostand stößt auf einer großen Allee weiter vor. In ihrer Mitte liegt eine mit Bäumen bepflanzte Erhöhung. Etwa 700 bis 800 Meter vor ihnen beobachteten die Männer eine von den Sowjets besetzte Panzersperre. Rostand muß diese Sperre nehmen, damit der „Königstiger" weiter vorrücken kann, der seit Kampfbeginn die französischen SS-Männer mit seinem gezielten Feuer unterstützt hat.
Hinter Rostand folgen sein Stellvertreter Dumoulin, zwei MG-Schützen, der Melder Pilsin und Oberjunker Ginat an der Spitze seines Zuges. Auf der anderen Seite der Allee gehen die Männer des Oberjunkers Gardinier vor.
Ein Schuß aus einem Sturmgeschütz gibt das Zeichen zum erneuten Angriff. Springend nehmen die französischen Freiwilligen einen Hauseingang nach dem anderen. Es ist jetzt völlig hell und herrliches Wetter. Alles scheint in Form zu sein.
„Die Männer sind auf dem Damm", versichert Ginat.
Die meisten der Jungen der Kompanie sind unter zwanzig Jahre alt und erleben jetzt ihre Feuertaufe.
„Vorwärts", ruft Rostand.
Der ehemalige Unteroffizier des Jagdzuges der LVF spornt seine Männer an, so schnell wie möglich vorwärtszustürmen und alles niederzuwerfen, was sich ihnen in den Weg stellt.
Als Rostand schon zwei Drittel des Weges bis zu der Panzersperre hinter sich gebracht hat, gelangt er an eine Querstraße. Er drückt sich an eine Wand und riskiert vorsich-

tig einen Blick um die Ecke in eine breite Straße, die hier beginnt. Rasch springt er zurück und preßt sich erneut an die Wand.
„Was ist los, Hauptscharführer?" fragt sein Stellvertreter Dumoulin.
„Die Russen."
„Wo sind Sie?"
Rostand spricht leise, als ob er fürchte, von den nahen Gegnern gehört zu werden. Hinter der Straßenecke, etwa zehn Meter entfernt, steht ein sowjetischer Panzer mit offenen Luken. Drei Mann wollen eben aufsteigen, ohne zu ahnen, daß französische SS-Männer in unmittelbarer Nähe sind.
„Schnell, eine Panzerfaust!" fordert Rostand.
Einer der Männer hinter ihm stürzt herbei, mit der gefürchteten Waffe in der Hand.
„Laß dir Zeit", sagt Ginat zu ihm. „Nimm einen Mülleimer als Stütze."
Der Freiwillige ist etwas nervös; er verläßt die Mauerdeckung und schießt aus kürzester Entfernung auf den Panzer. Ein Aufblitzen und ein riesiges Flammenmeer. Rostand nimmt mit dem Sturmgewehr die Panzerbesatzung unter Feuer. Die Ladung ist durch eine Luke gegangen und hat die gesamte Munition zur Detonation gebracht. Der Panzer ist nur noch ein Gerippe, das unter mächtigen Qualmwolken ausbrennt. Die drei russischen Panzermänner liegen zerrissen am Boden in ihren dunklen, von Blut und Staub beschmutzten Lederuniformen.
Aber der Schütze der Panzerfaust ist durch die Explosion des Panzers wenige Meter vor ihm ebenfalls getötet worden. Auch der Führer der 3. Kompanie ist zusammengebrochen. Der Luftdruck hat einen Balkon der ersten Etage über seinem Kopf buchstäblich aus der Wand gerissen. Steine und Trümmer liegen auf Rostands Beinen.

Rostand steht jedoch schnell wieder auf, schnaubt und reinigt sich. Abgesehen von einigen Quetschungen ist ihm nicht viel passiert. Er will sich wieder zu den ihm folgenden Männern wenden, um weitere Befehle zu erteilen. Doch sie liegen alle hingestreckt auf dem Bürgersteig und auf der Allee. Rostand ist allein. Sein Stellvertreter Dumoulin ist gefallen, ebenso einer der beiden MG-Schützen. Der zweite ist verwundet, ferner der Melder Plisin und Oberjunker Ginat, der ein Geschoß in den Ellenbogen bekommen hat. Rostand sieht völlig niedergeschlagen seine blutenden Männer. Einige bewegen sich noch stöhnend.
Er fragt sich, wie das geschehen konnte. Da wird ihm klar, daß seine Gruppe an einer Toreinfahrt vorbeigekommen ist, in der die Russen auf der Lauer gelegen haben müssen. Sie haben auf die Franzosen in dem Augenblick geschossen, als diese in Richtung Straßenkreuzung vorgingen. Hauptscharführer Rostand gerät vor Zorn außer sich. Er hat ein halbes Dutzend Männer verloren. Vier bis fünf Meter sind es bis zu der Toreinfahrt. Er drückt sich an die Wand, geht langsam vor. Dann springt er plötzlich auf die Toreinfahrt zu und feuert mit seinem Sturmgewehr Salve auf Salve. Drei Russen, die ein fahrbares Maxim-Maschinengewehr bedienen, brechen zusammen. Der Weg ist frei. Rostand winkt die Männer des Zuges Ginat zu sich und gibt denen vom Zug Gardinier ein Zeichen, auf der anderen Seite der Straße vorzustoßen. Neben dem Maxim-MG findet Rostand noch ein langes sowjetisches Panzerabwehrgewehr. Die beiden Waffen sind ihre erste Beute. Der Abschnitt wird immer gefahrvoller.
„Die Straße wird ungesund", sagt schlicht der Chef der 3. Kompanie. „Wir müssen in die Häuser und die Stockwerke säubern."
Die Sowjets schießen aus allen Winkeln. Granatwerfer greifen ein und überschütten die 3. Kompanie mit einem

Geschoßhagel. In wenigen Augenblicken ist die Feindberührung zu einer harten Sache geworden.
Auf der anderen Seite der Allee ist der Zug Gardinier indessen weiter vorgedrungen. Der Oberjunker versucht, dem Zug Ginat Feuerschutz zu geben. Er befiehlt, ein MG in Stellung zu bringen. Kaltblütig fordert Unterscharführer Allau den MG-Schützen auf, ihm die Waffe auf die Schulter zu legen, und weist die Ziele an. Die Russen tauchen überall auf. Der Angriff der 3. Kompanie stockt einen Augenblick. Ginat leidet schrecklich an seiner Ellenbogenverwundung. Er kann sein Sturmgewehr nicht mehr bedienen.
„Laß dir einen Verband anlegen", befiehlt Rostand dem Oberjunker. „In der Nähe des Neuköllner Rathauses muß ein Sanitätsposten sein."
Kaum ist Ginat dort, als auch sein Freund Gardinier mit einem Fußdurchschuß eintrifft. Rostand hat seinen Stellvertreter und zwei Zugführer verloren.
Der Führer der 3. Kompanie befiehlt dem Grenadier Tillier, einem echten normannischen Jungen, sowie einem seiner Kameraden, das Erdgeschoß eines Hauses zu kontrollieren, in dessen ersten Stock er sich festsetzen möchte. Tillier betritt eine Wohnung und sieht dort ein Klavier stehen. Ein Fenster der Wohnung gibt Aussicht auf den Hof hinaus, nicht weit von der Toreinfahrt entfernt, wo seine Kameraden kurz zuvor das Maxim-MG und das Panzerabwehrgewehr erbeutet haben.
Der Kamerad geht hinaus, und Tillier ist allein. Er setzt sich an das Klavier. Er hat nur einen leichten Granatwerfer bei sich und möchte nicht gern lange allein bleiben.
Da bekommt er auch schon Besuch. Im Hof sieht er plötzlich ein halbes Dutzend Sowjets, von denen einer eine schwarze Lederjacke trägt; er scheint der Anführer zu sein. Der Normanne zögert nicht lange und jagt aus nächster

Nähe das Geschoß aus seinem Granatwerfer in die Gruppe. Die überraschten Russen flüchten. Ihr Feuer aus Maschinenpistolen trifft das Klavier. Langgezogene Töne hallen wider.
Wütend kommt Rostand hinzu. „Was ist los?" fragt er. Tillier berichtet. Beide verlassen das Haus unverzüglich.
Da die Straße unter feindlichem Feuer liegt, läßt Rostand in Richtung der Sowjets eine Panzerfaust abschießen. Er benutzt die Verwirrung und läßt seine Leute die Straße überqueren. Doch auf der anderen Seite sind russische Scharfschützen in einigen Häusern in Stellung. Durch Kopfschuß fällt Oberscharführer Dedieu. Rostand entdeckt den Schützen. Er deutet auf eines der Fenster und ruft Tillier zu: „Wirf dort eine Handgranate hinein!"
Der Normanne hat einige Mühe. Die erste Handgranate fliegt zu weit rechts, die zweite zu tief. Aber die dritte geht durch das Fenster, der russische Schütze ist ausgeschaltet.
Auf der anderen Straßenseite springt die Gruppe wieder auf und dringt in ein Haus ein. Tillier steht erneut einem Rotarmisten gegenüber. Es ist ein kleiner Mongole, der genauso erschrickt wie Tillier und sofort wie vom Erdboden verschluckt verschwunden ist.
Sekunden Stille. Dann geht ein Hagel von Granatwerfergeschossen auf die Kompanie Rostand nieder. Ein großer Kerl, der ein MG trägt, fällt hin und brüllt: „Ich bin verwundet! Ich habe einen Splitter im Bauch!"
„Laß sehen", sagt Rostand.
Der Mann löst sein Koppel. Er hat keinerlei Verwundung. Irgendein Trümmerstück muß ihn getroffen haben und auf seiner Ausrüstung abgeprallt sein. Der Kompanieführer haut ihm eine runter, um ihn wieder auf Vordermann zu bringen, und sagt zu Tillier: „Nimm du sein MG. Du kannst damit besser umgehen."

Der junge Normanne tauscht gern seinen leichten Granatwerfer ein und folgt seinem Chef von einem Haus zum anderen, wobei sie die Kellereingänge benutzen. Sorgsam vermeiden sie längere Aufenthalte im Freien.
Ein Melder kommt hinkend angerannt. Rostand fragt ihn: „Bist du verwundet?"
„Nichts Besonderes, Oberscharführer. Nur ein Splitter im Bein und ein Geschoß im Arm."
„Laß dich vom Sanitäter behandeln."
„Ach was, ich kann immer noch ganz gut den Kompaniemelder machen."
Rostand bewundert diesen Eifer, schickt dann aber doch durch ihn eine Meldung zum Bataillonsgefechtsstand im Rathaus. Der Junge selbst wird von dort zum Sanitätsposten zurückgeschickt.
„Zu Befehl", sagt der Melder, der seine kämpfenden Kameraden nur sehr ungern verläßt. Hinkend geht er fort.
„Das war wohl nicht nach seinem Geschmack", bemerkt der Rechnungsführer der 3. Kompanie, Rottenführer Evrand, der sich als einfacher Grenadier mit am Angriff beteiligt. „Er möchte sich eher opfern, als seine Kameraden allein lassen."

*

Auch die Kompanie Michel stößt bei ihrem Angriff auf ernste Schwierigkeiten.
Schon vor Tagesanbruch sind etwa fünfzehn französische SS-Männer unter Führung von SS-Oberscharführer Lardy in einem Stadtviertel, das von den Sowjets besetzt ist, zur Aufklärung angesetzt.
„Hört", sagt plötzlich der Zugführer, „das sind doch Hammerschläge."
Vorsichtig gehen seine Männer vor und entdecken einige

Meter entfernt einen russischen Panzer, dessen Besatzung sich offenbar mit einem blockierten Radlager plagt.
Lardy winkt einen seiner Männer mit einer Panzerfaust herbei.
„Daspins, nimm ihn dir."
Daspins, ein ehemaliger Führer der katholischen Jugend im Departement Seine-et-Oise, hat sich mit achtzehn Jahren zur Waffen-SS gemeldet und ist mit dem letzten Freiwilligen-Zug vom Ostbahnhof Paris abgefahren. Er gehörte zuletzt zur Marschkompanie Ludwig in Kolberg. Er brennt darauf, möglichst einer von den ersten französischen SS-Männern in Berlin zu sein, die einen Panzer vernichten dürfen. Rasch ist er aus dem Blickfeld seiner Kameraden verschwunden.
Jetzt ist er ganz mit sich allein. Daspins kriecht auf einen Trümmerhaufen zu, von wo aus er den Panzer zu erwischen hofft. Plötzlich taucht vor ihm ein russischer Posten auf. Um die anderen Sowjets nicht zu alarmieren, vermeidet Daspins zu schießen. Mit einem gewaltigen Sprung wirft er sich auf den Sowjetsoldaten und versucht ihn zu erwürgen. Die beiden Männer wälzen sich auf dem Boden. Dem Russen ist seine Maschinenpistole entglitten. Ein Kampf auf Leben und Tod beginnt. Daspins unterdrückt einen Schmerzensschrei.
Sein Gegner hat sich an einem seiner Finger festgebissen und versucht ihn abzureißen. Dem SS-Mann gelingt es, ihm ein Auge einzudrücken, benutzt seine Verwirrung und schlägt ihm die eisenbeschlagenen Stiefelabsätze ins Gesicht. Wankend entkommt der Rotarmist; einige Meter weiter stürzt er hin, tot oder ohnmächtig.
Aufgeregt durch diesen Nahkampf, stürzt Daspins auf seine Kameraden zu.
„Ich habe ihn erwischt. Ich habe einen von ihnen erwischt."

„Halt's Maul", erwidert Oberscharführer Lardy. „Wir werden durch dein Geschrei noch entdeckt. Kümmere dich wieder um deinen Panzer."
Daspins gelangt wieder zu seinem Trümmerhaufen, geht in Stellung und feuert seine Panzerfaust ab. Er trifft den sowjetischen Panzer in Höhe der Kette. Die Panzerbesatzung hat noch Zeit zu reagieren und jagt einen kurzen Feuerstoß aus dem Maschinengewehr. Dann schweigt auch sie. Die fünfzehn Männer vom Zug Lardy müssen zurück. Sie können auf ihren Kameraden nicht mehr lange warten. Das Stadtviertel wimmelt von Sowjets. In einem Haus steigen sie die Treppen hoch bis zum Dachstuhl. Einer steckt den Kopf durch ein Loch im Dach und kann von dort aus Hunderte von Sowjets beobachten, die auf einem großen Gelände sitzend scheinbar auf ihren Einsatz warten.
„Das ist ja toll!" sagt der SS-Mann zu seinen Kameraden. Jeder Russe hat einen Granatwerfer zwischen den Knien.
Noch am Morgen des 26. April geraten die Männer vom Zug Lardy in Gefangenschaft. Ein sowjetischer Offizier läßt sie an die Wand stellen. Er hat eine Nagan-Pistole gezogen. Die SS-Männer halten ihn für einen Polit-Kommissar und zweifeln nicht daran, daß er sie kurzerhand erschießen wird.
Da taucht ein Hauptmann auf. Er scheint die Gefangenen verhören zu wollen, um über die Lage in diesem Abschnitt Genaueres zu erfahren. Er fragt auf deutsch: „Wie viele Panzer...?"
Die französischen SS-Männer geben ihm zu erkennen, daß sie kein Deutsch verstehen. Jetzt kommt dem Hauptmann wohl der Gedanke, daß er Landsleute vor sich haben könnte. Mit böser Miene fragt er: „Wlassow-Armee...?"
„Njet", antwortet Daspins. „Franzuski."
„Franzuski? Karacho!" erwidert der Hauptmann jetzt viel freundlicher.

Aber er möchte doch gern wissen, wieso Franzosen in deutscher Uniform stecken, dazu mit SS-Abzeichen am Spiegel. Daspins, dessen Mutter Elsässerin ist und der daher gut Deutsch spricht, erfindet eine Geschichte. „Wir sind zur Arbeit zwangsverschleppt worden. Als die russische Offensive an der Oder begann, haben uns die Deutschen eingezogen."
Daspins gelingt es so, das Leben seiner Kameraden zu retten. Er wird gemeinsam mit ihnen hinter die russische Front gebracht. Für den Zug Lardy ist die Schlacht in Neukölln zu Ende.

*

Immer noch bildet der Zug Mongourd die Angriffsspitze der Kompanie Michel.
„Vorwärts!" schreit der Mann aus Lyon. „Vorwärts!"
Hinter ihrem Zugführer laufen Unterscharführer Fodot und Grenadier Lapland, beide noch etwas befangen von dem, was sie in der letzten Nacht erlebt haben. Sie sind glücklich darüber, daß sie im Morgengrauen zwei russische Panzer erledigen konnten.
Die 2. Kompanie bewegt sich, immer wieder Deckung suchend, auf einer breiten Allee, ähnlich derjenigen, auf der die Kompanie Rostand gegen die Panzersperre vorgeht.
Schon kurz nach Angriffsbeginn setzen ihnen die Sowjets ein heftiges Feuer entgegen. Die Maxim-MG rasseln und durchfurchen die Adern der Stadt. Infanteriegeschosse pfeifen aus allen Ecken. Splitter aus Stahl und Gestein fliegen kreuz und quer, klatschen auf die Häuserwände und das Straßenpflaster und verbreiten Tod und Verderben.
Die französischen SS-Männer stürmen drauflos, schreien, schießen und singen sogar. Der kleine Lapland hat den

Eindruck, sich in einem zunehmenden Rauschzustand zu befinden. Er lebt wie in einer anderen Welt. Ohne die Sowjets genau ausmachen zu können, schießt er in die vermeintliche Richtung seiner Gegner.
Das Abwehrfeuer gegenüber der Kompanie Michel nimmt an Heftigkeit zu. Die Vorwärtsbewegung der französischen SS-Männer wird gestoppt. Wie angewurzelt liegen die Männer an der Spitze in ihrer Deckung. Sobald sie sich bewegen, packt sie das feindliche Feuer.
„Wir sind von Mongourd abgeschnitten!" ruft Fodot.
„Schon wieder", seufzt Lapland.
„Wir müssen einen zu ihm schicken, um wieder Verbindung zu bekommen."
Sie schauen umher. Ein Mann vom Zug robbt auf ein Toreck zu, wendet sich um und schaut, ob ihn die Sowjetschützen entdeckt haben. Dann ruft er: „Ich versuche es!"
„Paß auf, Rivière!"
Der Melder ist um die Hausecke verschwunden und froh darüber, daß er aus der Falle heraus ist, in die die Vorhut des Zuges Mongourd geraten ist. Kurz darauf kommt er zurück, barhäuptig, mit fliegenden Haaren und zerfetzter Uniform.
„Was ist passiert?" fragt Fodot.
„Die Sowjets! Sie sind überall. Als ich von euch weg bin, stand einige Häuser weiter ein Russe so nahe vor mir, daß keiner mehr schießen konnte. Wir sind aufeinander los, haben versucht, einander die Waffen zu entreißen, zu würgen, zu beißen. Auf einmal, ich weiß nicht wie, haben wir voneinander abgelassen, und jeder hat in seiner Richtung das Weite gesucht."
„Und Mongourd?" fragt Lapland.
„Du kannst dir denken, daß ich ihn nicht gefunden habe."
Unterscharführer Fodot überlegt rasch und entscheidet: „Wir sind also abgeschnitten und zweifellos von den Rus-

sen eingekreist. Jetzt setzen wir uns nach rückwärts ab und versuchen die Kameraden zu erreichen."

Seine Männer kriechen zur Deckung zurück, um von da aus eine neue Stellung auszumachen.

„Befehl!" schreit der Unterscharführer. „Laßt die Sowjets nicht zu nahe herankommen."

Die kleine Gruppe gelangt in einen Schuppen. Fodot organisiert rasch die Verteidigung und teilt die Schießstellen ein. Seine Männer hören schon das Rasseln der Ketten von sowjetischen Panzern.

„Die sind ganz nahe", flüstert Lapland.

„Noch lange nicht!" versichert der Unterführer. „Es sind noch mindestes vier- bis fünfhundert Meter. Und dann sind wir hier nicht schlecht dran ..."

Der junge Lapland gibt keine Antwort. Er fühlt sich elend. Er hat praktisch seit drei Tagen und zwei Nächten nicht mehr geschlafen. Der Gedanke, von den Kameraden getrennt und vom Gegner eingeschlossen zu sein, wird immer bedrückender. Die Vernichtung der beiden russischen Panzer liegt schon als Episode weit zurück. Es war doch recht lustig ...

Plötzlich wacht er auf. Er muß wohl eingeschlafen sein und geträumt haben. Als Lapland seine Augen öffnet, ist sein Vorgesetzter nicht mehr da. „Wo ist Fodot?" fragt er einen seiner Kameraden.

„Ich weiß nicht. Vielleicht ist er weggegangen, um Mongourd zu finden."

Von nun an sind sie allein. Sie haben keinen Zugführer und keinen Gruppenführer mehr. Ein Dutzend französischer SS-Männer ist völlig abgeschnitten.

Am Vormittag des 26. April kommt der französische Angriff im Abschnitt Neukölln nach offensichtlichen Anfangserfolgen nicht mehr von der Stelle. In der Kompanie

Rostand sind die drei Oberjunker, die den Kompanieführer ausgezeichnet unterstützten und die Männer mitrissen, ausgefallen: Dumoulin ist gefallen, Ginat und Gardinier sind verwundet. Die Bilanz ist entmutigend.
In der Kompanie Michel scheint die Lage gleichermaßen schwierig zu sein. Hier sind die Züge Lardy und Mongourd vom Feind eingeschlossen und haben keine Verbindung mehr zum Führer der 2. Kompanie.
Seit Beginn des Angriffs hat SS-Obersturmführer Michel alle Gefahren auf sich genommen. Er hat wie ein einfacher Grenadier gekämpft und ist sich selbst treu geblieben. Fanatisch und unbekümmert.
Dann wird er im Gesicht schwer verwundet. In diesem Moment gerät alles ins Wanken. Niemand scheint mehr die Kompanien führen zu können. Die Verbindungen mit den Einheiten an der Spitze des Angriffs sind unterbrochen. Man bringt Michel in einen Keller in Sicherheit. Niemand wird ihn je wiedersehen*.
Die Kompanie Olliver ist ebenfalls schwer angeschlagen worden. Ihr Führer ist verwundet, und etwa zwanzig Männer sind schon vor ihrem eigentlichen Einsatz ausgefallen. Oberjunker Protopopoff ist noch in der Nähe des Rathauses Neukölln in Reserve. Er bekommt den Befehl, kampfstarke Gruppen an vorbestimmten Stellen anzusetzen, um damit dem Bataillon Entlastung zu verschaffen, dessen zwei Sturmkompanien ernste Schwierigkeiten haben.
Eine der Kampfgruppen der 4. Kompanie geht längs einer Straße vor. Die französischen SS-Männer kommen an ei-

---

* SS-Obersturmführer Michel wurde zu einem Sanitätsposten getragen und zweifellos zurückgebracht. Nach den Aussagen weniger Zeugen, die ihren Chef im Kampf erlebt haben, bestand aufgrund der schweren Verwundungen eine nur sehr geringe Überlebenschance. Das Verschwinden eines der außergewöhnlichsten Offiziere der Waffen-SS bleibt aber trotzdem weiterhin ein Geheimnis.

ner offenen Garage vorbei und durchqueren die Grünanlage eines Platzes. Der Zugführer gibt dem Sturmmann Bourral ein Zeichen, hinter einer Hecke in Stellung zu gehen. Sowjets sind ganz in der Nähe. Der Unterscharführer scheint nicht nur beunruhigt, sondern auch überrascht zu sein.
„Wo sind denn die Deutschen. Wir sind doch nicht allein in diesem Abschnitt?"
Gleichsam als Antwort hören sie den schrillen Feuerstoß eines deutschen Maschinengewehrs. Bourral und sein Vorgesetzter entdecken einen Matrosen der Kriegsmarine als den Maschinengewehrschützen, der versteckt hinter einer Deckung liegt. Der Schütze kämpft allein mit seinem 08/15-Maschinengewehr, einem alten wassergekühlten Modell. Mit einer Handbewegung grüßt er die französischen Freiwilligen und zeigt ihnen die ganz nahen russischen Stellungen. Dann neigt er sich wieder hinter seine Waffe und drückt das Auge ans Visier.
Wieder ein Feuerstoß. Sowjetische Soldaten springen aus einem Haus heraus und suchen erneut Deckung hinter einer Mauer. Der Zugführer ruft den Sturmmann: „Bourral, sofort zu Fernet. Die Sowjets sind zu zahlreich. Wir brauchen Verstärkung."
Dem Melder gelingt es, kriechend den Platz zu verlassen. Er springt dann in einen zerstörten Laden in Deckung. Von hier aus rennt er zum Rathaus Neukölln, wo er den Bataillonskommandeur findet. Fernet entscheidet sofort.
„Ich habe nicht mehr viele Soldaten zur Verfügung. Ich kann dir nur ein Dutzend Männer mitgeben."
Bourral führt die Gruppe an und eilt mit ihr zu der vordersten Linie.
„Ist es sehr schlimm da vorne?" fragt einer der Kameraden.
„Du wirst es bald sehen. Beeile dich."

Die Franzosen kommen an den gefallenen Kameraden der 4. Kompanie vorbei, die zu Beginn des Angriffs von Panzergranaten hingemäht worden sind, die die Sowjets aus dem erbeuteten deutschen Panzer abgeschossen haben. Sie liegen nebeneinander längs der Mauer aufgereiht, mit zerschmetterten Gliedern, zerfetzten Uniformen und blutigen Gesichtern.
Schwere russische Granatwerfer treten in Aktion. Ein Geschoßhagel fällt herunter. Die russische Infanterie ist jetzt noch näher. Einige sind in die Häuser auf der anderen Straßenseite eingesickert. Immer wieder krachen kurze Feuerstöße aus Maschinenpistolen. Steinsplitter spritzen an den Häuserwänden entlang. Bourral hat gerade noch Gelegenheit, sich unter einen Torbogen zu werfen. Ohne die Ziele genau erkennen zu können, erwidert er mit seinem Sturmgewehr das Feuer. Da sieht er, wie sich seine Kameraden schießend aus ihrer Stellung zurückziehen.
„Was ist los? Ich bringe euch Verstärkung!"
„Wir müssen zurück!" ruft der Zugführer. „Die Sowjets haben fast alle Häuser ringsherum besetzt und beschießen uns aus den Stockwerken von oben herab, von allen Seiten."
„Und der Platz?"
„Nicht mehr zu halten."
Bourral und alle, die sich zurückziehen, sehen den MG-Schützen der Kriegsmarine nicht mehr wieder. Vielleicht ist er auch schon gefallen. Er wäre heute nicht der einzige Alleingänger, der sich opferte. Immerhin ist es dem Matrosen gelungen, den Rückzug der französischen SS-Männer auf eine neue Stellung zu decken. Jetzt haben sie vor dem Rathaus Neukölln eine neue Verteidigungsstellung bezogen.

Pausenloser Einsatz

In größter Eile treffen laufend Melder beim französischen Bataillonsgefechtsstand im Rathaus Neukölln ein, füllen Behälter, ihre Brotbeutel und Taschen mit Munition und kehren wieder zu ihren Einheiten zurück, die in schweren Häuserkämpfen dem anhaltenden Druck der Sowjets energischen Widerstand entgegensetzen.
„Die Berliner sind großartig", verkündet einer der Melder der Kompanie Rostand. „Sie kommen aus ihren Kellern und bringen uns Wasser und auch Kaffee zu trinken. Ihre letzten Lebensmittel bieten sie uns an."
Einige Einwohner des Stadtviertels wollen von ihnen erfahren, was das Hin und Her im Rathaus Neukölln bedeutet. Oberjunker Douraux erklärt ihnen, daß es die Absicht der Kommandostellen ist, Neukölln vom sowjetischen Druck frei zu machen. Die Berliner sind den französischen SS-Männern zwar sehr dankbar, bleiben aber doch ungläubig.
„Ach, wenn ihnen dies gelänge..."
Sie bitten die Franzosen, sich in den Kellern etwas auszuruhen und mit ihnen das letzte Essen zu teilen.
„Wir haben jetzt keine Zeit. Später, vielleicht...", verspricht ihnen Douraux, der eilig wieder zu Fernet ins Rathaus eilt.
Die Aufrechterhaltung der Verbindung zwischen dem vom französischen SS-Bataillon gehaltenen Abschnitt und den Nachbarabschnitten wird immer schwieriger. Fernet schickt ständig Melder, denen bei jedem Gang mehr Rotarmisten als deutsche Soldaten begegnen.
Die sowjetischen Infanteristen stoßen rechts und links am Bataillon Fernet vorbei und sickern in die von den Verteidigern entblößten Räume ein. Bei dieser Entwicklung kann Fernet seine Unruhe nicht verbergen.

„Unsere Männer aus der Reserve dringen auf der Angriffsachse vor und bereinigen das Gelände links und rechts", sagt er zu seinem Adjutanten. „Ich weiß zwar nicht genau, was links und rechts vor sich geht, aber es ist wohl nicht schwer zu erraten..."

Durch die Bereinigung der Nachbarabschnitte, in die sowjetische Infanteriespitzen eingedrungen sind, hofft Fernet, die Verbindung mit den deutschen Verteidigern wiederherstellen zu können. Zumindest mit denen, die am Rande des Einbruchs ihre Stellungen gehalten haben. Doch diese Verteidiger sind nur noch ganz vereinzelt anzutreffen. Jeder Spähtrupp meldet das gleiche: „Die Russen... die Russen... Sie sind überall."

Die Verbindung nach rückwärts besteht zwar noch, ist jedoch teilweise auch schon unterbrochen. Es kommt ein Befehl.

„Endlich eine Nachricht von der Division", ruft Fernet sichtlich erleichtert. „Krukenberg vergißt uns nicht."

Dieser Befehl bringt nichts Erfreuliches. Noch nie hat der französische Bataillonskommandeur einen so allgemein gehaltenen und so beunruhigenden Befehl erhalten. Er reicht von Wallenrodt das Papier und sagt sichtlich müde: „Da, lesen Sie selbst. Das ist kaum ermutigend."

Die Nachricht des Kommandeurs der Division Nordland stürzt sie in nicht geringe Verlegenheit: „Falls der Angriff des Bataillons noch nicht begonnen haben sollte, dann warten Sie in Ihren Ausgangsstellungen auf neue Befehle. Sollten Sie zum Angriff angetreten sein, dann tun Sie Ihr Bestes."

„Was soll denn das bedeuten?" fragt Fernet mit lauter Stimme.

„Was geht da vor? Wallenrodt, Sie müssen sofort selbst zum Divisionsgefechtsstand und uns Klarheit verschaffen."

Fernets Stellvertreter fährt sofort los. SS-Obersturmführer von Wallenrodt kommt erst sehr viel später zurück als vorgesehen. Währenddessen verläuft dieser 26. April 1945 in zunehmender Unklarheit und Verwirrung.

„Es sieht in allen Abschnitten sehr böse aus", berichtet von Wallenrodt nach seiner Rückkehr.

„Als wir heute morgen hier im Neuköllner Viertel zum Angriff antraten, haben die Roten in allen Abschnitten einen Großangriff begonnen. Es scheint die Endphase im Kampf um Berlin eingeleitet zu sein."

„Da sind wir nun auf uns ganz allein gestellt", sagt Fernet sehr erregt. „Wir haben den Sowjets mindestens die Hälfte eines Stadtviertels abgerungen und müssen es nun wieder hergeben, damit wir nicht eingeschlossen werden."

Der französische Bataillonskommandeur wendet sich an seinen Adjutanten: „Du siehst, Douraux. Es ist fast genau so wie in Heinrichswalde vor etwa zwei Monaten. Drei Stunden nach dem Angriff mußten wir umkehren, weil nach keiner Seite eine Verbindung mehr bestand, nicht einmal mehr nach rückwärts. Das ist doch zu ärgerlich."

Der immer ein wenig phlegmatische von Wallenrodt fragt mit ruhiger Stimme: „Was machen wir jetzt, Hauptsturmführer? Was haben Sie vor?"

„Selbstverständlich bleiben wir hier", entscheidet Fernet sofort. „Wenn sich die Lage links und rechts wieder gefestigt hat, können wir die vom Feind gesäuberten Straßenzüge weiterhin halten."

„Wenn das aber schiefgeht und die Sowjets links und rechts weiterhin an Raum gewinnen?" wendet der Stellvertreter ein.

„Wir werden sehen, was auf uns zukommt. Im Augenblick gilt noch der Kampfauftrag. Allen Kompanien ist bekanntzugeben: Aushalten, aber sich nicht einschließen lassen."

Fernet läßt den Führer der Meldestaffel zu sich kommen. „Millet, du nimmst dir zwei Männer, um mit ihnen die Verbindung nach rückwärts aufrechtzuerhalten. Wenn du später noch jemand brauchen solltest, so nimmst du ihn dir aus dem Reservezug im Rathaus."

Kurz nach Mittag bekommen die Männer der Kampfschule des SS-Obersturmführers Weber, die aus der Reservestellung am Hermannplatz herbeigeeilt sind, den Befehl, im Abschnitt Neukölln mit einzugreifen. Sie sollen den rechten Flügel des Bataillons Fernet, unweit Tempelhof, verstärken. Unterstützung erhalten sie durch ein Sturmgeschütz, das von einer deutschen Mannschaft bedient wird. Einige Unterführer von zerschlagenen Kampfgruppen und versprengte Soldaten werden von der Einheit Weber aufgenommen. Levast steht jetzt unter dem Befehl eines SS-Oberscharführers, der einen Schnurrbart trägt und dessen Namen er nicht kennt. Er weiß nur, daß er mit der LVF zur SS-Division Charlemagne gekommen ist.
Die Sturmkolonne gelangt in die Hermannstraße. Die Männer des SS-Obersturmführers Weber überqueren eine Kreuzung und gehen dann entlang der Mauer eines der zahlreichen Friedhöfe, die am Rande des Flugplatzes Tempelhof liegen, weiter vor.
„Es ist ja nicht gerade sehr lustig hier", bemerkt Levast und lädt sein Sturmgewehr.
Die Sowjets haben die Absicht der Angreifer erkannt und versuchen den Angriff abzuwehren. Unaufhörlich schießen sie mit Granatwerfern. Die Geschosse klatschen auf das Straßenpflaster und haben dadurch eine erhöhte Splitterwirkung. Die französischen SS-Männer müssen in den Toreinfahrten und Hauseingängen in Deckung gehen und kleinste Feuerpausen zum Sprung nach vorn ausnutzen.

„Vorwärts! Schnell! Beeilt euch!"
Sie hören Schreie und Abschüsse. Seitlich von ihnen, auf dem Friedhof, wird hart gekämpft. Sie meinen, französische Flüche zu hören.
„Sch...! Das sind doch Kumpels vom Bataillon!"
„Beeilt euch", wiederholt der Oberfeldwebel der LVF.
Das mörderische Feuer hört nicht auf. Nach jedem Sprung müssen die SS-Grenadiere in Hausgängen, hinter Schutthalden oder auch in Lichtschächten und Kellerlöchern wieder und wieder Deckung suchen und auf die nur Sekunden dauernde nächste Feuerpause warten, um dann mit größter Schnelligkeit weiter nach vorn eilen zu können. Granatsplitter pfeifen aus allen Richtungen. Einschlag folgt auf Einschlag. Der Kampflärm der Infanteristen kommt immer näher.
„Was die Sowjets an Munition verschwenden!" bemerkt einer von der Kompanie Weber.
In diesem Augenblick öffnet sich eine Kellertür, und ein Mädchen erscheint mit einer Kanne in der Hand. Sie betrachtet die drei französischen SS-Männer, lacht ihnen zu und fragt so natürlich und unbefangen wie nur ein Mädchen ihres Alters zu fragen vermag:
„Möchten Sie eine Tasse Schokolade?"
Diese Straßenschlacht zaubert doch wirklich seltsame Gegensätze hervor. Die Schokolade ist sicher wässerig, aber die Gastgeberin ist reizend. Der Krieg ist für Augenblicke vergessen. In Erwartung, daß das Schießen aufhört, plaudert sie ein wenig. Deutsch und Französisch sprudelt durcheinander, etwas merkwürdig, aber erfolgreich. Die vier jungen Menschen freuen sich, und das Mädchen scheint darüber ganz entzückt zu sein, „ihre" Franzosen getroffen zu haben.
Aus der Straßenmitte taucht der Oberscharführer auf:
„Aufhören! Beeilt euch!"

Zwei „Tiger" stehen halb verdeckt an einer Straßenecke vor einem Café. Sie binden die sowjetischen Kräfte, die schon die Straße herabkommen.
„Los! Über die Straße! Auf die andere Seite! Schnell!" brüllt der Oberscharführer. Der Unterführer möchte seine Männer aus der Gefahrenzone herausführen und dort einsetzen, wo sie weniger gefährdet sind. Gleichzeitig fordert er die Panzer auf: „Schießt doch! Schießt! Schnell, schießt! Gebt uns Feuerschutz!"
Doch einer der Panzermänner macht eine resignierte Bewegung. Sie haben keine Granaten mehr, nur noch Munition für ihre Maschinengewehre.
Unter dem sowjetischen Kugelhagel müssen die französischen SS-Männer ohne wirksamen Feuerschutz die Straße überqueren. Scharfschützen und sowjetische Maschinengewehre bemühen sich, Treffer zu erzielen. Da und dort fällt ein Mann zur Erde. Die Kameraden ziehen die Getroffenen in den Schutz eines Vorhofes. Der Oberscharführer sammelt seine Leute und ruft Levast.
„Geh zur Brauerei am Hermannplatz zurück und fordere weitere Befehle an! Hier ist eine schriftliche Meldung, die gibst du dort ab!"
„Verstanden, Oberscharführer."
Levast liest den Text der Meldung, merkt sich den Inhalt und entfernt sich in Richtung Hermannplatz. Immer noch regnet es Splitter, während der Melder nach rückwärts schleicht. Mauerteile stürzen plötzlich ein und wirbeln gewaltige Staubmengen auf. Levast hat das Brauereigebäude sehr schnell erreicht, in dem er die letzte Nacht verbracht hat. Doch was muß er sehen, kein Lebewesen rührt sich, überall liegen tote Soldaten und Zivilisten, bunt durcheinander, teilweise verstümmelt mit abgeschlagenen Gliedern. Erbitterte Kämpfe müssen hier stattgefunden haben.

Levast kehrt sofort zu seinem Zug zurück und meldet dem Oberscharführer von dem furchtbaren Geschehen in der Brauerei und daß er dort niemanden mehr lebend angetroffen hat.

„Soso", sagt der Unterführer nachdenklich, „wir müssen trotz allem die Verbindung nach rückwärts wieder herstellen. Jetzt gehst du nochmals als Melder. Aber diesmal nimmst du einen Kameraden mit."

Die beiden SS-Männer entfernen sich. Einige Straßen weiter treffen sie auf eine Kampfgruppe des Volkssturms. Es sind fast ausschließlich alte Männer unter schwarzen Stahlhelmen und mit Bärten.

Ein Amtswalter der nationalsozialistischen Partei scheint diesen Trupp zu führen. Er ist sichtlich erfreut, den beiden französischen Waffen-SS-Männern begegnet zu sein.

„Da Sie versprengt sind, stelle ich Sie unter meinen Befehl."

„Keineswegs", erwidert Levast, „wir haben einen Auftrag zu erfüllen."

Der Offizier brummt etwas, was soviel bedeuten soll wie „das will ich nicht wissen", und fordert die beiden Franzosen energisch auf, sich seiner Gruppe anzuschließen.

„Das geht noch nicht", knurrt Levast.

„Wir bleiben nicht lange bei diesem Alten", tröstet ihn sein Kamerad.

„Bei der ersten besten Gelegenheit trennen wir uns."

Diese Gelegenheit bietet sich bei einer Straßenkreuzung. Die beiden Franzosen hauen ab und rennen die erste Straße zu ihrer Rechten hinauf. Sofort werden sie von sowjetischen Maschinengewehren beschossen. Ein sowjetisches Geschütz nimmt die Straße unter Feuer.

„Sch . . . und nochmals Sch . . . !" flucht Levast. „Wären wir doch besser bei den Papas vom Volkssturm geblieben."

„Ach, was soll's denn, die werden gewiß in ihr Verderben laufen."
Wie um ihm recht zu geben, taucht plötzlich ein deutscher Soldat aus einem Tor auf und bricht vor ihren Augen zusammen. Er kriecht auf einen Gang zu und schleift eine Blutspur hinter sich her. Dann dreht er sich einmal um sich selbst. Tot.
„Hübsche Ecke", knurrt Levast.
Die Männer eilen weiter. In einem Uhrmachergeschäft machen sie eine kurze Pause. Sie setzen sich auf mit rotem Samt bezogene Bänke. Levast entdeckt vor sich einen Schrank mit einer rot und blau bemalten Glastür. Träumerisch murmelt er: „Ich frage mich, was wohl dahinter ist."
„Schau doch nach."
Levast schlägt mit dem Kolben seines Sturmgewehrs die Tür ein und stößt überrascht einen Jubelruf aus:
„Ei, so was! Eine Flasche Cointreau!"
„Louis, die dürfen die Russen nicht trinken."
Nacheinander trinken die beiden Franzosen Schluck auf Schluck von dem köstlichen Likör. Seit heute morgen haben sie nichts gegessen, und der Alkohol geht ihnen rasch ins Blut.
„Ich fühle mich schon wohler."
„Ich fühle mich auch sehr wohl."
„Nun, dann werden wir uns einige Popofs kaufen."
„Warte noch damit, Louis, wir müssen zuerst unseren Meldeauftrag in der Brauerei erledigen."
Die beiden Grenadiere kehren sofort um. Als sie in der Brauerei am Hermannplatz eintreffen, ist der bärtige Oberscharführer mit seinen Männern schon vor ihnen da.
„Wo saust ihr beiden denn 'rum?" fragt er Levast und dessen Kameraden. „Wir hielten euch schon für tot."
Er geht auf sie zu. „Ihr habt getrunken. Ihr riecht ja nach Alkohol."

„Besser gesagt, Oberscharführer, wir wollten nicht, daß die Popofs Cointreau schlürfen."
„Ihr seid trotzdem gemeine Kerle. Ihr hättet wenigstens die Flasche mitbringen können."
„Was glauben Sie, was da noch drin blieb . . ."
Die beiden SS-Männer schildern ihren Kameraden den Tagesverlauf. „Von den Russen selbst haben wir nichts Besonderes gesehen. Aber was die an Munition in die Luft jagen, ist geradezu unvorstellbar."
Auf einer Trage bringt man in die Brauerei einen Unterscharführer der Division Charlemagne. Er ist am Bein schwer verwundet.
„Sicher eine Schlagader durchschnitten", meint ein Hilfssanitäter.
„Was kann man da machen?"
„Mindestens einen Knebelverband. Wer hat einen Schnürsenkel oder ein Stück Bindfaden?"
Mit einem Mal Motoren- und Kettenlärm. Die beiden in einen anderen Abschnitt befohlenen „Tiger" verlassen Neukölln. Der Boden erzittert unter ihren Ketten. Die französischen Freiwilligen sehen sie voll Zorn wegfahren.
„Jetzt ist nichts mehr zu unserer Unterstützung da."
„Nun", sagt der Oberscharführer, „wir pfeifen drauf."

*

Im Endkampf um Berlin erleben vom ersten Tage an viele Männer der französischen Waffen-SS, die irgendwann einmal von ihren Kameraden abgeschnitten werden, ihr eigenes besonderes Abenteuer. Einer dieser Fälle ist der des Oberscharführers Olliver.
Nach einer ernsten Verwundung an der Hand und am Ellenbogen ist der Führer der 4. Kompanie schon am Morgen des 26. April nach hinten gebracht worden. Er kommt

zu einem Sanitätsposten und läßt seine von einem Granatsplitter verletzte Hand verbinden.

„Entfernt mir auch das Geschoß aus dem Ellbogen und laßt mich dann wieder gehen. Ich habe es eilig."

„Nicht ohne Tetanusspritze", sagt der deutsche Stabsarzt.

„Wie Sie wollen. Aber beeilen Sie sich bitte."

Nachdem Ollivers Wunden behandelt sind, verläßt er den Sanitätsposten. Er gelangt zum Tiergarten und meldet sich bei einer Artillerieeinheit der Waffen-SS. Er bittet, so schnell wie möglich nach Neukölln geführt zu werden, wo das französische SS-Bataillon im Einsatz steht.

„Aber das ist ja Hauptsturmführer Heller", ruft der Verwundete freudig aus, als er den Gefechtsstand betritt. Olliver kennt den deutschen SS-Führer von Breslau her, wo dieser Ausbilder an der Infanteriegeschützschule der Waffen-SS gewesen ist. Olliver hat dort einen Sonderlehrgang besucht, bevor er nach Pommern zum Einsatz gekommen ist.

„Wie freue ich mich, Sie wiederzusehen, Hauptsturmführer", sagt Olliver.

„Ich hoffe, Sie helfen mir, wieder zu meinem Bataillon zu kommen."

„Kommt gar nicht in Frage", erwidert Heller. „Ich brauche dich. Du bleibst bei uns und bekommst die Führung über zwei 15-cm-Geschütze."

Die Waffen-SS-Männer, die Olliver zugeteilt werden, sind ganz junge Deutsche, die das Ärmelband der Division Das Reich tragen und keiner Artillerieabteilung angehören. Die einzigen vorhandenen Unterführer sind zwei Rottenführer, die Richtkanonier und Geschützführer in einer Person sind.

„Du wirst sehen, es geht alles gut", sagt Heller zu ihm. „Deine neuen Jungs sind mutig und haben den besten Willen. Ich weiß, daß du eine Batterie führen kannst."

Zum Schleppen der beiden Geschütze besitzt der Zug nur zwei Privatautos, die in Lieferwagen umgewandelt worden sind. Ein P 45 Citroën dient als Munitionstransportfahrzeug.

Die Bedienungsmannschaften sind im Straßenkampf noch unerfahren und haben anfänglich auf dem harten Pflaster Schwierigkeiten beim Manövrieren. Schließlich können die beiden Geschütze aber in Stellung gebracht werden, das eine auf der Hauptstraße, das andere auf einer Parallelstraße.

Olliver läßt die Rohre auf eine etwa fünfhundert Meter entfernte Straßenkreuzung richten und schießt sich mit wenigen Schüssen ein. Die Einschläge liegen gut. Nun erwartet er den Gegner, der auch nicht lange auf sich warten läßt.

Panzergeräusche sind in der Ferne zu hören, und ein deutscher SS-Mann ruft auch schon: „Panzeralarm!"

Olliver hat den sowjetischen Panzer auf der Straßenkreuzung schon gesichtet. Der Rottenführer, Richtkanonier und Geschützführer zugleich, richtet das mit einer Panzergranate geladene Rohr auf den Gegner. Er hat den Panzer mit der Mitte des Fadenkreuzes in seinem Rundblickfernrohr, genau an der empfindlichen Stelle, zwischen Laufkranz und Turm anvisiert.

„Feuer!" befiehlt der Franzose.

Es ist ein Volltreffer. Der russische Panzer bleibt mit einer dunklen Rauchfahne brennend liegen. Die jungen Deutschen der Division Das Reich jubeln freudig auf. Aber schon erteilt Olliver seine Befehle zur Fortsetzung des Kampfes, denn diesem Panzer werden weitere folgen.

Noch acht Panzer werden nach und nach in der gleichen Weise vernichtet.

Die Verwendung eines Infanteriegeschützes im Straßenkampf ist erheblich schwieriger als der Einsatz im offenen

Gelände. Olliver und seine Männer können die Geschütze kaum tarnen. Die Sowjets haben die Zerstörer ihrer Panzer bald entdeckt und nehmen den ganzen Bezirk unter das verheerende Feuer ihrer Stalinorgeln.
In kürzester Zeit vollzieht sich ein Gemetzel. Das Geschütz auf der Hauptstraße ist bald ausgeschaltet und zerstört, die Bedienungsmannschaft getötet. Das Munitionstransportfahrzeug geht in die Luft.
SS-Oberscharführer Olliver verfügt nur noch über das eine Geschütz in der Nebenstraße und etwa ein Dutzend Kanoniere. Er weiß, daß er den Kampf nur fortsetzen kann, wenn er laufend Stellungswechsel macht. Drei sowjetische Panzer werden noch außer Gefecht gesetzt.
Ein erneuter Stellungswechsel ist unmöglich geworden, da die Umgebung des Geschützes von den sowjetischen Granaten umgepflügt ist. Die letzten verfügbaren Granaten werden verschossen und danach das Geschütz von der eigenen Bedienung unbrauchbar gemacht.
Olliver sammelt die wenigen Überlebenden. Sie ziehen sich alle zum Gefechtsstand der Artillerieeinheit der Waffen-SS zurück.
„Kann ich jetzt zu meinem Bataillon zurückkehren?" fragt der Führer der 4. Kompanie ungeduldig, denn er möchte seine Männer wiedersehen, die er seinem Stellvertreter Protopopoff anvertraut hat.
„Nicht gleich", bestimmt der SS-Hauptsturmführer Heller. „Ich muß einen Spähtrupp in den Abschnitt Reichskanzlei schicken und habe kaum noch Männer für diese Aufgabe. Du wirst deine Kameraden später auch noch finden."
Der Verteidigungsring um Berlin wird von Stunde zu Stunde enger. Es wäre wirklich verwunderlich, wenn dem Oberscharführer Olliver das französische Bataillon nicht mehr begegnen würde.

Festung Rathaus Neukölln

Am frühen Nachmittag des 26. April 1945 verläuft die Stellung des französischen Bataillons in einem spitzen Winkel, der in die russischen Linien hineinreicht. Die Lage ist sehr unsicher, denn es ist fast unmöglich geworden, den geringsten Kontakt zu den Nachbareinheiten nach links und rechts aufrechtzuerhalten. Alle Melder und Spähtrupps bringen die gleiche Nachricht: „Überall Russen."
Viele Melder kehren nicht mehr zurück. Sie sind gefallen oder in Gefangenschaft geraten. Fernet fühlt, wie sich die Sowjets wie ein Schraubstock immer enger um seine Kompanien zusammenziehen, die wie Finger in einem Handschuh stecken.
„Wir können nichts anderes tun", sagt er zu von Wallenrodt. „Wir müssen die vordersten Spitzen zurücknehmen und die Flanken verstärken, sonst besteht weiterhin die Gefahr, daß unsere Grenadiere abgeschnitten werden."
Der Gefechtsstand im Rathaus Neukölln wird allmählich zum Widerstandszentrum. Von hier aus werden etliche Züge, die große Ausfälle hatten und sich vom Gegner lösen mußten, neu gruppiert und wieder zum Einsatz gebracht.
„Hauptsturmführer, da kommt Verstärkung!"
Der französische Bataillonskommandeur erhält Verstärkung von einigen hundert Hitlerjungen. Die neuen Kämpfer zwischen vierzehn und sechzehn Jahren brennen darauf, so wie die Soldaten zum Einsatz zu kommen. Sie sind überrascht und begeistert zugleich, französische SS-Männer anzutreffen, die sich sofort ihrer annehmen und ihren Übermut zu dämpfen versuchen.

„Langsam, Jungs", bremsen die Unterführer die Neulinge. „Nicht leichtsinnig werden. Die Popofs haben mehr Kampferfahrung als ihr."
Aber diese Jugendlichen hören in ihrem Eifer kaum auf die Ratschläge und stürzen sich mit ihren Panzerfäusten und Gewehren auf die sowjetischen Gefechtsvorposten. Sie gehen auf den Feind los, als ob sie hinter Trommeln und Fanfaren hermarschieren würden.
Beim geringsten Zeichen von Sympathie und Ermutigung erhellt sich ihr Gesicht. Ihr Blick brennt wie ein seltsames Feuer. Sie wollen ebenso heldenhaft sein wie die Älteren und nehmen jedes Risiko auf sich. In diesem Weltuntergang wird jeder Glückwunsch von ihnen mit begeistertem Jubel aufgenommen, und sie gehorchen den Befehlen der französischen SS-Unterführer vertrauensvoll und diszipliniert.
Die Verteidiger des Rathauses können ihre Rührung nicht verbergen angesichts dieser Jugend, in der die gleiche innere Flamme brennt wie in ihnen.
„Im Augenblick der größten Gefahr", bemerkt Fernet, „greift Berlin zum größten Opfer, zur Blüte des Volkes, zu seiner Jugend. Hier bietet sich das edelste und reinste Blut an."
v. Wallenrodt, der vom Heldenmut dieser Jungen mehr ergriffen ist, als er zeigen möchte, wendet ein:
„Wenn die Rotarmisten Berlin nehmen, werden manche sagen, daß diese Jungs unnötig geopfert wurden."
„Nein, sicherlich nicht!" ereifert sich Douraux. „Aus solchen Opfern allein gründet sich die Zukunft eines Volkes. Und diese Zukunft zählt mehr als die Gegenwart."
„Wenn wir die Zukunft gewinnen wollen, müssen wir sie zunächst verlieren", versichert Fernet. „Nicht die Schläge, die wir dem Gegner beibringen, zählen letzten Endes, sondern das Beispiel, das wir geben."

Der französische Bataillonskommandeur weiß, daß seine Männer trotz der aussichtslosen Lage nach wie vor zu größten Opfern bereit sind. Für ihn ist das, was sich in Berlin abzuzeichnen beginnt, mehr als nur eine militärische Niederlage und weder von kaufmännischer noch von rechtlicher Bedeutung. In dieser verzweifelten Situation muß er an die große Idealvorstellung denken, an ein freies unabhängiges Europa, für das sie angetreten sind, freiwillig, um es zu verwirklichen, und das nunmehr trotz größter Opfer den Todesstoß erhält. Er sieht den Idealismus der Hitlerjungen und weiß, daß deren Opferbereitschaft gleichbedeutend ist mit dem Todesmut der französischen Freiwilligen in der SS-Division Charlemagne.
Die französischen SS-Männer halten ihre Stellungen, ohne zurückzuweichen. Seit Beginn dieses 26. April haben die Sowjets schwere Verluste hinnehmen müssen. Die wenigen Panzer der Division Nordland und die Grenadiere des SS-Sturmbataillons Charlemagne haben in diesem Abschnitt mehr als hundert Panzer vernichtet. Den Meldern der Kompanien Michel, Rostand und Olliver gelingt es immer wieder aufs neue, bis zum Rathaus durchzukommen und ihren Bataillonsführer vom jeweiligen Stand der Schlacht in Neukölln zu unterrichten.
„Die Roten stürmen mit neuen Infanterieverstärkungen. Wir konnten sie abwehren..."
„Russische Panzer nähern sich unserem Abschnitt und greifen an..."
„Die Panzer konnten abgewehrt werden, aber die Infanterie bedrängt uns..."
„Geschütze und Granatwerfer beharken uns unaufhörlich mit ihrem Feuer, aber wir weichen nicht..."
Mit erbitterter Härte geht der Kampf weiter.
Die Meldestaffel des Stabes jagt durch die Ruinen, um die Verbindung zwischen den Zügen, den Kompanien und

zum Bataillonsgefechtsstand aufrechtzuerhalten. Der Führer dieser Staffel, Unterscharführer Millet, ist erst zwanzig Jahre alt, hat aber schon an den Kämpfen in den Karpaten und in Pommern teilgenommen. Seit diesem Morgen hat er die wichtigsten und gefährlichsten Aufträge selbst ausgeführt.
Jedesmal, wenn er zu den vordersten Stellungen eilt, fürchtet Fernet, ihn nicht mehr wiederzusehen. Aber Millet kehrt immer wieder zurück; er ist kaltblütig, bleibt ganz ruhig und lächelt ebenso fröhlich wie einst auf dem Kasernenhof von Clignancourt am Tag seines Eintritts in die Waffen-SS.
„Auftrag ausgeführt...", meldet er nur.
Und wieder trifft er seinen Freund Riberto. Die beiden sind seit mehreren Monaten unzertrennlich. Sie sind gleichaltrig, der braune Korse Riberto und der blonde Millet. Manchmal streiten sie sich so zum Spaß. Nur weil jeder der erste für schwierige Aufträge sein möchte.
Nachdem Fernet seine im Einsatz befindlichen Einheiten inspiziert hat, kehrt er vom Rundgang zu seinem Gefechtsstand im Rathaus zurück. Hinter ihm seine Melder und Douraux.
Die Sowjets haben die kleine Gruppe entdeckt und schießen unverhofft mit größter Genauigkeit. Millet wird tödlich getroffen und schlägt mit dem Gesicht hart auf. Neben ihm wird Fernet getroffen.
Mit einem Durchschuß am linken Fuß wird er schnell ins Innere des Rathauses gebracht. Draußen krachen die Feuerstöße unaufhörlich. Das Feuer kommt jetzt nicht nur von vorne und aus seitlicher Richtung, sondern auch von rückwärts.
Den roten Infanteristen ist es gelungen, die Stellungen der französischen SS zu umgehen, und sie beginnen jetzt mit dem Angriff aus der Flanke und von rückwärts. Nur noch

etwa fünfzig Meter trennen die Angreifer von den Verteidigern des Rathauses.
Bevor er verbunden wird, erteilt Fernet seine Befehle. „Wir müssen eine Gasse freikämpfen, um die Verbindung nach rückwärts aufrechterhalten zu können."
Er befürchtet, eingeschlossen zu werden und daß damit seine Einheiten dem Untergang preisgegeben sind, ohne daß sie ihren Auftrag erfüllen konnten. Sich rechtzeitig vom Gegner zu lösen und abzusetzen, ist daher für ihn ein unabdingbares Gebot. Noch ist es nicht soweit.
Fernets Verwundung und das unvermutete Auftauchen der Rotarmisten hinter dem Rathaus verursachen eine vorübergehende Verwirrung. Der plötzliche Feuerüberfall aus dieser Richtung hat die Verwirrung zur Panik gesteigert. Alle rennen planlos durcheinander, bis sie eine schützende Deckung gefunden haben. Einige haben anscheinend alles um sich herum vergessen und flüchten.
„Lauf, Douraux", befiehlt Fernet. „Unter deiner Führung muß die Lage sofort bereinigt werden. Sonst bricht alles auseinander."
Der Oberjunker entsichert seine Pistole und brüllt auf Deutsch den Flüchtenden nach: „Zurück! Befehl! Zurück! Hierher!"
Er sammelt alle, erklärt ihnen seine Absicht und setzt sie dann kurz entschlossen zum Gegenangriff an. Douraux, der noch immer durch seine Schulterverletzung behindert ist, die er jüngst bei der Zerstörung der Brücke erhalten hat, wirft sich mit seinen Männern wie ein Sturmwind auf die fünfzig Meter entfernten Sowjets. Angefeuert durch das Beispiel des Adjutanten, der an der Spitze allen vorauseilt, entfachen die französischen SS-Männer einen blutigen Nahkampf. Sie werfen Handgranaten, springen weiter nach vorn und schleudern wieder und wieder Handgranaten in die Schlupfwinkel der Roten. So geht es vor-

wärts von Tür zu Tür, von Fenster zu Fenster, von Stockwerk zu Stockwerk, von Haus zu Haus. Der Feind wird verdrängt oder getötet. In kürzester Zeit ist die Umgebung des Rathauses von Sowjets gesäubert.
Der Oberjunker meldet seinem Kommandeur, der auf einem Stuhl sitzt. „Das wär's, Hauptsturmführer. Die Roten sind geflohen, soweit sie nicht niedergemacht wurden..."
„Bravo, Douraux!" ruft Fernet. „Jetzt haben wir gewiß etwas Ruhe. Doch sehr lange wird diese nicht anhalten."

*

Den Sowjets ist der Einschließungsversuch mißlungen. Jetzt greifen sie wieder von vorn an. Sie schonen weder ihre Soldaten, noch sparen sie an Munition. Aber es gelingt ihnen nicht, die französischen Stellungen ernstlich zu gefährden.
Die Jungen der Hitlerjugend und ihre älteren Kameraden des SS-Bataillons Charlemagne haben das Rathaus Neukölln immer mehr in eine Festung verwandelt.
„Panzer von rechts!" ertönt ein Alarmruf.
Die Sowjets setzen zur Verstärkung Panzer ein. Hintereinander kommen die T 34 daher, wie bei einem Vorbeimarsch. Das Dröhnen der Motoren und das Kettenrasseln und -gequietsche erfüllt die Straßen.
„Die machen wir fertig."
Schon schleichen SS-Männer mit Panzerfäusten bewaffnet durch die Ruinen. Detonationen, Stichflammen und dunkler aufsteigender Rauch zeigen an, daß die Panzervernichtungstrupps ganze Arbeit geleistet haben. Doch neue sowjetische Panzer tauchen auf. Eine Flut von Stahlkolossen. Mit diesem erneuten Panzeralarm konnte ein „Königs-

tiger", der in einer Querstraße Stellung bezogen hatte, herbeigerufen werden.

Fernet und Douraux unterscheiden genau den Lärm der Ketten und Motoren. Die T 34 rücken näher. Die beiden Offiziere beobachten, wie sich das 8,8-cm-Rohr des Tiger-Panzers der Division Nordland auf den Gegner richtet. An einer Straßenecke geht ein T 34 in Schußposition, das Vorderteil ist schon zu sehen, dann, gleich darauf auch sein Turm. Ein kurzer, heftiger Knall. Feuer und Rauch treten aus der Rohrmündung des „Königstigers" heraus. Die Panzergranate hat die starke Wandung des T 34 durchschlagen. Regungslos bleibt er an der Ecke stehen.

Einige französische SS-Männer ziehen das Sturmgewehr an die Schulter und warten darauf, daß die Panzerbesatzung die Luken öffnet und aussteigt. Aber niemand verläßt den tödlich getroffenen Koloß.

Nicht weit von diesem Sowjetpanzer entfernt finden Kameraden des Unterscharführers Millet den leblosen Körper des jungen Unterführers. Er liegt auf dem Bürgersteig. Seine blonden Haare sind staubbedeckt. Einige Männer der Meldestaffel tragen ihn hinter einen Mauervorsprung. Unterscharführer Riberto hat schon anstelle seines Kameraden Millet das Kommando übernommen.

Ein Führer der Division Nordland hat den Angriff beobachtet, der von dem Oberjunker Douraux geführt wurde und die Umgebung des Rathauses von der unmittelbaren Bedrohung befreite. Er ruft den Oberjunker zu sich, löst das Eiserne Kreuz von seiner Panzerjacke und überreicht es dem Adjutanten. Erstaunt und bewegt betrachtet der Oberjunker die Tapferkeitsauszeichnung „Erster Klasse", die ihm auf so außergewöhnliche Weise zuteil geworden ist. Keinesfalls steckt er sie an seinen Tarnanzug. Voll Hochachtung schiebt er sie in seine Tasche. Dann eilt er zu seinem Kommandeur zurück.

Fernet hat seinen Fuß nun endlich behandeln und verbinden lassen. Mit dieser Verwundung kann er nicht herumlaufen. Der Fuß muß ruhen. Dennoch bleibt er bei seinen Männern.
Seine Haltung ist beispielhaft und spornt die Männer an, es ihm gleichzutun. Auch Douraux fühlt, daß der Bataillonskommandeur in dieser gefahrvollen Lage mehr denn je die Seele des Widerstandes ist. Für Douraux ist er wie ein Kapitän der absolute Herr der Schiffsbesatzung. Die Melder nennen ihn vertraulich „patron", Herr, und bedrängen ihn wegen neuer Aufgaben.
Von nun an wird Fernet den Kampf seiner Einheiten auf seinem Stuhl sitzend oder auf einen Stock gestützt leiten müssen. Er ist wütend darüber, daß er schon gleich am ersten Tage der Schlacht um Berlin verwundet worden ist. Aber er ist entschlossen, bis zum Ende an der Spitze seines Bataillons zu bleiben.

Bis zur letzten Stunde

Im Verlauf des Nachmittags des 26. April 1945 wird die Lage im Abschnitt des SS-Bataillons kritischer. Fernet leitet weiterhin den Widerstand seiner Einheiten von seinem Stuhl aus. Bei ihm sind von Wallenrodt und Douraux. Sie übergeben ihm die bedrückenden Meldungen der Kompanien, die in ständige Nahkämpfe verwickelt sind und deren Ausfälle nicht mehr aufgefüllt werden können.
„Hauptsturmführer, die Verbindung zu unseren Nachbarn links und rechts ist jetzt völlig abgerissen. Es ist gänzlich unmöglich geworden, die Gesamtlage zu beur-

teilen. Aufgrund der immer stärker werdenden Flankenbedrohung ist jedoch anzunehmen, daß die Nachbarn ihre Verteidigungslinie zurückverlegt haben."

„Und was ist hinter uns?" fragt Fernet.

„Dieses Stadtviertel wird zur Zeit von den eingesickerten und versprengten Sowjets gesäubert", meldet von Wallenrodt, „die letzten Reserven sind mit eingesetzt."

„Wir müssen dennoch aushalten", entscheidet der französische Bataillonskommandeur.

Er weiß sehr gut, daß nahezu jede andere Truppe in einer solch aussichtslosen Lage sich längst vom Gegner abgesetzt hätte. Er kennt die Ausdauer und den Fanatismus seiner Männer. Sie würden sich eher in ihren Stellungen töten lassen, als ohne Befehl aufzugeben. Sie werden nur auf Befehl zurückgehen.

Einer der Unterführer des Stabes, Unterscharführer Capand, hat seinen Schreibblock gegen ein Maschinengewehr getauscht, das er nun mit stummer Verbissenheit bedient. Dieser kleine Flame hält allein eine ganze Straße unter Kontrolle. Mit zwölfhundert Schuß pro Minute feuert er mit seiner Waffe auf alles, was vor ihm auftaucht. Sobald er die geringste Bewegung bemerkt, gibt Capand kurze, wohlgezielte Feuerstöße ab. Sein genaues, wirksames und schnelles Feuer bringt die Rotarmisten durcheinander und blockiert ihr Vordringen völlig. Jedesmal, wenn sie den kleinen MG-Schützen endlich ausgemacht haben und ausschalten wollen, wechselt er im selben Moment die Stellung. Mit scharfem Auge findet er immer wieder einen Trümmerhaufen oder einen Mauervorsprung, von wo aus er die Angreifer empfindlich stören kann. Der Erfolg stärkt sein Selbstbewußtsein. Er befürchtet nur, daß ihm die Munition ausgehen könnte.

Einer seiner Kameraden, der Elsässer Finkler, ist von Fernet in Beschlag genommen worden. Er muß ihm als Ersatz

für einen Krückstock dienen. Diese passive Rolle paßt ihm ganz und gar nicht.
Er packt einen Jungen der Hitlerjugend am Ärmel: „Kümmere du dich um den Hauptsturmführer. Ich will mich ein wenig amüsieren."
Mit ein paar Sprüngen ist Finkler bei Capand und streckt sich im Schutz eines Trümmerhaufens neben ihn hin.
„Überlasse mir einen Augenblick deinen Platz, du kommst sonst um."
Der Unterführer übergibt ihm sein Maschinengewehr. Finkler sucht sich ein Ziel und fängt dann an zu schießen. Sein Kamerad reicht ihm die Gurte, wiederholt aber von Zeit zu Zeit: „Wenn du genug gespielt hast, dann gib mir meine Feuerspritze zurück."
„Laß mich noch einen Augenblick."
In gegenseitiger Ablösung halten die beiden Schreiber die Straße bis zum Abend. Sie nageln die Sowjets förmlich in ihren Stellungen fest.

*

„Rückzug zum Rathaus!"
An den Fenstern der gegenüberliegenden Häuser erscheinen vereinzelt Rotarmisten. Ein paar Feuerstöße mit dem Sturmgewehr und dem Maschinengewehr vertreiben sie. Aber sie sind da, ganz nahe, versteckt im Dunkel der verwüsteten Häuser.
Der Wandelgang des Rathauses liegt unter dem Feuer einer sowjetischen automatischen Waffe, die in einer Toreinfahrt auf der anderen Straßenseite in Stellung gegangen ist. Miauend schlagen die Kugeln ins Mauerwerk und reißen Stucksplitter herunter. Die französischen SS-Männer rücken Möbel an den Rathauseingang als notdürftigen Kugelfang. Sie bilden eine Kette und reichen Sandsäcke und Matratzen zur Verstärkung.

Oberjunker Protopopoff ruft Sturmmann Bourral zu: „Bleib doch nicht in der Mitte des Ganges stehen. Du willst wohl eins verpaßt bekommen. Hau ab und such dir 'ne Stellung an einem Fenster."
Bourral sucht ein Eck mit guter Sicht zum Gegner. Die Eingangshalle gefällt ihm nicht sonderlich. Er durchstreift das Rathaus und öffnet eine Tür. Er befindet sich in einem verwüsteten Büro. Zwischen umgeworfenen Stühlen und Tischen liegen aufgerissene Briefordner. Die Fenster sind verbarrikadiert. Er glaubt, eine ideale Schießscharte gefunden zu haben, schiebt den Lauf seines Sturmgewehrs nach draußen und sucht geeignete Ziele.
Plötzlich hat er Feuer vor den Augen und hört eine Detonation in seiner Nähe. Dann wird es dunkel um ihn herum. Er bricht zusammen, die Hand vor dem Gesicht. Langsam fließt das Blut zwischen seinen Fingern hindurch. Bourral glaubt, daß ein Granatwerfergeschoß dicht neben ihm detoniert sein muß und ein Splitter sein rechtes Auge getroffen hat. Er spreizt seine blutbefleckten Finger. Er sieht nichts mehr. In der Nähe hört er ein deutsches Maschinengewehr bellen. Die Kameraden sind offenbar in der Nähe. Er ruft. Er fühlt Hände, die sein Gesicht ergreifen, hört Stimmen, wie durch ein dickes Tuch gedämpft.
„Achtung, seine Augen. Sachte, sachte!"
Der Sturmmann spürt, wie sie ihm einen Verband auflegen. Er ist halb blind. Es gelingt ihm aufzustehen.
Oberjunker Protopopoff, seit der Verwundung Ollivers nunmehr Führer der 4. Kompanie, sagt zu Bourral: „Wenn du nicht mehr mit dem rechten Auge zielen kannst, versuche es mit dem linken."
Aber der von Schmerz gepeinigte Verwundete muß den Kampf aufgeben. Er fragt seine Kameraden: „Wo ist der Sanitätsposten?"
„Hinter dem Rathaus."

Keiner der Männer kann seinen Posten verlassen, um den Verwundeten zu begleiten. Unsicher tappend verläßt er schließlich das belagerte und heftig angegriffene Gebäude. Seine Kameraden übergeben ihn einem älteren Deutschen, der ihn am Arm nimmt und in eine Torhalle führt. Dort reicht er ihm ein Glas Schnaps. Dann geleitet er ihn auf einen großen Platz, auf dem nicht weit von der Kirche entfernt eine Art Feldlazarett eingerichtet worden ist. Sanitäter der Wehrmacht wollen den jungen französischen SS-Mann nicht behandeln: „Hier werden nur Schwerverwundete aufgenommen. Du kannst mit eigener Kraft zum Hauptverbandsplatz gehen."
Auf dem einen Auge ist er völlig blind. Mit dem anderen kann er durch den Verband hindurch schwach Licht und Schatten unterscheiden. Schwankend geht er in die Richtung weiter, die ihm die Sanitäter angegeben haben. Immer längs der Spree. Er weiß nicht genau, wo der nächste Verbandsplatz ist. Das verletzte Auge brennt wie ein glühendes Eisen.
Plötzlich ruft ihn eine Stimme auf Französisch an. Undeutlich erkennt er die Umrisse einer Wehrmachtsuniform, eines Stahlhelms und eines Gewehrs. Sicher ein Wachtposten. Er vernimmt eine entfernte Stimme: „Ich bin Elsässer. Mir ist dein Ärmelabzeichen aufgefallen. Was macht denn ihr Franzosen hier?"
Ohne die Antwort abzuwarten, führt der Mann André Bourral ins Innere eines Hauses.
„Bleib erst mal hier."
Man gibt ihm eine Portion Suppe. Seit vorgestern hat er lediglich etwas Spargel aus Büchsen gegessen. Er neigt sich über sein Kochgeschirr. Da ist es ihm, als ob sich gerade über ihm der Himmel öffnet. Ein Granatwerfergeschoß hat die Decke durchschlagen und detoniert mitten im Raum. Der Sturmmann steigt die Treppe hinunter. Er

stolpert über Splitter und Schutt; krampfhaft hält er sein Kochgeschirr mit der Suppe fest. Dann merkt er, daß ihn mehrere Splitter erwischt haben und daß langsam Blut an seiner zerfetzten Uniform herunterläuft. Stark angeschlagen, verstört, irrt er auf der Straße umher.
Schließlich finden ihn Sanitäter und führen ihn zu einem Verbandsplatz. Weiche Hände wechseln den Verband, der sein halbes Gesicht bedeckt. Es scheint ihm, als könne er im Augenblick noch weniger sehen. Dann hört er noch eine weit entfernte Stimme: „Du mußt weg. Die Sowjets kommen."
Sturmmann Bourral macht sich auf den Weg, immer der Spree entlang. Unter einer Brücke entdeckt ein Führer der Leibstandarte SS Adolf Hitler seine SS-Spiegel und ruft ihm zu:
„Komm hierher! Da draußen kommst du um. Ich werde dich zu meinem Gefechtsstand bringen lassen. Dort wird man sich um dich kümmern."
Einer der Männer setzt den Verwundeten auf ein Fahrrad und führt ihn quer durch die Hauptstadt. Das seltsame Gespann fährt die Straße Unter den Linden entlang, gelangt zum Brandenburger Tor und biegt nach links in die Wilhelmstraße ein.
„Wo führst du mich hin?" fragt Bourral.
„In die Reichskanzlei."
Der Verwundete wird zum Sanitätsposten im Führerbunker gebracht. Er muß dort mehrere Stockwerke in die Tiefe steigen. Dann geht er durch eine Stahltür, wie in einem Kriegsschiff. Das künstliche grelle Licht blendet sein gesundes Auge. Die Schmerzen werden heftiger. Man setzt ihn in einen großen, tiefen Sessel, der mit einer geblümten Decke überzogen ist. Eine Zigarre wird ihm angeboten. Er fühlt sich schmutzig, schwach, verloren. Neben ihm auf einem Tisch steht eine Vase mit einem riesigen Blumen-

strauß. Aus einem Radio ertönt etwas zu laut Beethovenmusik. Langsam wird er schläfrig.

„Sie sind vom Bataillon Fernet?"

Der Verwundete öffnet sein gesundes Auge. Ein SS-Führer steht vor ihm. Er spricht Französisch mit einem deutschen Akzent, scheint aber die Lage der SS-Division Charlemagne genau zu kennen.

„Ja, ich bin in Neukölln verwundet worden", antwortet Bourral.

„Wünschen Sie etwas?"

„Ich möchte nur behandelt werden."

Der Sanitätsposten kann nicht operieren. Man erneuert lediglich den Verband. Man rät ihm, sich auszuruhen. Bourral steigt zum Ausgang hinauf und legt sich auf einen Teppich. Er versucht zu schlafen. Gelegentlich wird er durch Geräusche aufgeweckt; es sind Offiziere, die geschäftig kommen und gehen. Undeutlich hört er im Halbschlaf Kampflärm.

*

Ab 17.00 Uhr nachmittags sind die französischen Freiwilligen im Rathaus Neukölln an der vordersten Front völlig allein. Sie sind die letzten, die in diesem Abschnitt Berlins noch kämpfen. Die Panzer der Division Nordland können mangels Benzin und Munition die Grenadiere nicht mehr unterstützen und ziehen sich zurück.

„Wir, wir bleiben hier, solange noch ein Rückzugsweg frei ist", bestimmt Fernet.

Der französische Bataillonskommandeur will die Rathausfestung bis zur äußersten Grenze des Möglichen halten.

„Fünfzig entschlossene Rotarmisten würden genügen, uns den Rückzug abzuschneiden", meint von Wallenrodt kühl.

„Sicher fehlt es ihnen nicht an Mut, wohl aber an Einfäl-

len", erwidert Fernet. „Seit wir energisch die Verbindung nach rückwärts hergestellt und aufrechterhalten haben, greifen sie uns stur von vorn an."
Die Angreifer erleiden schwere Verluste. Die russischen Infanteristen werden einzeln mit gezielten Schüssen gepackt, sobald sie aus ihrer Deckung aufspringen. Mehrere von Panzerfäusten vernichtete Panzer brennen vor den französischen Stellungen.
In Neukölln herrscht jetzt ein ungeheurer Kampflärm. Das Feuer aller Waffen wird beiderseits derart stark, daß man Abschüsse und Einschläge nicht mehr voneinander unterscheiden kann. Die Detonationen folgen dicht aufeinander. Immer mehr Tote und Verwundete werden gezählt. Splitter sausen und pfeifen in alle Richtungen. Die Verteidiger des Rathauses sind vom Krachen der Granaten fast taub. Mehr und mehr leiden sie unter Müdigkeit, Hunger und Durst. Ihre Uniformen und Gesichter sind voller Staub. Aber noch immer halten sie ihre Stellung. Die Sonne ist bereits verschwunden. Langsam verlöscht das Tageslicht. Rauch und Staub verdichten die nahende Finsternis.

Die russischen Panzer sind am Hermannplatz

Die 1. Kompanie des französischen SS-Bataillons unter der Führung von SS-Untersturmführer Labourdette ist schon bei ihrem Eintreffen nördlich der Hasenheide festgehalten und dem dortigen deutschen Kommandanten des Abschnitts unterstellt worden.
Die Männer von Labourdette bleiben die ganze Zeit in Reserve. Sie sind schon sehr ungeduldig, weil sie sich ver-

gessen fühlen, während ihre Kameraden nicht weit von ihnen in Neukölln längst im Einsatz stehen.

„Ich will nicht hoffen, daß wir hier versauern müssen", bemerkt der Führer der 1. Kompanie zu seinen Stellvertretern, den Oberjunkern Croseille und Cossard.

Die Oberjunker, die mit den Männern aus Neweklau gekommen sind, sind unzufrieden, und auch die Zugführer Ulmier und de Castel brennen vor Ungeduld.

Endlich hält Labourdette den lang erwarteten Einsatzbefehl in Händen.

„Jetzt geht's los."

„In welches Viertel, Untersturmführer?"

„Wir beziehen eine Verteidigungsstellung längs des Flughafens Tempelhof. In diesem Abschnitt werden sowjetische Angriffe erwartet."

Am Ende des Tages erreichen die Männer der 1. Kompanie ihren Einsatzort und besetzen eine Verteidigungslinie, die zwischen dem Flughafengelände und einem der Friedhöfe verläuft.

Vor einer etwa ein Meter hohen Mauer werden sie auseinandergezogen und beginnen damit, das Schußfeld festzulegen. In Tempelhof steht nur noch ein einziges Flugzeug. Am Rande des Geländes, auf einem Erdhügel, haben Maschinengewehrschützen Stellung bezogen. Die Infanteristen heben am Fuße dieses Hügels in aller Eile Schützenlöcher aus und verschaffen sich mit Pflastersteinen und Sand eine Deckung. Niemand weiß genau, von wo aus die Sowjets angreifen werden.

Manchmal meint man, etliche hundert Meter entfernt Silhouetten von Rotarmisten erkannt zu haben, die auftauchen und schnell wieder verschwunden sind. Von einem planmäßigen Angriff der Sowjets ist noch nichts zu spüren, obwohl eine nicht zu bestimmende Unsicherheit in der Luft liegt. Die französischen Soldaten der Waffen-SS sind

immer noch mit dem Ausbau ihrer Stellungen beschäftigt. Von den Gefechtsvorposten wurde bislang noch kein Alarmzeichen gegeben.
„Verrückte Lage", spricht Untersturmführer Labourdette zwischen den Zähnen. Im übrigen kümmert ihn das nicht. Für ihn ist nur wichtig, die Stellung zu halten, die man seiner Kompanie zugewiesen hat. Mit Fernet möchte er gern Verbindung aufnehmen, und er fragt sich, ob das wohl möglich sei. Er hat keinen Stadtplan von Berlin, nur eine Zeichnung auf einem Stück Papier. Er versucht sich zu orientieren und betrachtet durch das Fernglas die Häuser am Rande des Flugplatzes. Labourdette beurteilt die Stellung seiner Kompanie nicht gerade als günstig, das Schußfeld ist ihm zu beengt. Aber das ist eben das Gesetz des Straßenkampfes.
In der Nähe, unter einem Baum, steht getarnt ein Panzer; es ist zweifellos ein Apfelbaum. Kann man sich das vorstellen, in Berlin ein Apfelbaum! Das scheint Labourdette außergewöhnlich zu sein. Noch außergewöhnlicher ist es für ihn, daß zu ihrer Unterstützung ein Panzer vorhanden ist, der unter seinen Ästen halb verdeckt wird. Labourdette will versuchen, mit Fernet eine Verbindung herzustellen. Er muß einen Melder schicken. Am besten einen Unterführer. Er ruft: „Unterscharführer Puech zu mir!"
Der Unterführer springt zu seinem Chef. Er ist bei den Rückzugskämpfen in Pommern nicht dabei gewesen und verbirgt keineswegs seinen Mißmut darüber, daß er von der Kampfschule Weber zur Kompanie Labourdette versetzt worden ist, nur weil er im Raum Neustrelitz infolge Unachtsamkeit eine Scheune in Brand gesetzt hat.
„Versuche den Bataillonsgefechtsstand zu finden", befiehlt Labourdette. „Schildere dem Hauptsturmführer Fernet, wo wir Stellung bezogen haben und daß wir den sowjetischen Angriff erwarten."

Puech hat seinen Weg gut ausgemacht: er muß über eine Mauer springen und einen Friedhof durchqueren, um das Rathaus in Neukölln zu erreichen. Kaum hat er die Mauer überwunden, verliert er die Orientierung in der Dämmerung. Schüsse fallen, die ihm gelten. Festgenagelt auf dem Boden, versucht er seine Gegner zu erkennen. Er ruft:
„Idiotenbande! Ich bin's. Unterscharführer Puech!"
Einige Kameraden haben ihn für einen Rotarmisten gehalten. Sie hören sofort auf zu schießen und stottern Entschuldigungen.
„Könnt ihr die Augen nicht aufmachen!" schimpft Puech.
„Es ist schon zu dunkel, Unterscharführer."
„Um so mehr!"
Puech eilt auf ein riesiges Denkmal inmitten des Friedhofs zu. Wieder knallen Schüsse. Kugeln pfeifen und klatschen auf Grabsteine. Sind es wieder Kameraden oder diesmal doch die Sowjets? Der Unterscharführer kriecht auf das Denkmal zu, um Deckung zu finden und Umschau zu halten. Es ist eine Grabkammer, die er betritt.
Alles ist dunkel. Es riecht nach Moder. Die Quadersteine sind eisig. Durch die engen Öffnungen sieht man den Feuerschein von Detonationen und Bränden. Das Steingewölbe dämpft den Schlachtenlärm. Das Getöse der Maschinengewehre und Geschütze scheint nachzulassen. Zweifellos eine Illusion. Puech gewöhnt sich an die Dunkelheit. Er kann jetzt Grabplatten unterscheiden. Wie doch so eine Friedhofskapelle friedlich wirkt inmitten der Schlacht. Manchmal zittert der Boden etwas, wenn eine schwere Granate in der Nähe einschlägt. Ein Geruch von Verwesung und verwelkten Blumen macht sich bemerkbar. Flammen tanzen gespenstisch an den Wänden. Er ist von dem fantastischen Anblick seiner Zuflucht ergriffen. Einen Augenblick glaubt er, daß er in diesem Bühnenrahmen für einen Monumentalfilm umkommt. Er weiß auch nicht

genau, ob all dies romantisch oder grotesk ist. Unter seinen Händen fühlt er die feuchte Kälte der Steine. Dann entschließt er sich, diese Stätte zu verlassen.
Unterscharführer Puech eilt zwischen den Gräbern hindurch, verläßt den Friedhof und sieht Straßen, die mit Häusern und Vorgärten umsäumt sind. Endlich trifft er Kameraden, die ihm Auskunft geben können. Und da ist auch schon der Bataillonsgefechtsstand im ersten Stock des Rathauses. Fernet ist sehr ernst, scheint aber doch froh zu sein, daß er endlich von der Kompanie Labourdette ein Lebenszeichen erhält, die er nur ungern dem benachbarten Abschnitt zur Verfügung gestellt hat.
„Die Sowjets sind beiderseits unserer Stellungen vorgedrungen", erklärt Fernet. „Der Druck auf unsere Flanken wird zusehends stärker. Wir müssen uns bald zurückziehen. Du kannst Labourdette melden, daß auch er sich absetzen soll, wenn es die Lage erfordert. Er kann uns am Hermannplatz finden."
Unterscharführer Puech geht sofort zurück. Er findet den Friedhof wieder, verirrt sich aber erneut. Alle Gräber und alle Grabreihen scheinen gleich zu sein. Und dennoch ist es ihm, als sei er noch nie auf diesem Friedhof gewesen. Da ist auf einmal so ein kleines Gärtchen mit einigen Bänken. Auf einer sitzt ein deutscher Soldat. Er hat sein Gewehr zwischen den Knien, der Kopf ruht auf dem Lauf. Er scheint zu schlafen.
„Achtung!" sagt Puech und geht auf ihn zu.
Puech ist mißtrauisch, denn er wäre diese Nacht beinahe von seinen eigenen Kameraden erschossen worden. Aber der Soldat rührt sich nicht. Als der Unterscharführer ihn berührt, rollt er zur Seite. Er ist tot.
Puech muß unbedingt die Stellungen der Kompanie Labourdette wiederfinden. Er irrt in den einsamen Alleen des Friedhofes umher. Endlich findet er die Mauer wieder,

gibt sich seinen Kameraden zu erkennen und verlangt den Kompanieführer, dem er Bericht erstattet.

„Ich habe keinerlei Verbindung, weder nach rechts noch nach links", sagt Labourdette. „Die Sowjets beginnen einzusickern und stoßen an uns vorbei. Wenn wir nicht höllisch aufpassen, werden wir bald eingeschlossen sein."

Wie um die Worte des Offiziers zu unterstreichen, beginnt das feindliche Feuer erneut. Granaten der Artillerie und Granatwerfergeschosse hauen in die Stellungen der französischen SS-Männer am Flugplatz Tempelhof hinein. Mehr und mehr steigert sich die Feuerstärke. Die einschlagenden Granaten werfen Erdfontänen in die Höhe. Überall fliegen Splitter. Unterscharführer Gérard stößt ein Gebrüll aus.

„Was hast du?" fragt sein Freund Puech.

„Mich hat es am Hintern erwischt."

Ein Granatsplitter hat ihm ein großes Stück aus seiner Gesäßbacke herausgerissen. Er blutet wie ein wundes Tier. Seine Kameraden legen ihm einen doppelten Verband an, um das Blut zu stillen.

„Gérard muß zurückgebracht werden", bestimmt Labourdette.

Puech weist den beiden Kameraden den Weg, die den Verwundeten zum Sanitätsposten bringen.

Ein Sanitätskraftwagen übernimmt den Transport zum Hauptverbandsplatz.

Die beiden Franzosen melden sich bei ihrer Kompanie zurück. Unaufhörlich beschießen die Sowjets den Flughafen Tempelhof.

Mit Einbruch der Nacht läßt das Feuer der schweren Waffen nach. Die russischen Geschütze und Granatwerfer scheinen eine Atempause einzulegen.

„Aufgepaßt", sagt Labourdette, „jetzt folgt der Infanterieangriff."

Zur Bestätigung seiner Worte rattern auch schon die Maschinengewehre. Nordöstlich der Stellung der 1. Kompanie sind bereits russische Infanteristen in Häuser eingedrungen. Die Bewohner haben sich in die Keller geflüchtet. Die Sowjets besetzen die Erdgeschosse, steigen in die höheren Stockwerke, von wo aus sie das Flughafengelände mit ihren Waffen beherrschen.
Die französischen Verteidiger haben sich in kleinere Gruppen aufgeteilt. Sie treten jetzt zum Gegenstoß an, schleudern dem zahlenmäßig weit überlegenen Gegner ihre Handgranaten entgegen und bringen ihm mit den Schnellfeuergewehren große Verluste bei. Zahlreiche Einzelkämpfe zeichnen sich ab. Feuerstöße aus automatischen Waffen verraten, daß größere Gruppen von Angreifern erfaßt worden sind. Immer wieder greifen die Sowjets an, trotz der großen Verluste. Ihr Druck wird immer stärker, so daß die Männer der Kompanie Labourdette auf den Friedhof zurückweichen müssen. Unterscharführer Puech ist auf einmal mit einem Dutzend Kameraden allein.
„Wo sind die anderen?" fragt er.
„Wer weiß. Es geht ja alles zurück. Wir haben keine Verbindung mehr mit den anderen."
„Achtung, die Sowjets kommen!"
Zwischen den Gräbern gleiten Schatten, springen auf, schießen. Geschosse und Splitter fliegen überall umher. Die Franzosen wehren sich, werfen Handgranaten, um sich freizukämpfen. Unbestimmbare Gestalten tauchen im Rauch auf. Man hört Schreie, Befehle, schweres Stampfen.
„Hurrä! Hurrä!" brüllen die Rotarmisten.
„Laßt sie nicht weiter 'rankommen", rufen die Unterführer der Kompanie Labourdette. „Haltet die Stellung!"
Der feindliche Druck wird von Minute zu Minute stärker. Versprengte schließen sich, so gut es geht, zu kleinen Kampfgruppen zusammen und greifen erneut in den Ab-

wehrkampf ein. Labourdette kann eine Gefechtspause ausnutzen und seine Kompanie sammeln.
„Wir beziehen eine neue Verteidigungsstellung Ecke Hermannstraße und Flughafenstraße."
Untersturmführer Labourdette muß feststellen, daß die Kompanie bei diesem Nachtgefecht empfindliche Verluste erlitten hat, und beschließt, sich auf einen Häuserblock zurückzuziehen, dessen Erdgeschoß seine Männer besetzen.
„Überzeugt euch, daß sich keine Sowjets in diesem Bau versteckt halten. Schaut in den Stockwerken nach! Macht die Gänge frei! Sorgt für den Rückzugsweg!"
Die sowjetischen Infanteristen schleichen von Mauerstück zu Mauerstück, dringen von einem Dach zum anderen, von einem Keller zum anderen vor. Nach dem Trommelfeuer der Artillerie beginnt jetzt der Straßenkampf. Alle Nerven sind zum Zerreißen gespannt. Der Feind kann überall auftauchen. Labourdette befürchtet, daß seine Kompanie in kleine Gruppen aufgespalten wird, die dann eingeschlossen und gefangengenommen werden. Zusammen mit Croseille und Cossard bemüht er sich unablässig, seine Leute beisammenzuhalten, um die Reste seiner Kompanie geschlossen Fernet am Hermannplatz zuzuführen.

*

Seit Einbruch der Nacht bringen die Melder, denen es immer wieder gelingt, zum Gefechtsstand des Bataillons im Rathaus Neukölln durchzukommen, alarmierende Nachrichten.
Kurz nach 19.00 Uhr meldet Unterscharführer Bicou: „Rote Panzer haben den Hermannplatz erreicht."
„Aber der ist ja neunhundert Meter hinter uns!" ruft von Wallenrodt aus.
„Kommt man da noch durch?" fragt Fernet.

„Ja, im Augenblick schon noch, Hauptsturmführer. Unsere Männer haben allerdings nur noch zwei Straßen unter Kontrolle."
Fernet überlegt kurz. „Wir müssen hier weg. Wenn der Hermannplatz blockiert ist, haben wir keinen Weg mehr frei, um in das Zentrum von Berlin zu gelangen. Und dort braucht man uns."
Der französische Bataillonskommandeur möchte aus der Haut fahren. Jetzt muß er Neukölln aufgeben, nachdem er im Verlauf des Tages das halbe Viertel freigekämpft hat. Aber es gibt ja keine andere Lösung.
„Douraux", sagt er. „Alles sammeln und auf zum Hermannplatz. Benachrichtige die Einheiten..."
Die Kompanie Michel ist stark angeschlagen seit der schweren Verwundung des Kompanieführers und der Gefangennahme mehrerer Gefechtsvorposten. Die Kompanie Olliver hat schon am frühen Morgen schwere Verluste erlitten, auch bei den Kämpfen am Rathaus, als Protopopoff die Kompanieführung übernommen hatte. Die Kompanie Labourdette ist immer noch dem Nachbarabschnitt zugeteilt. Die Kompanie Rostand hat sich letzten Endes noch am besten behauptet und ist fest in der Hand des Kompanieführers, obwohl drei Oberjunker ausgefallen sind. Sie wird jetzt die Nachhut des französischen Bataillons übernehmen und die Absetzbewegung zum Hermannplatz decken, auf den mit Einbruch der Nacht die Verteidiger von Neukölln zueilen. Diese werden, nachdem ihnen der Abzug aus dem Rathaus gelungen ist, eine Viertelstunde später ohne Zwischenfall das Ziel erreichen.

SS-Brigadeführer Krukenberg in der Reichskanzlei

Den ganzen Tag hat sich der Kommandeur der Division Nordland bemüht, für seine Truppe Verpflegung und Munition zu bekommen. Krukenberg ist über die mangelhafte Organisation empört, die auf allen Gebieten sehr bedenkliche Ausmaße annimmt.

„Ich frage mich, Pachur, wer eigentlich noch über uns das Kommando führt", sagt er zu seinem Adjutanten. „Ich habe den Eindruck, daß auch in der Versorgung eher die Unordnung organisiert ist."

„Ich muß Ihnen recht geben, Brigadeführer. Man scheint ganz offensichtlich nicht mehr zu wissen, daß die SS-Männer der Nordland und der Charlemagne in dieser Entscheidungsschlacht um Berlin immer noch, trotz hoher Verluste, im harten Einsatz stehen."

Eine merkwürdige Atmosphäre herrscht auf dem Gefechtsstand, der in die Oper verlegt wurde. Melder kommen und gehen. Gegen Mittag hat eine Lagebesprechung stattgefunden.

Die beiden Kommandeure der Regimenter Danmark und Norge erstatten Krukenberg Bericht, daß jede ihrer Einheiten eine Stärke von sechshundert bis siebenhundert Mann erreicht hat. Als militärisch geschlossener und auch weltanschaulich ausgerichteter Truppenverband bleiben die Norweger und Dänen, zu denen mit Beginn des Ostfeldzuges noch Schweden, Finnen und sogar einige Engländer hinzugekommen sind, gefürchtete Frontkämpfer. Die dreihundert französischen SS-Männer stehen seit Morgengrauen in Neukölln im Einsatz.

„Ich möchte jetzt nur ein Drittel der Division Nordland an die Front schicken", entscheidet Krukenberg. „Die übrigen Einheiten will ich erst wieder so vollständig wie nur möglich ausrüsten, bevor ich sie in die Schlacht werfe."

Die Soldaten der Waffen-SS, die im Abschnitt „Z" eingesetzt sind, mußten der Wehrmacht zur Verfügung gestellt werden. Dies ist ganz und gar nicht im Sinne des Brigadeführers Krukenberg. „Ich bin der Auffassung, daß die Regimentskommandeure für ihre Männer voll verantwortlich bleiben, ganz gleich, wo diese auch eingesetzt sein mögen. Sie sollen in die vordersten Stellungen gehen, um dort festzustellen, unter welchen Bedingungen ihre Männer am Feind stehen."

Krukenberg wehrt sich dagegen, daß die letzten europäischen SS-Freiwilligen durch die Aufsplitterung letztlich den Sowjets geopfert werden. Er weiß, daß die Skandinavier und Franzosen Kämpfer besonderer Art bleiben wollen. Sie sind der europäischen Idee des Nationalsozialismus und Adolf Hitler, auf den sie den Eid geleistet haben, mehr verbunden als Deutschland selbst. Darum besteht ein gewisser Unterschied zwischen den Soldaten der Deutschen Wehrmacht und den europäischen Freiwilligen der Waffen-SS. Den Bolschewismus von Europa fernzuhalten, deswegen sind sie gegen die Sowjets angetreten.

Noch am gleichen Abend kommen die Kommandeure der Regimenter Danmark und Norge zum Divisionsgefechtsstand in die Oper zurück und melden Krukenberg: „Brigadeführer, wir haben in den vordersten Stellungen, von ganz wenigen Ausnahmen abgesehen, nur unsere eigenen Panzergrenadiere und die französischen SS-Männer gesehen. Wir sind also ganz allein im Abschnitt ‚Z'."

Der Kommandeur der Division Nordland reagiert mit Unmut auf diese unerfreuliche Nachricht und wendet sich an seinen Adjutanten: „Pachur, von diesem Oberstleutnant Seifert habe ich nichts anderes erwartet. Wo sind denn diese berühmten Stellungen, die mit Maschinengewehren und Panzerabwehrwaffen bestückt sein sollen, die er mir angegeben hat?"

„Sie bestehen sicher nur in seiner Einbildung", erwidert Pachur, der auch wie sein Kommandeur den Lageplan Seiferts gesehen hat.

„Gut", sagt Krukenberg sich abwendend, „ich fange an zu begreifen, warum er nicht wollte, daß ich mich an seiner Generalstabsarbeit als Berater beteilige. Wir müssen sehen, was wir in dieser Lage für unsere Männer tun können."

*

Während am 26. April die französischen SS-Männer am Hermannplatz in erbitterten Abwehrkämpfen stehen, entschließt sich Krukenberg, in die Reichskanzlei zu fahren, um den Verbindungsoffizier der Waffen-SS im Führerhauptquartier aufzusuchen. Er will ihm seine Schwierigkeiten vortragen.

Niemand kontrolliert den Kommandeur der Division Nordland, als er den Bunker der Reichskanzlei betritt. In den Gängen und Räumen des riesigen Gefechtsstandes im Untergeschoß wimmelt es von Soldaten in feldgrauen und von Parteimitgliedern in braunen Uniformen. Sie haben alle sorgenvolle Gesichter.

Krukenberg sieht in einiger Entfernung eine untersetzte Person in Parteiuniform, die einer Sekretärin einen Brief diktiert.

„Wer ist das?" fragt der Kommandeur der Division Nordland den Offizier, der ihn durch das Untergeschoß der Reichskanzlei führt.

„Wie, kennen Sie den Reichsleiter Martin Bormann nicht?"

„Ich habe ihn an der Front nie gesehen", antwortet Krukenberg.

Einige Augenblicke später ist der Brigadeführer bei SS-Gruppenführer Fegelein.

Er trägt am Kragen das Ritterkreuz mit Eichenlaub; er hat tapfer und erfolgreich die SS-Kavalleriedivision Florian Geyer geführt. Er weiß, daß viele ihn nicht mögen, das bedrückt ihn; auch leidet er darunter, daß man allgemein glaubt, er habe als Schwager des Führers besonderen Einfluß auf Adolf Hitler und die Ereignisse. Krukenberg wird von ihm herzlich empfangen. Mit einem etwas müden Lächeln sagt er: „Was kann ich für Sie tun?"
„Ein wenig Ordnung schaffen, Gruppenführer. Die einzige Division der Waffen-SS, die in Berlin im Verteidigungseinsatz steht, läuft Gefahr, völlig unnütz zersplittert zu werden. Der Abschnitt ‚Z' hat in der Verteidigung Berlins vorrangige Bedeutung. Aber die Verteidigungsvorbereitung steht nur auf dem Papier."
Krukenberg protestiert dagegen, daß sein Vorgänger Ziegler so brutal seiner Dienststellung enthoben worden ist, und fügt hinzu: „Es sprechen einige Anzeichen dafür, daß der planmäßige und geschlossene Einsatz der Waffen-SS hintertrieben wurde."
In diesem Augenblick betritt General Weidling den Raum und hört Krukenberg mit einem mehr mißbilligenden als interessierten Gesichtsausdruck zu. Aber der Kommandeur der Skandinavier und Franzosen kümmert sich nicht um Dienstgrade, wenn er seine Meinung nachdrücklich vertritt.
„Es ist absolut unumgänglich, daß die Männer der Waffen-SS unter dem Befehl ihrer eigenen Offiziere an den Feind geführt werden. Wir sind die derzeit einzige Truppe im Zentrum der Stadt, die noch einige Kampferfahrung besitzt."
Im Nahkampf gegen sowjetische Panzer haben die Norweger und Dänen bereits in Estland und die Franzosen in Pommern Zeugnis ihres Könnens abgelegt. Aber General Weidling macht sich auch weiterhin von seinen Vorurteilen

gegenüber der Waffen-SS nicht frei. Er wagt jedoch nicht, mit Fegelein eine Auseinandersetzung zu riskieren. Schließlich sagt er zu Krukenberg: „Ich werde die Verantwortung im Abschnitt ‚Z' dem Brigadeführer Mohnke übertragen, der sich gerade in der Reichskanzlei befindet und eine Ersatzeinheit der Leibstandarte Adolf Hitler führt."
Mohnke hat in der Normandie als Kommandeur des Regiments 26 der Division Hitlerjugend gekämpft und war zuvor mit der Leibstandarte SS Adolf Hitler auf fast allen Kriegsschauplätzen. Dieser Name ist für Krukenberg ermutigend. Jetzt steht er wenigstens unter dem Befehl eines fähigen Mannes, der die Waffen-SS genau kennt und über eine große Fronterfahrung verfügt.
Weidling fügt noch hinzu: „Der Abschnitt ‚Z' wird in zwei Unterabschnitte aufgeteilt. Oberstleutnant Seifert wird den rechten übernehmen, mit dem Gefechtsstand im Luftfahrtministerium. Sie besetzen den linken Abschnitt mit der Division Nordland und dem Bataillon Charlemagne."
Als Krukenberg den Bunker der Reichskanzlei verlassen will, betritt Dr. Goebbels den Raum, in dem er sich mit Gruppenführer Fegelein befindet.
Der Gauleiter von Berlin ist zum Verteidigungskommissar ernannt worden. Er trägt die Parteiuniform. Heute hinkt er ein wenig mehr als sonst. In seinem wächsernen Gesicht brennen die Augen vor Fanatismus und wie von fiebrigem Glanz erfüllt. Er hat, so scheint es, wieder ganz den Schwung des jungen Agitators, der einst für Adolf Hitler die rotesten Viertel der Hauptstadt gewonnen hat. Nichts an ihm läßt die innere Not erkennen. Der gerade Blick, der ein wenig von dem grellen Licht der frei hängenden Glühbirnen geblendet ist, erweckt den Anschein, als ob er aus der Tiefe einer Katakombe käme.
„Was machen Sie denn hier?" fragt er den SS-Brigadeführer.

„Ich führe die SS-Division Nordland, Herr Minister."
„Es ist doch merkwürdig, daß ich Sie unter solchen Umständen wiedersehen muß. Wir haben uns vor gut einem Dutzend Jahren getrennt. Soviel ich mich entsinne, unter üblen Umständen..."
Goebbels zeigt ein Lächeln, mit dem er zum Ausdruck bringt, daß diese Dinge keinerlei Bedeutung mehr haben. Im Jahre 1933 hatte der junge Propagandaminister den damaligen Rundfunkdirektor Dr. Gustav Krukenberg kurzerhand seines Postens enthoben, weil der ehemalige Berufsoffizier die proletarischen und revolutionären Gedankengänge des linken Flügels der nationalsozialistischen Partei ablehnte.
„Was für eine Aufgabe hat die Division Nordland hier in der Stadt? fragt Goebbels Gruppenführer Fegelein.
Der Reichspropagandaminister hört dem kurzen militärischen Vortrag Fegeleins aufmerksam zu. Er gibt sich ganz als Soldat. Nichts zählt mehr als die möglichst große Zahl vernichteter Feinde, bevor die Götterdämmerung anbricht. Tiefe Furchen durchziehen sein Gesicht, in dem auch die dunklen Augen in tiefen Höhlen liegen. Er wendet den Kopf zur Wand, wenn er die Stellung der angesprochenen Einheit auf dem großen Stadtplan sucht, der dort angebracht ist. Sehr zuvorkommend und mit liebenswürdigem Tonfall, als ob es nie eine Meinungsverschiedenheit zwischen den beiden Männern gegeben hätte, wendet sich Dr. Goebbels wieder Krukenberg zu.
„Sagen Sie mal, Brigadeführer, was halten Sie von den Männern der europäischen Freiwilligentruppe, die unter Ihrem Befehl stehen und nun die Schlußphase dieses Krieges hier in Berlin als Soldaten und Kämpfer erleben...?"
Der Kommandeur der Division Nordland und des Bataillons Charlemagne findet die Frage etwas merkwürdig. Doch er glaubt, weil er die Vorstellung seiner Männer be-

züglich eines gemeinsamen Europas besser als irgendein anderer kennt, daß sie den Sinn dieser letzten Schlacht um Berlin als Opfergang und gleichzeitig als Fanal verstehen.
„Die beiden Einheiten bilden zusammen eine Panzergrenadierdivision der Waffen-SS von einer ganz besonderen Art. In ihren Reihen stehen Freiwillige aus europäischen Ländern, die aus allen Schichten ihrer Völker zu uns gekommen sind. Die meisten von ihnen sind Studenten und Arbeiter. Ich bin sicher, daß sich diese Freiwilligen hier in Berlin im Straßenkampf bestens bewähren werden. Sie verstehen es, in geschlossenen Einheiten zu kämpfen und auch als Einzelkämpfer ihren Mann zu stehen."
„Gibt es da kein moralisches Problem?"
„Die Skandinavier kenne ich nicht so genau. Aber bezüglich der französischen SS-Männer kann ich Ihnen versichern, daß die Kampfmoral ungebrochen ist und bis zur letzten Stunde bestehenbleibt. Sie werden den ihnen zugewiesenen Abschnitt unter allen Umständen halten."
SS-Brigadeführer Krukenberg fügt noch hinzu: „Auch die Briten und Amerikaner nähern sich Berlin. Am Schluß werden sie den Sowjets gegenüberstehen. Bis dahin auszuhalten ist für unsere Männer selbstverständlich."
Nach dieser persönlichen Unterhaltung verabschiedet sich Dr. Goebbels und verläßt den Raum des unterirdischen Bunkers. Zu dieser Stunde steht sein Entschluß sicherlich schon fest, daß er die Kapitulation Berlins und des Deutschen Reiches nicht überleben wird*.

---

* Dr. Goebbels beging am 30. April 1945 Selbstmord. Er nahm seine Frau und seine sechs Kinder mit in den Tod.

DAS NETZ WIRD ENGER

Ein langer Tag

Die französischen SS-Männer, die sich vom Rathaus Neukölln absetzen, benutzen für ihren Rückzug Nebenstraßen, die noch nicht unter dem Feuer der sowjetischen Infanterie liegen. Mit Einbruch der Nacht erreichen sie den knapp einen Kilometer entfernten Hermannplatz.
Doch damit soll für sie dieser von harten Kämpfen erfüllte lange Tag, der 26. April 1945, noch nicht sein Ende finden. Deckung suchend hinter Barrikaden aus Pflastersteinen, Schutt und umgestürzten Fahrzeugen, wird am Hermannplatz weiterhin heftiger Widerstand geleistet. Die sowjetischen Panzer werden auf eine Entfernung von etwa hundert Metern zum Halten gezwungen und kommen im Augenblick nicht vom Fleck.
Bei Eintreffen der französischen Freiwilligen und der Jungen der Hitlerjugend, die seit dem frühen Morgen mit ihnen gemeinsam kämpfen, sind alle Zugangsstraßen ostwärts des Hermannplatzes in sowjetischer Hand.
Hinkend, von seinen Männern gestützt, leitet Fernet den Einsatz. Er ist froh darüber, daß seine Grenadiere noch von einigen Sturmgeschützen unterstützt werden. In diesen Straßenkämpfen sind sie eine gefürchtete Waffe. Sie greifen die sowjetischen Panzer an und vernichten sie, sobald diese hervorkommen und in ihr Schußfeld geraten oder versuchen, die Straßensperren niederzuwalzen.

„Die Sturmgeschütze sind wirklich großartig", bemerkt Douraux. „Fast jeder Schuß ein Treffer."
„Glücklicherweise", meint Fernet. „Die T 34 sind unseren Infanteriestellungen schon viel zu nahe gekommen."
Hell leuchtet die Nacht von den Flammen der brennenden Panzer, die, von Panzergranaten getroffen, einer nach dem anderen durch die explodierende eigene Munition in Brand geraten sind. Ein riesiges, schauriges Feuerwerk erhellt die Dunkelheit, begleitet vom dumpfen Bersten der Stahlungetüme und von zum Himmel steigenden Rauchwolken.
Vor einem zerschossenen Geschäftshaus liegt ein riesiger Trümmerhaufen. SS-Hauptsturmführer Rostand hat sich dort mit einem Maschinengewehr 42 eine Stellung mit gutem Schußfeld geschaffen und belegt unaufhörlich die Rotarmisten mit gezieltem Feuer, sobald er sie erblickt. Der Führer der 3. Kompanie hat nur Sorge, daß ihm die Munition ausgehen könnte.
Rottenführer Evrand, der ihm die Munitionsgurte reicht, ist ein junger Student aus Paris. Dieser Tag scheint ihn besonders erleichtert zu haben. Er sagt zu seinem Kameraden, dem Normannen Tillier: „Der Straßen- und Häuserkampf ist doch etwas Besonderes. Was habe ich heute schon gelacht. Am Nachmittag saß ich eine Zeitlang in einem Sessel vor einem Fenster, dessen Höhlung mit einer Matratze zugestopft war. Ich feuerte von dort auf die Sowjets. Um den Durst zu löschen, hatte ich eine ganze Badewanne voll Wasser zur Verfügung. Was war das für ein Spaß . . ." Er will weitererzählen, doch Tillier schneidet ihm das Wort ab: „Rede nicht soviel und bringe dem Kompanieführer Munitionsgurte."
Der Normanne besteigt mit Evrand den Trümmerhaufen; sie bitten Rostand, ihn ablösen zu dürfen.
Zwei Stunden beschießen die beiden Franzosen die Sowjets. Evrand schleppt immerzu Munition herbei; er meint

nebenbei, daß es in Neukölln amüsanter war als jetzt in dieser Stellung.
„Mein Gott", flucht Rostand, „der MG-Lauf glüht bereits! Laufwechsel!"
Sie haben abwechselnd drei Läufe im Gebrauch. Tillier, der zu eifrig ist, verbrennt sich die eine Hand. Er erinnert sich an frühere Zeiten und sagt zu seinem Chef: „In Greifenberg hat man mich gelehrt, einen MG-Laufwechsel mit verbundenen Augen machen zu können. Ich hätte nie geglaubt, daß dies einmal nützlich sein könnte."
Vereinzelt hat das Maschinengewehr auch mal Ladehemmung, doch Tillier und Rostand beheben jedesmal rasch den Fehler. Berge von leeren Geschoßhülsen liegen umher.
Der Führer der 3. Kompanie sagt scherzend zu Evrand: „Als Rechnungsführer der Kompanie verschleuderst du ganz schöne Mengen Munition."
Doch Evrand kommt nicht mehr zu einer Antwort; denn Rostand warnt durch Zuruf: „Achtung, die Sowjets haben uns entdeckt."
Näher und näher liegen die Einschläge der Granatwerfergeschosse. Die drei französischen SS-Freiwilligen gehen vor der gefährlichen Splitterwirkung in Deckung.
Kurze Zeit später müssen auch noch die Sturmgeschütze mangels Munition abgezogen werden. Die Franzosen haben nun keine Feuerunterstützung mehr durch diese gefürchteten Waffen. Sie werden die Stellung nicht mehr lange halten können.

*

In der Nacht vom 26. auf den 27. April, kurz vor Mitternacht, bekommen die französischen SS-Männer den Befehl, sich vom Hermannplatz abzusetzen.
Fernet ist darüber erfreut, denn nun kann er seine Einheiten neu gruppieren. Doch Labourdette, dem es gelun-

gen ist, noch spät in der Nacht zu ihm zu stoßen, bringt eine schlechte Nachricht.
„Das hört einfach nicht auf, Hauptsturmführer. Gestern war ich zum Abschnitt Tempelhof abgestellt. Heute bin ich mit meinen Männern schon wieder anderweitig in Beschlag genommen worden, um eine Lücke in der Abwehrfront zu schließen..."
„Wer hat dich angefordert?"
„Der deutsche Abschnittskommandant. Aber ich unterstehe dem doch gar nicht."
„Bring ihn bitte zu mir."
Aber nichts tut sich. Die Lage ist verwirrend. Man improvisiert Verteidigungsabschnitte und zieht dazu links und rechts Truppen ab, ohne Rücksicht darauf, ob dadurch andere Einheiten gefährdet werden.
Fernet ist um so mehr enttäuscht, daß er die 1. Kompanie als Verstärkung verliert, als die 2., 3. und 4. Kompanie des Bataillons im Verlauf der Kämpfe in Neukölln an diesem Tage ziemlich hart mitgenommen worden sind. Aber auch die 1. Kompanie hat einige ernste Verluste erlitten. So fiel SS-Standartenoberjunker Cossard zum Beispiel bei einem Meldegang.
„Lassen Sie wenigstens die letzten Überlebenden der französischen Division zusammen kämpfen", bittet Fernet den Abschnittskommandanten.
„Unmöglich, ich brauche Ihre 1. Kompanie."
Die Verteidigung Berlins scheint bestimmt nicht nach den Regeln des berühmten deutschen Organisationstalents zu verlaufen. Statt Beweglichkeit besteht nur noch Zusammenhanglosigkeit.
„Wenn alle Einheiten ihren Verteidigungsabschnitt so gehalten hätten wie wir den unsrigen, dann ständen wir jetzt nicht hier", betont Fernet mit erregter Stimme.
„Was glauben Sie denn? In Berlin stehen doch nur noch

die Überreste des Armeekorps des Generals Weidling und einige Einheiten der Waffen-SS. Höchstens zweitausend bis dreitausend Mann!"
„Aber womit wollen Sie denn die Sowjets aufhalten?" fragt Fernet.
Der deutsche Offizier macht eine ohnmächtige Bewegung. Er weiß besser als jeder andere, daß sich die Kampfeinheiten in Berlin aus Jugendlichen der Hitlerjugend, aus alten Volkssturmeinheiten und aus Polizeiformationen zusammensetzen. In aller Eile hat man noch aus Versprengten aller Waffengattungen, aus dem Bodenpersonal der Luftwaffe und aus Urlaubern der Kriegsmarine Kampfkompanien aufgestellt.
„Wir müssen diesen Einbruch abriegeln", wiederholt der Abschnittskommandant. „Ihre Kompanie, die ich benötige, ist voll einsatzfähig. Entziehen Sie mir diese bitte nicht."
„Es sei denn", willigt Fernet schließlich ein. „Aber ich überlasse sie Ihnen nur für eine begrenzte Zeit. Inzwischen wird der Rest des Bataillons einige Stunden Ruhestellung beziehen."
SS-Untersturmführer Labourdette läßt seine Männer antreten. Sein Bataillonskommandeur geht auf ihn zu. Während des harten Pommernfeldzuges hat Fernet in ihm den mutigsten und tatkräftigsten Adjutanten gefunden. Ohne zu zögern, hat er ihm die Führung der 1. Kompanie anvertraut.
„Laß dich auf kein Geplänkel ein und komm zur festgesetzten Zeit zurück."
„Sie können auf mich zählen, Hauptsturmführer."
Der Ton seiner Stimme läßt eine gewisse Resignation anklingen, so daß Fernet plötzlich eine schreckliche Vorahnung überfällt. Er schlägt seinem früheren Adjutanten auf die Schulter und sagt: „Du mußt mit deinen Männern zurückkommen. Du mußt zurückkommen, verstehst du?"

Labourdette antwortet nicht gleich. Ein beklemmendes Schweigen kommt auf.
"Beruhigen Sie sich, ich komme zurück", sagt er schließlich mit bedrückter und etwas zögernder Stimme.
"Alsdann, bis bald!"
"Bis bald, Hauptsturmführer."
Die beiden SS-Führer drücken sich lange die Hand. Labourdette zieht mit seinen Männern in die Nacht hinaus. Fernet hat das Gefühl, dieser junge Offizier geht in den Kampf ohne Hoffnung auf Wiederkehr.
Fernet ärgert sich über solche Gedanken, die ihm sonst gar nicht gleichen. Er führt sie indessen darauf zurück, daß seine Nerven überreizt sind; vor allem ist er wegen dieser verdammten Verwundung behindert, die ihm mehr Zorn als Schmerzen verursacht. Er kann sich eben nur hinkend und auf die Schulter eines seiner Melder gestützt fortbewegen.

*

Zusammen mit seinem Stellvertreter Croseille verläßt Labourdette den Hermannplatz. Die Männer, die er ohne große Verluste aus dem Abschnitt Tempelhof herausgeführt hat, sind ebenso ungehalten darüber wie er, daß sie schon wieder von ihren Kameraden des französischen SS-Bataillons getrennt werden.
"Schau dir mal unseren Chef an", flüstert Unterscharführer Puech einem seiner Kameraden zu. "Er macht ein Gesicht wie einer, der weiß, daß ..."
"Sei still!" unterbricht ihn sein Nebenmann.
In diesem Stadtviertel ist die Verzahnung der Gegner ineinander so undurchsichtig, daß Freund und Feind im Wechsel Häuserblocks besetzt halten und auch wieder freigeben. Überall liegen Trümmer, verkohlte Balken, heraus-

gerissene Straßenbahnschienen, Wasserpfützen, und auch frische Blutlachen sind keine Seltenheit.
„Schaut mal, Jungs! He! Schaut mal!"
Die Kameraden nähern sich. Im Treppenhaus eines Wohngebäudes hat Puech einige Bewohner entdeckt, die man auf dem ersten Treppenabsatz am Treppengeländer aufgehängt hat. Die Körper baumeln leblos im Gang. Die blassen Füße schwingen in Höhe der entsetzten Gesichter der französischen SS-Männer, die wie gebannt auf die Opfer der entmenschten Rotarmisten blicken. Einer der Männer läßt am Kellereingang seine Taschenlampe aufleuchten.
„Siehst du dort was Besonderes?" fragt Puech.
„Das ist ja furchtbar, ganz entsetzlich, was ich hier sehe, Unterscharführer."
Der Unterscharführer tritt hinzu. Frauenkörper liegen durcheinander, die Röcke bis zu den Lenden hochgerissen. Man hat sie vergewaltigt und ihnen den Bauch aufgeschlitzt. Überall Blut. Ein unangenehmer Geruch von Kot und Erbrochenem. Den Männern verschlägt es die Sprache bei diesem schrecklichen Anblick. Das ist schlechthin der Terror von Bolschewisten in brutalster Form.
„Kommt, Jungs", sagt Puech. „In diesem Haus können wir nichts mehr tun."
Sie gehen hinaus. Sie brauchen frische Luft. Und wenn es die vergiftete Luft Berlins ist. Ein beißender Rauch von seltsamer Dichte liegt über der Stadt.

Eingeschlossen

Freitag, 27. April 1945. In den ersten Stunden des neuen Tages ist es noch völlig dunkel, als die Männer der Kompanien Rostand, Protopopoff und Michel, die sich aus Neu-

kölln zurückgezogen haben, in das Stadtviertel gelangen, in dem sie endlich zur Ruhe kommen sollen.
Während die Männer in der Dunkelheit nach Sitzgelegenheiten auf Mauerresten und Bürgersteigen suchen, bringt Unterscharführer Riberto seinem Kommandeur einen Stuhl.
„Hauptsturmführer, dieser Stuhl ist für Sie bestimmt, setzen Sie sich doch ein wenig."
„Später schon, nicht jetzt", antwortet Fernet. „Ich muß zuerst eine Unterkunft finden, in der sich die Männer ausruhen können."
v. Wallenrodt, bekannt als guter Organisator, hat sich schon nach Unterkunftsmöglichkeiten umgesehen. Er eilt nun auf Fernet zu und meldet ihm: „Hauptsturmführer, ich habe eine großartige Entdeckung gemacht. In den Räumen der Brauerei ‚Thomaskeller' ist Platz für uns alle."
„Ist es weit bis dorthin, Obersturmführer?" fragt Douraux.
„Nein, nur wenige hundert Meter, genau vor dem Anhalter Bahnhof."
„Führen Sie die Männer in das Quartier", sagt Fernet. „Ich werde mich zum Gefechtsstand der Division begeben. In der Mittagsstunde hoffe ich mit neuen Befehlen wieder bei euch sein zu können."
SS-Obersturmführer von Wallenrodt übernimmt das Kommando über die Truppe und führt sie zum Platz vor dem Anhalter Bahnhof.
Fernet und Douraux hoffen für den Weg bis zur Stadtmitte ein Fahrzeug zu finden, das sie mitnehmen kann. Der Bataillonskommandeur stützt sich auf die Schulter seines Adjutanten, und sie erreichen, wenn auch beschwerlich, den Gefechtsstand eines der Regimenter der Division Nordland.
Die beiden SS-Führer werden von den Deutschen und Skandinaviern herzlich aufgenommen. Sie bedauern, daß sie die beiden nicht zur Stadtmitte fahren können.

„Wir haben zwar Fahrzeuge, aber keinen Tropfen Treibstoff."
„Ist Ihnen inzwischen bekanntgeworden, wo sich der Divisionsgefechtsstand und der Brigadeführer jetzt befinden?"
„Der Brigadeführer hat den Divisionsgefechtsstand erneut gewechselt. Wir wissen aber noch nicht, wo er jetzt ist. Seine Melder werden uns sicher bald Nachricht geben."
Die skandinavischen Freiwilligen scheinen eine unerschütterliche Ruhe zu besitzen. Sie laden ihre französischen Kameraden ein, die Zeit zu nutzen und ein paar Stunden zu ruhen. „Wir können euch leider nur zwei Matratzen in unserer Unterkunft anbieten, die sonst der Sanitätsposten des Regiments für sich beansprucht."
Kaum haben es sich Fernet und Douraux für den Rest der Nacht bequem gemacht, bringt man einen Panzermann, der am ganzen Körper Brandwunden hat. Er leidet schrecklich und stöhnt unaufhörlich. Er ruft nach seiner Mutter und bittet, man möge ihm den Gnadentod geben.

*

Während der ganzen Nacht vom 26. auf den 27. April sind etwa dreißig Mann der Kampfschule Weber auf der Suche nach ihren Kameraden. Sie durchstreifen die Straßen, halten gelegentlich einige Augenblicke in einem Gang oder unter einem Torbogen an und legen sich sogar auf den Boden. Sie sind derart erschöpft, daß sie auf der Stelle einschlafen könnten.
„Heda, schlaft nicht zu lange, sonst werden euch die Sowjets wecken."
Der Oberscharführer, unter dessen Kommando sie stehen, treibt seine Männer unaufhörlich weiter, denn er will sie aus der Falle heraushalten, die er langsam zuschnappen

sieht. Mit dem bewährten Instinkt des alten Haudegens, der die Rotarmisten kennt, spürt er, daß sie Gefahr laufen, still und leise eingeschlossen zu werden. Er weckt seine Männer im Toreingang und auf den Kellerstufen. Er weiß, daß sie vor Hunger und Durst erschöpft sind. Aber er will keinen zurücklassen.
„Wenn ihr zurückbleibt, werden euch die Popofs packen. Also auf, reißt euch zusammen."
Die Männer stehen auf, nehmen ihre Waffen wieder an sich und setzen ihren Marsch fort.
Im Morgengrauen gelangen sie zu einer U-Bahnstation. Dort treffen sie einen Soldaten, der ihnen Auskunft geben kann: „Der Gefechtsstand der SS-Division Nordland und des SS-Bataillons Charlemagne ist im Keller des Opernhauses eingerichtet worden."
„Großartig", ruft Louis Levast. „Jetzt finden wir sicher Obersturmführer Weber wieder."

*

Es ist nicht allen Franzosen gelungen, sich aus Neukölln abzusetzen und im Schutz der Nacht das Anhalter Bahnhofsviertel mit der Brauerei „Thomaskeller" zu erreichen. Einige Versprengte, die eingeschlossen wurden, sind gefallen oder in Gefangenschaft geraten. Nur wenige konnten sich zu ihren Einheiten durchschlagen. Die 2. Kompanie des SS-Obersturmführers Michel, der sterbend in einem Keller liegt, hat schwere Verluste hinnehmen müssen. Etwa zehn Männer des Zuges Mongourd sind abgeschnitten worden und finden in einem großen Fabrikgebäude Zuflucht. Die umliegenden Häuser sind zwar sämtlich von den Sowjets besetzt, doch sie kümmern sich nicht um die Säuberung noch bestehender Widerstandsinseln, weil für sie die Verfolgung des sich zurückziehenden Gegners vorrangig ist. Die Eingeschlossenen sehen deshalb auf einmal auch keine Sowjets mehr. Sie hören den Kampflärm, der über sie hinweggerollt ist. Weit entfernt schießen jetzt Maschinengewehre. Manchmal fällt ein einzelner Schuß.

„Paßt auf", sagt ein Rottenführer, der das Kommando der kleinen Gruppe übernommen hat, „die Popofs schießen aus den oberen Stockwerken und von den Dächern."
Seine Kameraden treffen zur Verteidigung alle Vorsichtsmaßnahmen, bevor einer in dieser grauen Nacht vom 26. auf den 27. April die Nase zum Fenster hinaussteckt.

„Glaubst du, daß man uns ausfindig machen wird?" fragt Lapland.

„Ich weiß es nicht", antwortet der Rottenführer. „Die Roten sind unberechenbar und werden zu guter Letzt jeden Häuserblock säubern..."

Lapland will lieber nicht daran denken, was dann passiert. Im Augenblick scheinen die Popofs sich nur dafür zu interessieren, was vor ihnen geschieht, und nicht für das, was hinter ihnen liegt. Solange sie keiner in ihrem Rücken angreift und aus dem Hinterhalt schießt, besetzen sie nur einige Straßen und Dächer, ohne in alle Häuser einzudringen.

Indessen geht das Leben der Eingeschlossenen in der Fabrik in Neukölln weiter. Jetzt halten sie sich in einem Keller verborgen und haben nur Späher angesetzt. Sie sind übrigens nicht die einzigen, die sich unter der Erde verstecken.

„Das hätte ich mir nie träumen lassen, daß ich mal in einem Keller der ‚Boches' mit Angehörigen der französischen Waffen-SS zusammensitzen würde", sagt immer wieder ein ehemaliger Kriegsgefangener der französischen Armee von 1940. Sie haben diesen merkwürdigen Zeitgenossen im Untergeschoß der Fabrik aufgefunden und bei sich aufgenommen. Sie nennen ihn den „Alten", obwohl er erst dreißig Jahre alt ist. Der Mann kennt sich in Berlin aus, da er hier zuerst Kriegsgefangener war und dann freier Arbeiter wurde.

„Ihr habt ja einen drolligen Einfall gehabt, in die Waffen-SS einzutreten", sagt er ohne Gehässigkeit, mehr aus Unverstand.

Seine Zuhörer gehen über diese Bemerkung hinweg, da sie keine Lust haben, ihm ihre Entscheidung zu erklären oder ihm einen verspäteten Unterricht über die europäische Idee des Nationalsozialismus zu erteilen. Der ehemalige Kriegsgefangene findet selbst eine Lösung, das Gespräch fortzusetzen. „Mag sein, wie es will, wir liegen zusammen im Dreck."

„Du hast es offenbar nicht sehr eilig, befreit zu werden?" stellt etwas spöttisch der Rottenführer fest.

„Ich kenne die Bolschewiken nicht. Aber man hat mir von ihnen erzählt. Danach scheint es nicht gerade angenehm zu sein, wenn man in ihre Hände gerät."

„Nun gut, wir werden sehen", schließt Lapland das Gespräch. Er kann sich des Gefühls nicht erwehren, daß ihre Lage von Stunde zu Stunde immer hoffnungsloser wird. Es muß etwas geschehen. Die SS-Männer haben rasch Bilanz gemacht. Sie verfügen nur noch über ein paar Gewehre und wenige Panzerfäuste. Sie haben kein Maschinengewehr und kein Sturmgewehr mehr.

„Auch bezüglich Munition sieht es nicht gerade rosig aus", stellt der Rottenführer resignierend fest.

Von Verpflegung wird gar nicht mehr gesprochen. Es ist trotz eifrigen Suchens kein Krümelchen mehr zu finden. Einige Flaschen Wein hat man in den Kellergewölben aufgetrieben, mit deren Inhalt wenigstens der Durst gelöscht werden konnte.

„Wir müssen hier 'raus", wendet ihr Führer ein.

„Wie willst du hier abhauen?" fragt Lapland besorgt. „Du hast ja nicht einmal einen Stadtplan."
Um im Falle eines Luftangriffes nicht lebend begraben zu werden, haben die Einwohner der deutschen Großstädte schon Monate zuvor die Anweisung erhalten, die Keller untereinander zu verbinden. Diese Kellerdurchbrüche will die Gruppe für ihren Fluchtweg nutzen. Der ehemalige Kriegsgefangene bietet sich als Führer an. Er fügt hinzu: „Mich geht zwar eure deutsche Uniform nichts an. Aber ich glaube nicht, daß die Bolschewisten die Waffen-SS besonders gern haben." Die Geretteten des Zuges Mongourd zögern, ihre feldgraue Uniform abzulegen. Nur Lapland zieht seine Feldbluse aus. Er erscheint hemdsärmelig in seiner Uniformhose und fragt den früheren Kriegsgefangenen: „Glaubst du, daß ich so für einen Arbeiter gehalten werde?"
„Mit etwas gutem Willen, ja . . .", antwortet der andere.
„Und deine Kameraden, kommen die nicht mit?"
Die Kameraden des kleinen Lapland können sich nicht entschließen, sie scheinen zu müde zu sein, um einen Ausbruch zu wagen. Sie stehen um den Rottenführer herum und warten stumpf vor Mattigkeit und Angst auf das, was kommt.
Lapland folgt dem Kriegsgefangenen. Er hat auf alle Fälle eine Pistole in der Tasche behalten. Die beiden Männer schleichen von Keller zu Keller. Sie sind bald voll Staub und Dreck. Ihre zerrissenen Kleidungsstücke haben kein militärisches Aussehen mehr. Khaki und feldgrau haben sich zu einer gräulichen Farbe vermischt.
„Hier gehen wir 'raus", bestimmt der ehemalige Kriegsgefangene.
Lapland folgt ihm. Sie steigen eine Treppe hoch, tauchen aus dem Keller auf und gehen auf die Straße. Etwa fünfzehn bis zwanzig Meter entfernt stehen einige russische

Panzer. Mit einem kurzen Blick prüft die Panzerbesatzung, ob die Neuankömmlinge Waffen tragen, und kümmert sich dann nicht mehr um sie. Ein Trupp Gefangener wird nach rückwärts geführt. Mitten unter den bewaffneten Sowjets erkennt Lapland einige seiner Kameraden, die noch kurz zuvor mit ihm zusammen waren. Die französischen Freiwilligen scheinen nicht mißhandelt worden zu sein. Sie entdecken Lapland mit seinem Begleiter, verziehen aber keine Miene. Mit gesenktem Kopf, ohne Koppel, gehen sie schleppenden Schrittes auf eine Gruppe deutscher Kriegsgefangener zu, die an einer Straßenkreuzung steht. Lapland sieht keinen von ihnen jemals wieder.
Der Kriegsgefangene hat sich entschlossen, den jungen SS-Mann nicht zu verlassen. Dieser Junge, dessen Traum zusammengebrochen ist, hat seine ganze Sympathie gewonnen.
Im Abschnitt Hasenheide wird nicht mehr gekämpft. Die Rotarmisten scheinen nur noch eine Sorge zu kennen, nämlich die, Mädchen zu finden, um diese vergewaltigen zu können. Männer interessieren sie nicht, soweit sie wie Zivilisten aussehen.
Einer der Sowjets entdeckt die zerschlissene feldgraue Hose Laplands und geht auf ihn zu:
„Niemski (Deutscher)?" fragt er.
„Njet. Franzuski."
„Karacho."
Die beiden Männer gehen und tauchen in der grauen Menge unter, die allmählich aus den Kellern von Neukölln herauskommt.

Rückzug zur Französischen Straße

Am Morgen des 27. April 1945 kommt ein etwa fünfzig Jahre alter deutscher Offizier zu Fernet und Douraux auf den Gefechtsstand des Regiments der Division Nordland, wo die beiden einige Stunden geruht haben.
Der Offizier hat ein Fahrzeug und sogar Benzin auftreiben können. Fernet, der durch seine Fußverletzung immer mehr gehbehindert ist, schwingt sich in den Wagen. Doch schon nach kurzer Fahrt machen die auf den Straßen sich anhäufenden Trümmer, die niemand mehr beseitigt, die Fahrbahn für Radfahrzeuge unbefahrbar. Fernet muß seinen Weg zu Fuß fortsetzen; er wird dabei von Douraux und dem deutschen Offizier gestützt.
Der Begleiter ist ein alter Berliner. Unaufhörlich klagt er über die Zerstörung seiner Heimatstadt.
„Das schöne Berlin", sagt er immer wieder mit untröstlicher Miene. „Das schöne Berlin."
Ein heftiger Feuerüberfall unterbricht sein Klagen. Die drei Offiziere finden gerade noch Zeit, im Kellergeschoß des Kaiserlichen Schlosses Unterschlupf zu finden.
Das ganze Viertel erzittert unter den Detonationen. Häuser stürzen ein, Steinbrocken und Gebäudeteile rollen über die Straßen. Schuttberge entstehen aufs neue.
„Es fehlt ihnen nicht an Munition", bemerkt Douraux.
„Wenn wir nur die Hälfte der Granaten zur Verfügung hätten, die diese Bolschewiken verschwenden, um bereits verwüstete Stadtviertel zu betrommeln", verwünscht Fernet die ohnmächtige Situation.

Während in der Oper der Stab der Division Nordland an einem Plan arbeitet, ist Krukenberg unterwegs zur Reichskanzlei, wo er SS-Brigadeführer Mohnke, den neuen Verantwortlichen für den Abschnitt, trifft.

Sein Gefechtsstand befindet sich unter dem zur Voßstraße liegenden Gebäudeflügel. Er empfängt Krukenberg sofort, der ihm über die Lage im Abschnitt Bericht erstattet.

„Ich kenne die Männer der SS-Division Nordland noch nicht genau, wohl aber sehr gut das Viertel Berlins, in dem sie eingesetzt werden sollen. Obwohl die Luftangriffe das Stadtbild völlig verändert haben, werde ich leicht dorthin finden."

„Ich habe einige angenehme Überraschungen für Sie", kündet Mohnke an. „Eine Kompanie Marineinfanteristen ist eingeflogen worden und wird Ihrem Abschnitt zugeteilt. Auch bekommen Sie Unterstützung durch die Panzergruppe 503."

„Über welche Kampfmittel verfügt sie?"

„Genaues ist mir im Augenblick nicht bekannt. Acht Panzer oder Sturmgeschütze stehen Ihnen auf jeden Fall zur Verfügung."

Der neue Kommandeur der Division hatte nicht einmal soviel erhofft. Er verläßt den Bunker der Reichskanzlei und glaubt zuversichtlich, daß er seinen Auftrag in den kommenden Stunden erfüllen kann.

Die SS-Division Nordland und das SS-Bataillon Charlemagne besetzen von jetzt ab den Abschnitt „Berlin-Mitte". Gefechtsvorposten sind längs des Landwehrkanals vom Halleschen Tor ab eingesetzt. Grenadiere der Regimenter Danmark und Norge richten in Häuserruinen südlich der Hollmannstraße Verteidigungsnester ein. Dazu hat SS-Brigadeführer Krukenberg folgende Befehle erlassen:

„Feind beobachten. Seine Späh- und Erkundungstrupps unschädlich machen. Im Falle eines Angriffs durch einen zahlenmäßig überlegenen Gegner hinhaltend kämpfend auf die Hauptkampflinie Besselstraße—Ritterstraße zurückgehen."

Die Skandinavier werden dort Maschinengewehrnester

und Panzerabwehrstützpunkte in der Auffangstellung vorfinden.
Die Besetzung der vorgeschobenen Stellungen erfordert nur ein Drittel der Streitkräfte. Krukenberg hält zu seiner Verfügung Stoßtruppen bereit, um damit rasch eingreifen zu können, falls dem Gegner ein Einbruch im Abschnitt gelingen sollte.
„Das zweite Drittel sind die Stoßtruppen. Sie müssen sehr beweglich und schnell herangeführt werden können, falls es die Lage erfordert", sagt er zu Pachur.
„Und die anderen, Brigadeführer?"
„Die sollen sich ausruhen. Sie werden später eingesetzt. Auf alle Fälle sollen sie in Häusern der Leipziger Straße unterziehen und sich dort zu meiner Verfügung halten."

*

Als Fernet mit Douraux in der Oper eintrifft, beginnt eben die Kommandeurbesprechung.
Endlich ist der Verteidigungsabschnitt der SS-Division Nordland und des SS-Bataillons Charlemagne klar umrissen. Im Westen die Wilhelmstraße, im Osten der Dönhoffplatz, die Kommandantenstraße und die Alexanderstraße. Der Gefechtsstand des SS-Brigadeführers Krukenberg liegt in der Oper und wird, falls erforderlich, in die U-Bahnstation „Stadtmitte" verlegt.
„Mit den von den Regimentern der Division Nordland und dem französischen Bataillon Charlemagne gestern durchgeführten Operationen bin ich sehr zufrieden", erklärt Krukenberg. „Während der Verteidigungsring um Berlin überall ins Wanken geriet, waren wir die einzigen, die angegriffen haben. Wir hatten sogar Geländegewinne zu verzeichnen."

Fernet weiß das besser als jeder andere, da er ja seinen Vorstoß in Neukölln abbrechen mußte, weil an seinen Flanken keine Verbindung mehr bestand und die Sowjets ihn schon von rückwärts angegriffen haben. Krukenberg geht auf ihn zu und sagt sehr herzlich zu ihm:
„Ihren Männern wird ein Tag Ruhe bewilligt. Dann werden wir Spezialkommandos zum Kampf gegen Panzer aufstellen."
Von jetzt ab beginnt eine neue Kampfphase. Es gibt keine geschlossenen Kompanien und Züge mehr, sondern kleine bewegliche Kampfgruppen, die sich der erforderlichen Gefechtssituation in Mannschaftsstärke und Ausrüstung schnell anpassen können.

*

Die Kompanie Labourdette hat ihren Verteidigungsabschnitt erreicht und steht nun dem deutschen Abschnittskommandanten, der sie angefordert hat, zur Verfügung. Sie haben hier die verschiedenartigsten Aufträge zu erfüllen. Die einen verstärken die deutschen Gefechtsvorposten, andere werden als kampfstarke Spähtrupps eingesetzt, um die Spitzenverbände der vorgedrungenen Sowjets, die dort gemeldet worden sind, festzustellen.
Einer Aufklärungsgruppe unter Führung des Unterscharführers Puech tritt unversehens ein Major der Luftwaffe in den Weg.
„Wo wollen Sie hin mit Ihren Männern?"
„Zu unserer Kompanie, Herr Major."
„Da werden Sie später hingehen. Vorerst belege ich Ihre Gruppe mit Beschlag."
„Wir müssen unter französischem Befehl bleiben, Herr Major."
„Folgen Sie mir. Es ist dringend notwendig."

Der deutsche Offizier hat ein Feldlazarett zu evakuieren und braucht die Männer zum Schutz gegen einsickernde sowjetische Infanterie. Die Verwundeten liegen teilweise auf dem nackten, naßkalten Boden einer U-Bahnstation. Sanitäter holen sie auf Tragen, um sie weiter nach rückwärts zu schaffen. Sie verschwinden im dicken Rauch, kommen zurück, holen wieder andere. Es scheint, als ob dieses Hin und Her nie aufhören wird.
„Es wäre gut, wenn sie sich beeilen würden", bemerkt Puech.
Der Unterscharführer liegt mit einem Dutzend Männern am Bahnkörper einer Linie der S-Bahn. Sie haben sich am Ende einer Kurve längs der Schienen hingestreckt. Die Sowjets versuchen vorzudringen. Die Männer beobachten, wie sie über die Gleise springen, um immer wieder ein Stück Gelände zu gewinnen. Sie kommen immer näher heran.
Es ist nichts leichter, als aus dieser günstigen Schußposition auf diese Schatten zu schießen, die sich deutlich am rauchigen Horizont abzeichnen. Die Rotarmisten, die im Sprung von einem Geschoß gepackt werden, rollen zur Seite oder bleiben auch bewegungslos liegen. Trotzdem müssen immer wieder neue über die Gleise springen. Urplötzlich, ganz unvermutet, bilden sie geschlossene Trupps, springen auf und versuchen ihre Gegner zu überrennen; sie kommen nicht weit. Jedesmal empfängt sie ein Geschoßhagel. Die Verluste der Sowjets sind in der kurzen Zeit mörderisch, doch einzelne Rotarmisten springen immer noch.
„Das nächste", sagt ein SS-Mann und wechselt das Magazin seines Sturmgewehres.
Er legt sich wieder in Stellung, wie auf dem Exerzierplatz, stützt den Lauf seiner Waffe auf die Schiene auf und wartet auf einen springenden Rotarmisten. Nur den

Bruchteil einer Sekunde ist er unaufmerksam. „Verflucht, den habe ich verpaßt."
Er jagt einen kurzen Feuerstoß dorthin, wo die anderen liegen müssen, die auf ihren Sprung über die Gleise warten, an der Kurve der S-Bahn.
Ein plötzlicher Geschoßhagel geht unvermutet auf die kleine Gruppe der französischen SS-Männer nieder.
„Wir sind umgangen!"
Puech hat sich mit seinem Sturmgewehr auf das obere Ende einer S-Bahn-Treppe gesetzt. Jetzt sind er und seine Männer gleichzeitig Wild und Jäger. Sobald sie die Köpfe heben, empfängt sie ein Feuerregen. Puech gibt kurze Feuerstöße ab, geht aber unwillkürlich schrittweise rückwärts die Treppe hinunter. Er sieht nichts mehr. Er schießt zu kurz, und ein letzter Feuerstoß reißt Splitter aus den Betonstufen der Treppe.
„Paß gefälligst auf", rufen ihm seine Kameraden wütend zu. „Wenn du Angst hast, laß uns gefälligst in Ruhe."
Ist es Angst, die ihm die Kehle zudrückt? Er hat das Gefühl, daß ihm seine Nerven durchgehen. Die ganze Müdigkeit der letzten Tage lastet mit einem Mal auf seinen Schläfen. Sein Blick wird trüb. Er lallt wie im Traum: „Ich habe keine Angst, ich krepiere vor Durst..."
Einer seiner Kameraden reicht ihm die Feldflasche. Puech trinkt gierig. Vielleicht ist es Schnaps. Selbst das nimmt er nicht mehr wahr. Der Alkohol brennt ihm in der Kehle. Er weiß nicht einmal mehr, ob er wirklich Durst hatte oder ob es doch die Furcht war.
Oben auf der Treppe und auf den Schienen schießen noch immer die Kameraden. Endlich kommt ein Melder in Luftwaffenuniform mit einer Rotkreuzbinde am Arm. Er muß laut schreien, um sich verständlich zu machen.
„Das Lazarett ist geräumt. Ihr könnt zu euren Kameraden zurück."

Der Major ist verschwunden. Die französischen SS-Männer erwarten keinen Dank. Sie haben jetzt nur Sorge, wie sie sich vom Gegner lösen können, denn seit einigen Minuten werden sie auch noch von sowjetischen Scharfschützen unter gezieltes Feuer genommen. Im Schutze des gemeinsamen Feuers der Sturmgewehre auf die ausgemachten Ziele gelingt der Gruppe die Absetzbewegung. Die Aufklärungsgruppe Puech versucht, die Kompanie Labourdette wiederzufinden, die in der U-Bahn im Einsatz sein muß.
Die Männer eilen längs der Häuser weiter. Einige russische Scharfschützen haben sich schon in den oberen Stockwerken festgesetzt und schießen nun auf die Verteidiger der U-Bahnstation. Die beiden letzten werden getroffen und bleiben im Schußfeld der Scharfschützen liegen. Ihre Kameraden wollen umkehren und sie holen. Aber die gezielten Schüsse verwehren jede Bewegung zu den Verwundeten hin, die in ihrem Blute liegen und stöhnen. Einer von ihnen streckt den Arm zu seinen Kameraden, die nichts für ihn tun können. Er versucht zu kriechen. Weitere Geschosse treffen seinen Körper, der jedesmal aufzuckt.
„Wir können nichts mehr für sie tun", sagt Puech. „Wir müssen zu unseren Kameraden. Labourdette wartet längst auf uns."

*

Pausenlos liegt am 27. April während des ganzen Vormittags das sowjetische Artilleriefeuer auf der Oper, dem Kaiserlichen Schloß und auf dem ganzen Viertel in der Umgebung.
Die schweren Waffen scheinen die deutsche Hauptstadt niederwalzen zu wollen, bevor die Offensive von neuem beginnt. Häuser stürzen ein, Feuersbrünste wüten, Ver-

wundete schreien. Man kann dieses Inferno nur noch unter der Erde ertragen.

„Ich werde den Gefechtsstand der Division verlegen müssen", entschließt sich SS-Brigadeführer Krukenberg.

Bei erster Gelegenheit, einer Feuerpause, verlassen Schreiber und Männer des Fernsprechtrupps die zerstörte Oper. Sie beziehen nochmals ein Theater, das Schauspielhaus.

„Wir werden uns bei der U-Bahnstation ‚Stadtmitte' treffen. Sie wird uns nötigenfalls als Unterstand, als Sanitätsstelle und als unterirdischer Gefechtsstand dienen."

Dr. Zimmermann, der Truppenarzt der Division, untersucht Fernets Fuß und legt einen neuen Verband an. Er will ihm auf dem Fußmarsch zur neuen Unterkunft beistehen.

Die Kolonne kommt durch die zerstörten Straßen nur sehr langsam vorwärts. Krukenberg drängt zur Eile. Er befürchtet sonst, daß die Feuerpause für den Stellungswechsel seines Gefechtsstandes zu kurz sein könnte.

„Wissen Sie, wo wir hier sind?" fragt Dr. Zimmermann plötzlich Fernet.

„Nein, ich weiß es nicht. Wir sind zwar eben an einem Straßenschild vorbeigekommen. Die Beschriftung war aber beschädigt und unleserlich."

„Dies ist die Französische Straße. Man hat sie so zu Ehren Ihrer Vorfahren getauft, den Hugenotten, die einst aus Frankreich nach Berlin ausgewandert sind."

„Wir verteidigen also die Ruinen einer Hauptstadt, zu deren Aufbau jene einst beigetragen haben", antwortet Fernet.

„Die Geschichte liebt solche Zufälligkeiten", bemerkt Douraux, der das Gespräch mit angehört hat.

„Französische Straße", wiederholt Dr. Zimmermann. „Von nun an gilt dieser Name auch zu Ihren Ehren."

Der letzte Abschnitt

Freitag, 27. April 1945. Am Nachmittag begibt sich der Brigadeführer, gefolgt von Pachur, zur U-Bahnstation „Stadtmitte", wo in der Zwischenzeit der Gefechtsstand des Abschnittes Stadtmitte eingerichtet sein soll, der von nun an ihm untersteht. Krukenberg hofft dort geschützt vor sowjetischen Granaten arbeiten zu können, die auch in diesem Bezirk jetzt zahlreicher einschlagen.
„Wo ist der Gefechtsstand?" fragt er einen Soldaten.
Der Mann deutet mit einer Handbewegung zum Eingang der Station: „Dort unten muß er sein, Brigadeführer."
Krukenberg entdeckt schließlich einen U-Bahn-Waggon mit zerbrochenen Fensterscheiben als seinen Gefechtsstand. Er ist entrüstet und nimmt sich seinen Ordonnanzoffizier vor.
„Patzak! Soll das etwa der Gefechtsstand des Abschnitts ‚Stadtmitte' sein? Das paßt ja ganz zu der Art, wie die Schlacht um die ‚Festung' Berlin geführt wird."
Es ist nichts vorbereitet und auch im Augenblick nichts Geeignetes aufzufinden. Der Gefechtsstand hat weder Licht noch Telefon. Krukenberg muß seine Karten bei Kerzenlicht studieren und seine Einheiten durch Melder verständigen.
„Nun, Brigadeführer", meint Pachur in seinem Berliner Akzent, „wir werden uns schon einrichten..."
Der Adjutant scheint sein Nest in jedem Winkel seiner Geburtsstadt bauen zu können. Schon entfaltet er Karten und beginnt nach den neuesten Meldungen die Eintragungen vorzunehmen.
Die Verteidiger haben bereits die Vororte von Berlin aufgegeben und konzentrieren sich mehr und mehr auf das Zentrum der Stadt.

Detonationen, Rauch, Schreie. Eine sowjetische Granate mittleren Kalibers hat die Decke der Station durchschlagen. Um Krukenberg und Pachur sind fünfzehn Männer verwundet worden. Der Kommandeur ruft den Divisionsarzt der Nordland: „Zimmermann, hierher, schnell, beeilen Sie sich!"
Der Arzt hat einen Eisenbahnwagen der U-Bahn zu einer Sanitätsstation hergerichtet. Seine ganze Sorgfalt gilt der Behandlung verwundeter Soldaten und Zivilisten, die unaufhörlich aus den U-Bahn-Schächten und Gängen auf die Station „Stadtmitte" zukommen. Manchmal blickt er mit einer hilflosen Geste von seiner schweren Arbeit auf.
„Der da ist zu schwer verletzt. Ich habe nichts hier, um ihn operieren zu können."
„Was sollen wir tun?" fragen zwei Männer, die den Schwerverletzten auf einer Trage hergebracht haben.
„Bringen Sie ihn zum Hauptverbandsplatz im Bunker des Hotels Adlon."
Auch Verwundete der französischen Waffen-SS werden zu dem ehemaligen Berliner Palasthotel gebracht, in dem Sanitäter sie durch Gänge und Untergeschosse leiten, in denen keine befrackten Oberkellner mehr zu sehen sind.

*

SS-Obersturmführer von Wallenrodt hat die Aufgabe, das Bataillon von der Brauerei „Thomaskeller" zum Divisionsgefechtsstand in der U-Bahnstation „Stadtmitte" zu führen. In einer Straße, nicht weit von der Reichskanzlei entfernt, wird seine Einheit von einem heftigen Feuerüberfall der sowjetischen Artillerie überrascht. Die Franzosen suchen in einem teilweise zerstörten Geschäft, dem Gebäude einer Wäscherei, Schutz vor den krepierenden Granaten.

Eine Gruppe von etwa dreißig deutschen und skandinavischen SS-Männern liegt darin in Ruhestellung. Ein Unterführer stürzt auf ihn zu. Der Stellvertreter Fernets ist überrascht.
Vor ihm steht SS-Oberscharführer Olliver, der Führer der 4. Kompanie des Bataillons.
„Was machen Sie denn hier? Ich habe geglaubt, Sie sind schwer verwundet?"
Olliver berichtet von seinen Einsätzen, daß er nach Verlassen des Sanitätspostens von einer Einheit der Waffen-SS aufgenommen worden ist, mit der er schon ein Dutzend Panzer vernichten konnte.
„Nach einem solchen Tag wollten sie mich nicht mehr loslassen, Obersturmführer. Kaum auf den Gefechtsstand zurückgekehrt, bin ich die ganze Nacht mit einem kampfstarken Spähtrupp am Feind gewesen.
Wir hatten nur zwei Verwundete durch Granatsplitter zu beklagen. Außerdem haben wir die ganze Zeit versprengte Soldaten der Wehrmacht wieder eingegliedert. Was war das für eine Arbeit!"
„Aber wie sind Sie denn hierher in diese Wäscherei gekommen?"
„Wie Sie. Durch Zufall. Dieses zerstörte Gebäude schien uns ein guter Unterschlupf zu sein, um ein wenig auszuruhen und vor allem wieder ordentlich essen zu können. Jawohl, Sie haben richtig gehört. Wir haben uns eine kräftige Erbsensuppe mit Speck einverleibt. Es geschehen noch Zeichen und Wunder. Wollen doch mal versuchen, für Ihre Männer von der Heeresverwaltung noch einige Kanister zu bekommen."
Selbstverständlich möchte Olliver zum französischen SS-Bataillon zurück.
v. Wallenrodt spricht mit dem Führer des Kommandos, der sich damit einverstanden erklärt, daß der Unterführer

der Division Charlemagne wieder zu seinen Landsleuten zurückkehrt.
Auf dem Weg zur Oper erzählt von Wallenrodt dem Führer der 4. Kompanie das Neueste von seinen Männern. „Leider gab es viele Gefallene und Verwundete in Neukölln."
Bei seiner Rückkehr findet Olliver nur noch einen Rest seiner 4. Kompanie vor. Etwa zwanzig Männer stehen unter dem Kommando von Protopopoff. Sie liegen im Maschinenraum eines Theaters, geschützt vor Bomben und Granaten. Die Sowjets sind dabei, die Innenstadt von Berlin planmäßig zu betrommeln. Zwei Flugzeuge mit Artilleriebeobachtern kreisen unaufhörlich über dem Viertel und geben an ihre Batterien die Feuerkommandos.
„Diese Beobachtungsflugzeuge bringen mich langsam zur Verzweiflung", sagt Olliver. „Ich werde zwei Maschinengewehre zur Flugabwehr aufstellen, denn es ist zu erwarten, daß die Beobachter noch frecher werden und zur besseren Beobachtung die Flughöhe verringern." Er bringt sofort zwei Maschinengewehre am Eingang zu einem Bunker in einem Garten nicht weit von einer Kirche entfernt auf hohen dreibeinigen Rohrgestellen in Stellung. „So ist es richtig, erst auf meinen Befehl schießen, die Entfernung darf nicht zu groß sein." Er überprüft nochmals die Fadenkreuze, die zum Flugzeugbeschuß auf die Maschinengewehre aufgesetzt wurden, und wartet. Die sowjetischen Flugzeuge kommen zurück in günstiger Höhe. Langsam fliegen sie über die Dächer hinweg und versuchen anscheinend, neue lohnende Ziele ausfindig zu machen.
Protopopoff schaut zum Himmel und ruft begeistert aus: „Welch herrliche Zielscheiben!" Der Oberjunker eilt hinzu und stellt sich selber hinter ein Maschinengewehr. Im Fadenkreuz verfolgt er sein Ziel und wartet auf die günstigste Schußposition zu einem der beiden Flugzeuge. Dann

gibt er ein paar Feuerstöße ab. Das Flugzeug stellt sich auf die Nase und stürzt hinter einem Häuserkomplex zu Boden. Ein blitzendes Aufleuchten, eine dumpfe Explosion und ein Rauchpilz, das sind die Zeichen der Vernichtung.
„Ich habe ihn", ruft Protopopoff Olliver zu.
Der zweite Beobachter dreht sofort ab und verschwindet hinter den Dächern.

*

Am späten Nachmittag findet ein Appell der „Streitkräfte Stadtmitte" statt. Krukenberg benutzt die Gelegenheit, auf dem Bahnsteig der U-Bahnstation Auszeichnungen zu verleihen. Herzlich drückt er denen die Hand, die für ihren Mut während der Kämpfe in Neukölln das Eiserne Kreuz verliehen bekommen haben.
Im Anschluß an diese kurze und schlichte Feier, von der die Männer sehr beeindruckt sind, werden Zigaretten, Schokolade und andere Süßigkeiten verteilt. Etwas später kommt Fernet hinzu. Er geht an einem Stock und wird von Douraux gestützt. Die Männer eilen auf ihn zu und stopfen Zigaretten und Schokolade in seine Taschen.
„Endlich sind Sie da, Hauptsturmführer. Wir haben uns schon gefragt, ob Sie überhaupt wiederkommen würden mit der Verwundung."
„So schlimm ist die Verwundung doch gar nicht", versichert Fernet. „Eine gute Nachtruhe, und schon geht's besser. Seht euch vor, die Sowjets sind ebenso gute Schützen wie die Deutschen. Ich habe das erfahren müssen", fügt er lächelnd hinzu.
„Warum sagen Sie das?" fragt Douraux.
„Probier doch mal, ein Geschoß auf fünfzig Meter Entfernung in einen Fuß zu schießen, ohne den Knochen zu

verletzen! Ich habe den Fuß jetzt zweimal durchschossen bekommen, einmal im Juni 1940 und das zweite Mal gestern, ohne Knochenverletzung."

„Wir werden trotzdem den Sowjets nicht danken", antwortet Douraux ernst.

In dem U-Bahn-Zug, der am Bahnsteig steht, singen die Männer fröhlich und gelöst. Fernet geht durch die Wagen, umjubelt und gefeiert.

„Sie sind großartig, unsere Männer", sagt er zu Douraux. Seine Augen glänzen fiebrig vor Freude über diese Begeisterung. Aber rasch verdüstert sich sein Gesicht.

„Was haben Sie, Hauptsturmführer?" fragt von Wallenrodt.

„Die 1. Kompanie ist immer noch nicht zurück. Das beunruhigt mich. Bisher war Labourdette doch immer pünktlich ... Ich habe ihm sehr nahegelegt, sich rechtzeitig vom Gegner zu lösen. Ich hoffe nur, daß ihm und seinen Männern nichts Unvorhergesehenes zugestoßen ist."

In den Waggons singen die Männer unbekümmert weiter.

*

Am Spätnachmittag des 27. April meldet sich endlich Oberjunker Maxime de Castel mit einem Teil der 1. Kompanie zurück.

„Aber wo ist Labourdette?" fragt Fernet.

„In der U-Bahn."

„Hast du nicht auf ihn gewartet?"

„Ich habe seinen Befehl befolgt. Er hat mich gebeten, sich nicht um ihn zu kümmern, sondern Ihnen zur festgesetzten Stunde die Kompanie zurückzubringen. Er hat sogar hinzugefügt: ‚Mach dir nichts draus, falls ich nicht zurück sein sollte. Ich werde mich schon herausreißen, um zu Fernet zu gelangen.'"

Maxime de Castel erklärt, daß er alles getan hat, um seinen Kompaniechef wiederzufinden.

„Nach der letzten Meldung war er nicht mehr an dem Ort, wo er sich festgesetzt hatte. Er ist spurlos verschwunden."

Fernet hofft immer noch, trotz eines würgenden Gefühls, das ihn ergriffen hat, daß Labourdette vielleicht doch den Sowjets entkommen sein könnte*.

Die französischen SS-Männer sind für die Nacht in den Tunnels der U-Bahn in der Nähe der Station „Stadtmitte" zusammengezogen worden. Einige haben im Radio Frontnachrichten gehört.

„Die Armee Wenck, die uns freikämpfen soll, ist am Rand von Potsdam angelangt."

„Vielleicht. Aber die sowjetische Offensive geht auch nördlich von Berlin weiter. Die Oder ist überschritten. Man kämpft im Raum Prenzlau."

„Wir werden sehen, wie es weitergeht."

Einer der Männer macht den Einwurf, daß die Sowjets jetzt auch ganz Mecklenburg überflutet haben, und sagt: „Unsere Kameraden, die in Neustrelitz geblieben sind, nehmen jetzt dort an den Kämpfen teil."

„Die sehen wir nicht mehr sobald wieder."

„Schade, daß sie nicht bei uns sind. Die hätten wir hier jetzt gut brauchen können."

Der 27. April 1945 neigt sich dem Ende zu. Der Druck der Sowjets wird immer stärker. Überall sind Einbrüche durch russische Infanterie und Panzer zu befürchten.

---

* Untersturmführer Labourdette ist im Verlauf einer Erkundung in den Tunnels der U-Bahn in Berlin gefallen. Er wurde von einer Garbe aus einer automatischen Waffe niedergemacht, als er mit dem Sturmgewehr in der Hand den Rückzug seiner Männer deckte. Labourdette hatte sich im Alter von 19 Jahren 1942 zum NSKK — Luftwaffe — gemeldet. Es gelang ihm, zur Waffen-SS überstellt zu werden. Er war stolz darauf, der Freiwillige Nr. 3 der französischen Waffen-SS zu sein.

Im Straßenkampf können die Sowjets ihre Artillerie nicht voll zur Wirkung bringen. Um trotzdem die Verteidiger Berlins kleinzukriegen, lassen sie gegen die deutsche Hauptstadt unaufhörlich T 34, Sherman-Panzer und Joseph-Stalin-Panzer anmarschieren. Seit mehreren Tagen schon haben sie auf Pontonbrücken die Oder überquert und stoßen nun auf das Zentrum Berlins vor.
Krukenberg hat Tücher und Decken spannen lassen, um den Gefechtsstand einigermaßen von der Unruhe zu trennen, die seit Beginn der Schlacht um die Hauptstadt in allen Tunnels der U-Bahn herrscht. Der Gefechtsstand besteht immer noch aus einer notdürftigen Einrichtung. Kisten dienen als Tische, und die einzige Beleuchtung liefern einige Kerzen.
Im Halbdunkel ruhen die Männer auf dem Betonboden und warten auf ihren Einsatz. Aus der zerstörten Kanalisation fließt faules Wasser ab. Manchmal rutscht einer aus und fällt mitsamt seiner Ausrüstung der Länge nach hin. Am besten sind die dran, die Platz auf den Bänken in den Waggons oder auf dem Bahnsteig erwischt haben.
„Ich komme vor Durst um", sagt der Nachbar von Levast.
„Versuch doch zu schlafen."
„Ich kann nicht. Meine Kehle brennt wie Feuer. Ich schaue mal, ob es etwas Flüssiges gibt."
Der Mann verschwindet und kommt kurz darauf zurück. Er weckt ein paar Angehörige der Kampfschule.
„Kommt, Jungs, ich habe etwas zu trinken gefunden."
Er führt seine Kameraden in einen Gang. Ein dünner Wasserstrahl plätschert von der Wand herunter.
„Prächtig, eine Quelle."
„Und ganz klares Wasser."
Sie drängeln sich, um zu trinken, und füllen ihre Feldflaschen, nachdem sie den Durst gelöscht haben.

Plötzlich kommt einer angelaufen.
„Seid ihr verrückt geworden? Wißt ihr, was ihr da trinkt?"
„Was kümmert's uns!"
„So, dann steigt mal ins Stockwerk über uns. Wir sind genau unter den Toilettenanlagen des Bahnhofs!"
Die wunderbare Quelle entstammt einem WC, dessen überfließendes Wasser aus der Spülung durch feine Risse in der Decke hinabläuft, die durch Beschuß und Bombenangriffe brüchig geworden ist.

*

Der französische Bataillonskommandeur liegt auf einem improvisierten Feldbett. Fieber hat ihn gepackt. Seine Fußverletzung schmerzt ihn unaufhörlich. Im Halbschlaf plagen ihn quälende Gedanken. v. Wallenrodt schüttelt ihn sacht.
„Was gibt's?"
„Die Division fordert ein Panzerabwehrkommando an, das zum Belle-Alliance-Platz kommen soll. Wenn es Ihnen recht ist, werde ich die Führung übernehmen."
Fernet ist mit dem Vorschlag seines Stellvertreters einverstanden und erteilt die nötigen Anweisungen. v. Wallenrodt entfernt sich, kommt eine Viertelstunde später zurück.
„Alles bereit, Hauptsturmführer."
„Gut. Ich hoffe, daß ich zu Ihnen kommen kann, falls Ihr Auftrag nicht schon vorher erledigt ist. Auf bald."
Fernet schläft endlich ein. Aber eine Stunde später weckt ihn Douraux.
„Die Division fordert die Entsendung eines zweiten Kommandos zum Belle-Alliance-Platz", meldet der Oberjunker.

„Gut! Hennecourt soll dieses Kommando übernehmen. Er verfügt über große Erfahrung in der Panzerbekämpfung."
SS-Oberscharführer Hennecourt war schon in der Sturmbrigade Frankreich dafür bekannt, daß er jedem Feuer trotzte. Er ging durch den Kugel- und Splitterregen, ohne den geringsten Kratzer davonzutragen. Einer seiner Lieblingsausdrücke ist: „Ich bin für eine Leiche fast zu alt." Der Tod will offenbar nichts von ihm wissen.
Hennecourt steht im Alter von achtunddreißig Jahren und ist einer der ältesten Frontkämpfer unter ihnen. Er gehört zur Generation Rostand. Die beiden SS-Hauptscharführer, die zur Beförderung zum SS-Untersturmführer vorgeschlagen sind, stehen wie zwei Rivalen zueinander.
Fernet gibt Hennecourt die nötigen Anweisungen, die dieser wiederholt. Dann verschwindet er in der Finsternis.
SS-Obersturmführer Weber, der unmittelbar von der Division einen Befehl erhält, setzt sich an die Spitze seiner Kampfschule und marschiert ebenfalls zum Belle-Alliance-Platz, der sich immer mehr zu einem strategisch wichtigen Punkt in der Schlacht um Berlin entwickelt.
Im Morgengrauen des 28. April fordert die Division erneut Verstärkung an. Douraux benachrichtigt sofort seinen Kommandeur.
„Muß denn das ganze Bataillon dorthin?" fragt Fernet im gereizten Ton. „Diesmal gehe ich mit. Führe mich zum Brigadeführer."
Gestützt auf den Oberjunker marschiert Fernet stolpernd über Trümmer und gelangt endlich zum Kommandeur der Division Nordland, der im Untergeschoß der U-Bahn auf einer Kiste sitzt und beim Schein einer Kerze ein Schriftstück studiert.
„Schau, da sind Sie ja", sagt Krukenberg ohne übertriebene Höflichkeit. „Es wäre besser für Sie gewesen, Sie wären liegengeblieben und hätten Ihren Fuß gepflegt."

„Brigadeführer, das ganze Bataillon ist jetzt im Einsatz. Mein Platz ist bei den Männern. Ich muß meine Führungsaufgabe erfüllen."
„Sie sind verwundet und können kaum stehen", antwortet Krukenberg etwas barsch. „Ich habe es lieber, Sie bleiben hier. Das hindert Sie nicht daran, die notwendigen Befehle zu erteilen."
„Aber Brigadeführer..."
„Sie bleiben hier. Das ist ein Befehl. Keine Widerrede!"
Fernet, der immer noch von Douraux gestützt wird, ist verstimmt und setzt sich in eine Ecke.
„Besorge mir was zum Schreiben", fordert er seinen Adjutanten auf.
Der französische Bataillonskommandeur schreibt nervös einige Zeilen und reicht das Papier Douraux: „Laß dies an von Wallenrodt überbringen", sagt er. „Behalte einen Durchschlag."
Die Innenstadt kann sich dem Zugriff der Sowjets nur noch mit äußerster Anstrengung erwehren. Der Verteidigungsring wird ständig enger und die unbeschreiblich harten Abwehrkämpfe kosten immer mehr Tote und Verwundete.
Von jetzt ab konzentriert sich die Abwehrschlacht nördlich des Belle-Alliance-Platzes am Eingang zur Wilhelmstraße und zur Friedrichstraße und entbrennt um die letzten Stellungen vor dem Bunker der Reichskanzlei. Die französischen SS-Männer werden in diesem verzweifelten Kampf eine Schlüsselstellung beziehen und die zwei Hauptzugänge zur Reichskanzlei abriegeln.
Am Sonnabend, dem 28. April 1945, beginnt im Morgengrauen die letzte Phase der Schlacht um Berlin.

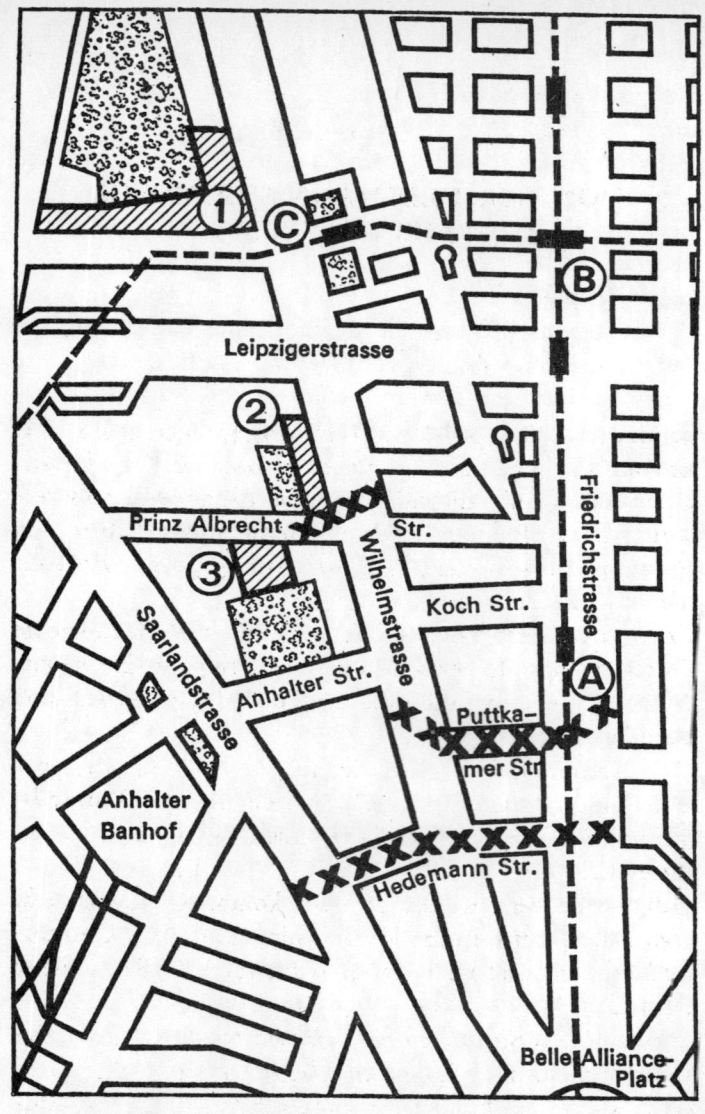

VON DER HEDEMANNSTRASSE ZUR REICHSKANZLEI

Einzelkämpfer

Sonnabend, 28. April 1945. Im Morgengrauen gehen kleine Kampfgruppen des französischen Bataillons vor bis zur Hauptkampflinie, die nahe des Belle-Alliance-Platzes verläuft. Diese Panzervernichtungskommandos haben den Auftrag, die sowjetischen Panzer zu stoppen, anzugreifen und zu vernichten.
Unterscharführer Puech trifft dort seinen Kameraden de Lurien wieder, den er von der Ehrenkompanie her kennt. Er stellt ihm sofort die Frage: „Wo sind die anderen Kameraden?"
„Die Kampfschule liegt in diesem Abschnitt. Das ist vielleicht eine verdammte Ecke", ruft de Lurien. „Buchstäblich von Roten verseucht. Es wimmelt von ihnen wie Ungeziefer."
„Ich würde gern wieder zu euch kommen", sagt Puech. „Bei Labourdette kenne ich ohnehin nicht viele. Und unser Kompaniechef ist in der U-Bahn vermißt. Er ist sicher gefallen."
„Hier bist du nicht verloren", antwortet de Lurien. „Zyklon führt uns noch immer und heizt uns ganz schön ein." Nach kurzer Stille hört man wieder den Lärm von Motoren und Panzerketten. Eine neue Welle russischer Panzer greift den Belle-Alliance-Platz an.

Versteckt in Toreingängen und hinter halb zerstörten Fenstern, Mauerresten und Schuttbergen lauern die SS-Männer, geführt von Weber und von Wallenrodt, auf die rollenden Stahlungetüme.
Da taucht der erste Panzer aus dem morgendlichen Grau auf. Er rückt immer weiter vor. Nichts scheint ihn aufhalten zu können. Langsam dreht sich sein Turm mit dem Rohr, auf der Suche nach Beute.
Eine Stichflamme entweicht hinter dem Schützen der Panzerfaust, der den ersten Angreifer getroffen hat. Auf den Abschußknall folgt sekundenschnell der Aufschlag der geballten Ladung auf der Panzerung.
Tödlich getroffen bleibt der T 34 vor der Stellung der Franzosen liegen.
Flammen treten zwischen den Ketten hervor, steigen unaufhaltsam bis zum Turm hoch. Die Munition detoniert mit einem ohrenbetäubenden Getöse und zerfetzt das vom Feuer ausgehöhlte Stahlgerippe. Der ungeheure Brand bringt das ganze Viertel um den Belle-Alliance-Platz in Verwirrung. Weit umher fliegen große Stahlstücke.
„Gut gemacht, Vaulot!" ruft Oberscharführer Appolot dem jungen Franzosen zu, der ihnen erneut einen Sieg im Zweikampf mit einem T 34 eingebracht hat.
Von dem Panzer bleibt nur noch ein Haufen Schrott übrig, mit den verkohlten Körpern der Panzerbesatzung.
Weitere Panzer greifen an. Doch die Schützen mit den Panzerfäusten sind nicht gewillt, sich aus ihrer Stellung werfen zu lassen. Mit zwei, drei, vier Treffern wird der sowjetische Ansturm in diesem Verteidigungsabschnitt gestoppt.
Jetzt beginnt wieder die feindliche Artillerie zu trommeln. Rauch- und Staubwolken steigen von den Trümmern auf. Splitter greifen nach dem Leben der Männer. Neue Panzer erscheinen und versuchen die noch fahrbaren zerstör-

3. März 1942.
Im polnischen Lager Kruszyna, nach dem Einsatz vor Moskau. Verleihung der ersten Eisernen Kreuze. Von links nach rechts: Colonel Labonne, Sonderführer Bisschopinck, General der Infanterie Freiherr v. Gienanth, Oberst v. Wedel.

3. März 1942.
In Kruszyna bei der Verleihung der Eisernen Kreuze. Von links nach rechts: Kommandant Lacroix, Leutnant Jeanvoine, Leutnant Pernel.

3. März 1942.
In Kruszyna bei der Verleihung der Eisernen Kreuze.

3. März 1942 in Kruszyna. Die Fahne der Legion. Träger Leutnant Efflam.

3. März 1942 in Kruszyna. Von links nach rechts: Commandant Lacroix, Colonel Labonne.

Ostfront 1942. Monseigneur Comte Jean de Mayol de Lupé zelebriert eine Messe.

1942. Lager von Kruszyna. Die 2. Kompanie bei einer Übung.

Frühjahr 1942. Lager von Kruszyna. Die Trikolore vor dem Gefechtsstand des I. Bataillons.

1942. Übung im Wald von Kruszyna.

9. April 1942. Ein neues Kontingent französischer Freiwilliger der LVF. Marsch durch Paris zum Bahnhof Versailles.

Ostfront, Juni 1942. Die Legion im Einsatz gegen Partisanen. Die 10. Kompanie des III. Bataillons bei einem Spähtruppunternehmen.

Ostfront 1942. Der Friedhof des I. Bataillons in Smorki.

Sommer 1943. In Dubowoje, dem Gefechtsstand der 9. Kompanie des III. Bataillons, schreitet Commandant Panné die Front der 9. Kompanie ab. Links der Kompanieführer, Leutnant Gaillard.

Sommer 1943. Beim III Bataillon. Leutnant Doriot in Dolsk an der Desna. Inspektion eines Stützpunktes, der von der 10. Kompanie gehalten wird.

Sommer 1943. Schreibstube der 2. Kompanie. Ganz links: Oberstabsarzt Fleury.

27. August 1943.
Zweiter Jahrestag
der Aufstellung der
Legion der Französischen Freiwilligen (LVF).
Militärische Feierstunde im Ehrenhof vor dem Invalidendom. Links die
Legionäre der Ostfront, rechts neue
Legionäre vom
Standort Versailles.

Kranzniederlegung
am Grabmal des
unbekannten Soldaten am Etoile in
Paris durch Frontkämpfer der
Legion.

Marsch der Abordnung der Legionäre
über die
Champs Elysées.

Winter 1943.
Mit dem I. Bataillon (Capitaine Bassompierre) im Einsatz im Raum Dewinitza, ostwärts Borissow.

Winter 1943.
Die 1. Kompanie im Einsatz bei Proparney, ostwärts Borissow.

Winter 1943/44.
Männer des I. Bataillons haben Partisanen aus einem Dorf verjagt.

Winter 1943/44.
Gefechtsstand der 1. Kompanie des I. Bataillons in Denisowitsch.

Operationen im Februar 1944. Die 1. Kompanie nähert sich Somery.

März 1944. Friedhof des I. Bataillons in Smorki. Beisetzung des Oberstabsarztes Fleury und mehrerer Gefallener.

Mai 1944. Operationen von Zemblin. Auf einem Sturmgeschütz der Kommandotrupp des I. Bataillons. Fünfter von links oben: Capitaine Martin.

Kämpfe um Bobr am 27. 6. 1944. Von der LVF zerstörter russischer Sherman-Panzer (Amerikahilfe) an der Autobahn Minsk–Moskau.

Französische Freiwillige einer NSKK-Staffel.

1944. Ausbildungslager der europäischen Freiwilligen in Sennheim. Der Lagerkommandant, SS-Oberführer Fick, mit Frau und Adjutant, SS-Obersturmführer Teichmann, als Gäste in der Offiziersmesse der 28. Schiffsstammabteilung.

AUSBILDUNGSLAGER SENNHEIM

Winter 1943/44. Im Lager der europäischen Freiwilligen in Sennheim. Der Stab der 28. Schiffsstammabteilung.

Winter 1943/44. Lager Sennheim. Korvettenkapitän Dr. Schneider, begleitet von Kapitänleutnant d. Res. Hoffmann und Leutnant d. Res. Frischauf, schreitet eine Ehrenkompanie französischer Freiwilliger ab.

Tunis 1943. Generalleutnant Friedrich Weber, Kommandeur der 334. Infanterie-Division, der die „Phalange Africaine", die französischen Freiwilligen in Tunis, angeschlossen waren.

Ostfront 1943. Von links nach rechts: Hauptmann Boudet-Gheusi, II. Bataillon; Oberfähnrich Barbe, 10. Kompanie/III. Bataillon; Hauptmann Bassompierre, 2. Kompanie/I. Bataillon.

Sennheim, Frühjahr 1944. SS-Obergruppenführer Gottlob Berger, Chef des SS-Hauptamtes, besucht das Lager der europäischen Freiwilligen. Rechts von ihm SS-Oberführer Fick, der Kommandeur des Lagers, und Adjutant SS-Obersturmführer Teichmann.

Die große französische Einheit der Waffen-SS, die im Herbst 1944 aufgestellt wurde, sollte zuerst „Brigade Jeanne d'Arc" heißen, in Erinnerung an eine Einheit gleichen Namens, die bei Franco im Spanischen Bürgerkrieg diente. Aber am Ende hat man für die 33. Waffen-Grenadier-Division der SS den Namen „Charlemagne" gewählt. Kaiser Karl der Große, der das Abendland geeinigt hat und dessen Grab sich in Aachen befindet, wurde zum Symbol des deutsch-französischen Bundes. Das Zeichen der Division (das im Kriege nie getragen wurde) ist dem Gewand des Kaisers entnommen und zeigt auf einem Wappenschild links den germanischen Adler auf Goldgrund und rechts die drei Lilien Frankreichs auf blauem Grund.

Französische Freiwillige verlassen Paris. Die Zahl der jungen Franzosen, die gegen den Bolschewismus kämpfen wollen, wächst ständig.

Am 8. Mai 1945, am Tag der deutschen Kapitulation, als alle Kämpfe beendet waren, wurden zwölf französische SS-Angehörige, die in amerikanischer Gefangenschaft waren, der 2. gaullistischen Panzerdivision übergeben. Sie wurden bei Karlstein ohne Urteil erschossen.

Der französische General Leclerc verhört die Männer, über deren trotzige Haltung er ungehalten ist.
Von den zwölf Erschossenen sind drei wiedererkannt worden. Von links nach rechts: SS-Obersturmführer Krotoff, ehemaliger Offizier der Handelsmarine, von russischer Abstammung, Führer der Pak-Kompanie des schweren Bataillons in Pommern; Leutnant Brifauld, Freiwilliger der LVF 1943, verwundet an der Ostfront und Ende 1944 entlassen, da er nicht in die Waffen-SS eingetreten ist; Untersturmführer Daffas, ehemaliger Hauptfeldwebel des 3. Bataillons der LVF, später Stabsangehöriger des Regiments 58 der Division Charlemagne.

Die Erschossenen haben heute ein gemeinsames Grab in Bad Reichenhall, über dem eine Gedenktafel angebracht ist.

Der Kampf um die Reichshauptstadt Berlin geht zu Ende. Die Übermacht des Gegners ist zu groß. An Panzern der Sowjets vorbei beginnt der lange Marsch in die Gefangenschaft.

ten T 34 mit Drahtseilen anzuhängen und nach rückwärts zu transportieren.
Granaten hageln auf den Belle-Alliance-Platz nieder. Unaufhörlich. Der Munitionsnachschub der Sowjets scheint unerschöpflich zu sein.
Nachdem der erste Angriff der russischen Panzer am Eingang der Wilhelmstraße am tapferen Widerstand der Waffen-SS-Männer gescheitert ist, kümmert sich der Führer der Kampfschule, Obersturmführer Weber, wieder um die Verbindung innerhalb der Verteidigungsfront.
„Es scheint, daß wir schon wieder keinerlei Anschluß mehr haben, weder nach links noch nach rechts", sagt Weber zu Appolot, einem der ältesten Unterführer seiner ehemaligen Ehrenkompanie.
„Nicht einmal hinter uns steht noch eine Einheit, Obersturmführer", fügt der Zugführer hinzu.
„Ein Spähtrupp muß die Feindlage in der Wilhelmstraße in Richtung Reichskanzlei erkunden."
Sofort melden sich Freiwillige für dieses Unternehmen. Unterscharführer Puech, der schon bei der Kompanie Labourdette zahlreiche Erkundungen erfolgreich durchgeführt hat, zeigt sich besonders froh, „daß er sich mal wieder die Beine vertreten kann" in diesen schönen Stadtvierteln Berlins.
Ein deutscher Unteroffizier, der sich in der Hauptstadt besonders gut auskennt, nimmt an diesem Auftrag teil.
Hintereinander ziehen die Freiwilligen nach Norden, in Richtung Reichskanzlei und Unter den Linden.
Plötzlich ein dumpfer Knall und ein langgezogener Pfeifton. Gleich darauf schlägt nicht weit von ihnen eine Granate ein. Die Männer werfen sich auf den Boden.
„Was ist los?"
„Man hat uns entdeckt."
Ein leichtes sowjetisches Geschütz hat die Straße unter

Feuer genommen und schießt auf alles, was sich bewegt. Der deutsche Unteroffizier befiehlt, schnell in den Hausruinen Deckung zu suchen, um dann über Trümmergrundstücke weiterzukommen. Gerade hat er den Befehl dazu gegeben, als weitere Granaten mitten in der kleinen Gruppe krepieren. Alle Männer des Spähtrupps liegen hingestreckt. Der Feuerüberfall hat ein halbes Dutzend Tote und mindestens zwei Schwerverwundete gefordert.
Als Puech, noch immer ein wenig benommen, wieder zu sich kommt, liegt er mitten auf der Straße. Er hofft, eine Deckung zu erreichen, sieht eine Öffnung in der Häuserreihe, will hinspringen, stürzt aber sofort wieder zu Boden. Ein Bein ist übel zugerichtet, aufgerissen und der Knochen gebrochen. Nicht weit von ihm liegt der deutsche Unteroffizier, tot, mit zerschmettertem Gesicht auf seinem Gewehr.
Puech versucht, den Grad seiner Verwundung festzustellen. Mindestens drei Granatsplitter haben sein Bein aufgerissen; sein Fuß hängt nur noch an einem Fleischlappen. Durch die nahe Detonation sind auch seine Trommelfelle in Mitleidenschaft gezogen; beim Rufen schmerzen ihm die Ohren. Er fühlt, wie das Blut stoßweise am Bein herunterläuft. Er empfindet das so, als sei eine Schlagader durchschnitten worden. Dennoch überlegt er ganz ruhig. Er sucht einen Lederriemen, den er an seinem Koppel befestigt hat, mit dem er Panzerfäuste transportierte und den er nun als Knebel für sein Bein benutzen will.
Ein anderer, ebenfalls verwundeter französischer SS-Mann kriecht zu ihm hin. Im Halbdunkel sehen sie die reglosen Körper ihrer Kameraden.
„Ich glaube, wir sind ganz allein", sagt Puech.
„Das Bataillon ist nicht weit weg. Nur etwa dreihundert Meter. Die Kameraden werden uns holen."
Die beiden Verwundeten rufen verzweifelt nach ihnen.

Aber im Schlachtenlärm kann sie niemand hören. Feuerstöße und Detonationen aller Kaliber sind die einzige Antwort.
„Wir müssen hier weg", sagt Puech.
Der Unterscharführer beweist trotz seines zerschmetterten Beins noch mehr Lebensmut als der andere Verwundete. Seinem Kameraden hat ein Granatsplitter die Brust aufgerissen. Zwischen Knochenstücken schimmert die rötliche Masse eines Lungenflügels. Blutiger Schaum quillt unaufhörlich aus der Wunde. Das Entsetzen über die erlittene Verwundung wird für die beiden eine größere Belastung als der Schmerz. Ein Gefühl völliger Verzweiflung überkommt sie.
„Wir werden Frankreich nie mehr wiedersehen", seufzt der Kamerad neben Puech.
„Rede doch nicht so einen Unsinn. Wir werden versuchen, unsere Haut zu retten. Wenn die Roten kommen, sagen wir ihnen nicht, daß wir französische Waffen-SS-Männer sind. Wir sind Elsässer. Verstehst du? Elsässer aus Mülhausen."
Als ob die Mongolen Mülhausen kennen! Puech weiß sicher nicht mehr, was er redet. Er versucht, sich in Deckung zu ziehen, aber da er befürchtet, sein zerfetztes Bein zu verlieren, hört er auf, sich zu bewegen.
Ein vierzehn- bis fünfzehnjähriger Junge taucht aus dem Kellereingang eines Hauses auf, sieht die beiden verwundeten Soldaten und verschwindet wieder.
„Drecksack", will Puech ihm nachrufen, aber er hat kaum noch die Kraft dazu.
Eine kleine ältere Frau erscheint kurz darauf, in dunklen Kleidern mit einem Schal um die weißen Haare. Sie scheint kränklich und gebrechlich zu sein.
„Wir sind verwundet", stammelt Puech. „Verwundet . . . Wir sind Franzosen. Französische Waffen-SS."

Er will sie bitten, seine Kameraden am Belle-Alliance-Platz zu verständigen, aber sie scheint ihn nicht zu verstehen. Immerhin läuft sie nicht weg. Sie neigt sich über die Verwundeten. Sie packt beide am Kragen ihrer Uniformröcke und schleift sie über Trümmer hinweg in einen Hauseingang. Puech hat das Gefühl, daß sein Bein ihm nicht mehr folgt, und beißt sich auf die Lippen, um nicht laut schreien zu müssen vor Schmerz. Jetzt zieht die kleine Frau seinen Kameraden am Arm. Der Verwundete stöhnt, kann aber nicht mehr sprechen; nur ein Gurgeln ertönt aus seiner offenen Brust.
Die alte Berlinerin legt die beiden französischen SS-Männer auf den Gangboden und holt eine Decke. Sie kann sonst nichts anderes für sie tun. Sie murmelt einige deutsche Worte, die Puech nicht versteht. Er gibt ihr sein SS-Soldbuch und das seines Kameraden. Die Sowjets dürfen solche Papiere nicht bei ihnen finden.
Die hilfreiche Frau betrachtet die Papiere verständnislos. Der Verwundete kann ihr nicht sagen, was er will. Sein Kamerad mit der offenen Brust hat das Bewußtsein verloren. Dann wird auch Puech von einer wohltuenden Finsternis eingehüllt.

*

Als Unterscharführer Puech aus dem Nichts erwacht, hört er Kampflärm, Schreien, das Krachen von Handgranaten, bellende Schüsse aus automatischen Waffen. Er sieht Sowjets, sie rennen, springen über ihn und seinen Kameraden hinweg. Im Vorbeilaufen bekommen sie von anderen Fußtritte, die feststellen wollen, ob sie auch wirklich tot sind. Puech ist überzeugt, daß seine letzte Stunde gekommen ist. Er hält den Atem an. Die Rotarmisten durchsuchen das Haus, steigen in die Keller, kommen zurück und springen durch ein Fenster wieder hinaus. Der Unterscharführer weiß, daß sie jetzt das Stadtviertel nach Deutschen suchend durchkämmen. Er hat keine Hoffnung mehr. Er beschließt, sich das Leben zu nehmen. Beim Suchen nach der Pistole findet er in der Rocktasche seinen Rosenkranz wieder, aus der Zeit der Erstkommunion. Seine Mutter hat ihn einst gebeten, ihn immer bei sich zu tragen. Die Erinnerung an seine Mutter läßt ihn neuen Mut schöpfen. Er bekommt wieder Hoffnung und ist entschlossen, weiter abzuwarten. Er leidet schrecklich unter Durst. Sein zerfetztes Bein schmerzt ihn zusehends mehr. Er wagt nicht, den Knebel zu lösen. Sein Kamerad neben ihm stöhnt und erlangt das Bewußtsein wieder. Noch immer hören sie Kampflärm. Im Gang tauchen Schatten auf. Diesmal sind es SS-Männer. Keine Deutschen, auch keine Skandinavier. Zweifellos Rumänen oder Ungarn. Sie holen sich im Gegenstoß den Häuserkomplex zurück. Als sie an Puech und seinem Kameraden vorbeikommen, rufen die beiden Verwundeten erleichtert: „Kameraden, helft uns, wir sind verwundet!"

Diesmal sind sie nicht verlassen. Drei SS-Männer kümmern sich um die verwundeten Franzosen. Sie tragen sie auf die Straße, in der ein deutscher Panzer steht. Der Kampf wogt hin und her. Straßenzüge gehen verloren und werden zurückerobert.

Die beiden Verwundeten bleiben zunächst auf dem Bürgersteig liegen, genau in Höhe des Panzers, der zur Deckung des Rückzuges ohne Unterbrechung schießt. Der höllische Lärm ist fast unerträglich.

Schließlich heben die SS-Männer den Unterscharführer und seinen Kameraden auf die Panzerplatte hinter dem Turm. Puech hat nur Angst, seinen Fuß zu verlieren, der vom Splitter fast abgeschnitten hin- und hergeschüttelt wird.

Der Panzer feuert noch einige Male, fährt dann eine größere Strecke rückwärts und übergibt die beiden Verwundeten einem Sanitätsposten. Puech sieht einen Deutschen, der mit einem Hammer und einer Zange eben dabei ist, das Schild der NSDAP von einer Tür zu entfernen. Die beiden Franzosen werden auf den Boden gelegt. Dauernd kommen neue Verwundete, die man auf Türen und Teppichen, die als Tragen dienen, heranschafft.

Dann kümmert sich endlich eine Krankenschwester um Puech, sie bringt ein Stück Blech, das Knie, Bein und Fuß zusammenhält und stützen soll, und umwickelt das Ganze mit Papier von einer Rolle.

„Mehr kann ich leider im Augenblick nicht tun", sagt sie mit Bedauern.

Ein Zivilist in einer blauen Arbeitshose geht auf Puech und seinen Kameraden zu. „Seid ihr französische Waffen-SS-Männer?" fragt er. „Ich bin Belgier. Ihr dürft nicht in der Uniform bleiben."

Er bringt ihnen einen Anzug. Puech erbt den Rock, sein Nachbar die Hose. Aber sie tragen noch immer militärische Unterbekleidung und grau-grüne Hemden. Puech denkt, wie blöd die Sowjets doch sein müßten, wenn sie sich durch eine solche Verkleidung täuschen ließen. Mehr Sorgen macht ihm sein Bein. Noch hat ihm bis jetzt niemand den Knebel abgenommen, den er provisorisch mit einem Lederriemen angelegt hat.

Mehrere Tage nach seiner Verwundung wird Unterscharführer Puech endlich operiert. Der Arzt, der sich über ihn beugt, trägt einen weißen, blutbefleckten Kittel. Seit Beginn der Schlacht um Berlin operiert er in einem Kellergeschoß, wo die Verwundeten zusammengepfercht auf den Tischen liegen. Entsetzt sieht Puech etliche Blechkübel mit abgetrennten Gliedmaßen gefüllt. Mehrere Chirurgen müssen nebeneinander arbeiten.

„Wundbrand", ist oftmals die kurze Diagnose des Arztes. Scheren trennen seine Bekleidung auf. Dann liegt Puech auf einem Tisch, nackt, schmutzig, kümmerlich. Der Arzt beugt sich erneut über ihn. „Ich will versuchen, Ihnen Ihr Bein zu erhalten."
Es ist noch etwas Betäubungsmittel da. Aber in so geringen Mengen, daß jeder Verwundete nur eine ganz kleine Dosis davon bekommen kann.
Puech wacht zu früh aus der Betäubung auf. Das erste, was er hört, ist das reißende Geräusch der Säge, die ihm den Oberschenkelknochen trennt. Ein fürchterlicher Schmerz durchflutet seinen Körper in immer wiederkehrenden Wellen. Er öffnet die Augen und sieht sein amputiertes Bein in einem der Kübel unter dem Tisch verschwinden. Ein Verband aus Papier bedeckt den blutigen Stumpf. Jean-Louis Puech, ein hoffnungsvoller junger Mann, ist für den Rest seines Lebens ein Krüppel.

Der Triumph der Panzerfäuste

Sonnabend, 28. April 1945. An diesem Tag ist es den Sowjetsoldaten in den frühen Morgenstunden gelungen, über den Landwehrkanal am Halleschen Tor mehrere Behelfsbrücken zu schlagen und auf das andere Ufer zu gelangen. „Sie führen immer noch mehr Panzer heran", berichten die Melder atemlos, die aus dem bedrohten Abschnitt kommen.
„Wir müssen aushalten", seufzt Krukenberg.
„Aushalten", wiederholt Pachur als getreues Echo und denkt dabei an die Ausfälle durch Tod und Verwundung. Fürchterliche Straßenkämpfe toben. Die Kontrolle über

ein einzelnes Haus, über einen Ruinenhaufen, eine Straßenecke oder eine Kreuzung erfordert einen unerhörten Einsatz von Menschen und Material, der kaum noch gesteigert werden kann. Die Verluste sind beiderseits sehr hoch. Ganze Häuser stürzen zusammen und begraben Stürmende und Verteidiger unter ihren Trümmern.
„Unsere Männer halten die Stellung", melden die Kommandeure der Regimenter Danmark und Norge.
„Und die Franzosen?" fragt Krukenberg.
„Sie kämpfen gemeinsam mit Unterstützung von Sturmgeschützen gegen die anrollenden Panzer. Halten überall die Stellung und bereinigen sofort im Gegenstoß jeden Einbruch der Sowjets."
Pachur berichtet seinem Kommandeur, daß im Verteidigungsabschnitt der Franzosen und ihrer skandinavischen Kameraden einige Straßen durch sowjetische Panzerwracks verstopft sind. Bei dem Masseneinsatz von Sowjetpanzern ist es unter den SS-Männern zu einem Wettstreit geworden, wer wohl die meisten von ihnen abschießt.
Am 28. April werden den ganzen Tag über kleine Gruppen von zwei bis drei französischen SS-Männern von der U-Bahnstation „Stadtmitte" aus in Marsch gesetzt, um die Verbindung mit den Kommandos aufrechtzuerhalten, die im Einsatz gegen die Panzer nördlich des Belle-Alliance-Platzes stehen.
„Ist ein Freiwilliger da, der dem Unterscharführer Rierge einen Brief überbringen kann?" fragt ein Schreiber des Divisionsgefechtsstandes.
„Ist das der aus Roanne?" ruft Levast. „Das ist ein Freund von mir. Ich werde hingehen."
Schon ist er weg. Kaum ist er aus dem Schutz des U-Bahn-Schachtes aufgetaucht, steht er auch schon mitten im heftigsten Feuer. Es pfeift aus allen Richtungen. Es riecht nach Verwesung, Feuer, Staub und Rauch. Ein dichter

Qualm hängt über der Stadt und hüllt alles in einen grauen, die Sicht behindernden Schleier. Levast hat Mühe, sich zurechtzufinden. An einer Straßenecke entdeckt er einen umgekippten Bierwagen und denkt dabei gleich an seine durstigen Kameraden. Nach seiner Rückkehr nimmt er noch zwei andere Freiwillige des Gefechtsstandes „Stadtmitte" mit, um den in Flaschen abgefüllten Gerstensaft zu bergen. Trotz des Granatwerferfeuers laufen sie zu dem umgekippten Lastwagen und tragen in einer Decke etliche Flaschen Bier zum Tunnel.
„Schnell zur U-Bahn", keucht Levast.
Gerade als sie am Eingang der U-Bahnstation ankommen, detoniert eine Granate in ihrer Nähe. Der Luftdruck oder auch der Selbsterhaltungstrieb wirft sie auf die Treppe, deren Stufen sie hinunterpurzeln.
„Paßt auf das Bier auf!" ruft Levast noch.
Sie haben nicht eine Flasche zerbrochen. Ihre Kameraden empfangen sie mit fröhlichem Lachen.
„Das ist ja noch mal gutgegangen."

*

Im Gefechtsstand der Division kann SS-Oberjunker Douraux die Ungeduld seines Kommandeurs kaum mehr beschwichtigen.
„Was treibe ich mich hier herum, während meine Jungs kämpfen!"
„Aber Ihr Fuß, Hauptsturmführer..."
„Laß mich in Ruhe mit diesem verdammten Fuß. Ich kann mich ganz gut mit einem Stock bewegen. Und außerdem sind ja jetzt nicht mehr große Strecken zu bewältigen..."
Atemlos eilt ein Melder herbei. Es ist Finkler, ein Elsässer, der auch seinen Bürofederhalter gegen ein Sturmge-

wehr eingetauscht hat. Er berichtet den beiden Offizieren vom Ablauf der Geschehnisse draußen in den Trümmerstraßen ihres Verteidigungsabschnittes.
„Nun, Finkler?"
„Es geht alles gut, Hauptsturmführer! Noch besser als vorgestern in Neukölln. Es herrscht zwar ein völliges Durcheinander, aber die Moral ist erstklassig."
Der junge SS-Mann kann einen Seufzer nicht unterdrücken.
„Wenn Sie nur bei uns sein könnten! Die Männer verlangen alle nach Ihnen ..."
„Melde das dem Brigadeführer!"
Mit schmerzverzerrtem Gesicht erhebt sich Fernet von seiner Bank. Er kann die Untätigkeit nicht mehr länger ertragen. Er stützt sich auf Finkler!
„Reich mir deinen Arm. Ich will den Kommandeur aufsuchen. Er muß mich jetzt gehen lassen."
Wenige Augenblicke später steht Fernet mit Finkler vor dem Kommandeur der Division Charlemagne.
Der Brigadeführer arbeitet in dem U-Bahn-Waggon, der als Hauptquartier dient. Im Schein einiger Kerzen betrachtet er den Stadtplan von Berlin und trägt mit einem Stift die veränderte Lage ein. Er scheint besser gestimmt zu sein als am Morgen; mindestens runzelt er nicht die Augenbrauen, als er jetzt Fernet dastehen sieht, der bemüht ist, nicht an seine Verwundung zu denken.
Finkler macht genaue Angaben über den Verlauf der Kämpfe. Krukenberg ist mit dem Abwehrerfolg des Bataillons äußerst zufrieden. Er, der sonst mit Lobreden geizt, beglückwünscht Fernet zu seinen mutigen Männern und zeigt eine Herzlichkeit, die zweifellos echt ist und seiner Natur entspricht.
„Und Sie", fragt er Fernet, „wie fühlen Sie sich heute abend?"

„Viel besser, Brigadeführer. Heute morgen war ich noch etwas weich in den Knien. Aber ich habe mich Ihrem Befehl gemäß ausgeruht. Jetzt könnte ich Finkler und den Munitionstransport begleiten."
Krukenberg betrachtet Fernet lächelnd.
„Wie ungeduldig Sie sind! Nun, wenn Sie können, dann gehen Sie! Wenn Sie es heute schon für richtig ansehen. Der Krieg ist noch nicht zu Ende!"
Fernet wartet nicht, bis der Brigadeführer sich vielleicht doch noch anders besinnt. Er verabschiedet sich von seinem Vorgesetzten kurz militärisch und wendet sich sofort an seinen Adjutanten.
„Komm, Douraux, wir machen uns auf den Weg zum Bataillon."
„Wir müssen zuerst Hennecourt sprechen."
„Wo ist er?"
„Er wurde verwundet, und sie haben ihn hierhergebracht."
Hauptscharführer Hennecourt sitzt mit einem Bein- und einem Knieschuß im U-Bahn-Waggon des Sanitätspostens. Er hat seinen Ruf verloren, daß ihm keine Kugel und kein Splitter einen Kratzer beibringen könne. Fernet versucht ihn aufzumuntern und einen kleinen Spaß zu machen:
„Wenn man absolut den Dummen spielen will, so haben Sie jetzt gewonnen, oder nicht, Hennecourt?"
„Ich muß Ihnen widersprechen, Hauptsturmführer. Diesmal habe ich wahrhaftig nicht den Dummen gespielt, wie Sie sagen."
Hennecourt scheint besonders verdrossen zu sein wegen seiner Verwundung. Er protestiert, weil ihn der Arzt nicht mehr zu seinen Männern zurückgehen läßt.
„Immer der Reihe nach, mein Lieber", sagt Fernet. „Jetzt bin ich zuerst dran. Aber wir werden uns ja morgen oder übermorgen wiedersehen. Wir werden für Sie noch ein paar Russen übriglassen..."

„Wenn Sie wüßten, wie mich das wurmt, daß ich nicht mit Ihnen wieder nach vorne gehen kann, Hauptsturmführer."
„Auf bald, Hennecourt."

*

Die französischen Waffen-SS-Männer befinden sich längs der Hedemannstraße im Einsatz. Die von ihnen besetzte Frontlinie sperrt zwei große Verkehrsadern der Stadt ab, die Wilhelmstraße und die Friedrichstraße. Das Bataillon verriegelt damit den Zugangsweg, der vom Belle-Alliance-Platz zum Zentrum der Hauptstadt führt, zur Reichskanzlei, zum Brandenburger Tor und zur Allee Unter den Linden.
Finkler führt Fernet und Douraux durch den Tunnel der U-Bahn. Er unterrichtet seinen Vorgesetzten:
„Wir müssen beim Bahnhof Kochstraße ins Freie. Ich möchte Sie darauf aufmerksam machen; daß der Zugang zu unseren Stellungen nicht gerade leicht zu bewältigen ist."
Sobald sie an die Luft kommen, die durch den Rauch der Brände und den Staub der Detonationen verdüstert ist, müssen sie durch halb aufgerissene Häuserblocks hindurch über eine Leiter in einen tiefer gelegenen Hof hinabsteigen. Finkler und Douraux helfen Fernet, der sich an der Eisenleiter festhält und aufpassen muß, daß er mit seinem Fuß nicht an die Sprossen stößt.
Obersturmführer Weber nimmt Fernet mit sichtlicher Freude auf. Der Führer der Kampfschule erfüllt „Hausherrnpflichten" und führt ihn in einen niedrigen Raum, der ihm als Beobachtungsstand dient. Von da aus kann er die Wilhelmstraße überwachen.

Weber nimmt Fernet am Arm und legt einen Finger auf den Mund. Er führt ihn zu einer Schießscharte.
„Schauen Sie!"
Der Bataillonskommandeur sieht vor sich, etwa drei Meter entfernt, die Umrisse eines sowjetischen T 34. Am Turm kann man das todbringende Loch, den Aufschlag einer Panzerfaust erkennen. Kleine Flammen züngeln aus dem Triebwerk und lecken am Gerippe hoch. Die Maschine ist erledigt.
„Ist das nicht gut gelungen?" fragt Weber leise.
Fernet betrachtet das Schauspiel. Die Männer der Ehrenkompanie scheinen die Tradition von Elsenau fortzusetzen. Dieser aus nächster Nähe zerstörte T 34 ist bestimmt Webers eigene Tat, der sich immer die schwierigsten und gefährlichsten Aufgaben aussucht.
Jetzt sitzen die beiden SS-Führer zusammen in einer Ecke des Raumes; der Boden ist mit Trümmern übersät.
Sachlich ziehen sie Bilanz, als ob es sich lediglich um eine gewöhnliche Felddienstübung handelte.
„Was haben Sie noch an Unterstützung?" fragt Fernet.
Weber lacht schallend und nimmt dem Bataillonskommandeur die letzten Illusionen.
„Wir sind völlig allein! Es gibt keinen einzigen deutschen Panzer mehr in diesem Abschnitt, kein Feldgeschütz, keine Pak, keinen schweren Granatwerfer, nicht einmal mehr einen leichten."
Die Männer der Kampfschule wehren die Angriffe der sowjetischen Infanterie und Panzer nur mit ihren eigenen Waffen ab, mit Panzerfaust und Sturmgewehr.
„Über einige Maschinengewehre MG 42 verfügen wir noch", sagt Weber. „Aber nicht viele. Das Erstaunliche an diesen Sowjets ist: je mehr man von ihnen tötet, um so mehr tauchen auf. Und was die uns zwischen den Angriffen noch auf die Schnauze jagen, ist unbeschreiblich.

Die Verluste an Menschen und Material scheinen bei ihnen keine Rolle zu spielen."
Die Sowjets beschießen die Stellungen der Kampfschule Weber mit einer großen Anzahl 120-mm-Granatwerfern, die von der Infanterie am meisten gefürchtet sind, wegen der enormen Splitterwirkung und weil diese Steilfeuerwaffe bei gezieltem Feuer die nicht gedeckten Stellungen von oben erreicht.
„Und wie werden Sie mit der sowjetischen Infanterie fertig?" fragt Fernet.
„Wir haben ihr derart hohe Verluste beigebracht, daß sie sich im Augenblick anscheinend beruhigt haben. Aber es wimmelt überall von ihnen. Doch meine Jungs sind auf der Hut und lassen keinen 'ran."
Oberscharführer Apollot taucht auf und sagt zu Fernet: „Seien Sie ganz beruhigt, Hauptsturmführer. Wir halten die Stellung."

*

Der Gefechtsstand des Bataillons liegt im Nachbarabschnitt. SS-Obersturmführer von Wallenrodt begrüßt den Kommandeur.
„Ich bin wirklich froh, daß Sie wieder bei uns sind", sagt er. „Und ich glaube, daß alle hier wie ich denken."
Unterscharführer Riberto und seine Kameraden von der Meldestaffel empfangen ihren Kommandeur mit großem Hallo. Sie stehen um ihn herum und beginnen ihre Kampferlebnisse zu erzählen. Denn seit der vergangenen Nacht hat keiner Ruhe bekommen in diesem Abschnitt nördlich des Belle-Alliance-Platzes, den die französischen Freiwilligen besetzt halten.
Die Melderstaffel hat ein großes, von Rotarmisten besetztes Haus ausfindig gemacht. Es gelingt ihnen, sich unbe-

merkt in das Untergeschoß einzuschleichen und das Gebäude in Brand zu setzen.
Vom Rauch geschwärzt, kommen Riberto und sein Freund Bicou von ihrem Unternehmen zurück. Sie freuen sich darüber, daß ihnen der Spaß gelungen ist.
„Wie das hinhaut. Ihr werdet sehen, wie schnell die Sowjets versuchen werden zu verduften."
Ein paar Minuten vergehen. Rauch steigt aus gähnenden Öffnungen, Flammen steigen an der Hauswand hoch. Dann hört man es krachen und das dumpfe Prasseln eines riesigen Brandes.
„Achtung, Jungs, da sind sie!"
Die Rotarmisten tauchen an allen Ausgängen auf. Ihre Gegner erwarten sie, das Sturmgewehr in die Schulter eingezogen. Gutgezieltes Feuer streckt die Flüchtlinge reihenweise nieder, sobald sie aus dem brennenden Gebäude herauskommen.
„Kommt!" ruft Riberto. „Wir werden auch die 'rauswerfen, die sich noch verstecken wollen."
„Handgranaten, Jungs!" befiehlt Bicou.
Mit aller Wucht werden sie gezielt in die Wohnräume des Hauses geworfen, wo sie nacheinander ihr Unheil anrichten. Weitere Sowjets kommen hervor und stürzen auf die Straße.
„Kaum zu fassen", bemerkt Riberto. „Die müssen zusammengedrängt gewesen sein wie in der U-Bahn."
Erneut speien die Sturmgewehre Tod und Verderben, diese schnellen, präzisen und im Straßenkampf gefürchteten Waffen. Dutzendweise liegen die toten Sowjetsoldaten auf der Straße und im Hof des Hauses.
„Es sind mindestens fünfzig Leichen", kommentiert Bicou kaltblütig. „Eine gute Arbeit."
Nur vom Schein der Flammen beleuchtet, haben die SS-Männer in dieser Nacht gekämpft. Sie müssen jetzt zum

Bataillonsgefechtsstand zurück, wo sie ihr Vorgesetzter erwartet. Riberto, der die kleine Truppe führt, findet nur einen Ausdruck für diesen kurzen, blutigen Kampf. „Das war ungleich besser als im Kino."

„Schau, da kommt Verstärkung", bemerkt Douraux kühl. Er trägt immer noch seinen tadellosen weißen Seidenschal im Ausschnitt seiner Tarnjacke.
„Was sind denn das für Biedermänner?" wundert sich Fernet, der erstaunt feststellt, daß diese hundert Kämpfer, die man ihm geschickt hat, alle zwischen fünfzig und sechzig Jahre alt sind.
„Das sind Beamte der Sicherheitspolizei, ‚flics', wie Sie in Frankreich sagen", erklärt von Wallenrodt.
Unter den Neuangekommenen sind ein Dutzend Offiziere, die offensichtlich eher geeignet erscheinen, eine Untersuchung zu führen oder den Straßenverkehr zu regeln, als ihren Männern im Straßenkampf voranzugehen. Die viereckigen Sterne auf ihren Kragenspiegeln lassen höhere Dienstgrade erkennen, aber man kann beim besten Willen unter ihnen keine harten, kampfentschlossenen Gesichter entdecken.
Schnell stellt sich jedoch heraus, daß diese älteren Polizisten einen besseren Einsatzwillen als vermutet, vor allem aber Mut und Disziplin besitzen. Sie werden auf die kleinen Gruppen der französischen Waffen-SS aufgeteilt und verstärken so das Bataillon.
„Dienst ist Dienst", sagt einer von ihnen zu Fernet.
„Siehst du, Douraux. Für sie ist alles genauso einfach wie für uns. Es ist der Dienst."

In dieser Nacht vom 28. auf den 29. April 1945 erleiden die französischen Grenadiere und die deutschen Polizeibeamten, die bereits seit einigen Stunden Seite an Seite im

Einsatz sind, schwere Verluste. Die Sowjets haben gegen die Stellungen des Bataillons Scharfschützen eingesetzt.
Jeder Schatten, der auch nur einen Augenblick auftaucht, an einem Fenster oder einer Tür, wird sofort beschossen. Geschosse pfeifen. Genau. Mörderisch. Die geringste Unvorsichtigkeit bedeutet Tod oder üble Verwundung.
Die Kompanien des Bataillons sind längst untereinander vermischt. Die Männer von Michel, Rostand, Olliver oder Labourdette sind zudem in kleine Kommandos von etwa zehn Mann Stärke aufgeteilt, die von dazu bestimmten Unterführern geführt werden.
Nachdem Labourdette, der Kompanieführer, verschollen ist, gelingt es unter der entschlossenen Führung des Oberjunkers Maxime de Castel, die Überlebenden der 1. Kompanie aus den Schächten der U-Bahn herauszuführen. Maxime de Castel scheint einer der grimmigsten Kommandoführer zu sein. Der junge Offizier mit dem singenden Akzent der Südwestfranzosen kämpft mit verwegener Tollkühnheit. An der Spitze einer Maschinengewehrgruppe greift er die sowjetische Infanterie, die unablässig einzusickern versucht, bei jeder sich bietenden Gelegenheit an und schlägt alle ihre Angriffsversuche ab. Aber ein russischer Scharfschütze hat Maxime de Castel entdeckt. Ein Einzelschuß. Der Oberjunker stürzt und bleibt schwer getroffen liegen. Seine Männer können ihn in Deckung ziehen, von wo aus man ihn eiligst zum Verbandsplatz bringt*.

Unterscharführer Riberto und sein unzertrennlicher Kamerad Bicou scheinen den Krieg als Freischärler führen zu wollen. Aufgedreht und fröhlich überlegen sie unaufhör-

---

* Aus den Kämpfen in Berlin zurückgekehrt, lebt Maxime de Castel heute in Südamerika.

lich, welchen neuen Schlag sie gegen die Russen führen können. Die Kampfeinsätze, ob im Angriff oder auch in der Verteidigung, werden von diesen beiden nicht so ernst genommen. Für sie scheint das Soldatenhandwerk ein gefahrvolles Spiel nach besonderen Regeln zu sein.

„Sag, Bicou, wie wäre es, wenn wir mal auf die Dächer gingen?"

„Auf Häuser mit fünf oder sechs Stockwerken? Du bist wohl übermütig, Roger!"

„Komm, wir wollen mal ein wenig über die Stränge schlagen."

Schon sind sich die beiden einig, eilen auf eine Treppe zu, steigen bis zum Dachboden hoch, klettern über die Feuerleiter und klemmen sich hinter Kamine. Für diese Kunststückchen haben sie ihre hinderlichen Sturmgewehre zurückgelassen. Nur mit Pistole und Handgranaten bewaffnet kriechen sie auf dem Ziegeldach von einer Deckung zur anderen.

„Achtung, Bicou!"

„Keine Angst, Roger, ich habe sie schon gesehen."

Gezielt fallen zwei Handgranaten auf eine Gruppe Rotarmisten, die sich angeregt unterhalten und nichts Böses ahnen. Eine dumpfe Detonation erschallt. Aufgescheucht fliehen einige Sowjets, die ihre verwundeten oder auch leblosen Kameraden zurücklassen.

Riberto bindet jetzt mehrere Handgranaten mit einer Schnur zusammen und wirft diese geballte Ladung in einen Hof, wo er eine andere Gruppe entdeckt hat. Detonation. Heulen und Geschrei. Maschinengewehrfeuer. Man hat die beiden Franzosen entdeckt. Kämpfend, ihre Handgranaten immer wieder erfolgreich einsetzend, treten sie den Rückzug an. Galopp, Akrobatik. Über Dachtraufen und Balkone hinweg.

Riberto und Bicou kehren zum Bataillonsgefechtsstand

zurück, wo alle Verbindungsmänner des Bataillons Fernet sie freudig empfangen.

„Wo kommt ihr her?" fragt Unterscharführer Capand, den es trotz der Strapazen immer noch nicht reut, daß er seinen Schreiberposten mit einer Rolle eingetauscht hat, die für ihn zwar gefahrvoller, aber dafür auch erlebnisreicher ist.

„Von den Dächern dieser Häuserreihe..." Er zeigt in die Richtung.

Der lange Roger läßt es nicht zu, daß sein Kamerad lange Erklärungen abgibt; er unterbricht ihn: „Es sind noch mehr Popofs in dem Winkel, Bicou. Wir müssen nochmals versuchen an sie 'ranzukommen."

„Klar, Roger. Aber wir brauchen Handgranaten. Du hast einen sehr großen Verschleiß."

Sie stopfen beide ihre Taschen mit Eierhandgranaten voll, hängen auch noch einige an ihre Uniformröcke und stecken Stielhandgranaten hinter ihre Koppel.

„So, das wird ja wohl fürs erste reichen, jetzt seht ihr aus wie Weihnachtsmänner", stellt Capand scherzend fest.

In wenigen Sprüngen sind die beiden Unterscharführer wieder im Treppenhaus verschwunden. Von dort aus erreichen sie bequem den Dachboden. Sie ziehen ihre Pistolen, denn jetzt unter freiem Himmel beginnt das gefährliche Spiel von neuem. Die Sowjets scheinen sich nun mehr auf diese Art Überfälle eingestellt zu haben. Zwischen den beiden SS-Männern und einer Gruppe, die hinter einer Reihe kleinerer Kamine in Lauerstellung liegt, entspinnt sich ein heftiges Duell. Doch die Rotarmisten müssen bald aufgeben. Zur Deckung ihres Rückzuges werfen auch sie Handgranaten. Eine davon geht in der Luft wenige Meter vor Riberto hoch.

Er ruft nach seinem Kameraden: „He, Bicou. Ich habe eins auf die Schnauze bekommen."

„Ist es sehr schlimm?"
„Ich fürchte, ich habe ein Auge verloren."
Ein Splitter ist unter dem rechten Augenlid eingedrungen. Blut tritt heraus. Roger sieht fast nichts mehr. Ihm wird schwarz vor den Augen. Er hat das Gefühl, als schwanke das Gebäude unablässig hin und her. Krampfhaft hält er sich fest. Er glaubt jeden Augenblick auf die Straße hinunterstürzen zu müssen, zehn Stockwerke tief.
„Roger, Deckung, sie schießen!" schreit Bicou.
Er macht sich an ihn heran und zieht ihn nach unten. Sie stolpern in eine Mansarde, dann weiter die Treppe hinunter und gelangen endlich zum Gefechtsstand.
„Nun", fragt Fernet, „was ist los?"
„Wir haben sie erwischt, Hauptsturmführer. Aber Roger ist verwundet."
Sie drücken den Unterscharführer in einen Sessel. Über sein Gesicht rinnt fortwährend Blut. Er leidet an starken Schmerzen, aber schließlich beruhigt er sich, nachdem ihn Bicou mit einem Verbandspäckchen notdürftig verbunden hat.
„Roger, bleibe ganz ruhig. Die Verwundung scheint doch nicht so schwerwiegend zu sein, wie es erst den Anschein hatte", sagt Fernet zu ihm. „Bicou wird dich gleich zum Sanitätsposten bringen."

*

In der gleichen Nacht fordert ein Oberscharführer des Gefechtsstandes im U-Bahnhof „Stadtmitte" ein halbes Dutzend französische SS-Männer an. Sie liegen noch in Ruhestellung. Er wendet sich an Levast: „Übernimm das Kommando. Macht euch auf den Weg zu euren Kameraden vom Bataillon. Meldet euch auf dem Bataillonsgefechtsstand."

„Wo finden wir den, Oberscharführer?"
„In Richtung Hedemannstraße. Nördlich des Belle-Alliance-Platzes. Versucht, durch die Tunnels der U-Bahn hinzukommen. Geht bei der Station Kochstraße hinaus. Aber Achtung, draußen knallt es ganz gewaltig."
Die kleine Gruppe ist mindestens noch einen Kilometer von der Reichskanzlei entfernt. Sie stößt jetzt von Keller zu Keller in Richtung Wilhelmstraße vor. Schließlich gelangen Levast und seine Männer zum Gefechtsstand des französischen Bataillons. Der von Weber zerstörte russische Panzer brennt immer noch mitten auf der Straße.
Fernet weist den Männern, die zur Verstärkung gekommen sind, einen Winkel zu, wo sie noch ausruhen können vor ihrem Einsatz. Die sechs Neuen legen sich in einem Raum, in den durch ein hohes, enges Fenster Licht einfällt, auf den Boden. Im Schein der Brände stellen sie fest, daß sie neben einem herrlichen Marmorkamin liegen. Mehr aber noch sind sie mit dem Kunsthonig beschäftigt, den sie gefunden haben und den sie nun mit Löffelchen essen und sich gut munden lassen.
„Ach, wenn wir doch nur etwas Gebäck dazu hätten", seufzt Levast.
„Und ein Glas Pinard", fügt einer der Kameraden hinzu.
Neben dem Gefechtsstand haben die französischen SS-Männer eine Behelfsbarrikade errichtet. Ein Mann steht dort Wache, das Sturmgewehr schußbereit in den Händen. Von seinem Platz aus sieht er noch weitere ausgebrannte Panzergerippe auf der Straße, die bei den noch zu erwartenden Angriffen den Sowjetpanzern hinderlich, den Infanteristen jedoch Deckung bieten werden. Dort muß auch ein russischer Verwundeter liegen, dessen Körper man in der Finsternis nicht erkennen kann. Er schreit fortgesetzt: „Adissuda! Adissuda!"
Aber der Franzose kann ihm weder antworten noch Hilfe

bringen. Er muß sich bereithalten, die Rotarmisten, die überall aus der Dunkelheit unversehens auftauchen, abzuwehren. Der Zeigefinger liegt ständig am Abzug der Maschinenwaffe.

Levast hat den Auftrag erhalten, in das Erdgeschoß des Hauses zu steigen und unter der Tür Wache zu stehen. Zischend und fauchend wird von einer Granate die Hälfte eines Balkons abgerissen. Levast stürzt hin. Steine und Schutt haben ihn am Kopf getroffen. Er ist halb benommen und hat am Kopf ein Gefühl, als ob man ihm glühende Eisen in die Ohren gesteckt hätte. Er sieht kaum noch, die Augen sind voller Staub. Aber er blutet nicht und scheint auch nichts gebrochen zu haben. Er setzt sich daher auf den Boden, um wieder etwas zu sich zu kommen. So wartet er auf den Morgen.

Nachdem Unterscharführer Bicou seinen Kameraden Riberto zum Sanitätsposten gebracht hat, hält er im Schutz eines Schutthaufens Wache. Er stellt sich darauf ein, auf den ersten Rotarmisten, der seine Nase zeigt, mit seinem Sturmgewehr eine Garbe abzufeuern. Da, eine ungeheure Detonation. Ein grelles Licht. Ein sowjetisches Panzerabwehrgeschoß ist ganz nahe bei ihm eingeschlagen, auf der Deckung, hinter der Unterscharführer Bicou liegt. Vom Schall und der Druckwelle fast erdrückt, fällt er halb bewußtlos zur Seite. Bei der Meldestaffel des Bataillons ist damit der dritte Führer ausgefallen. Nach dem Tod von Millet und der Verwundung von Riberto ist das ein harter Schlag für das Bataillon Fernet. Aber Bicou kommt bald wieder zu sich. Er öffnet die Augen. Sein Gesicht ist staubverschmiert. Er sieht die Kameraden sprechen, versteht aber kein Wort. Endlich dringen einige Töne aus dem Nebel zu ihm.

„He! Bicou, mach keinen Unsinn! Bleib bei uns."

„Was ist denn mit mir passiert, Jungs?"
„Ein Pak-Geschoß ... Genau über dir ... Sie haben dich nicht erwischt ..."
Bald schon steht der Unterscharführer wieder auf den Beinen.
„Mein Sturmgewehr! Ich gehe auf die Barrikade zurück!"
Eine Stunde später steht er wieder auf Wache. Er hat schlechte Laune. Mit seinen Gedanken ist er bei seinem Kameraden Roger. Er murmelt zum Gegner gewandt etwas vor sich hin:
„Meine Ohren regen mich nicht weiter auf. Aber das Auge von Roger, das werdet ihr mir bezahlen. Und zwar sehr teuer!"
Mit einem kurzen Feuerstoß aus seinem Sturmgewehr unterstreicht er seinen Schwur.

*

Die ganze Nacht über, von Sonnabend, dem 28. April, bis Sonntag, dem 29. April, hört der von Weber vernichtete russische Panzer T 34 nicht auf zu brennen. Hell ist die Nacht vor den französischen Stellungen erleuchtet. Große Flammen tanzen stundenlang auf dem Stahlgerippe und erhellen die Finsternis.
Trotz des rosigen Lichtscheins über den Dächern bleibt die Nacht sonst dunkel. Nur das Knistern der Brände, die dumpfen Detonationen, das Brechen einstürzender Mauern stören die verhältnismäßig ruhige Nacht. Die Schlacht scheint sich für einige Stunden beruhigt zu haben. Manchmal hört man Kampflärm. Aber nur undeutlich, weit entfernt. Ein Gefühl der Verlassenheit beschleicht die Vorposten bei den Verteidigern, die den Abschnitt Hedemannstraße besetzt halten.

„Hören Sie, Hauptsturmführer!" sagt plötzlich Douraux. Fernet lauscht. Zuerst hört er von weitem Feuerstöße. Und dieses prasselnde Brandgeräusch.

„Hören Sie!" wiederholt Douraux.

Es sind Schreie. Schreie von Frauen. Diese herzzerreißenden Rufe scheinen nichts Menschliches mehr an sich zu haben. Überfallen und vergewaltigt von Dutzenden und aber Dutzenden von Rotarmisten schreien die Berlinerinnen ihren Schmerz und die Schande in die Nacht hinaus. Sowjetische Spähtrupps irren in den Ruinen umher, schlagen die Türen ein, holen die Unglücklichen heraus und stürzen sich auf sie. Kinder und Großmütter erleiden das gleiche Schicksal in der feuchten Dunkelheit der Keller, in denen es jetzt nach Blut, Schweiß und Schmutz riecht*.

Die schrecklichen Schreie und Hilferufe der Leidenden dringen in Wellen bis zu den Stellungen der französischen SS-Männer, die ihnen keine Hilfe bringen können.

„Wenn wir nur Geschütze und Panzer hätten", seufzt Fernet. „Wie schnell würden wir diese Rohlinge aus dem Viertel hinausfegen."

„So können wir leider nichts für die Bedauernswerten tun", seufzt Douraux. „Erinnern Sie sich, Hauptsturmführer, an alle diese Frauen, die uns zujubelten, als wir durch Berlin zogen? Und an jene, die uns mitten im Kampf verpflegten und ihre letzten Lebensmittel mit uns teilen wollten?"

v. Wallenrodt bleibt still. Der Bataillonsadjutant begreift mehr noch als seine französischen Kameraden, was

---

* „Tötet! Tötet! Keiner ist unschuldig von den Deutschen, weder die Lebenden noch die Ungeborenen. Folgt den Weisungen des Kameraden Stalin und löscht für immer die faschistische Bestie aus in ihrer Hölle. Brecht brutal den Rassenstolz der deutschen Frauen. Nehmt sie als Beute. Tötet, Ihr tapfern Soldaten der Roten Armee, die stets siegreich vorrückt."
Geschrieben von dem jüdischen Journalisten Ilja Ehrenburg in einem Flugblatt an die Rote Armee.

die Ankunft der Sieger für die Frauen seines Volkes bedeutet. Schließlich sagt er zwischen den Zähnen:
„Gestern haben wir noch mit Begeisterung gekämpft. Von nun an werden wir im Zorn kämpfen."

Trommelfeuer

Sonntag, 29. April 1945. Im Morgengrauen hat sich bei den französischen Soldaten die übermütige Freude über die errungenen Erfolge der vorhergehenden Tage in düsteren, wilden Zorn verwandelt. Die Schreie der hilflosen deutschen Frauen hat sie zu erbarmungslosen Rächern gemacht. Weniger denn je soll noch in diesem Kampf Mitleid walten, in einem Kampf, der auf der Gegenseite in einer derart brutalen Weise geführt wird und sie in seiner Ausweitung zu Dämonen werden läßt.
„Panzeralarm!"
Der Ruf ist unnötig. Der Lärm hat in den Verteidigungsstellungen ohnehin alle aufgeschreckt. Die Motoren röhren, Ketten zermalmen das Pflaster, ein dumpfes Dröhnen erfüllt die Straßen, die in die Wilhelmstraße und Friedrichstraße einmünden.
Männer gehen eilig in Stellung, die Panzerfäuste in den Händen. Abschuß, Aufschlag, Freudenschreie. Die vordersten Panzer gehen mit Volltreffer in sprühenden Flammengarben hoch. Die erste Welle der T 34 liegt festgenagelt vor den französischen Stellungen.
„Sie haben den Fehler gemacht, daß sie einander in zu großen Abständen gefolgt sind", bemerkt Douraux kritisch. „Wir hatten genug Zeit, sie uns einzeln vorzunehmen."

„Nicht übel, der Empfang, Oberjunker!" ruft ihm ein „Panzerjäger" zu, der einen herrlichen Treffer verzeichnet hat.

„Achtung, seht euch vor!" sagt Fernet. „Nach diesem ersten Rückschlag werden sie uns schwer betrommeln."

Wie um die Prophezeiung des Bataillonskommandeurs zu bestätigen, beginnt ein furchtbares Getöse. Sowjetische Panzerabwehrgeschütze und die Kanonen der nachstoßenden Panzer selbst belegen die Häuser gleichzeitig mit Horizontalfeuer, in denen sie den Gegner ausgemacht haben.

Die rissig gewordenen Mauern beginnen zu zittern, Putz bröckelt von den Decken und Wänden und fällt den Verteidigern auf die Köpfe. Manchmal trifft sogar ein gutgezielter Schuß eine Schießscharte oder eine Fensteröffnung, leider dann oftmals mit verheerender Wirkung. Splitter spritzen gefährlich nach allen Richtungen. Dicke Staubwolken steigen auf. Die tapferen Besatzungen in den Häusern werden regelrecht mit Erde, Steinen, Schutt und Gips zugedeckt. In der vom Schein der riesigen Brände flimmernden Finsternis vermögen sie nichts mehr deutlich zu erkennen. Sie müssen schreien, um sich einigermaßen verständlich zu machen.

Der 28. April und die darauffolgende Nacht sind durch schweres Artilleriefeuer gekennzeichnet gewesen. Von nun an mischen die Sowjets die Karten. Sie zermalmen systematisch alles, was sich ihnen in den Weg stellt und trotz einer Flut von Granaten und Geschossen ihnen aufopfernd erbitterten Widerstand leistet. Die Sowjets konzentrieren die Masse ihrer Waffen zu einer unvorstellbaren Überlegenheit und mörderischen Feuerkraft.

SS-Obersturmführer Weber führt die Männer der Kampfschule unentwegt dem Ansturm der sowjetischen Panzer entgegen, die immer wieder versuchen, einer hinter dem anderen, über die Trümmer in den Straßen vorzustoßen.

„Es ist hier sehr viel leichter für uns als in Elsenau, die Ungetüme zu knacken", versichert Weber. „In diesen Straßen sind sie nicht in der Lage, so zu manövrieren, wie sie gerne möchten. Wir müssen nur, wenn sie hintereinanderfahren, den ersten und den letzten ausschalten. Dann kaufen wir uns die anderen..."
Unterscharführer Vaulot ist der Erfolgreichste in der Panzernahbekämpfung mit der Panzerfaust. Seit dem Vorabend hat er bereits den vierten Sieg errungen und steht seitdem pausenlos im Einsatz. Barhäuptig, mit schweiß- und staubverklebten blonden Haaren und Schläfen, sucht er sich unermüdlich mit wachsamem Blick sein Ziel.
An seiner Seite hat ein weiterer Unterscharführer, Roger Albert-Brunet, seinen dritten Panzer zerstört. Er besitzt den Ehrgeiz, das Ergebnis seines Freundes Vaulot ebenfalls zu erreichen.
„Das Verdrießliche ist", sagt Weber zu Fernet, „daß ich nicht genügend Panzerfäuste habe, um alle Männer damit ausrüsten zu können. Jeder will ‚seinen' Panzer haben, und sie streiten sich bereits, wer als erster angreifen darf."
Von neuem hört man das Rasseln von Panzerketten, das Keuchen von Motoren, Panzertürme kommen in Sichtweite, und die langen Geschützrohre der T 34, nach links und rechts schwenkend, sind immer auf der Suche nach den Stellungen, in denen sich die gefürchteten „Panzerjäger" verschanzt haben könnten.
„Achtung! Panzer!" sagt Weber nur.
Schon stürzen zwei Freiwillige der Kampfschule vor, die Panzerfaust im festen Griff.
„Laß mir den ersten! Du hast ja schon zwei in die Luft gejagt und ich erst einen."

*

Das Kellergeschoß des Hauses, in dem Fernet seinen Bataillonsgefechtsstand eingerichtet hat, wird zum Hauptstützpunkt der Verteidigung. Aber es scheint auch das bevorzugte Ziel der Kanoniere der sowjetischen Artillerie und Granatwerfer zu sein.
Eine völlig aufgerissene Hauswand droht auf die Straße zu fallen. Bei jedem neuen Einschlag erzittert das ganze Gebäude.
„Wenn das so weitergeht, bekommen wir alles auf die Schnauze", bemerkt Douraux.
Gipsbrocken lösen sich von der Decke und fallen in den Raum. Noch ein paar gutliegende Einschläge, und die Verteidiger werden entweder weggewischt oder verschüttet.
Der Bataillonskommandeur weiß sehr wohl, daß er sich früher oder später dazu entschließen muß, diese Stellung zu räumen, die einfach auf die Dauer nicht mehr zu halten ist. Aber noch zögert Fernet, den unaufschiebbaren Befehl zu erteilen.
„Wenn wir dieses Haus räumen", sagt er zu von Wallenrodt, „so hat das zur Folge, daß die gesamte Frontlinie fünfzig Meter nach rückwärts verlegt werden muß."
Die Beschaffenheit des Standortes zwingt ihn zu einem solchen Opfer, das um so schwerer wiegt, als jeder Meter Raum in der Stadt unendlich mehr zählt als im freien Gelände. Und die französischen SS-Männer halten eine Front, die immerhin nur einige hundert Meter von der Reichskanzlei entfernt verläuft.
„Panzer! Panzer!"
Rücksichtslos gegen Menschen und Material beginnen die Sowjets eine neue Angriffswelle. Sie spielen den Trumpf ihrer zahlenmäßigen Überlegenheit voll aus. Einige Dutzend dieser Stahlungetüme stoßen nun gleichzeitig vor und nähern sich schon der Hedemannstraße.
Von dort hört man das Krachen der Panzerfäuste. Zwei

Panzer sind sofort zerstört und beginnen zu brennen. Ein dritter bleibt etwas später schwer beschädigt vor den französischen Stellungen liegen. Die Panzer, die der Vernichtung entgehen können, rollen aus der Reichweite der Panzerfäuste zurück. Ihre Türme drehen sich. Sie richten ihre Kanonen direkt auf die französischen Stellungen.

„Welchen nehmen wir uns jetzt vor . . .", murmelt von Wallenrodt noch.

Dann, im gleichen Augenblick, sehen alle das Aufblitzen des Mündungsfeuers von Abschüssen aus den Panzerkanonen. Ein entsetzlicher Lärm. Die Granaten schlagen krachend in den Hausruinen ein, in denen sich die Verteidiger der Hedemannstraße verschanzt haben.

Fernet hat kaum noch Melder zur Verfügung und schickt daher einen von den Alten des Volkssturms, der unter seinem Befehl steht. Der fünfundzwanzigjährige Franzose hat keine Mühe, sich bei ihnen durchzusetzen.

„Sie gehorchen Ihnen ohne Zögern und ohne Murren, so wie es sich gehört", sagt Douraux.

Der Alte meldet sich ab und verläßt den Bataillonsgefechtsstand. Er soll zur Station „Stadtmitte" eilen und über die Gefechtslage des Bataillons Meldung erstatten. Plötzlich rollt ein sowjetischer Panzer in die Straße.

„Achtung, Flammenwerfer!" ruft ein Franzose.

Der Panzer verschwindet in der Toreinfahrt eines Hauses. Unmöglich, ihn von dort sofort zu vertreiben oder zu vernichten.

„Jetzt hat er sich ausgerechnet so hingestellt, um uns das Leben noch unerträglicher zu machen", sagt zu Levast Unterscharführer André, der wie er zur Kampfschule Weber gehört und noch am gleichen Tage sein Leben verliert.

Die Stellung wird jetzt eindeutig immer unhaltbarer. Levast betritt den Hof des Hauses und erblickt dort den alten Soldaten des Volkssturms, den Fernet als Melder zum Divisionsgefechtsstand geschickt hat. Der ist durch Splitter verwundet worden, als er den Gefechtsstand verlassen hat, und hat gerade noch die Kraft gefunden, sich unter eine eiserne Treppe in Deckung zu schleppen.

Der Druck der Sowjets verstärkt sich von Minute zu Minute. Schwere Granatwerfer, Panzerabwehrgeschütze und leichte Granatwerfer gesellen sich zu dem Feuer der Panzerkanonen und konzentrieren ihr Feuer auf den Abschnitt der französischen Waffen-SS, der sich aber als ebenso bissig erweist und alle Angriffe zurückschlägt, wenn auch mit ungleichen Waffen.

Stockwerke stürzen unter riesigem Lärm in sich zusammen. In den Raum des Kellergeschosses, in dem sich die Männer des Gefechtsstandes aufhalten, dringt eine gewaltige Staubmenge ein. Man sieht kaum noch seinen Nebenmann. Die Atmung wird knapp. Für die Augen ist der Staub unerträglich. Auch die Lungen füllen sich mit gelbem, erstickendem Staub. Die Decke fällt in großen Stücken herunter. Es sind keine Gipsbrocken mehr, sondern Ziegelsteine, Balken und Betonklötze. Mehrere Männer werden ernstlich verletzt. Ihr Stöhnen begleitet die sie bergenden Helfer.

„Schauen Sie, Hauptsturmführer", ruft Douraux und deutet auf einen Mauerwinkel, in den sie eine Schießscharte geschlagen hatten. Ein riesiges Loch gähnt ihnen jetzt entgegen.

„Es liegt genau in der Schußlinie der russischen Panzer", warnt von Wallenrodt.

Ein Melder kommt atemlos angerannt und ruft nach Fernet.

„Was ist los, Fournel?"

„Die Sowjets sickern an unserem linken Flügel ein. Wir werden bald eingeschlossen sein."

„Keine Überstürzung. Die haben uns noch nicht."

„Hauptsturmführer, Bicou läßt Ihnen melden, daß alle Ausgänge schon unter Feuer liegen. Es ist eine wahre Mausefalle."
Der Bataillonskommandeur weiß, daß er jetzt den fatalen Augenblick nicht mehr länger hinausschieben kann. In wenigen Minuten könnte es schon zu spät sein. Sie würden in der Falle sitzen und sich nicht mehr aus der sowjetischen Umklammerung lösen können, die sich in ihrem Rücken zu schließen beginnt.
Der Kampf fordert immer wieder seine Opfer. Männer fallen über ihrer Waffe, sofort tot oder schwer verwundet. Die Sowjets haben in den gegenüberliegenden Häusern Scharfschützen plaziert und beginnen den Gefechtsstand unter gezieltes Feuer zu nehmen. Von den französischen Stellungen wird das Feuer erbittert erwidert. Man versucht, einzelne Sowjets, die in Fensterwinkeln und hinter Kaminen versteckt sind, unschädlich zu machen. Duelle entspinnen sich. Unsicher. Mörderisch. Feuerstöße aus Sturmgewehren lassen erkennen, daß erneut russische Infanteristen eingesickert sind.
„Wie zahlreich die doch sind!" sagt Unterscharführer Capand.
„Und sie schießen genau", fügt sein Freund Finkler hinzu, der dem verletzten Fernet immer noch als Führer und Stütze dient.
Der Bataillonskommandeur wendet sich an Douraux.
„Wenn sie die Kellerräume noch nicht besetzt haben, müssen wir versuchen, dort Feuer anzulegen."
Schon stürzt Couturin davon. Er ist Angehöriger der Pariser Feuerwehr seit etlichen Jahren. In dieser Schlacht um Berlin ist er ein gefürchteter „Brandstifter". Keiner versteht wie er die Technik, Kisten oder alte Zeitungen in ein wirksames Feuer zu verwandeln. Trotz des heftigen Feuerzaubers gelingt es ihm, die Straße zu überqueren.

Dann eilt er in die Keller, wo er Brennmaterial von vielfältiger Art vorfindet. Schon nach kurzer Zeit dringt heller Rauch aus den Kellerlöchern. Flammen steigen hoch und erreichen die Stockwerke.

„Bravo, Couturin", wirft Fernet ein, als dieser zurückgekehrt ist. „Solange die Popofs Feuerwehr spielen müssen, lassen sie uns in Ruhe."

Im Schutze des Rauches, der den Sowjets die Sicht nimmt, verlassen die Männer des Gefechtsstandes eilig ihr aufgerissenes Kellergeschoß und laufen über ein Ruinengrundstück zur neuen Frontlinie, die sich nunmehr etwa fünfzig Meter rückwärts ihrer alten Stellung in der Hedemannstraße befindet.

Die Rotarmisten in den brennenden Gebäuden haben ihre Rückzugsabsicht bemerkt. Sie jagen ihnen einige Feuerstöße nach und werfen Handgranaten hinterher. Aber die Schüsse liegen ungenau. Die Sowjets sind durch den Brand und den Rauch so behindert, daß sie ihre Gegner trotz des offenen Geländes nicht genau ausmachen können. Schnell gleiten die Reste des Bataillons zwischen den Trümmern hindurch in ihre neue Stellung. Finkler und Douraux helfen dem humpelnden Fernet. Er will sich nicht zu lange im Vorfeld aufhalten. Schlecht gezielte Geschosse pfeifen aus allen Richtungen.

Ebenso läßt planloses Artilleriefeuer die Häuser erzittern. In diesem Viertel bleibt von ihnen nicht einmal ein Drittel stehen. Mit Gebrüll besetzen die Sowjets den geräumten fünfzig Meter breiten Geländestreifen, den sie unter furchtbaren Verlusten gewonnen haben. In den vernichteten Panzern detoniert noch immer Munition. Die Leichen der Besatzungen verbrennen und verbreiten einen schrecklichen Geruch verkohlten Fleisches.

Die neuen Stellungen liegen in der Puttkamerstraße. Die Männer der französischen Waffen-SS richten sich dort eiligst ein. Der letzte Mann, der eintrifft, ein großer, blonder, fast rothaariger Bursche, scheint an einem Bein verletzt zu sein; er hat Mühe, seinen Kameraden nachzukommen. Es gelingt ihm nicht, eine eiserne Leiter zu überwinden. Sein Kamerad Levast packt ihn an den Rockaufschlägen und zieht ihn Stufe für Stufe hinauf. Querschläger surren bedrohlich umher. Die Rotarmisten brüllen. Überall Brände. Brennende Balken stürzen aus oberen Stockwerken samt Mauerteilen herunter. Der Boden verschwindet unter Bergen von Steinen und Ziegeln. Manchmal scheinen ganze Häuser auseinanderzubrechen, legen sich auf die Seite, knicken ein und stöhnen unter gewaltigen Staubwolken.

„Beeilt euch!" befiehlt Fernet.

Der Bataillonskommandeur sieht Levast, der immer noch dem Verwundeten hilft, und fragt ihn:

„Findest du zur U-Bahnstation ‚Stadtmitte'?"

„Aber sicher, Hauptsturmführer!"

„Dann führe den Verwundeten dorthin und fordere Verstärkung beim Brigadeführer an. Ich brauche Männer, Munition und Panzerfäuste."

Levast gelangt zum Eingang der Station „Stadtmitte" und übergibt seinen Kameraden den Sanitätern der Division Nordland. Krukenberg ist froh, endlich wieder eine Meldung von Fernet erhalten zu haben. Er scheint von dessen Forderung nicht überrascht zu sein und befiehlt Levast:

„Sie gehen zu Fernet zurück. Ich gebe Ihnen an Männern und Material mit, was ich noch habe. Es ist nicht mehr viel. Aber Sie werden noch einen ‚Tiger'-Panzer als Unterstützung bekommen."

Levast kann ein Lächeln nicht unterdrücken. Er hat sich immer schon gewünscht, einmal auf der Plattform eines dieser großen Panzer an die Front zu fahren. Jetzt sitzt er mit einigen Kameraden auf der hinteren Deckplatte.

Sie klammern sich an allen möglichen Eisenteilen fest und sind bedacht, keine Munitionskiste und keine Panzerfaust fallen zu lassen. Levast kauert sich hinter dem Turm an die starke Panzerwandung.

Der Panzer setzt sich dröhnend in Bewegung und wendet sich dem Häuserkomplex zu, der nunmehr von Fernet und den Männern des Bataillons besetzt werden soll. Die Straßen, durch die der „Tiger" sich bewegt, sind mit Trümmern und herausgerissenen Straßenbahnschienen verstopft. Man sieht niemanden. Nicht einmal mehr Männer des Volkssturms oder Jungen der Hitlerjugend.

Plötzlich hallt ein donnerndes Getöse wider. Der „Tiger" scheint einen Satz nach vorn zu tun, wie von einer gewaltigen Kraft gejagt. Eine großkalibrige Granate ist nur wenige Meter neben ihm niedergegangen. Die Wirkung ist grauenhaft.

Levast hat den Eindruck, einen starken Stockschlag ins Kreuz bekommen zu haben. Er steht auf, will sich am Auspuff festhalten, verbrennt sich fürchterlich die Hände und springt auf die Erde. Er ist voller Blut. Einem Kameraden wurde der Körper aufgerissen. Er ist über ihn hinweggerollt und hat seinen Kampfanzug mit Blut vollgespritzt.

Ein anderer liegt schwer verwundet auf dem Pflaster, sterbend. Niemand kann ihm mehr helfen. Levast beugt sich über ihn; es ist ein ganz junger Freiwilliger, den er nicht kennt.

„Ein Junge", sagt er zu sich selbst wie im Traum.

Aber er hat keine Zeit, Gefühle aufkommen zu lassen. Die Beschießung hält an. Wird noch dichter, noch genauer. Levast will sich schnell entfernen, aber er fällt hin. Sein Kreuz tut ihm fürchterlich weh. Er kann nicht mehr gehen. Da fühlt er einen Arm, der ihn stützt. Eine Stimme sagt: „Halt dich an mir fest. Du brauchst keine Angst zu

haben. Ich verlasse dich nicht. Ich werde dich in Deckung bringen."
Er erkennt den Kameraden wieder, mit dem er die Flasche Cointreau in dem Uhrmacherladen ausgetrunken hat, als sie noch vor Tagen in Neukölln im Kampf lagen.
Levast sieht noch, daß sie durch ein Tor gehen. Er muß Treppen hinuntersteigen. Muffiger Kellergeruch dringt auf ihn ein. Er sieht Schatten im Halbdunkel, gegen das einige armselige Kerzen ankämpfen. Ist es ein Sanitätsposten? Er führt die Hand zu seinem Rücken, reibt sich die Lenden. Als er die Hand zurücknimmt und sie betrachtet, stellt er fest, daß sie voll von Blut ist. Levast hört sich noch in Deutsch sagen:
„Ich bin verwundet."
Dann wird er ohnmächtig.

Als Levast wieder zu sich kommt, ist sein Kamerad nicht mehr da. Er ist allein mit einem jungen Belgier vom Berliner Luftschutz.
„Wir können hier nicht bleiben", sagt der Landsmann von Léon Degrelle. „Ich werde dir helfen."
Levasts Verwundung ist zwar sehr schmerzhaft, aber doch nicht so schwerwiegend, daß er sich nicht selbständig bewegen könnte. Die beiden Männer steigen aus dem Keller heraus, überqueren die Straße, von Granattrichter zu Granattrichter springend. An der Ecke Kochstraße und Wilhelmstraße entdecken sie einen zerstörten Panzerwagen mit Maschinengewehr.
„Wir machen einen Sprung und legen uns hinter ihn", meint der Belgier.
Aber da schlägt eine Granate ein, genau an der Stelle, wo sie in Deckung gehen wollten.
„Verdammter Mist", flucht Levast. „Versuchen wir, in den U-Bahn-Tunnel zu kommen."

Einige Minuten später liegt er in dem U-Bahn-Tunnel auf einer Bank. Eine Krankenschwester bemüht sich in dem behelfsmäßigen Sanitätsposten um ihn. Levast wird sorgfältig behandelt. Er erhält sogar das Verwundetenabzeichen. Dann wird er in einen Krankenwagen verladen, der von einem italienischen SS-Mann gefahren wird. Ein halbes Dutzend Schwerverwundeter sind mit ihm zusammen in dem Fahrzeug untergebracht, das unendlich lange zu einem anderen Verbandplatz unterwegs zu sein scheint. Endlich ein neuer Keller. Krankenschwester. Spritze. Schlaf.

Frontlinie Puttkamerstraße

Sonntag, 29. April 1945. Am Vormittag verläuft die neue Front in der Puttkamerstraße, einer Parallelstraße zur Hedemannstraße, die ebenfalls Wilhelmstraße und Friedrichstraße miteinander verbindet. Ein ganzes Netz unterirdischer Gänge verschafft den Männern der französischen Waffen-SS ausgezeichnete Verbindungen zu ihren Stützpunkten. Die Zugänge sind der Sicht des Feindes und seinem Feuer entzogen.

„Hier liegen wir besser", stellt Fernet fest. „Aber es ist doch ärgerlich, daß wir etliche Meter den Russen überlassen mußten."

Der Bataillonskommandeur macht mit Douraux einen Rundgang durch die Stellungen. Zur Linken, an der Ecke Friedrichstraße, bemerkt er ein großes zerstörtes Gebäude.

„Diese Ecke paßt mir nicht", teilt er Douraux mit. „Wir werden es schwer haben, sie unter Kontrolle zu halten.

Wenn die Sowjets aufklären, werden sie hier eine herrliche Gelegenheit finden einzudringen." Das feindliche Feuer verstärkt sich wieder und rückt näher. Die Detonation einer Granate ganz in der Nähe zwingt sie in Deckung.

„Verwundet?" fragt der Oberjunker.

„Nein. Glück gehabt. Wir bekommen jetzt 120-mm-Granatwerfer auf den Pelz. Das ist bestimmt kein Spaß."

Die alten Kämpfer der Ostfront kennen diese gefürchtete Waffe, deren Genauigkeit und Wirkung bei allen, die einmal unter ihrem Feuer lagen, böse Erinnerungen hinterlassen haben.

Die Bedienungsmannschaften der sowjetischen Granatwerfer schießen sich auf die französischen Stellungen ein, die sie von nun an nicht mehr aus den Augen lassen. Unaufhörlich schlagen die Geschosse ein und verursachen ernste Verluste.

„Achtung! Die Popofs!"

Die russischen Infanteristen scheinen entschlossen zu sein, ihre Gegner nicht mehr zur Ruhe kommen zu lassen, und wollen ihren leichten Vorstoß ausweiten.

„Wir machen einen Gegenangriff", bestimmt Fernet.

Der Bataillonskommandeur will unbedingt die Front begradigen und Gefechtsvorposten einsetzen, die den neuen Stellungen etwas mehr Luft verschaffen.

„Mit welcher Einheit wollen wir denn dieses Unternehmen durchführen?" fragt von Wallenrodt zweifelnd. „Nach dreißig Stunden ununterbrochenem Kampf sind unsere Männer allmählich erschöpft."

„Dann schicken wir eben die Polizei vor."

Die älteren deutschen Beamten der Sicherheitspolizei treten trotz mangelnder Kampferfahrung mit beachtlicher Verbissenheit zum Angriff an. Die französischen SS-Männer geben ihnen mit allen Waffen Feuerschutz. In wenigen Minuten ist der Kampf an der ganzen Front entbrannt.

„Wenn wir nur schwere Waffen hätten", sagen immer wieder die Verteidiger der Puttkamerstraße.
Sie kämpfen ohne Geschütze, ohne Granatwerfer. Ihre wenigen Maschinengewehre sind nicht in der Lage, die Rotarmisten auszuschalten, die den Polizeibeamten schwere Verluste zufügen, bevor sie sich wieder einige Meter Ruinengelände abnehmen lassen.
„Panzer! Sie kommen wieder!"
Der Gegenangriff der Franzosen ist kaum beendet, als die Sowjets schon wieder ihre Panzer in die Schlacht werfen.
Ein ungeheures Getöse tobt in dem Viertel. Man hört das zehnfache Echo vom Dröhnen der Motoren und Gleitketten.
Der Bataillonskommandeur stürzt humpelnd an eine Schießscharte und traut seinen Augen nicht. Er ruft von Wallenrodt und Douraux.
„Schaut mal, was die da vorbereiten."
Die russischen Panzerbesatzungen haben ihre Angriffsfehler der vorhergehenden Tage eingesehen und greifen jetzt nicht mehr mit mehreren Panzern hintereinander an, sondern in Gruppen zu sieben oder acht Panzern, die Kette an Kette nebeneinander vorgehen. Eine Mauer aus Stahl und geballter Feuerkraft. Die Männer müssen das Wagnis auf sich nehmen, diesen Ansturm mit der Panzerfaust aufzuhalten, indem sie alle Panzer zur gleichen Zeit angreifen. Die Gefahr, überrollt zu werden, ist riesengroß. Wenn es ihnen nicht gelingt, ihre Ziele treffsicher zu erreichen, kann diese auf die französischen Stellungen zukommende Panzerwoge nichts mehr aufhalten. Doch dort verengen Trümmer und andere Hindernisse die Straße. Die Sowjets können nicht mehr als zwei Panzer nebeneinander vorgehen lassen. An diesem Engpaß erwarten die Männer Webers ihre Opfer.

Zweimal kracht die Panzerfaust. Beide Male ist das Ziel getroffen. Die zwei Spitzenpanzer liegen unbeweglich in der Straßenmitte und fangen zu brennen an.
Die nachfolgenden haben begriffen, daß sie in eine Falle laufen, und rollen zurück. Doch die Sowjets geben ihren Angriff keineswegs auf. Sie versuchen jetzt, die Trümmer ihrer Panzer nach rückwärts zu ziehen. Wenn sie die Straße frei machen, so kann das nur bedeuten, daß sie einen neuen Angriff vorbereiten.
Während sich die Rotarmisten um den Rücktransport der getroffenen Kolosse bemühen, beginnt wieder das pausenlose Trommelfeuer. Die Geschützbedienungen der russischen Granatwerfer lassen Geschoß um Geschoß in die 120-mm-Rohre gleiten.

*

Die Gefahr eines Einbruchs ist abgewendet. Drei Sowjetpanzer sind zerstört worden und brennen. Einer der Vorposten, Oberscharführer Olliver, ist unruhig. Er befürchtet einen neuen Ansturm und ein Einsickern des Feindes. Er entschließt sich, das Gebäude auf der anderen Straßenseite zu besetzen, und ruft den Sturmmann Caulond und ein halbes Dutzend Männer der 4. Kompanie zu sich.
„Die Sache ist sehr einfach", sagt er zu ihnen. „Wir steigen von einem Haus zum anderen bis zur ersten Straße, die wir an der Kreuzung überqueren."
Die kleine Gruppe der französischen SS-Männer zieht sofort los und beginnt ihren Vorstoß. Heftiges Artilleriefeuer liegt auf den Ruinen. Herabstürzende Ziegelsteine begraben den Sturmmann und seinen Vorgesetzten unter sich. Olliver taucht stöhnend mit zerrissener Uniform halb aus den Trümmern auf. Sein Gesicht ist geschwollen wie das eines Boxers nach einem schweren Kampf, blutig und

verstaubt. Seine Männer stürzen herbei und wollen ihm helfen. „Achtung, Jungs, vorsichtig!"
Die Verwundeten sind mit schußbereiten Panzerfäusten und Handgranaten bewaffnet, deren Zündringe am Ende der Zündschnur hängen. Sie sind in der Tat lebendige Bomben, die durch eine Erschütterung oder eine falsche Bewegung samt ihren Rettern in die Luft gehen können. Es grenzt an ein Wunder, daß durch den Sturz nichts Ernsthafteres passiert ist.
Aber die Männer des Spähtrupps wollen die beiden Verwundeten unbedingt aus den Trümmern herausholen. Sie halten den Atem an, als sie Stein um Stein beseitigen und befürchten müssen, jeden Augenblick von der Detonation zerrissen zu werden. Endlich haben sie die beiden aus ihrer unglücklichen Lage befreit.
Diesmal ist es noch glimpflich ausgegangen. Der Führer der 4. Kompanie hat beide Knie gequetscht, und die Nase ist gebrochen. Sturmmann Caulond neben ihm bereiten tiefe Fleischwunden an den Beinen schreckliche Schmerzen. Beide werden zurückgebracht zu einem Sanitätsposten, der im Kellergeschoß eines Krankenhauses liegt. Olliver wird sofort von einem englischen Arzt operiert, der in der deutschen Wehrmacht dient. Er wird nicht mehr an die Spitze seiner Männer zurückkehren. Nachdem Michel in Neukölln und Labourdette im Tunnel der U-Bahn vermißt sind, ist mit Olliver ein weiterer Kompanieführer des Bataillons 57 ausgefallen. Rostand, der Führer der 3. Kompanie, ist Fernets letzter Kompanieführer.

*

Als alter Soldat ist SS-Hauptscharführer Rostand der Ansicht, daß auch die äußere Haltung einen Teil soldatischer Disziplin ausmacht. Und Disziplin heißt in diesen

Tagen unter Umständen überleben. Er will sich nicht mehr in schmutziger Wäsche schlagen, zumal die zerstörten Läden in Berlin teilweise noch Waren im Überfluß besitzen. Zwischen zwei Kampfhandlungen betritt er schnell ein Wäschegeschäft, zieht sich völlig aus und versieht sich unter seiner zerfetzten Uniform mit frischer Unterwäsche, ein paar neuen Strümpfen und einem sauberen Hemd mit auswechselbarem Kragen. Er steckt den zweiten Kragen und eine schwarze Krawatte in seine Tasche. Dann kehrt er zu seinem Gefechtsvorposten zurück, wo sich ein neuer sowjetischer Angriff ankündigt.

Ein riesiger „Joseph-Stalin-Panzer" erscheint bald auf dem Kampfgelände. Rostand und der junge Bretone de Lurien liegen in einem Zimmer im ersten Stock eines Gebäudes, neben dem Aufzug. Sie überwachen die Straße aus Fenstern, die nichts anderes mehr sind als gähnende Löcher. Ringsherum, in den Wänden, unzählige Einschläge von Granatsplittern. Mit einer gewissen Angst sehen sie die riesige Todesmaschinerie herankommen, immer näher. Die gewaltige Kanone scheint die Häuserwände zu beschnuppern.

„Auf was warten sie denn mit ihren Panzerfäusten?" fragt de Lurien beunruhigt.

„Keine Angst", sagt Rostand beruhigend, „sie werden ihn sich schon packen."

Im gleichen Augenblick hören sie auch schon den Abschuß einer Panzerfaust. Die Abwehrwaffe hat den Panzer nicht verfehlt. Doch gleich darauf fährt das Geschoß eines Querschlägers genau über Hauptscharführer Rostand und François de Lurien in die Decke. Dicke Balken der ohnehin schon brüchigen Zimmerdecke brechen herab, und einer erwischt die beiden voll im Rücken. Sie stürzen betäubt auf den Boden und werden sofort von herabfallendem Schutt und Gipsstaub verschüttet. Männer, die den Vor-

gang beobachtet haben, rufen nach ihnen, doch Rostand und der junge Bretone hören nichts. Ihre Kameraden, in dem Glauben, ihnen sowieso nicht mehr helfen zu können, forschen nicht lange nach ihnen, sondern suchen Fernet auf und erstatten Meldung.
„Unser Kompanieführer ist gefallen."
„Wo ist er denn?" fragt der Bataillonskommandeur.
„Irgendwo unter dem Schutt. Wir können ihn nicht finden. Das ganze Stockwerk muß ihn begraben haben."
Fernet steigt selbst mühsam in den ersten Stock hinauf. Der Führer der 3. Kompanie ist nicht zu sehen, zweifellos tot...
Doch Rostand ist zäh wie eine Katze. Der alte Haudegen hat keineswegs die Absicht, seine Haut schon jetzt zu verlieren. Später, nachdem Fernet bereits wieder den Bataillonsgefechtsstand aufgesucht hat, kommt er wieder zu sich, kriecht und windet sich aus den Trümmern, staubig, die Uniform in Fetzen, zerschunden. Mit Schrecken erinnert er sich plötzlich an seinen Gefährten de Lurien, rutscht auf den Knien und wühlt mit seinen aufgerissenen Händen in dem Schuttberg. Da, endlich findet er ihn, lang hingestreckt, mit dem Gesicht auf dem Boden, mehr betäubt als verletzt; denn dem jungen Bretonen scheinen nur die Trommelfelle geplatzt zu sein; er hat sich nichts gebrochen.
Rostand kann wieder seinen Platz an der Spitze der Kompanie einnehmen. Mechanisch reinigt er sich, klopft den Staub von der Kleidung und stolpert mit seinem Kameraden die Treppe hinunter.
Eine Stunde später taucht Rostand im Bataillonsgefechtsstand auf, bleich wie ein Gespenst und noch ein wenig verstört.
„Menschenskind, du bist ja gar nicht tot!" ruft Fernet erfreut und erleichtert aus.

„Ich habe die ganze Zimmerdecke auf den Schädel gekriegt und bin abgesackt. Bin aber wieder herausgekommen, wie, das weiß ich auch nicht."
Der ehemalige Kolonialfeldwebel scheint noch immer ein wenig benommen zu sein. Er reibt sich die Augen, wodurch die Staubschicht, die sein Gesicht bedeckt, erst richtig auffällt.
„Du kommst aber wie gerufen", sagt Fernet. „Ich habe etwas erhalten, was dir dein seelisches Gleichgewicht wiedergeben wird."
Sein Bataillonskommandeur verkündet ihm sogleich:
„Du bist mit dem Eisernen Kreuz I. Klasse ausgezeichnet worden, ebenso Unterscharführer Albert-Brunet, der eben seinen vierten Panzer vernichtet hat."
Die kurze Verleihungszeremonie findet im Hof eines Wohnhauses innerhalb der französischen Stellung statt. Hauptscharführer Rostand, Frontkämpfer der Ostfront seit 1942, wo er seitdem zu einer der legendärsten Figuren der LVF geworden ist, steht neben dem jungen Unterscharführer Albert-Brunet, einem der fanatischsten französischen SS-Männer der Sturmbrigade.
Douraux bemerkt: „Jetzt ist die Verschmelzung zwischen den Männern des Bataillons 58 und denen des Bataillons 57 bestimmt perfekt."
Von jetzt ab gibt es nur noch eine Einheit und einen Geist. Der Bataillonskommandeur weiß, daß alle um ihn herum dasselbe denken. Er heftet die Orden auf die Feldblusen, deren Tarnmuster unter dem Staub verschwinden.
Lange drückt er die Hand der beiden Unterführer, die er soeben ausgezeichnet hat.
Die kleine Gruppe hat kaum Zeit auseinanderzugehen, als schon wieder eine neue Geschoßlawine aus Granatwerfern auf das von den Franzosen besetzte Viertel niedergeht. Granaten schlagen in Häuser ein, fallen in Höfe

und jagen so dicke Staubwolken hoch, daß einer den anderen kaum noch sehen kann und daß sie fast ersticken.

*

Es scheint, daß General Weidling die Kommandeure der Waffen-SS von seinen Stabsbesprechungen fernhalten will. Weder Krukenberg noch Mohnke werden zu seinem Gefechtsstand gerufen. Die beiden Brigadeführer müssen den Widerstand aufgrund dürftiger Nachrichten, die zu ihnen dringen, selbst improvisieren.
Der Kommandeur der Division Nordland hat noch nicht einmal ein Radioempfangsgerät. Um die U-Bahnstation „Stadtmitte" herum scheint die Stadt wie ausgestorben. An diesem Sonntag macht sich das Gefühl, isoliert zu sein, noch stärker bemerkbar. Weder von General Weidling noch von der Reichskanzlei erhält Krukenberg Weisungen oder irgendwelche Nachrichten. Nur die Verbindungsmänner Fernets und Webers halten den Divisionsstab über die Gefechtslage in der Puttkamerstraße auf dem laufenden.
Pachur kann seinem Chef beachtliche Ergebnisse berichten: „Unterscharführer Vaulot hat seinen achten sowjetischen Panzer vernichtet."
„Ich schlage ihn zum Ritterkreuz vor", beschließt sofort Krukenberg. „Er soll zum Divisionsstab Stadtmitte kommen, damit ich ihn persönlich auszeichnen kann."
Eugène Vaulot, von seinen Kameraden „Gégène" genannt, ist von Beruf Installateur. Er meldete sich seinerzeit zur LVF, wurde in Rußland Unteroffizier und mit dem Eisernen Kreuz ausgezeichnet. Nach einer Verwundung oder Erkrankung schied er aus, meldete sich dann aber erneut — diesmal zur Kriegsmarine. Ende Sommer 1944 wurde er wie alle seine Kameraden zur Waffen-SS überstellt.

Mit zwanzig Jahren erschien dieser erfahrene Frontkämpfer der Ostfront wie ein Junge, der zu allem willens war. Obersturmführer Weber „entdeckte" ihn schon gleich nach seiner Ankunft in Wildflecken und ließ ihn der Ehrenkompanie zuteilen. Nachdem er aus dem Kampfgeschehen am Elsenauer Friedhof und aus dem Einschließungsring Kolberg glücklich herausgekommen war, übertrug ihm Weber die Führung einer Kampfgruppe der Kampfschule. Seitdem hat er sich als Spezialist im Nahkampf und in der Panzerbekämpfung einen Namen gemacht.
„Gégène ist der Champion der Panzerfaust!" sagen seine Kameraden bewundernd und ein wenig eifersüchtig.
In Neukölln hat er bereits zwei T 34 vernichtet, „um in Form zu kommen", wie er sagt. Im Abschnitt Stadtmitte gehen sechs weitere Sowjetpanzer, die auf den Straßen zur Reichskanzlei ausbrennen, auf sein Konto.
SS-Brigadeführer Krukenberg verleiht dem Unterscharführer Vaulot das Ritterkreuz am Nachmittag des 29. April 1945. Die Feierlichkeit findet im Divisionsgefechtsstand im Eisenbahnwagen der U-Bahn statt. Einige Kameraden umringen „Gégène", der seine Freude und seinen Stolz nicht verbergen kann, daß er der erste Franzose ist, dessen Leistung auf diese Weise anerkannt und gewürdigt wird.
Als Krukenberg an dem kleinen Installateur, der so souverän mit der Panzerfaust umzugehen weiß, die Auszeichnung vornimmt, betont er in französischer Sprache die soldatischen Tugenden seines Landes.
„Auf allen Schlachtfeldern der Welt haben die französischen Soldaten Zeugnis ihrer Tapferkeit abgelegt. Unterscharführer Vaulot, bleiben Sie dieser Tradition treu . . ."
Dann tritt er vor und legt um den Hals des jungen französischen Freiwilligen das schwarz-weiß-rote Band mit dem Ritterkreuz.

„Im Namen des Führers..."
An der Wand des Berliner U-Bahn-Waggons, aus dem man die Bänke entfernt hat, stehen die Beteiligten dieser Zeremonie in Reih und Glied angetreten und grüßen mit gestrecktem Arm. Auf den weißen Holztischen zittert das Kerzenlicht und zeichnet harte Schatten in die Gesichter. Einige Minuten später verläßt Eugène Vaulot die Station „Stadtmitte" und kehrt wieder zu seiner Kampfgruppe der Kampfschule zurück.

*

Ein skandinavischer Obersturmführer, der die Kompanie der Division Nordland führt, die dem französischen Bataillon Fernet am nächsten liegt, sucht den Bataillonsgefechtsstand auf. Der große Wikinger bekundet eine gesteigerte Herzlichkeit für die Nachbarn, die ihm in dieser Schlacht der Zufall zugeführt hat.
„Ihr Franzosen seid einfach fabelhaft", ruft er aus. „Solange ihr da seid, hält der Abschnitt jedem Angriff stand."
Fernet ist über diese Wertschätzung sehr erfreut und zeigt seinem Gast stolz die Gerippe der Sowjetpanzer, die vor den Stellungen von seinen Männern vernichtet worden sind.
„Gute Arbeit", sagt der Wikinger anerkennend. „Hier nehmen Sie, ich habe Ihnen ein kleines Geschenk mitgebracht."
Er hat in einem Keller seines Abschnitts ein paar Flaschen Wein gefunden. Er läßt sie in der Runde umgehen und ist glücklich, daß er den Franzosen eine Freude machen kann. Alle um ihn herum trinken ein paar Schluck und drücken ihm ihre Anerkennung für diese Geste aus.
„Ihr seid Kenner", sagt er lachend.

Der französische Bataillonskommandeur befindet sich in einem halb schläfrigen Zustand. Nicht weit von ihm hört er den Obersturmführer der Division Nordland und seinen Adjutanten, Oberjunker Douraux, leise miteinander sprechen.
„Sagen Sie ihm nichts, denn die Sache ist noch nicht amtlich", erklärt der Skandinavier. „Aber ich habe erfahren, daß Ihr Bataillonskommandeur zum Ritterkreuz vorgeschlagen ist*."

*

Am Abend des 29. April 1945 sind die französischen SS-Männer entschlossen, ihre Stellungen nicht so bald aufzugeben. Staubbedeckt, übernächtigt, mit fiebrigen Augen und hohlen Wangen bieten ihre Gesichter einen erschreckenden Anblick.
Seit langem mangelt es an Wasser. Sie haben nur noch das zu trinken, was sie in Wasserbecken oder Badezimmern finden. Manchmal haben sie auch Glück und finden in einem Keller ein paar Flaschen Trinkbares. Waschen und Rasieren ist unmöglich geworden. Seit Tagen sieht Berlin nur noch Rauch und Verwesung.
Die Verteidiger der Reichshauptstadt essen alles, was ihnen an Eßbarem in die Hände fällt, falls sie überhaupt die Zeit zwischen den sowjetischen Angriffswellen dafür finden. Dennoch schimpfen sie keineswegs wegen der Verpflegung, die immer spärlicher in die vordersten Linien und zu den Vorposten gelangt.

---

* Das Ritterkreuz wurde Hauptsturmführer Fernet zweifellos auf Vorschlag des Brigadeführers Mohnke verliehen, des Kommandeurs der Waffen-SS-Einheit Reichskanzlei. Diese Tatsache findet ihre Bestätigung in dem Buch von Ernst Günther Krätschmer „Die Ritterkreuzträger der Waffen-SS", S. 412. Fernet erhielt die Auszeichnung am 29. April 1945 „als Kommandeur des Sturmbataillons der 33. Waffen-Gren.-Division der SS ‚Charlemagne' (französische Nr. 1)".

Sie befinden sich in einem eigentümlichen Zustand zwischen unruhiger, angespannter Aufmerksamkeit und Wachsamkeit und physischer Erschöpfung und Ermüdung. Doch sie wagen es nicht, richtig einzuschlafen. Ausgehungert und von Durst geplagt, nicken die Soldaten für höchstens einige Minuten ein, die ihnen wie Stunden erscheinen. Eine plötzliche Detonation jagt sie immer wieder mit verstörtem Blick hoch.
Ihre Hand streicht über das Gesicht, das nach drei Tagen bärtig geworden ist. Die Augen brennen. Sie wissen schon nicht mehr, wie viele Tage sie in dieser im Todeskampf liegenden Stadt sind. Allmählich verlieren sie jede Zeitvorstellung, und mancher ist nur noch ein einziges Nervenbündel. Kämpfen wird für sie ein Naturzustand. Sie sind bereits völlig in dieses höllische Leben eingezwängt, als ob es ewig so andauern müßte.
„Wie einfach das doch ist", erklärt Unterscharführer Albert-Brunet, der auf seiner zerrissenen Uniformbluse das verliehene Eiserne Kreuz I. Klasse trägt. „Es genügt, daß man Panzer zerstört, auf Infanteristen schießt und Handgranaten wirft."
Die Zeit zählt nicht mehr. Alarme, Artilleriefeuer, Angriffe, Brände, Detonationen, das alles folgt laufend aufeinander und geht nahtlos ineinander über. Seit den frühen Morgenstunden des Samstags, des 28. April, stehen sie ununterbrochen in Abwehrkämpfen und wissen nicht, wie lange sie noch diese Ruinen verteidigen müssen, die ihre einzige Welt geworden sind. Eines steht fest: es ist keine Truppe mehr verfügbar, die sie ablösen könnte.
„Der Sonntag ist jetzt bald zu Ende", bemerkt Douraux. „Was für ein Wochenende."
Der Oberjunker ahnt wohl, das für sie eine weit schrecklichere Woche anbrechen wird. Er lebt im Schatten seines Vorgesetzten Fernet, dessen unerschütterlichem Entschluß

er unterworfen ist und der sich und seinen Männern ständig wiederholt:
„Aushalten, kein Rotarmist darf durchkommen! Unser aller Kraft muß auf dasselbe Ziel gerichtet sein. Das ist der einzige Sinn unseres Lebens und damit auch unseres Sterbens."

Der letzte Widerstand

Links und rechts der französischen Stellungen in der Puttkamerstraße scheinen sich alle Truppenteile vom Feind abgesetzt zu haben. Am Abend des 29. April sind die Männer der französischen Waffen-SS allein in einer Art vorgeschobener Spitze. Sie bilden bei der U-Bahnstation Kochstraße zweifellos den Vorposten der Verteidigung der Reichskanzlei.
Die Sowjets stürzen sich erbittert auf diese Spitze, die wie ein Pfeil in ihre Vormarschbewegung auf die Mitte Berlins hineinragt. Panzersturm folgt auf Panzersturm, gleichförmig und in seiner Wirkung furchtbar. Die Infanterie, die den Panzern folgt, wird immer zahlreicher und verbissener im Kampf.
Diese Frontalangriffe sind zum Scheitern verurteilt, denn im Straßenkampf besitzen die Verteidiger den Vorteil ihrer Stellungen. Aber die Sowjets sickern allmählich in die benachbarten Häuser ein. Sie sind gewiß entschlossen, jedes verfügbare Mittel anzuwenden. Neben Maschinengewehren, Handgranaten und Granatwerfern setzen sie jetzt noch Flammenwerfer ein. Lange Feuersäulen zerreißen die Finsternis aus Rauch und Staub.
Der französische Bataillonskommandeur ist entschlossen, auch weiterhin auszuhalten, doch er weiß auch, daß die Verluste in den Reihen seiner Männer immer größer wer-

den. Die meisten sind schon wie er selbst verwundet, aber sie weigern sich, die Truppe zu verlassen, und bleiben bei ihren Kameraden. Man zählt schon die Verletzten gar nicht mehr, die humpeln, einen Arm in der Schlinge tragen oder deren Gesicht von einem Verband bedeckt ist. Das sind Blessuren, die an ihrer Einstellung zum Kampf nichts ändern können.

Die Männer, die man zu einem Verbandsplatz geschickt hat, kommen oft schon bald wieder zurück, um erneut am Kampfgeschehen teilzunehmen.

Oberjunker Douraux zählt im Geist die Kameraden, die mit ihm auf der Führerschule in Neweklau waren, und stellt fest, daß ihre Begeisterung einen schweren Tribut zahlen mußte. Le Maignan, Dumoulin, Cossard, Robelin und Billot sind gefallen. Die Liste der Verwundeten ist endlos: Croseille, Fitelbrand, Ginat, Gardinier, Ulmier, Bertant, Maxime de Castel, François ...

„Ich glaube, ich bin zusammen mit Protopopoff der letzte, der nicht verwundet ist", sagt der Adjutant zu Fernet.

Labourdette ist gefallen, Michel vermißt, Olliver aus dem Kampf gezogen, Rostand hat eine Gehirnerschütterung. In der unmittelbaren Umgebung des Bataillonskommandeurs sind nur noch die beiden SS-Führer Douraux und von Wallenrodt übriggeblieben. Sein Adjutant vergißt mitten im Getümmel nicht, daß er noch jüngst Kriegsberichter gewesen ist. Diese rauhe Schule hat ihn gleichzeitig Beobachter und Kämpfer werden lassen. Er bewahrt immer eine gewisse Zurückhaltung, die aber in Verbindung mit seiner ruhigen Natur aus ihm einen hervorragenden Gefährten und aufrichtigen Kameraden im Verlauf des Krieges gemacht hat. v. Wallenrodt hat sich seit Beginn der Kämpfe mehrmals einer gefahrvollen Lage entziehen müssen; er ist für seinen ständigen Einsatz mit dem Eisernen Kreuz ausgezeichnet worden.

Der Gefechtsstand des französischen Bataillons ist in eine große Buchhandlung verlegt worden. In den verwüsteten Geschäftsräumen blättern Melder in Kunstbüchern; sie bringen ihrem Chef einen Band.
„Schauen Sie mal, Hauptsturmführer, wenn Sie mal wieder Sonne sehen wollen."
Es ist eine prächtige Fotosammlung über Spanien. Lichtüberflutete Plätze, Stierkämpfe, Mantillen, friedliche Volkstänze.
Fernet denkt, daß er auch für die Verteidigung dieser Werke kämpft. Er, der sich vor gar nicht langer Zeit auf den Besuch der Höheren Schule vorbereitete, bevor er die Offizierslaufbahn eingeschlagen hat, findet den Vorgang höchst symbolisch.
„Morgen werden die Mongolen all diese Bücher verbrennen", sagt Douraux.
„Eine ganze Stadt wird mit ihnen verbrennen", fügt von Wallenrodt hinzu.
„Eine ganze Welt", schließt Fernet.

Alles nimmt die gleichförmige Farbe von Staub an. Seit Samstag hat keiner mehr den blauen Himmel gesehen. Ein schrecklicher Nebel hüllt Berlin ein, ziegel- und flammrot. Jedes Artilleriefeuer verstärkt noch diesen Dunst, der zäher und gemeiner ist als der Londoner Smog. In Berlin riecht der Staub nach Feuer und Tod.
Häuser brennen, Mauern stürzen ein. Von Stunde zu Stunde wird die Luft stickiger, mit diesem Geruch nach Rauch, Pulver und verbranntem Fleisch. Die Gesichter sind schwarz von Ruß und Staub.
Vom 29. auf den 30. April, in der Nacht von Sonntag auf Montag, wütet die Schlacht im Abschnitt, den die französischen SS-Soldaten in ihrem opfervollen Einsatz halten, in unverminderter Stärke.

„Wieviel Uhr ist es überhaupt, Hauptsturmführer?" fragt Douraux. „Man kann ja Tag und Nacht nicht mehr unterscheiden."

Immer wieder auflodernde Brände hören nicht auf, den Staubnebel zu beleuchten, der jetzt ganz Berlin eingehüllt hat. Dann brennen wieder Häuser wie Heuschober im August. Panzer leuchten wie Fackeln bei einem Fackelzug. Berlin erlebt erneut vieltausendfach den Reichstagsbrand.

Die ganze Stadt wird von einem unheilvollen Lichterkranz erhellt, der mit seinem rosaroten, violetten und grünlichen Farbgemisch wie eine riesige Glocke über die brennende Reichshauptstadt gestülpt ist. Schwarz stechen die Ruinen gegen die rote und gelbe Glut des Himmels ab.

Berlin gleicht einer phantastischen Operndekoration, deren Licht und Farben wahnsinnige Beleuchter zur höchsten Entfaltung gebracht haben. In dieser schrecklichen Nacht findet der letzte Akt der Götterdämmerung statt, wie sie die nordische Mythologie und Richard Wagner gezeichnet haben.

„Es ist einfach toll!" murmelt Fernet. „Das alles hat nichts Irdisches mehr an sich. Ich habe den Eindruck, der Boden öffnet sich, und alles vergeht im Chaos."

Im Getöse der Explosionen stürzen die Ruinen zusammen, zittert donnernd die Erde, bersten die Farben wie Granaten. Und vor diesem tragischen Hintergrund kämpfen die Männer noch immer. Mitleidlos.

Der betäubende Lärm der Schlacht hat die ganze Stadt erfaßt. Es ist nicht mehr Nacht, sondern der endlose Tag einer blutigen Sonnenwende, an dem die Sonne nicht untergehen will, sondern in einem Himmel voll Funken und Sterne brennt. Berlin geht bis zum äußersten in einen Todeskampf ohne Hoffnung.

„Wir müssen halten", wiederholt der französische Bataillonskommandeur nur immer wieder. Er weiß, daß von nun an keiner mehr schlafen darf, in dieser Nacht ohne Ende und an diesem endlosen Tag, der auf sie folgt.

Staubwolken, Ruß und Rauch sind jetzt so undurchdringlich geworden, daß der anbrechende Morgen sich in einer unendlichen Dämmerung verliert. Die französischen Soldaten stehen in einem entsetzlichen Kampf, in dem ihnen Minuten wie Stunden erscheinen und Stunden auf wenige fieberhafte Minuten zusammenschrumpfen. Niemand vermag mehr den Zeitablauf zu ermessen.

Das französische Bataillon kämpft weiter in der Hoffnung, die Stellung trotz der feindlichen Übermacht halten zu können.

Unaufhörlich kommt über die von Durst, Rauch und Pulver ausgetrockneten Lippen das gleiche fanatische Wort: Aushalten.

Aushalten, als ob das Morgen noch dem Heute gleichen könnte, als ob es in der Zukunft noch andere Tage und andere Nächte geben würde. Aushalten, solange noch Munition, Handgranaten und Panzerfäuste vorhanden sind.

„Aushalten", hämmert Fernet seinen Männern ein.

„Es ist merkwürdig, Hauptsturmführer", bemerkt Rostand, der für einen Augenblick den Bataillonsführer aufsucht, „wir haben heute den 30. April. Der Jahrestag von Camerone."

*

An diesem Montag, dem 30. April 1945, denkt SS-Brigadeführer Krukenberg ahnungsvoll, daß am folgenden Tag, am 1. Mai, der sowjetische Hauptangriff stattfinden wird, denn das feindliche Feuer wird immer stärker. Garbenweise fallen die Granaten herunter und lassen das aufgesprungene Gewölbe der U-Bahnstation „Stadtmitte" erzittern.

„Das sind Stalinorgeln, die uns eindecken", meint Pachur. „Zweifellos greifen die Rotarmisten anschließend wieder an."
Ein Melder kommt mit der Nachricht:
„Die tägliche Kommandobesprechung des Abschnitts Mitte ist abgesagt."
„Um so besser", sagt Krukenberg zu Pachur, „so habe ich wenigstens Zeit, mich mal wieder um unsere Männer zu kümmern."
Freiwillige bringen Verpflegung, Tabakwaren und Munition zu den vordersten Linien. Sie kommen alle innerlich gestärkt und durch die gute Kampfmoral ihrer Kameraden, die sich auf sie übertragen hat, zurück.
Im U-Bahnhof „Stadtmitte" ist im Divisionsgefechtsstand der Rottenführer Evrand ständig in Bereitschaft; er gehört zur Meldestaffel, führt aber auch Spähtruppaufgaben durch.
Ein Oberscharführer eilt zum Gefechtsstand und fordert dort Freiwillige an, um einen Verwundeten aus der Feuerlinie zu holen. Evrand meldet sich sofort, ohne zu zögern, mit zwei weiteren Kameraden. Sie steigen auf ein Panzerfahrzeug und fahren in die bezeichnete Straße, wo unter einer Einfahrt ein Soldat mit dem Trikolore-Abzeichen am Ärmel zusammengekrümmt am Boden liegt. Tot. Evrand ruft aus:
„Aber das ist ja Mazoué!"
Er erkennt in ihm einen seiner Studienfreunde wieder, der sich zur gleichen Zeit wie er zur Waffen-SS gemeldet hat und mit den Kompanien des Bataillons 57 nach Berlin gekommen ist. Sie können nichts mehr machen. Sie müssen ihn liegenlassen, ebenso wie die toten deutschen Soldaten und Zivilisten, die alle von Granatsplittern des schweren Artilleriefeuers getroffen worden sind.
Evrand, zum Divisionsgefechtsstand zurückgekehrt, setzt

sich nachdenklich auf eine Bank. Kurz darauf kommt ein anderer französischer SS-Mann von einem Außenauftrag zurück. Er läßt sich neben Evrand erschöpft auf die Bank fallen und murmelt zwischen den Zähnen:
„Es ist hier viel schlimmer als damals in Madrid!"
„Was faselst du da von Madrid?" fragt der Rottenführer.
„Ich war 1935/36 in der Kommunistischen Internationalen Brigade."
„Und warum das?"
„Hör mir gut zu. Das war so . . .: Heute weiß ich, daß es falsch von mir war, mich diesen Dummköpfen anzuschließen. Die europäische Gemeinsamkeit in der Waffen-SS ist eben etwas ganz anderes. Ich bin froh darüber, die Kameradschaft der Waffen-SS im Kampf gegen den Bolschewismus kennengelernt zu haben . . ."

*

Vor dem Häuserkomplex, den das französische Bataillon in der Puttkamerstraße besetzt hält, traut ein Posten seinen Augen nicht. Er beobachtet einen Sowjetsoldaten, der sich auf ihn zubewegt. Er hat seine Maschinenpistole umgehängt. Unter den Armen trägt er mehrere Brotlaibe.
„Was treibt denn der da?"
„Er hat sich sicher zwischen den Linien verirrt", stellt Unterscharführer Bicou fest.
„Den nehmen wir gefangen."
„Das wird nicht schwer sein."
Der Sowjetrusse, ein Unteroffizier, ist völlig überrascht, als er plötzlich einigen SS-Männern gegenübersteht, die ihm mit strenger Miene die Mündung des Sturmgewehrs auf den Bauch drücken. Erschreckt läßt er die Brote fallen. Das ist seine einzige Reaktion. Jedenfalls hat er nicht die Absicht, Widerstand zu leisten. — „Karacho", sagt er nur.

Er zeigt sogar ein Lächeln, als er merkt, daß seine Gegner es hauptsächlich auf seine Brotlaibe abgesehen haben.
Eine Streife führt ihn zum Bataillonsgefechtsstand. Im Austausch mit seinen Broten haben ihm die Franzosen einige Zigaretten gegeben. Der Gefangene raucht in aller Ruhe, ohne seine Freude über diese Geste zu verbergen.
Oberjunker Protopopoff beginnt sofort mit dem Verhör und stellt fest, daß sein Gegenüber ziemlich schlecht Russisch spricht.
„Ich bin doch gar kein Russe", protestiert der Unteroffizier. „Ich bin Ukrainer. Man hat mich mit Gewalt in die russische Armee eingezogen. Ich bin kein Kommunist. Ich hasse Stalin."
Protopopoff weiß nicht so recht, was er von der Aussage halten soll. Ob sein Landsmann wohl etwas übertreibt? Ob er es aufrichtig meint, läßt er dahingestellt. Immerhin bringen seine Erklärungen eine ungewöhnliche Abwechslung an diesem Morgen des 30. April.
Dem jungen Oberjunker, der den Gefangenen verhört, scheint die Sache allmählich Spaß zu machen. Er erweckt bei seinem Gesprächspartner Vertrauen. Rasch entsteht eine Atmosphäre slawischer Gutmütigkeit. Der russische Prinz und der ukrainische Unteroffizier plaudern miteinander wie zwei Freunde, die vor irgendeinem russischen Bauernhaus sitzen. Von Zeit zu Zeit läßt der Oberjunker unauffällig und sehr geschickt eine Frage von militärischem Interesse in das Gespräch einfließen. Der Gefangene zeigt keinerlei Mißtrauen und redet — viel zu viel.
„Was er sagt, ist sehr interessant", kündet Protopopoff an.
„Wissen Sie, Hauptsturmführer, daß man heute bei den Sowjets eine Mitteilung verbreitet hat, die den bevorstehenden Sieg verkündet? Es sei, so heißt es, nur noch ein Quadratkilometer von Berlin zu erobern."

„Und wann haben sie vor, mit uns Schluß zu machen?" fragt Fernet.
„Morgen, am 1. Mai."
Die Melder des Bataillons Fernet lachen aus vollem Hals, als sie diese Nachricht vernehmen. Bicou sagt:
„Morgen werden wir auch noch hier sein, mein Lieber. Und wenn deine Kameraden einen Ausflug hierher machen, werden wir ihnen einen tollen Empfang bereiten."
Protopopoff übersetzt lächelnd, was Bicou gesagt hat. Der ukrainische Unteroffizier wundert sich nicht über diese Aussage und bekennt plötzlich:
„Die Panzerbesatzungen wollen nicht mehr gegen euch kämpfen. Man muß sie mit vorgehaltener Waffe zwingen, ihre Panzer zu besteigen."
„Na, jetzt machst du dich über uns lustig", ruft Protopopoff aus.
„Njet!" beharrt der Ukrainer. „Die Besatzungen der Spitzenpanzer wissen doch, daß sie keine Chance haben."

*

In der Nacht vom 30. April zum 1. Mai rollen die russischen Kolonnen pausenlos heran. Der ukrainische Gefangene hat nicht übertrieben. Die Rote Armee will am 1. Mai Berlin endgültig erobert haben.
Grölend, vom Wodka angeheizt, begleiten die Infanteristen die Kampfwagen. Doch die französischen Freiwilligen leisten entschlossenen Widerstand. Dieser 1. Mai 1945 wird keinesfalls der Tag der Einnahme Berlins sein. Sie lassen die Stahlfestungen bis auf wenige Meter an die Hausruinen herankommen, in denen sie dem Gegner auflauern. Dann schießen sie aus nächster Nähe die tödliche Ladung ab. Auf die dumpfe Detonation der Panzerfaust folgen die Feuerstöße aus den Sturmgewehren. Die Be-

gleitinfanterie wird noch im Sprung von den Geschossen gepackt. Nur ganz wenige entgehen diesem gezielten Feuer aus nächster Nähe. Sie flüchten zurück, immer wieder vor dem Geschoßhagel der Verteidiger Deckung suchend.
„Wenn wir doch Panzer oder Geschütze oder auch nur Granatwerfer zur Verfügung hätten", seufzt Fernet.
Mangels schwerer Waffen müssen seine Männer sehr häufig im Nahkampf, Mann gegen Mann, den Gegner überwältigen. Den Rotarmisten dagegen ist es möglich, auf weniger als dreihundert Meter Entfernung ungehindert ihre Panzer zu konzentrieren. Zahllose Infanteristen nehmen hinter dieser Stahlwand in aller Ruhe Aufstellung. Niemand ist in der Lage, sie auf diese Distanz mit Infanteriewaffen ernstlich zu gefährden. Man muß immer den günstigsten Augenblick abwarten, wenn die russischen Soldaten mit ihren schweren Maschinenpistolen bis auf ein paar Meter herangekommen sind, um dann überraschend, die Schrecksekunde des Gegners ausnutzend, aus der Deckung hervorzuspringen.
Sollte ihr Angriff die französischen Verteidiger überrennen, so kann nichts mehr ihren Ansturm über die Wilhelmstraße zur Reichskanzlei aufhalten.
„Wir müssen weiterhin unsere Stellung halten", wiederholt Fernet. „Bei der geringsten Schwäche bricht alles zusammen."
Der französische Bataillonskommandeur ahnt in dieser verzweifelten Lage, daß hinter seinem Rücken keine Verbände mehr stehen. Er wird auch keine Verstärkung mehr bekommen. Seit dem Vorabend ist auch der Nachschub an Verpflegung, vor allem Wasser, und an Munition nicht mehr gesichert. Die Munition wird knapp, viele Männer haben sich verschossen, sie fallen aus, oftmals tot oder verwundet.
Der Lärm von Panzerketten wird noch ohrenbetäubender,

und laut gellen die Schreie der russischen Infanteristen. Ein Franzose schreit so laut er kann:
„Ein Panzer hat die Kampflinie durchbrochen!"
Einem T 34 ist es überraschend gelungen, an dem Häuserkomplex in schneller Fahrt vorbeizustoßen, in dem sich die französischen SS-Männer zur Verteidigung eingerichtet haben. Schon rollt der Einzelgänger in die Wilhelmstraße. Nichts scheint ihn mehr aufhalten zu können. Schon ist er gut dreißig Meter hinter den vorderen Stellungen des französischen Bataillonsabschnittes. Dieser Panzereinbruch löst eine Augenblickskrise aus, die der Beginn eines allgemeinen Durchbruchs der Sowjets sein könnte. Doch da springt schon ein SS-Freiwilliger dem rollenden Stahlungeheuer entschlossen entgegen, die Panzerfaust in der Hand. Schießt. Schwer getroffen bricht der T 34 hinter den französischen Stellungen auseinander, bewegt sich noch einige Meter nach vorn und bleibt dann regungslos liegen. Rauch zeigt als Vorbote die nächste Detonation an, die nicht lange auf sich warten läßt. Der Kampfwagen brennt wie eine Fackel, für die Besatzung tödlich, für die Verteidiger ein Fanal.

Im Namen des Führers

Endlich ist eine Feldtelefonverbindung zwischen dem Divisionsgefechtsstand in der U-Bahnstation „Stadtmitte" und dem Bunker der Reichskanzlei hergestellt. Am Dienstag, dem 1. Mai 1945, klingelt es morgens um 07.00 Uhr im U-Bahn-Waggon.
„Krukenberg? Mohnke am Apparat. General Krebs, Oberst von Dufing und Oberstleutnant Seifert haben die Frontlinie zu den Sowjets passiert."
„Was wollen die denn da drüben?"

„Man spricht von Verhandlungen."
„Mit den Sowjets?"
Der Brigadeführer gibt auf die Frage keine Antwort. Statt dessen läßt er Krukenberg eine viel schlimmere Nachricht wissen.
„Wir können nicht mehr auf die Armee Wenck zählen."
„Warum nicht?"
„Wenck konnte den Umschließungsring der Sowjets um Berlin nicht durchstoßen."
Nach einer Pause fügt Mohnke hinzu:
„Die Rote Armee ist übermächtig, und der Druck wird zusehends stärker. Aber wir müssen trotzdem aushalten. So lautet der Befehl. Der Befehl des Führers."
Die letzten Verteidiger der Reichshauptstadt und auch mancher von denen, die im Kellergeschoß der Reichskanzlei stationiert sind oder sich dort aufhalten, wissen noch gar nicht, daß sich am Tag zuvor um 15.30 Uhr Hitler mit einem Pistolenschuß in den Mund das Leben genommen hat.

*

Oberjunker Protopopoff und sein Freund Douraux, beides Ehemalige der LVF, sind die beiden einzigen Führeranwärter von Neweklau, die noch unverletzt sind. Ihre Kameraden, die mit ihnen nach Berlin gekommen sind, sind im Verlauf der Schlacht um diese Stadt entweder gefallen oder schwer verwundet.
Protopopoff, blond wie ein Märchenprinz, ist der Sohn einer bekannten zaristischen Familie, die bei Beginn der bolschewistischen Revolution nach Frankreich emigriert ist. Jetzt kämpft er verbissen gegen die rote Flut, gegen seine Landsleute in der Roten Armee. Für ihn geht der Bürgerkrieg weiter.
Protopopoff steht jetzt mit dem Sturmgewehr in der

Hand unter einem Gewölbe und bewacht einen kleinen Gang, in dem jeden Augenblick Rotarmisten auftauchen können. Er schaut aufmerksam umher. Eine Locke der blonden Haare fällt in die Stirn über den hellen Augen dieses großartigen Russen aus dem Norden. Hauptscharführer Rostand geht auf ihn zu und fragt mechanisch:
„Klappt alles? Ist alles in Ordnung?"
Protopopoff gibt keine Antwort darauf. Nachdenklich läßt er dagegen die Bemerkung fallen:
„Es sind nicht mehr viele französische SS-Männer der Division Charlemagne übrig."
„Das stimmt", sagt Rostand nur.
Der Oberjunker entfernt sich. Er will sich an einem anderen Platz auf die Lauer legen, von dem aus er sich eine bessere Sicht auf die russischen Stellungen verspricht. In diesem Augenblick krepiert mitten im Hof ein Artilleriegeschoß. Rostand hat sich instinktiv gegen die Mauer geworfen. Als der Staub der Detonation sich legt, erblickt er den Oberjunker in seinem Blut. Ein Splitter in den Kopf hat ihn getötet. Prinz Protopopoff wurde zur großen Armee seiner gefallenen Kameraden abberufen.
Rostand nimmt seinen Platz ein und überwacht den Hof, wo die russischen Infanteristen einsickern könnten. Um den Führer der 3. Kompanie verbleiben nun nur noch ein paar Dutzend Männer*.

---

* Hauptscharführer Rostand, Träger von acht Palmen und vier Sternen auf seinem Kriegskreuz als Legionär, ausgezeichnet mit dem Eisernen Kreuz I. und II. Klasse, vorgeschlagen zum SS-Untersturmführer, wurde bis zur Kapitulation nicht mehr zum SS-Führer befördert. Am 2. Mai 1945 geriet er in Gefangenschaft, wurde von den Sowjets an die Franzosen ausgeliefert, daraufhin zu lebenslanger Zwangsarbeit verurteilt. Zuerst war er im Gefängnis von Riom, wurde dann nach Fontevrault überstellt und 1949 auf freien Fuß gesetzt. Der ehemalige Kolonialberufssoldat hat dann lange Zeit als Handwerker gearbeitet. Heute lebt er zurückgezogen in Südfrankreich an der Küste des Mittelmeeres. Dort schrieb er die Geschichte seiner militärischen Abenteuer an der Ostfront.

Am Spätnachmittag des 1. Mai verunsichert sich die Lage an der von der französischen Waffen-SS gehaltenen Front ernstlich. In das Haus, das sie tags zuvor besetzt haben, schlagen pausenlos Granaten ein; es droht einzustürzen. Das Erdgeschoß mit der verwüsteten Buchhandlung hält zwar noch, doch die darüberliegenden Stockwerke sind völlig zerstört. Parkettboden hängt zur Straße hinaus und stellt für die russischen Flammenwerfer, die jetzt auf die oberen Stockwerke übergreifen, ein besonders gut brennbares Material dar. Schon züngeln Flammen hoch.

„Wir müssen den Fußboden völlig 'rausreißen", wirft Douraux ein.

„Vielleicht kann Couturin..."

Der ehemalige Feuerwehrmann aus Paris zögert nicht, die Organisation der Brandbekämpfung zu übernehmen. Aber sie müssen ohne Werkzeuge und unter dem Feuer des Feindes arbeiten. Couturin stellt schon nach sehr kurzer Zeit fest, daß er den Brand auf diese Weise nicht eindämmen kann. Er wendet sich an seinen Kommandeur:

„Hauptsturmführer, ich kann diesen Brand ohne einen Tropfen Wasser nicht löschen. Wir müssen hier ausziehen, wenn wir nicht lebendigen Leibes verbrennen wollen."

„Wie lange dauert es, bis alles 'runtergebrannt ist?" fragt Fernet.

„Eine halbe Stunde. Höchstens eine Stunde."

Der französische Bataillonskommandeur muß sich absetzen. Es ist nicht unmittelbar der Feind, der ihn aus seiner Stellung in der Puttkamerstraße vertreibt, sondern dieser Brand. Wo aber jetzt so schnell ein neues Widerstandszentrum finden?

Etwas weiter zurück hinter den gegenwärtigen Linien, an der Ecke Wilhelmstraße und Prinz-Albrecht-Straße, erstreckt sich das große Gebäude des Reichssicherheitshauptamtes. Dort wird sich der Widerstand aufbauen lassen.

Aber sie müssen die alte Stellung noch kurze Zeit halten. Die Männer kämpfen weiter, während das Feuer über ihren Köpfen wütet. Couturin und seine Kameraden versuchen immer noch, wenn auch mit wenig Erfolg, gegen dieses Unheil anzugehen.
Schwarz wie ein Kohlenträger kommt der ehemalige Feuerwehrmann in die Buchhandlung und meldet:
„Es geht nicht mehr, Hauptsturmführer. Wir können das Feuer nicht aufhalten. Wenn die Flammen das Erdgeschoß erst erreicht haben, brennt der ganze Laden wie Zunder. Wir müssen hier 'raus."
Ein dicker, unerträglicher Qualm, vermischt mit Staub und Ruß, beginnt sich auszubreiten. Dazu noch die Hitze des Feuers. Das Atmen wird beängstigend schwieriger. Die Sicht ist den Männern genommen. Schatten taumeln halb erstickt umher.
„Wir brechen auf", befiehlt Fernet.
Mechanisch schaut er auf seine Uhr. Es ist 18.00 Uhr am 1. Mai 1945.

*

Das Gebäude des Reichssicherheitshauptamtes ist eine Ruine. Aber die Keller, die zur Prinz-Albrecht-Straße hin liegen, gewähren noch brauchbaren Schutz. Die französischen SS-Männer richten sich zur Verteidigung ein. Die Kellerfenster, zur Hälfte über die Erdoberfläche hinausragend, werden zu Schießscharten.
Der Kampf geht pausenlos mit unverminderter Heftigkeit weiter. Am Abend des 1. Mai entwickelt sich rechts von ihnen ein mörderischer Infanteriekampf, der sich auf die Saarlandstraße und die Eisenbahnlinie vom Anhalter Bahnhof zum Potsdamer Bahnhof konzentriert. Sturmgewehre und russische Maschinenpistolen krachen unent-

wegt. Der langsame Rhythmus der alten Maxim-Gewehre und das rasche Stakkato der MG 42 wechseln einander ab. Die wenigen französischen Grenadiere können leicht den erbitterten Kampf verfolgen, der sich ganz in ihrer Nähe abspielt.

Mit Einbruch der Dunkelheit halten die französischen SS-Männer noch immer das Kellergeschoß des Reichssicherheitshauptamtes besetzt. Ein Kellerraum dient gleichzeitig als Gefechtsstand, als Sanitätsposten, als Unterstand und als Ruheplatz zwischen zwei Angriffen. Durch einen Melder läßt SS-Brigadeführer Krukenberg, wie eine letzte Botschaft von ihm, einige Eiserne Kreuze überbringen. Fernet wird sie denjenigen Männern persönlich anheften, die sich bei den Kämpfen in der Hedemannstraße und der Puttkamerstraße besonders ausgezeichnet haben.

In einem Keller des Reichssicherheitshauptamtes haben die französischen Freiwilligen eine Kiste mit Kerzenständern aus gebranntem Ton gefunden. Es sind Julleuchter, die nach der Überlieferung nordischen Brauchtums hergestellt wurden. Sie werden im Rahmen der Feier zur Wintersonnenwende verwendet. Die vier Seiten sind oben herzförmig durchbrochen und zeigen unten in Form einer Sonne die Doppelrune von Leben und Tod. Jetzt wird ein Leuchter gebraucht, in dieser Walpurgisnacht, in der die letzten Verteidiger der Reichskanzlei entschlossen sind, ihrer europäischen Idealvorstellung treu zu bleiben bis zum letzten Atemzug.

Die Flamme umschlingt zitternd den Kerzendocht, ehe sie den ganzen Raum ausleuchtet und Feierlichkeit ausstrahlt.

Die Männer stellen sich so gut es geht in diesem Kellergewölbe auf. Das Gemäuer erzittert bei jeder Detonation und läßt die Kerze des Julleuchters aufflackern. Staub rieselt von der Decke.

„Im Namen des Führers..."
Der Bataillonskommandeur heftet die Auszeichnungen auf die Tarnjacken seiner Männer. Die Leopardenblusen sind zerschlissen, staubig und meistens auch blutverkrustet. Das Eiserne Kreuz mit seinen spitzen Ecken und der Silberumrandung am schwarz-weiß-roten Bande wirkt unwahrscheinlich strahlend bei dem Kerzenschein.
Jeder dieser französischen Freiwilligen, die sich zur Waffen-SS gemeldet haben, hatte noch jüngst davon geträumt, eines Tages vor versammelter Mannschaft ausgezeichnet zu werden, die Kompanien im offenen Rechteck angetreten, ein Podium mit Blumenschmuck, der Wind, der die rote Fahne mit dem Hakenkreuz und das schwarze Banner mit den Sig-Runen flattern läßt, die Sonne, die mit ihren goldenen Strahlen zwischen den Zweigen der Bäume spielt und auf ihren Ausgehuniformen die Auszeichnungen glänzend umfängt.
An diesem Abend jedoch hat die außergewöhnliche Feier einen ganz besonderen Rahmen. Die Gesichter sind geschwärzt, von Hunger und Durst und Überanstrengung gezeichnet. Seit einer Woche kämpfen sie, fast ohne zu essen, zu trinken und zu schlafen. Der größte Teil ihrer Kameraden ist gefallen. Das Bataillon ist im Brennpunkt Berlin zusammengeschmolzen. Nur wenige französische Freiwillige sind diesem schrecklichen Schmelztiegel bis zur Stunde entronnen. Das Schicksal wird sie weiterhin fordern. Stunden noch — Tage? Werden auch die letzten noch im Schmelzofen Berlin verglühen? Ihre Gesichter sind mit Bartstoppeln bedeckt, die Augen glänzen fiebrig und wild, die Haut spannt sich über den jungen Gesichtern, ein müdes und doch frohes Lächeln entblößt an diesem Abend ihre Zähne.
Hell schimmern bei den Verwundeten die Verbände auf dem Grau der Kampfanzüge. Seit ihrem Eintreffen in

Berlin haben nur Schwerverwundete für immer die Stellungen verlassen.

Da! Einschläge, näher und heftiger. Das Kerzenlicht des Julleuchters flackert. Schatten tasten an den Mauern des Kellers entlang, wie bei einem Totentanz. Die Bewegungen werden schneller.

Der junge SS-Führer spricht langsam die vorschriftsmäßige Formel; er betont jedes Wort. In diesem Halbdunkel sind seine Augen durch den Widerschein seiner Metallbrille, die die Blässe seines Gesichts hervorhebt, nur schwer zu erkennen. Mit hohlen Wangen und dünnen Lippen hebt er jedesmal kurz den Kopf, wenn er die Hand dessen schüttelt, der das Eiserne Kreuz verliehen bekommt.

Mit seinem durchschossenen Fuß steht er mitten unter seinen Männern und vollzieht zum letzten Mal die Ehrung der Tapfersten.

„Im Namen des Führers..."

Die Feier geht rasch zu Ende. SS-Hauptsturmführer Fernet spricht im Lichtschein des Julleuchters noch einmal zu denen, die er ausgezeichnet hat.

„In dieser Flamme", sagt er, „sahen unsere Vorfahren einst das Bild der ewigen Sonne. Für uns Männer der Waffen-SS soll das Licht nie erlöschen. Wir wissen, daß Nacht und Tod kommen. Aber wir wissen auch, daß die Sonne einst wieder scheinen wird. Wir glauben an das ewige Leben..."

*

Die unter den Bombenangriffen zerschmetterte Reichshauptstadt geht in der Nacht zugrunde. Überall brechen Brände aus und verwandeln die Häuser gleichsam in Scheiterhaufen der Sonnenwende. Morgen wird der Tag der Niederlage vom Rauch der zahllosen Feuersbrünste verdunkelt sein.

DAS ENDE

Die letzten Kämpfe

Dienstag, 1. Mai 1945. Am Morgen läßt der SS-Brigadeführer Krukenberg den Chef der Pioniereinheit der Division Nordland zu sich kommen.
„Der U-Bahn-Tunnel vom Potsdamer Platz zur Reichskanzlei ist durch keinerlei Sperren gesichert", sagt Krukenberg zu ihm. „Ein entschlossener sowjetischer Stoßtrupp könnte uns von rückwärts sehr gefährlich werden. Sorgen Sie dafür, daß dieser Tunnel so abgeriegelt wird, daß ein Überraschungsangriff von dieser Seite unmöglich ist."
Wie lange werden diese mörderischen Kämpfe um die Reichshauptstadt noch andauern? Die Männer der Waffen-SS müssen sowohl hier als auch schon in früheren aussichtslosen Situationen nicht nur die Stellung halten, sondern kämpfend ausharren bis zum bitteren Ende.
Krukenberg eilt, von einigen deutschen und französischen SS-Männern begleitet, zum Reichsluftfahrtministerium. Am Wilhelmplatz angelangt, gerät die Gruppe in ein heftiges Artilleriefeuer, das überfallartig dort niedergeht.
„Vorwärts! Durch die Wilhelmstraße!" ruft Krukenberg.
Die große, breite Straße liegt im Blickfeld sowjetischer Beobachter. Sie haben die kleine Gruppe entdeckt und nehmen sie mit ihren automatischen Waffen unter Feuer. Die

russischen Maschinengewehrschützen brauchen nicht zu befürchten, daß ihnen die Munition ausgeht. Gurt um Gurt geht durch den Lauf.

Vor dem Luftfahrtministerium stehen am Bürgersteig Fahrzeuge mit Infanteriemunition. Fahrer und Beifahrer haben, so wie es scheint, ihre gefährliche Fracht aufgegeben. Niemand konnte sie offenbar noch in Sicherheit bringen, denn die Feuerüberfälle folgen pausenlos aufeinander und steigern sich zusehends in ihrer Wirkung, untermalt von pfeifenden Infanteriegeschossen, die oft als Querschläger einen immer wieder veränderten Lärm verursachen.

„Achtung, volle Deckung!" brüllt Krukenberg. „Die Fahrzeuge gehen hoch."

Es ist nicht nötig, die kampferfahrenen französischen SS-Männer auf die Gefahr hinzuweisen. Sie haben ein Gespür dafür und gehen rechtzeitig in Deckung, die sie blitzschnell erfaßt haben. Zwei Fahrzeuge sind von den sowjetischen Geschossen getroffen worden. Mit ohrenbetäubendem Getöse steigt deren Ladung in einer Flammengarbe gen Himmel. Die Wagen brennen aus. In der Glut zerspringen noch die restlichen Geschosse. Die Männer sind nicht getroffen worden und springen hinter einen Mauerwinkel.

„Das hier ist eine ganz üble Ecke", bemerkt Pachur, der über die gelassene Ruhe Krukenbergs verwundert ist. Der Brigadeführer wischt mit der Hand den Staub von den Aufschlägen seines grauen Ledermantels.

Nur wenige hundert Meter entfernt haben die sowjetischen Geschütze und Granatwerfer ihre neuen Stellungen bezogen. Von den Mauerresten herab und aus den oberen Stockwerken der halb zerstörten Häuser haben die Beobachter der Sowjets eine sehr gute Sicht in dem stetig enger werdenden Verteidigungsraum im Zentrum von Ber-

lin. Die Scharfschützen tun das ihrige, sie liegen auf der Lauer und halten reiche Ernte.
„Das ist unglaublich, Pachur", sagt Krukenberg verwundert, „nicht ein einziger Soldat vor dem Ministerium."
Das Tor ist weit geöffnet, die Halle leer. Alles scheint verlassen zu sein. Das menschenleere Luftfahrtministerium erweckt, wenn auch auf grausame Weise, die Erinnerung an das Schloß Dornröschens.
Die französischen SS-Männer folgen dem Brigadeführer in das Kellergeschoß. Dort treffen sie auf eine größere Anzahl Soldaten der Luftwaffe, die völlig erschöpft und teilnahmslos in zerfetzten Uniformen am Boden der Kellergebäude hocken.
„Wo ist Ihr Chef?" fragt Krukenberg in erregtem Ton.
„Der schläft", bekommt er zur Antwort.
„Wecken Sie ihn bitte sofort!"
Gleich darauf taucht ein schon älterer Fliegergeneral auf. Mit zittriger Hand fährt er über seine ergrauten, unordentlichen Haare. Er scheint darüber verstimmt zu sein, daß er durch das Eintreffen dieser Männer der Waffen-SS aus seinem Schlaf gerissen worden ist, und sagt gleich: „Ich mache Sie darauf aufmerksam, daß ich nur dem Befehl des Stabes des Luftgaukommandos Berlin Folge leiste. Ich habe mit ihrem General Weidling nichts zu tun."
Krukenberg tritt dieser Herausforderung nicht entgegen. Er fragt nur:
„Wo befindet sich denn dieser Stab, der allein berufen ist, Ihnen Anweisungen erteilen zu können?"
„In Neustadt an der Dosse."
„Das sind ja hundert Kilometer nordwestlich von hier!"
„Siebzig Kilometer nur..."
„Jedenfalls", und damit schneidet Krukenberg ihm das Wort ab, „bewegen sich zwischen Ihnen und Ihrem Luftgaukommando die Russen." Der Tonfall Krukenbergs

wird merklich ironischer. „Darf ich Sie auch darauf aufmerksam machen, daß die Sowjets jetzt nur noch wenige hundert Meter vom Luftfahrtministerium entfernt sind. Sie würden gut daran tun, zumindest Gefechtsposten aufzustellen."
Der General der Luftwaffe gibt keine Antwort. Er dreht sich auf dem Absatz um und erteilt seinen Männern einige Befehle; nacheinander verlassen sie das Kellergewölbe.
Ein junger Hauptmann der Wehrmacht eilt herbei und wendet sich erleichtert an Krukenberg:
„Endlich finde ich eine Truppe, der ich mich anschließen möchte. Ich bin gestern dem Stab des Oberstleutnants Seifert zugeteilt worden, Seifert scheint aber niemanden zu brauchen."
„Seine Unfähigkeit ist mir bekannt", knurrt Krukenberg. „Wo steckt denn bloß dieser unauffindbare Seifert?"
„Er hat sich mit seinem Adjutanten in einem Büro eingeschlossen. Ich vermute, daß sie dort geheime Dienstsachen vernichten."
„Nun, dann werden wir ihn stören."
Die französischen und deutschen SS-Männer laufen durch die Korridore auf der Suche nach Seifert. Beim Stab treffen sie nur einen Leutnant, der ihnen auf ihre Frage nach dem Verbleib des Oberstleutnants mürrisch antwortet: „Ich weiß nicht, wo der Oberstleutnant sich befindet."
„Sagen Sie lieber, daß Sie es mir nicht sagen wollen", entgegnet Krukenberg unwillig.
„Genau."
Der Luftwaffenoffizier hält es anscheinend nicht einmal für nötig, den Dienstgrad „Brigadeführer" hinzuzufügen. Er scheint all dem völlig gleichgültig gegenüberzustehen, was die Männer der Waffen-SS bewegt. Der Kommandeur der Division Nordland verliert aufbrausend fast die Beherrschung und staucht den Leutnant zusammen, dem

es nach diesem Auftritt erst wieder voll ins Bewußtsein eingegangen ist, daß er immer noch Soldat ist. Zwei französische Unterführer betreten den Raum. In der Mitte führen sie einen Offizier in graublauer Uniform mit sich.
„Ist dies der Mann, den Sie suchen, Brigadeführer?" fragt einer von ihnen.
Es ist in der Tat Oberstleutnant Seifert. Der Offizier der Luftwaffe wird aus der peinlichen Lage durch einen Telefonanruf aus der Reichskanzlei befreit. SS-Brigadeführer Mohnke wünscht Krukenberg zu sprechen.
„Alles ist nur ein Mißverständnis. Halten Sie sich nicht mehr an meine letzten Befehle."
„Aber, schließlich, nach all dem, was im Luftfahrtministerium vor sich geht . . . Ich werde Ihnen einen Bericht zugehen lassen."
„Hören Sie, Krukenberg, schreiben Sie alles schwarz auf weiß auf, wenn Sie Gelegenheit dazu haben. Gehen Sie schnell zu Ihrem Abschnitt zurück."
Bevor der SS-Brigadeführer Krukenberg Oberstleutnant Seifert verläßt, sagt er zu ihm:
„Ich bitte Sie nochmals darum, mir die Männer der Division Nordland, die unter Ihrem Befehl stehen, wieder zu meiner Verfügung zu stellen."
Eine hilflose Geste läßt erkennen, daß Seifert nichts mehr zu erwidern weiß. Die Kontrolle über seinen Verteidigungsabschnitt, in dem die Sowjets ihren Druck verstärken und unaufhaltsam vordringen, ist seinen Händen völlig entglitten.
Am 1. Mai, in der Mittagsstunde, gelangt ein Befehl aus der Reichskanzlei zum Stab der Division Nordland: Krukenberg soll den letzten ihm verbliebenen „Tiger"-Panzer zur Verfügung des Brigadeführers Mohnke abstellen.

„Um 19.00 Uhr ist eine Besprechung", gibt Krukenberg seinem Adjutanten bekannt.
„Einzelheiten, Brigadeführer?" fragt Pachur.
„Keine. Die Mitteilung besagt nur, daß es sich um eine wichtige Besprechung handelt."
„Jetzt ist alles wichtig."

*

François de Lurien ist bei einem Straßenkampf durch Handgranatensplitter ernstlich verletzt worden. Aber er gibt den Kampf nicht auf. Er weiß, daß alle, die im Einzelkampf sieben Panzer vernichten, das Ritterkreuz erhalten, und will unter allen Umständen das Ergebnis seines Freundes Eugène Vaulot erreichen. In einem halb zerstörten Wohnhaus verteilt, lauern er und die Kameraden seiner Kampfgruppe ihrer Beute auf! Aber die T 34 feuern vorsorglich erst einige Granaten in die Richtung ab, in der sie ihre Gegner vermuten, bevor sie sich wieder in Bewegung setzen. Die Panzerbesatzungen sind diesen Panzerknackern gegenüber mißtrauisch geworden. Sie treffen das bereits brüchige Gebäude.
de Lurien wird unter herabstürzenden Mauerteilen im Erdgeschoß des Wohnhauses begraben. Ein ganzer Mauerrest ist auf ihn gefallen. Er hört gerade noch einige Schreie. Der Lärm der Schlacht übertönt das Stöhnen der Sterbenden. Der junge Bretone kann sich nicht selbst befreien. Steine und ein Gewirr von Balken liegen zu schwer auf seinem Rücken. Er droht zu ersticken. Er kann nicht einmal mehr husten, geschweige sich bewegen. Dann verliert er das Bewußtsein.
Als de Lurien wieder zu sich kommt, sieht er Obersturmführer Weber, der sich über ihn beugt. Der Führer der Kampfschule erzählt ihm, daß er der einzige Überlebende

seiner Kampfgruppe ist und daß es sehr schwierig war, ihn aus den Trümmern herauszubekommen.
„Ich lebe!" schreit de Lurien, „und ich kämpfe weiter!"
„Kommt gar nicht in Frage", antwortet Weber. „Ich werde dich zur ‚Stadtmitte' bringen lassen, wo sich der Sanitätsposten befindet."
Der Bretone hat den Körper voller Splitter und Blutergüsse aufgrund unzähliger Quetschungen. Bald liegt er auf einer Trage in einem Tunnel der U-Bahn, noch halb taub, das Gesicht blutverschmiert. Verschwommen erkennt er die Silhouette Krukenbergs, der auf ihn zukommt. Der Brigadeführer neigt sich über ihn und zeichnet ihn mit dem Eisernen Kreuz I. Klasse aus. Sein Adjutant trägt den Vorgang in ein Heft ein. Später wird er mit der Schreibmaschine ein Protokoll über den Vorgang anfertigen. Die militärische Verwaltung fordert immer noch ihre Rechte.
Man bringt noch einen Verwundeten. François de Lurien erkennt seinen Freund Jean-Claude Dautot, den es ebenfalls schwer erwischt hat.
„Was ist denn dir passiert?"
„Mir ist ein Granatsplitter durch den Oberschenkel gejagt. Ich habe Angst, daß ich mein Bein verliere."
Die beiden Franzosen wundern sich über die Unruhe, die urplötzlich in der U-Bahnstation „Stadtmitte" entsteht. Es scheint die Verlegung des Gefechtsstandes im Gang zu sein. Der Brigadeführer hat sicherlich den Befehl erhalten, sich zurückzuziehen, da die Station „Stadtmitte" von den Sowjets unmittelbar bedroht wird.

*

Von nun an wird jede Ortsveränderung ein gefährliches Unterfangen. Krukenberg muß am 1. Mai um 19.00 Uhr die Reichskanzlei aufsuchen. Er bittet seinen Adjutanten

Pachur und den Einsatzführer der Division Nordland, ihn zu begleiten.
Die kleine Gruppe kommt aus der U-Bahnstation „Stadtmitte" heraus und eilt auf die Dreifaltigkeitskirche zu. Immer zahlreicher pfeifen Granatsplitter umher. Manchmal stürzt ein Mauerrest ein, und dicker Qualm steigt aus den Trümmern hervor. Sie hören das Prasseln der Brände. Unter dem tödlichen Sturm springen Männer mit gekrümmtem Rücken von Deckung zu Deckung.
Der Ausgang des Hotels Kaiserhof ist mit Trümmern verstopft, und auch bei der Dreifaltigkeitskirche müssen sie den Tunnel verlassen, der zum Potsdamer Platz führt. Niemand hat daran gedacht, in der Voßstraße einen überdeckten Gang zum Bunker der Reichskanzlei zu bauen. Und noch weniger daran, die Kellerwände zu durchbrechen, damit man unterirdisch zum Luftfahrtministerium gelangen kann. Krukenberg wendet sich an Pachur: „Man fragt sich, was die für den Verteidigungsabschnitt Berlin Verantwortlichen in den letzten drei Monaten eigentlich vorbereitet haben ... Das Zentrum der Reichshauptstadt ist so nicht zu verteidigen ..."
Sie müssen den offenen Wilhelmplatz überqueren. Die sowjetischen Artilleristen scheinen herausgefunden zu haben, daß dieser Platz zwangsläufig sehr begangen ist. Er ist daher fast ununterbrochen das Ziel etlicher Batterien. Der Boden ist aufgewühlt, mit Splittern und rauchenden Trümmern übersät. Immer wieder lassen die detonierenden Granaten aller Kaliber die Erde erzittern. Ihre Einschläge hinterlassen riesige Trichter. Sie durchpflügen das Gelände. Überall stöhnen Verwundete, die verzweifelt versuchen, dieser Hölle zu entkommen. Sanitäter, die kleinste Feuerpause ausnutzend, sind ununterbrochen im Einsatz und bergen die Bedauernswerten.
Im Vorzimmer des Gefechtsstandes begegnet Krukenberg

dem SS-Brigadeführer Ziegler, der größer und wuchtiger denn je erscheint in seinem langen Ledermantel. Er zieht Krukenberg beiseite und eröffnet ihm ohne Umschweife: „Diesmal stimmt's. Sie haben bekanntgegeben, daß der Führer sich gestern das Leben genommen hat."
Krukenberg zuckt bei dieser Nachricht zusammen und verlangt nach dem Verbindungsführer der Waffen-SS im Führerhauptquartier.
„Wo ist Gruppenführer Fegelein?"
„Erschossen."
„Was?"
„Er wollte sich aus Berlin absetzen", sagt Ziegler. „Er war schon in Zivil, als man ihn festnahm. Wissen Sie, daß er der Schwager Hitlers geworden ist? Hitler hat noch vor seinem Selbstmord Eva Braun geheiratet. Sie sind gemeinsam aus dem Leben geschieden."
Krukenberg überkommt ein unbehagliches Gefühl der Niedergeschlagenheit. Er muß seine Gedanken ordnen, die ihn bestürmen. Eine Welt scheint auch für ihn unter den Ruinen Berlins begraben zu werden. Er fragt Ziegler:
„Und die anderen?"
„Auch Goebbels hat sich mit seiner ganzen Familie das Leben genommen. Er hat seine Frau, sich selbst und seine sechs Kinder vergiftet."
„Das ist ja furchtbar", murmelt Krukenberg.
Ziegler blickt ihn nichtssagend an. Aber seine Haltung kann nicht darüber hinwegtäuschen, daß auch er bis ins Innerste betroffen ist. Und er soll noch eine weitaus bestürzendere Nachricht von Krukenberg erhalten, seinem Nachfolger als Kommandeur der Division Nordland.
„Die Armee Wenck wird nicht in der Lage sein, Berlin zu entsetzen. Das ist das Ende. Wir sind in der Falle."
„Und die Verhandlungen mit den Westmächten, wie sind die verlaufen?"

„Hitler hat davon nie etwas wissen wollen. Göring und Himmler haben unabhängig voneinander den Versuch unternommen. Aber ohne jeglichen Erfolg. Es gibt keine Hoffnung mehr."
„Wie soll ich dies meinen Franzosen und Skandinaviern beibringen?" fragt Krukenberg.
Ziegler weiß darauf auch keine Antwort.
„Warten wir auf Mohnke."
SS-Brigadeführer Mohnke betritt bald darauf den Raum, gefolgt von Artur Axmann, dem Reichsjugendführer. Dieser ehemalige Arbeiter aus den roten Vierteln Berlins hat an der Front einen Arm verloren und scheint gewillt zu sein, bis zum äußersten mitzumachen. Er zeigt eine entschlossene Haltung. Neben ihm steht Mohnke, mager und blaß. Er gleicht einem Gespenst.
„Der Führer ist tot", sagt er unvermittelt.
Alle Beteiligten an der Besprechung kennen die Nachricht bereits und bleiben stumm. Sie sind im Augenblick zu niedergeschlagen, um sich irgendwie dazu äußern zu können, was in dieser Situation noch zu tun ist.
„Die Sowjets", fährt Mohnke fort, „haben sich geweigert, mit General Krebs zu verhandeln. Sie verlangen die bedingungslose Kapitulation."
Mohnke schweigt einige Augenblicke. Dann wendet er sich an Krukenberg und kündet ihm an:
„Sie sind Dienstältester. Ich schlage vor, daß Sie die Verteidigung des letzten Widerstandskerns der Stadt übernehmen. Alle verfügbaren Kräfte werden unter Ihre Führung gestellt."
Krukenberg schüttelt verneinend den Kopf und sagt:
„Es ist sinnlos geworden."
„Dann", schließt Mohnke, „müssen wir uns in kleine Gruppen aufteilen und versuchen, nach Westen durchzustoßen."

Während der Besprechung ist Ziegler neben Krukenberg geblieben. Als sie aufbrechen, sagt er zu ihm:
„Wenn Sie es wünschen, werde ich bei dem Versuch, mit der Division Nordland den Einschließungsring zu durchbrechen, mitmachen. Sie ist ja immer noch meine Division."
Der Ausbruchsversuch soll in der Nacht vom 1. auf den 2. Mai 1945 stattfinden. Der Tod Adolf Hitlers wird um 21.00 Uhr bekanntgegeben, die Truppen sollen um 23.00 Uhr den Kampf abbrechen. Jeder Abschnittskommandant handelt nach eigenem Ermessen. Eine Nachhut wird es nicht mehr geben.

Charlemagne gibt nicht auf

Seit Beginn der Schlacht um Berlin hat man die Schwerverwundeten in Feldlazaretten der Waffen-SS und der Wehrmacht untergebracht, die in den Kellern der verschiedenen öffentlichen Gebäude eingerichtet worden sind. So auch im Hotel Adlon und in der Reichsbank. Die meisten Verwundeten des französischen Bataillons liegen, je nach dem Standort ihrer Stellungen zum Zeitpunkt der Verwundung, verstreut und sind von ihren französischen Kameraden getrennt worden. Sie treffen sie erst viel später wieder, teils in der Kriegsgefangenschaft, teils in Gefängnissen.
Diejenigen, die noch eine Waffe halten können, sind zu Kampfeinheiten zusammengeschlossen worden, nachdem man ihnen, soweit erforderlich, einen Notverband aus Papier angelegt und sie mit einer Schale Suppe oder einem Glas Schnaps gestärkt hat.

Diejenigen nun, die für den Kampfeinsatz zu schwach sind, aber noch marschieren können, müssen trotzdem weiter dienen. Oberjunker Ginat, der in Neukölln selbst ernstlich am Ellbogen verwundet worden ist, führt im Viertel der Reichskanzlei noch Spähtruppunternehmen und Arbeitsdienstaufträge durch, bevor er in ein unterirdisches Lazarett im Tiergarten eingeliefert wird. Dort haben ihm die Sanitäter noch kurz vor seiner Gefangennahme durch die Sowjets die Waffen abgenommen.
Sturmmann Bourral, der bei der Detonation eines Granatwerfergeschosses an einer Fensternische im Rathaus Neukölln ein Auge verloren hat, kann noch marschieren und seine Arme verwenden. Nach einigen Stunden Ruhe im Sanitätsposten der Reichskanzlei muß er unter fortwährendem feindlichen Beschuß auf Panzerfahrzeuge Munition verladen. Seine Verwundung macht ihm sehr zu schaffen. Deutsche SS-Männer bringen ihn in einen Raum. Sie nötigen ihn, sich zu setzen, und laden ihn zu einer Flasche Bordeaux ein. Bourral fühlt sich sehr wohl im Kameradenkreis. Doch es ist ihm, als ob sein Schädel in einen glühenden Schraubstock gespannt würde. Sein verletztes Auge brennt. Ein Hitlerjunge nimmt ihn an die Hand und führt ihn durch Tunnels ins Hotel Adlon, das in ein Lazarett verwandelt worden ist. Man erneuert seinen Verband. Dann wird er von dort wieder verlegt.
Jetzt befindet sich der Sturmmann zusammen mit anderen Verwundeten im Keller des Reichsluftfahrtministeriums. Ein Arzt der Waffen-SS schaut sich seine Verwundung an.
„Du mußt zur Behandlung in die Augenklinik in der Friedrichstraße. Aber man kann nicht mehr auf die Straße hinausgehen."
Unaufhörlich fallen Geschosse und krachen Granaten. Bourral legt sich in eine Ecke im Gang. Ein anderer Verwundeter geht auf ihn zu und fragt ihn:

„Ist das wahr, daß du Franzose bist?"
„Aber sicher. Und du?"
„Spanier. Ich wollte letztes Jahr nicht mit der Blauen Division nach Hause zurück und habe mich zur Waffen-SS gemeldet."
Er spricht ziemlich gut Französisch. Die beiden Männer lehnen sich aneinander. Eine Krankenschwester bringt ihnen Suppe mit Pflaumen. Um sie herum liegen überall Verwundete auf Bettgestellen. Es sind vor allem Holländer, Ungarn, Letten und Skandinavier der Waffen-SS.
Bourral liegt dann mit einem Wehrmachtsoldaten zusammen, der die vierzig weit überschritten hat. Er stellt sich ganz feierlich vor:
„Kurt Westphal. Ich bin Philosophieprofessor."
Die beiden Verwundeten unterhalten sich über Musik, Literatur, Religion, ungeachtet der Kämpfe, die jetzt auch die oberen Stockwerke des Luftfahrtministeriums in Mitleidenschaft ziehen, nachdem hier am Morgen des 2. Mai 1945 die letzte französische Bastion errichtet worden ist.
Bourral weiß nicht, daß wenige Meter neben und über ihm sein Kommandeur und dreißig Kameraden im harten Einsatz stehen. Sein Auge quält ihn. Die Worte seines Leidensgefährten scheinen von weither durch Feuerwüsten an sein Ohr zu gelangen. Fieberschauer schütteln ihn*.

---

* Sturmmann Bourral wurde am 2. Mai 1945 im Keller des Luftfahrtministeriums von einer sowjetischen Eliteeinheit gefangengenommen, die zuvor die Reichskanzlei erobert hatte. Er wurde von den Russen korrekt behandelt. Sie brachten ihn einige Tage später zusammen mit anderen Verwundeten, darunter Unterscharführer Riberto, in die Augenklinik, wo es den deutschen Chirurgen allerdings nicht gelang, sein Auge zu retten. Nach seiner sowjetischen Gefangenschaft und seinem Aufenthalt in mehreren Gefängnissen und Lagern in Frankreich ist SS-Sturmmann Bourral in einen Orden eingetreten. Er lebt heute als Ordensbruder in einer Benediktiner-Abtei. Gern sagt er immer wieder: „Das, was ich noch für meine Kameraden tun kann, ist, für sie zu beten . . ."

Einige hundert Meter vom Brandenburger Tor entfernt liegen in den Kellerräumen der Reichsbank, in der man ebenfalls ein Feldlazarett eingerichtet hat, Hunderte von verwundeten Soldaten zusammengepfercht. Inmitten einer merkwürdigen Umgebung von Gittern, Panzertüren, Gewölben und Stahlschränken stehen Tragbahren aufgereiht. Fensterläden und sogar Fenster dienen als Lager, auf denen Matratzen mit schmutzigen Decken liegen.
Eben bringt man noch zwei französische SS-Männer, die bei einem Meldegang verwundet worden sind. Sie gehören zur Kompanie Rostand. Mit Granatsplittern in der Brust und im Kopf scheint Unterscharführer Delarue am schwersten verletzt zu sein. Er ruft seinem Kameraden zu:
„Tillier, für mich ist es aus."
„Nicht doch, du kommst davon", antwortet der Normanne, dessen beide Beine selbst von Splittern übersät sind.
Die beiden Verwundeten versinken bald in einen Fieberschlaf. Als Tillier wieder zu sich kommt, sieht er, daß Delarue nicht mehr neben ihm liegt. Er ruft den Waffen-SS-Arzt, der ihm zur Antwort gibt:
„Ihr Kamerad ist tot."
Männer des Volkssturms tragen Verwundete in das dritte Untergeschoß. Überall befinden sich unter den Soldaten auch Zivilisten. Die Gänge sind verstopft und die Räume zu klein und unzulänglich. Tillier humpelt umher und regt sich auf, daß er keinen Platz findet, wo er sich hinlegen kann.
„Was für ein verfluchter Laden ist das hier!" schimpft er.
Zwei Zivilisten sprechen ihn an, mit dem wunderbaren Belleviller Akzent.
„Bist du Franzose? Was treibst denn du hier?"
„Ich bin verwundet."
„Das sieht man. Aber was treibst du in Berlin? Bist du aus einem Arbeitslager?"

„Keineswegs. Ich bin Angehöriger der Waffen-SS."
„Gut, mein Lieber ...", sagt einer der Franzosen mit überraschter Miene.
„Das macht nichts", wendet sein Kamerad ein. „Wir lassen dich nicht im Stich."
Sie helfen Tillier, einige Schritte zu versuchen, und kümmern sich sogar darum, daß er ein Lager bekommt. Da liegt nun der Normanne in einem Panzerraum mit Schränken und Regalen und mit vierzig dicht aneinandergedrängten Betten, die mit Verwundeten belegt sind.
„Viel Glück", sagen die beiden Männer aus Paris und verschwinden, nicht ohne ihn noch der Fürsorge der deutschen Schwester Erika empfohlen zu haben, einer Krankenschwester, die kaum älter als sechzehn Jahre zu sein scheint.
Tillier ist der einzige französische SS-Mann in diesem Raum. Die Verständigung mit seiner Umgebung ist schwierig. Manchmal hört er Schreie, Schießen, Rennen in den Gängen. Aber nur ein deutscher Arzt und die Schwester Erika kommen durch die schwere Stahltür des Panzerraums zu ihnen herein*.
Grenadier Levast von der Kampfschule Weber, der durch Granatsplitter im Kreuz schwer verwundet worden ist, liegt ebenfalls im Untergeschoß der Reichsbank. Unauf-

---

* Einige Tage später drangen sowjetische Soldaten in die Keller der Reichsbank ein. Tillier erklärte einem Unteroffizier, daß er französischer Zivilist sei. Aber der Russe erwiderte sofort: „Französische Zivilisten? Die kennen wir. Mit denen hatten wir zu tun. Das sind Männer der Waffen-SS ..." Etwa vierzehn Tage später wurde der Verwundete dennoch in ein Feldlazarett verlegt und kam dann in ein Kriegsgefangenenlager. Die Sowjets lieferten Tillier an Frankreich aus, wo er zu zehn Jahren Gefängnis verurteilt wurde. Er meldete sich jedoch als Freiwilliger nach Indochina. Im Jahr 1949 verließ er das Lager Epinal und kämpfte dann in den Reihen des BILOM (bataillon d'infanterie légère d'Outre-Mer = überseeisches leichtes Infanterie-Bataillon), das ganz aus ehemaligen Angehörigen der Waffen-SS, der Miliz und der „Kollaborateur-Parteien" bestand.

hörlich kommen Verwundete. Niemand kümmert sich um den jungen französischen SS-Mann, der schrecklich unter den Schmerzen leidet. Die einzige Linderung verschafft ihm eine Krankenschwester, die ihm aus einem alten, roten Vorhang eine Art Kopfkissen herstellt. Er muß mit ansehen, wie die Toten so schnell wie möglich weggeschafft und die frei gewordenen Plätze durch neue Verwundete belegt werden. Levast befindet sich nunmehr völlig isoliert außerhalb des Kampfgeschehens. Er muß nur warten. Eines Tages wird er von einem Sanitäter geweckt, der von Bett zu Bett geht, um die Kragenspiegel und die Adler vom Ärmel der SS-Männer abzutrennen.
„Was ist denn los?" fragt Levast eine Krankenschwester.
Sie hat Tränen in den Augen und senkt, ohne zu antworten, den Kopf. Wortlos sucht der Franzose in seiner Tasche und zieht sein Soldbuch und einige Fotos heraus. Er wickelt beides in eine Asbesthülle und versteckt sie in einer Kanalisation. Jetzt braucht er nur noch auf die Sowjets zu warten.
Da hört er Schritte über seinem Kopf. Eine ganze Kavalkade. Erstickte Schreie. Da sind sie!
Sie stecken in zerfetzten Khakiuniformen. Fast alle schwingen Maschinenpistolen mit Trommelmagazinen. Sie mißhandeln die Verwundeten nicht, sie gehen nur an dem einen oder anderen vorbei und nehmen ihnen Uhren und Ringe ab.
Einer der Bettnachbarn ruft Levast und sagt zu ihm auf Französisch:
„Sag mal, wir können nicht hierbleiben. Wir müssen abhauen."
„Bist du von der Charlemagne?"
„Ja, du auch?"
„Sicher. Aber ich bin schwer verwundet."
„Du mußt laufen. Wir müssen abhauen, sage ich dir. Die

Russen sind unberechenbar, die kommen wieder. Du weißt, sie lieben die Waffen-SS nicht besonders."
Levast versucht zu widersprechen!
„Ich habe keine Zivilkleider."
„Das kann uns gleich sein."
Ein Schutzengel erscheint in der Person eines Sanitätskraftfahrers, eines italienischen SS-Mannes, der seine französischen Kameraden nicht vergißt. Er hat einen Reisekoffer aus Weidengeflecht bei sich und sagt mit breitem Lachen:
„Hier sind Zivilkleider."
„Nicht möglich", ruft Levast aus. „Aber das sind ja alte Klamotten vom Theater."
Er bekommt einen weichen Hut, einen Bratenrock aus dem vergangenen Jahrhundert mit einer schwarzen Borte um den Kragen, ein Paar alte Bergsteigerschuhe mit Steigeisen und schließlich noch einen anthrazitfarbenen Überzieher.
Der Italiener sagt zu ihm:
„Du siehst herrlich aus. Komm mit mir. In Potsdam sind die Amerikaner."
Der andere französische SS-Mann verläßt den Sanitätsposten mit einem deutschen Oberfeldwebel, der noch einen Kompaß besitzt. Als die vier Flüchtlinge aus der Reichsbank herauskommen, laufen sie einem Russen über den Weg, der auf einem Stuhl auf der Straße sitzt. Er trägt einen herrlichen Schnurrbart „à la Stalin" und raucht eine Machorka. Neben ihm liegen deutsche und sowjetische Tote aufgereiht auf dem Boden, nur lose mit Decken zugedeckt.
Zwei sowjetische Offiziere halten sie an. Sie durchsuchen die Flüchtigen, verlangen aber nichts weiter von ihnen. Sie begnügen sich damit, Levast ein Feuerzeug wegzunehmen, das er schon monatelang in der Tasche hat.

„Das ist nicht der Augenblick, um hier zu versauern", sagt der französische SS-Mann zu dem Italiener. „Ich hoffe, daß die Kameraden genausogut davonkommen wie wir bis jetzt."
„Sind es viele?"
„Ich habe in den Kellerräumen gut zwanzig Verwundete der Charlemagne gezählt. Aber sie haben Ärzte und Krankenschwestern der Waffen-SS bei sich, die sie nicht verlassen werden."
„Und du? Was machst du, Louis?"
„Ich will versuchen, nach Hause zu kommen*."

Das Schicksal erfüllt sich

Am 2. Mai 1945, ab 00.00 Uhr, sollen die Überlebenden der Regimenter Norge und Danmark versuchen, den sowjetischen Einschließungsring zu durchbrechen. Die SS-Führer teilen ihre Männer in kleine Kampfgruppen auf und geben ihnen letzte Anweisungen.
Von der Leipziger Straße aus sollen die letzten holländischen, dänischen, norwegischen, schwedischen und finnischen Freiwilligen nach Norden über die Charlottenstraße und Friedrichstraße zum Durchbruch antreten.

---

* Grenadier Levast wurde kurz darauf von einer russischen Streife festgenommen und in ein Auffanglager in einem Vorort Berlins eingeliefert. Die Sowjets übergaben ihn dann „als französischen Staatsangehörigen" den Amerikanern, die ihn ihrerseits nach Frankreich schickten. An der Grenze in Charleville wurde er erneut verhaftet wegen seiner Blutgruppentätowierung, dann nach Lyon überstellt, wo das Gericht ihn wegen seines jugendlichen Alters nur zu achtzehn Monaten Gefängnis verurteilte. Im August 1946 wurde er bedingt entlassen. Später ist Levast Industrieller geworden und lebt heute in seiner Heimat.

„Treffpunkt im Viertel des Großen Theaters nördlich der Spree", kündigt Krukenberg an.
Der Kommandeur der Division Nordland beabsichtigt, die Führung des Unternehmens von der Elbrechtstraße aus selbst zu übernehmen. Er meint Berlin genügend zu kennen, um hoffen zu dürfen, den Sowjets entkommen zu können.
Die Begleitmannschaft, die er vorgesehen hat, formiert sich aus französischen SS-Männern, die fast ausschließlich aus der Kampfschule Weber stammen. Unter ihnen befinden sich Unterscharführer Vaulot, der mit Stolz sein Ritterkreuz trägt, und Oberscharführer Apollot, der ebenfalls zum Ritterkreuz vorgeschlagen ist.
„Ich hoffe doch, daß auch die übrigen Kameraden der Charlemagne von dem geplanten Ausbruch informiert worden sind?" fragt Vaulot besorgt.
„Sei ganz beruhigt, Gégène. Du kannst sicher sein, daß der Brigadeführer an sie gedacht hat."
Kurz vor Mitternacht hat Krukenberg vor Verlassen des Gefechtsstandes seinem Ordonnanzoffizier einen letzten Auftrag erteilt:
„Patzak, im Augenblick kann ich Sie hier entbehren und möchte Ihnen deshalb einen sehr wichtigen Auftrag übertragen."
„Zu Befehl, Brigadeführer."
„Gehen Sie zum Luftfahrtministerium und sammeln Sie alle Waffen-SS-Angehörigen der Nordland und Charlemagne, die sich noch dort befinden. Kommen Sie so schnell wie möglich mit ihnen nach hier, damit wir gemeinsam die Einschließung durchbrechen."
Von einem der letzten Melder weiß Krukenberg, daß Fernets Männer noch immer in der Prinz-Albrecht-Straße am Feind stehen. Er will sie vom Gegner lösen und dort herausziehen. Patzak verläßt den Divisionsgefechtsstand in

Richtung Luftfahrtministerium. Die Luft ist angefüllt mit Granatsplittern und Geschoßgarben, die erbarmungslos immer wieder neue Opfer suchen. Die riesige Gestalt von zwei Metern Länge bietet ein gutes Ziel, und der gebürtige Wiener hat oft Mühe, eine geeignete Deckung zu finden*.
François de Lurien und Jean-Claude Dautot sind, nachdem Brigadeführer Krukenberg und sein Stab zur Reichskanzlei gefahren sind, als einzige französische Soldaten in der U-Bahnstation „Stadtmitte" zurückgeblieben.
Dautot leidet sehr unter Schmerzen an seinem Bein, das durch einen Granatsplitter zerfetzt worden ist. Sein Kamerad hält es für notwendig, ihn zu einem anderen Sanitätsposten zu bringen.
„Du mußt dich auf mich stützen. Versuche dann so zu gehen. Wir haben ja Zeit, verstehst du . . ."
„Und du, François? Wird es gehen?"
„Es ist mir, als wenn ich eine ordentliche Tracht Prügel bekommen hätte. Aber ich habe mir nichts gebrochen. Komm, wir wollen gehen, Jean-Claude."
Nach Überwindung vieler Schwierigkeiten erreichen die beiden Verwundeten unter Aufbietung ihrer ganzen Energie den Bunkereingang in der Voßstraße. Man hat ihnen gesagt, daß in der Reichskanzlei noch Ärzte, Krankenschwestern und mehrere Sanitäter tätig seien. Die Wachen zeigen ihnen den Weg. Gänge, Stufen. Grelles Licht. Hilfsbereite Hände legen Dautot auf eine Trage. de Lurien muß sich jedoch mit einem Schnellverband zufriedengeben. Noch schwerere Fälle warten auf den ärztlichen Eingriff. Man hat deshalb keine Zeit, ihn heute schon zu ope-

* Untersturmführer Patzak wird von Stund an vermißt. Weder erreichte er das Luftfahrtministerium, noch kehrte er zur U-Bahnstation „Stadtmitte" zurück. Fernet und seine Männer erhielten also den letzten Befehl Krukenbergs nicht, der sie aufforderte, den Kampf abzubrechen und den Durchbruch nach Nordwesten zu versuchen.

rieren und die Handgranatensplitter zu entfernen, die ihm immer größere Schmerzen bereiten.
Zwei Sanitäter kommen. Sie stützen einen schweren, untersetzten Mann. Er hat im Gesicht, am Auge, eine stark blutende Wunde. Sie führen ihn an den anderen Verwundeten vorbei. Ein Soldat neben François de Lurien sagt zu ihm mit gedämpfter Stimme:
„Das könnte der Reichsleiter Bormann sein."
Dieser Name sagt ihm nichts. Dem jungen Bretonen ist der Neuankömmling auch gleichgültig, denn er hat noch nie etwas von ihm gehört. Er wartet weiterhin geduldig auf die Behandlung seiner Wunden. Als Franzose erweckt er die Neugier des Arztes, der sich dafür entschuldigt, daß er sich nicht weiter um ihn kümmern kann.
François de Lurien möchte gern wieder zu seinen Bataillonskameraden zurück. Er meint, daß noch einige in der Umgebung der U-Bahnstation „Stadtmitte" sein müssen, die ja einige Zeit ihr Treffpunkt gewesen ist. Vielleicht ist auch Obersturmführer Weber noch dort. Obwohl de Lurien unter einer Gehirnerschütterung leidet, aber immerhin noch gehen kann, verläßt er die Reichskanzlei. Kurz danach sieht er einen „Tiger", dem eine kleine Menschengruppe dicht aufgeschlossen folgt. Es mag wohl einer der letzten noch einsatzfähigen deutschen Panzer sein. Er möchte sich dieser Gruppe anschließen, bleibt dann aber doch instinktiv in respektvollem Abstand zurück, da ihm auch die Erfahrung gelehrt hat, auffällige Ziele zu meiden. Sie ziehen häufig konzentrisch das feindliche Feuer aller Waffen auf sich. Immer wieder nach einer möglichen Deckung Ausschau haltend, bemüht sich François de Lurien seinem Ziel, der U-Bahnstation „Stadtmitte", näherzukommen.
Plötzlich ganz unvermutet eine gewaltige Detonation. Der „Tiger" ist voll getroffen von einer großkalibrigen Pan-

zergranate. Die Menschentraube ist wie vom Erdboden verschwunden. Einige Augenblicke später findet de Lurien die zerfetzten Leichen. Er entfernt sich.
Für ihn sind diese Gefallenen nichts mehr und nichts weniger als alle anderen auch, wie die vielen, die er seit Beginn der Schlacht um Berlin gesehen hat, auf den Straßen und Plätzen, in den Ruinen, den Toreinfahrten, in den Höfen und Elendskellern. Die einzige Sache von Interesse ist jetzt für ihn die Station „Stadtmitte" und seine Kameraden wiederzufinden, die letzten Überlebenden der Division Charlemagne.
Aber er entdeckt dort niemanden mehr, außer einem jungen deutschen SS-Mann, der hinter einem Maschinengewehr liegt.
Er hat sich im Gastraum eines nach allen Seiten offenen Cafés eine gute, von oben gedeckte Stellung verschafft und hält die Rotarmisten mit gezieltem Feuer in respektvollem Abstand. Ohne zu zögern, haut sich de Lurien neben ihn hin und dient ihm als Ladeschütze. Nachdem sie den letzten Schuß abgefeuert und ihre Waffe unbrauchbar gemacht haben, begeben sich beide in den Keller des Gebäudes, um das Ende abzuwarten — das unvermeidliche Ende*.

Am 2. Mai 1945 gegen 03.00 Uhr morgens führt SS-Brigadeführer Krukenberg eine kleine Truppe von Angehö-

* François de Lurien wurde kurze Zeit später von den Sowjets gefangengenommen. Sie brachten ihn daraufhin in ein Feldlazarett, wo er seinen Freund Jean-Claude Dautot wiederfand. Später erfolgte die Verlegung nach Lichterfelde. Die beiden französischen SS-Männer beschafften sich heimlich Kleidungsstücke von gefallenen Zivilisten. Es gelang den beiden mit Hilfe von Kriegsgefangenen und freien französischen Zivilarbeitern, die deutsche Hauptstadt zu verlassen. François de Lurien wurde viele Jahre später von einem französischen Jugendgericht zu einem Jahr Gefängnis verurteilt; er war zur Zeit „der Tat" unter achtzehn Jahre alt. Später war er Altmetallhändler, Taucher und Kamerafachmann. Die Abenteuerlust hält ihn immer noch gefangen ...

rigen der Waffen-SS durch die Charlottenstraße und die Friedrichstraße. Umgeben von einigen wenigen Franzosen, Skandinaviern und Deutschen, die Brigadeführer Ziegler, ihr ehemaliger Kommandeur begleitet, steht Krukenberg an der Spitze dieser zusammengewürfelten Kampfgruppe. Bei Tagesanbruch wird die Kolonne von den Sowjets entdeckt und sofort mit heftigem Feuer eingedeckt. Die Männer müssen in den Ruinen Deckung suchen und in ihrem Schutz den Rückzug antreten.

„Hier kommen wir nicht weiter. Wir sollten jetzt versuchen, bei Gesundbrunnen in Richtung Pankow und Wittenau durchzubrechen", entscheidet Krukenberg. „Das wäre noch eine Möglichkeit."

An der Kreuzung Brunnenstraße und Lortzingstraße werden die Überlebenden erneut gesichtet. Diesmal sind es Granatwerfer, aus denen ein Hagel von Geschossen auf sie niedergeht.

„Die Infanteristen haben sich auf dem Bahnkörper der Ringbahn eingenistet!"

Die SS-Männer verfügen über keinerlei schwere Waffen mehr, um das Feuer der Gegner damit erwidern zu können. Sie verschwinden aus der Sicht der Sowjets im Hof eines zerstörten Wohngebäudes, wo sie Unterschlupf suchen. Unaufhörlich trommeln Artillerie und Granatwerfer. Geschosse prasseln in den Hof. Ziegler stürzt neben Krukenberg zu Boden. Er ist tödlich getroffen. Ringsherum mehrere Männer, tot oder verwundet.

„Hier können wir nicht bleiben", sagt Krukenberg zu Pachur. „Hier herauszukommen ist nur in kleineren Gruppen möglich."

Krukenberg und sein Adjutant Pachur nehmen die Einteilung vor und sind dann noch mit einigen SS-Männern allein. Nur eine Handvoll Franzosen ist ihnen noch geblie-

ben. Unterscharführer Vaulot ist vermißt*. Die kleine Gruppe wird von rückwärts mit Infanteriewaffen beschossen. Krukenberg befiehlt, umzukehren und dieses Viertel zu verlassen, das die Sowjets fast völlig unter ihre Kontrolle gebracht haben. In Höhe der Ziegelstraße entdeckt der Kommandeur der Division Nordland den „Tiger", den er tags zuvor dem Stab in der Reichskanzlei hat zur Verfügung stellen müssen. Der Panzer ist völlig ausgebrannt. Keine Spur mehr weder von seiner Besatzung noch von den Begleitern, die hinter ihm Schutz gesucht hatten.
Man schreibt den 2. Mai 1945, 09.00 Uhr vormittags.
Rottenführer Evrand, der am 1. Mai mit dem Stab der Division die U-Bahnstation „Stadtmitte" verlassen hat, kann seinen Kompanieführer, Hauptscharführer Rostand, nicht mehr wiederfinden. Er stößt jedoch auf Obersturmführer Weber und bittet ihn, sich den wenigen Kameraden der Kampfschule anschließen zu dürfen, die noch bei ihm sind.
„Wir wollen versuchen, nach Westen durchzustoßen", sagt Weber zu ihm.
Evrand faßt Vertrauen. Er denkt, bei einem derartigen Durchbruch durch die sowjetischen Linien besteht eine größere Chance mit einem deutschen Führer, der sich in Berlin besser auskennt als etwa ein französischer.
Die kleine Gruppe stößt auf starken Widerstand der Sowjets, die alles dransetzen, die westlich der Stadt gelegenen Vororte abzuriegeln, damit die Verteidiger der Hauptstadt nicht der Gefangenschaft entgehen können.

---

* Unterscharführer Vaulot, der erste mit dem Ritterkreuz ausgezeichnete Franzose, fiel am 2. Mai 1945 bei einem Durchbruchsversuch durch Kopfschuß. Am gleichen Tag erlitt auch Oberscharführer Apollot, Zugführer der Kampfschule der Division Charlemagne, das gleiche Schicksal. Apollot wurde noch vor seinem letzten Kampf das Ritterkreuz verliehen, nachdem er sechs Sowjetpanzer vernichtet hatte.

Weber spürt, daß seine kleine Truppe Gefahr läuft, eingeschlossen zu werden. Er verteilt seine Männer auf Höfe und zerstörte Wohnhäuser.
„Seid vorsichtig", schärft er ihnen ein. „Jetzt können sie von überall herkommen."
Evrand hat sich in einem Haus festgesetzt, aus dem er einen Straßenabschnitt gut überwachen kann. Überall tauchen Rotarmisten auf. Immer mehr verstärkt sich bei ihm der Eindruck, daß sie bereits eingeschlossen sind. Diese Vermutung bestätigt sich. Weber und seine Männer sind tatsächlich umstellt. Sie halten aber mehrere Stunden die Stellung, völlig abgeschnitten und auf sich allein gestellt in den Ruinen einiger Wohnhäuser, seitlich des Tiergartens. Mehreren von ihnen gelingt es, die russische Umklammerung zu sprengen und sich nach Norddeutschland durchzuschlagen*.
Rottenführer Evrand wartet auf einen günstigen Augenblick, um das Haus verlassen zu können, in dem er sich seit dem Morgengrauen des 2. Mai 1945 verschanzt hat. Er macht einen Versuch, die Rotarmisten zu überlisten, springt über die Straße, stürzt sich in das gegenüberliegende Wohnhaus, rennt über Trümmer hinweg einen Gang entlang und öffnet eine vor ihm befindliche Tür. Da sitzt in aller Ruhe ein Rotarmist. Der Sowjetsoldat scheint noch mehr überrascht zu sein als sein Gegner. Als er die Lage erfaßt hat, Evrand ist schon wieder verschwunden, schießt er mit seiner Maschinenpistole hinter dem flüchtenden Evrand her. Aber dieser hat bereits die Straße überquert und rennt zu seiner Stellung zurück.

* Obersturmführer Weber, am 29. April mit dem Ritterkreuz ausgezeichnet, wurde an der Schulter schwer verwundet, nachdem er mit der Panzerfaust seinen dreizehnten Sowjetpanzer vernichtet hatte. Es gelang ihm, durch die sowjetischen Linien durchzubrechen und Westdeutschland zu erreichen. Er lebt heute in Westdeutschland, wo er eine medizinische und naturwissenschaftliche Fachbuchhandlung besitzt.

Im Laufe des Nachmittags taucht ein Sowjetpanzer vor der Stellung auf, die Evrand zusammen mit französischen und deutschen SS-Männern besetzt hält. Breit baut sich der sowjetische Panzer vor diesem letzten Widerstandsnest auf. Sein Turm dreht sich, das Rohr richtet sich auf den Häuserblock, in dem nur noch ganz wenige der letzten Verteidiger Berlins Widerstand leisten. Die Sowjets zögern, der Panzerbesatzung den Feuerbefehl zu geben. Seit diesem Morgen haben die deutschen Truppen in Berlin kapituliert, und deshalb wird an diese Hartnäckigen die Forderung gerichtet, ebenfalls den Kampf zu beenden.
Zivilisten kommen aus den Kellern hervor und umringen die Männer der Waffen-SS. Alle sprechen gleichzeitig beschwörend auf sie ein. Evrand versteht, was sie sagen:
„Das reicht jetzt! Der Krieg ist aus! Wollt ihr immer noch kämpfen? Es reicht!"
Ein russischer Offizier steigt aus dem Panzer und geht auf die Gruppe der SS-Männer und Zivilisten zu. Ein deutscher Offizier tritt vor.
Evrand und seine Kameraden, die in den Ruinen versteckt sind, schauen dem Vorgang zu. Einige Stunden zuvor haben sie in einer verwüsteten Wohnung Zivilkleider gefunden. Aber sie zögern noch, sie anzuziehen. Einer der französischen SS-Männer sagt schließlich:
„Wenn es zu Ende ist, dann ist es eben zu Ende!"
„Vielleicht", antwortet einer seiner Kameraden. „Aber wir bleiben zusammen, und wir behalten unsere Uniform an."
„Wir müssen aber unsere Waffen unbrauchbar machen", ordnet der Rottenführer an.
Evrand überkommt eine unendliche Müdigkeit. Auch anfängliche Verzweiflung ist von ihm gewichen. Er ist einfach traurig.
„Der Traum ist zu Ende", sagt er nur.

Evrand und seine Kameraden kommen aus dem Wohnhaus heraus, aus dem sie seit dem Morgengrauen nicht mehr entweichen konnten, und stellen sich den Sowjets. Die Schlacht um Berlin ist für sie beendet.

*

Am Morgen des 2. Mai 1945 tauschen Krukenberg, sein Adjutant Pachur und ihre letzten Männer die Waffen-SS-Uniformen gegen Arbeitskleider ein.
Sie setzen dann ihren Marsch fort, um weiter aus dem Stadtzentrum herauszukommen. Sowjetische Soldaten mit aufgepflanztem Bajonett, denen sie begegnen, wollen anscheinend nichts von ihnen. Die kleine Gruppe gelangt bis in die Nähe des Rathauses von Berlin-Pankow.
Der Brigadeführer, mit einem Eisenbahnerrock bekleidet, trennt sich von seinen letzten Gefährten und wird kurz nach Mittag gefangengenommen. Ein sowjetischer Oberfeldwebel nimmt ihm sein Soldbuch ab, zerreißt es in Stücke und sagt nur:
„Nicht gut*."

---

* Nach einem Verhör durch einen sowjetischen Offizier, der ihn fragte, ob er Akkordeon spielen könne, wurde Brigadeführer Krukenberg am 9. Mai 1945 auf freien Fuß gesetzt. Ein Befehl der sowjetischen Kommandantur von Groß-Berlin forderte alle deutschen Offiziere auf, sich zu melden. Krukenberg machte von der Möglichkeit, nach dem Westen zu gehen, keinen Gebrauch, sondern stellte sich den Sowjets, „da er sich den französischen Freiwilligen gegenüber, die bis zuletzt an seiner Seite ausgehalten hatten, verpflichtet fühlte und ihr Los teilen wollte".
Am 12. Mai 1945 meldete er sich bei der sowjetischen Besatzungsbehörde in Berlin-Steglitz. Ein Militärgericht verurteilte ihn zu fünfundzwanzig Jahren Freiheitsentzug, „weil er durch seinen militärischen Widerstand in Pommern und in Berlin der Roten Armee Schaden zugefügt hatte". Nach elf Jahren Gefangenschaft wurde er entlassen. Krukenberg lebt heute in Bonn, wo er unlängst seinen neunundachtzigsten Geburtstag feierte.

Gefallen für Europa

Gegen Ende der Nacht von Dienstag, dem 1. Mai, auf Mittwoch, dem 2. Mai 1945, melden Beobachter ihrem Vorgesetzten im Keller des Reichssicherheitshauptamtes: „Hauptsturmführer, wir sind ganz allein! Die Verbindung zu den Nachbareinheiten ist abgerissen, sie haben sich anscheinend abgesetzt."
Fernet ist sich sofort im klaren darüber, in welch ungewöhnlicher Lage er sich mit seinen Männern befindet.
„Wir sind jetzt wieder völlig auf uns selbst gestellt", sagt er zu von Wallenrodt. „Wir müssen Spähtrupps einsetzen, um festzustellen, wie groß die Flankenbedrohung ist, außerdem sollen diese versuchen, die Verbindung mit den Einheiten, die sich vom Gegner gelöst haben, wiederherzustellen."
Die Männer, die nach links und rechts entsandt werden, kommen alle mit der gleichen Meldung zurück:
„Niemand! Kein Mensch mehr ist in den deutschen Linien zu sehen, Hauptsturmführer."
Fernet entschließt sich, noch einen Spähtrupp in Marsch zu setzen. Ein paar Mann gehen zurück, in Richtung Reichskanzlei. Kurz darauf kommen sie mit einer erstaunlichen Nachricht zurück.
„Die Verteidigungslinie verläuft jetzt in Höhe des Reichsluftfahrtministeriums."
„Das ist doch unglaublich", ruft von Wallenrodt entrüstet. „Das Luftfahrtministerium liegt ja hinter uns, an der Ecke Wilhelmstraße und Leipziger Straße. Warum werden wir davon denn nicht in Kenntnis gesetzt?"
„Wir sind gezwungen, uns dorthin abzusetzen, wenn wir der Gefahr einer Einschließung entgehen wollen", entscheidet Fernet.

Gegen Mittag gelangen der französische Bataillonskommandeur und einige Dutzend seiner SS-Männer zum Luftfahrtministerium. Soldaten der Luftwaffe haben das Gebäude in Verteidigungszustand versetzt. Die französischen Freiwilligen legen sofort mit Hand an und helfen mit, den Bau in eine Festung zu verwandeln.
Die Leipziger Straße ist die letzte Parallelverbindung zur Voßstraße. Dort liegt der Zugang zum Bunker der Reichskanzlei. Beide Straßen verlaufen quer zur Wilhelmstraße.

*

„Was ist denn das? Schauen Sie, Hauptsturmführer!"
Was Fernet sieht, macht ihn sprachlos. Aus dem von den Sowjets besetzten Stadtviertel fahren mit weißen Fahnen versehene Personenwagen auf das Luftfahrtministerium zu. In diesen Fahrzeugen sitzen sowjetische und deutsche Offiziere friedlich nebeneinander.
Die Soldaten der Luftwaffe ereifern sich und wiederholen immer aufs neue:
„Es ist aus! Die Kapitulation ist da! Es ist Schluß!"
Die Offiziere der Roten Armee, die auf das Luftfahrtministerium zugehen, tragen keine Waffen. Sie bieten sogar ihren besiegten Gegnern Zigaretten an. Andere Sowjetsoldaten stoßen dazu. Sie kommen aus allen Winkeln. Unzählige.
„Die tauchen sogar hinter unseren Linien auf", ruft Douraux aus.
„Dann ist es wirklich zu Ende", stellt von Wallenrodt fest.
Wie zur Bestätigung nähert sich Fernet ein Offizier der Luftwaffe. Er hat den Dienstgrad eines Majors und führt den Befehl über die Soldaten im Luftfahrtministerium.

„Es ist zu Ende!" sagt auch er. „Die Kapitulation ist unterzeichnet."

„Können Sie mir schon Genaueres sagen? Wie lauten die Bedingungen?" fragt der französische Bataillonskommandeur.

„Ich kenne die Einzelheiten auch nicht. Aber ich werde nicht mehr weiterkämpfen."

„Ich kann nicht an die Kapitulation glauben", sagt Fernet. Es erscheint für ihn einfach unmöglich, daß alles zu Ende sein soll, daß es nicht irgendwo noch eine letzte Widerstandsinsel gibt. Wir dürfen nicht im Luftfahrtministerium bleiben, denkt Fernet. Die Sowjets werden nicht zögern, alle, die dort sind, gefangenzunehmen.

„Wir verschwinden von hier", entscheidet er.

„Wohin, Hauptsturmführer?" fragt von Wallenrodt.

„Zur Reichskanzlei. Wir müssen bei den letzten Verteidigungskämpfen dabei sein."

Schnell entziehen sich die französischen SS-Männer dem Zugriff durch die Sowjets und verlassen das Ministerium. Man hört keinen Schuß mehr. Ein bedrückendes Schweigen liegt über der Hauptstadt. In den Ruinen wimmelt es von Rotarmisten. Sie durchsuchen einige Stadtviertel und fordern die Verteidiger auf, herauszukommen und die Waffen zu strecken. Mitten unter den mongolischen und sibirischen Sturmtruppen deuten einige weibliche Soldaten in Richtung der Besiegten. Der Krieg scheint wirklich aus zu sein.

Fernet und von Wallenrodt führen die etwa dreißig Überlebenden des französischen Bataillons durch die Ruinenstadt. Es gilt, den Sowjetsoldaten zu entkommen, die früher oder später diese kleine Truppe, die noch bewaffnet ist, stellen wird. Alle, die der Hölle der Straßenkämpfe entronnen sind und dieses Stadtviertel von Berlin sehr gut kennengelernt haben, erfaßt der gleiche Gedanke:

„Die Tunnels der U-Bahn!"
Sie entdecken das Loch eines Luftschachtes, in den sie nacheinander mit ihren Waffen untertauchen.
Die französischen SS-Männer gelangen bald zur U-Bahnstation „Stadtmitte", wo sich noch vor kurzem der Stab und der Sanitätsposten der Division Nordland befand. Ein paar U-Bahn-Waggons mit zerbrochenen Scheiben, zerrissene Schriftstücke, schmutzige Verbände und weggeworfene Tornister und Ausrüstungsgegenstände bieten sich dem Auge dar. Aber keine Menschenseele.
„Wir gehen im Tunnel weiter vor in Richtung Reichskanzlei", bestimmt Fernet.
Sie betreten den Stollen, der zur Station Kaiserhof führt, dringen im Halbdunkel zwischen den Schienen vor, die im Schein ihrer elektrischen Taschenlampen glänzen.
Da ist auch schon die Station Kaiserhof. Eine eiserne Leiter führt zu einem Schachtgitter. Da oben ergibt sich sicher eine Beobachtungsmöglichkeit.
„Ich steige selber hoch", entscheidet Fernet.
Der französische Bataillonskommandeur, der es nicht verhindern kann, daß sein verletzter Fuß einige Male an die Leitersprossen stößt, wundert sich, daß er keinerlei Kampflärm hört, obwohl er der Oberfläche schon sehr nahe ist. Sollte der Widerstand auch in der Reichskanzlei aufgehört haben?
Fernet hört nur das Brummen von Fahrzeugmotoren, ein dumpfes Rollen von Rädern, manchmal überdeckt von Hupenlärm. Jetzt muß er nur noch einige Sprossen hochklettern. Seine Füße werden immer schwerer, scheinen ihn in das Halbdunkel zurückziehen zu wollen, wo seine Männer auf ihn warten. Nur noch zwei, drei Sprossen. Endlich kann er Ausschau halten.
Die Hände klammern sich krampfhaft an die Leiter. Soweit das Auge reicht, sieht Fernet nur Rotarmisten, So-

wjets zu Fuß, auf Lastwagen, auf Panzern, Infanteristen, die wie Ameisen auf dem Waldboden umherwimmeln. Sie bewegen sich mit freien Händen. Ihre Gewehre oder Maschinenpistolen hängen quer über der Brust oder auf dem Rücken.

Man hört keinen Schuß mehr. In dieser ganzen Masse erdfarbener und borkenfarbener Uniformen sieht man keinen feldgrauen Fleck. Die Deutschen sind unsichtbar. Und stumm sind die von Geschoßeinschlägen übersäten und vom Rauch dunkel gewordenen Mauern der Reichskanzlei. Es ist alles aus.

Fernet steigt langsam die Sprossen der eisernen Leiter hinunter, deren Pfosten jetzt unter seinen Händen zu brennen scheinen. Alles ist zu Ende. Er setzt seinen gesunden Fuß auf den Erdboden und klammert sich an den Schultern von Douraux fest. Mit erwartungsvollen Blicken stehen seine Männer um ihn herum.

„Was ist nun?" fragt von Wallenrodt, als sein Kommandeur immer noch schweigt, und er merkt, daß es ihm sehr schwerfällt, ihnen seine Beobachtung mitzuteilen.

„Niemand mehr da. Oben sind die Sowjets. Überall. Die Reichskanzlei ist in ihren Händen. Zweifellos, ja zweifellos ist der Führer tot."

In dem Luftschacht der Station Kaiserhof sind nur noch einige um ihren Kommandeur versammelt, der auch in dieser schweren Stunde entscheidet und seine Befehle erteilt. Fernet sucht krampfhaft nach einem Ausweg aus dieser Sackgasse.

„Jetzt müssen wir erst mal hier 'rauskommen", sagt er. „Meiner Meinung nach ist die einzige Lösung, zu versuchen, in Richtung Potsdam durchzukommen. Wir müssen die Schächte der U-Bahn so lange wie möglich zu unserem Vorteil benutzen."

Fernet hofft im Schutz der nächsten Nacht durch die sowjetischen Linien hindurchzukommen und so den sowjetischen Spähtrupps entgehen zu können. Es ist ja nicht sein erster Durchbruch. Und der Weg von Körlin nach Diewenow war viel länger als der vom Brandenburger Tor bis zur Vorstadt Potsdam.

Die französischen SS-Männer geben sich alle Mühe, möglichst geräuschlos durch den U-Bahn-Tunnel zur Station „Potsdamer Platz" zu gelangen. Manchmal ist die Decke aufgerissen, und sie sehen das Licht eines friedlichen, wenn auch rötlichen Himmels. Dann müssen sie wieder über Geröll und aufgerissene Schienen steigen oder sich an übelriechenden, feuchten Wänden entlangdrücken. Gelegentlich sind sie gezwungen, sich einen Weg durch die Trümmer mit nackten Händen oder mit dem Seitengewehr zu bahnen. Sie kommen vorwärts, gehen über alle Hindernisse hinweg und gewinnen zusehends an Boden.

Späher, die von Fernet vorausgeschickt werden, um die Station „Potsdamer Platz" ausfindig zu machen, kommen enttäuscht zurück und melden:

„Die U-Bahn-Linie geht dort überirdisch als Hochbahn weiter. Da können wir uns nur sehr schlecht verbergen bis zum Anbruch der Dunkelheit."

„Sind Sie auf Sowjetsoldaten gestoßen?" fragt Fernet.

„Nein, aber es sind noch Deutsche da. Waffen-SS-Angehörige."

Einige von diesen Versprengten haben sich in die Gänge zwischen der U-Bahnstation und dem Bahnhof „Potsdamer Platz" verzogen. Vielleicht haben diese sogar noch Verbindung zu den französischen SS-Kameraden?

„Nein, von denen wissen wir nichts", sagt ihr Chef zu Fernet, der sich kurze Zeit mit ihm unterhält. „Wir sind ganz allein. Wir haben nur Verbindung mit einigen Zivilisten. Die Sowjets haben sie zu uns geschickt, um uns aufzufordern, wir sollen uns ergeben. Aber das..."

Es ist Mittwoch, der 2. Mai, kurz vor Mittag. Sie können nicht mehr länger der U-Bahn-Linie folgen. Sie müssen untertauchen und die Nacht abwarten.
Einer der U-Bahn-Schächte mündet unter einem Brückenbogen. Überall liegen Trümmer, Kisten und irgendwelche Warenballen herum. Fernet befiehlt seinen Männern, sich in kleine Gruppen aufzulösen und sich zu verbergen, bis es Nacht wird. Einer nach dem anderen entfernt sich und verschwindet vom Erdboden.
Soldaten des Volkssturms tauchen auf und wollen sich auch unter dem Brückenbogen verbergen. Es sind ältere Männer, die von Tarnung nicht viel verstehen. Ihr aufgeregtes Hin und Her macht eine sowjetische Streife auf sie aufmerksam. Die Rotarmisten kommen eilends angerannt und nehmen die alten Landsturmmänner mühelos gefangen. Dann beginnt eine genaue Durchsuchung des Tunnels und des Brückenbogens. Die kleinen Gruppen der französischen SS-Männer werden nacheinander aufgestöbert und gefangengenommen.
Fernet, von Wallenrodt, Douraux, Couturin und Bicou haben sich hinter einem riesigen Haufen Weidenkörbe unsichtbar gemacht. Unbemerkt konnten sie dorthin gelangen. Unterscharführer Albert-Brunet ist der Durchsuchung entgangen und hat sich auch zu ihnen geschlichen. Und wieder kommen Rotarmisten. Zehn Meter von Fernet entfernt wird Finkler aufgegriffen.
Sowjets kommen und gehen, durchsuchen die Haufen von Kisten und Körben. Aber wieder haben sie Fernet und sein halbes Dutzend französische SS-Männer nicht entdeckt.
„Kommt denn die Nacht nie?" fragt der französische Bataillonskommandeur mit gedämpfter Stimme.
Dann hören sie erneut das Geräusch von Schritten, das Klirren von Metall, einige russische Worte. Eine neue

Streife durchkämmt die Gänge der U-Bahn am Potsdamer Platz. Dann gehen sie wieder weg, kommen bald wieder zurück, gehen genau an der Stelle vorbei, an der die französischen SS-Männer sitzen. Einer zieht einen Korb weg, schaut dahinter, sieht aber im Halbdunkel die Männer nicht, die sich da verborgen halten.
Dicht aneinandergedrängt kommen sich die Franzosen wie gejagte Tiere vor. Aber sie haben immer noch Hoffnung. Bald wird es Nacht werden.
Der Berg Weidenkörbe gerät plötzlich ins Rutschen. Die Sowjets bahnen sich mit Gewehrkolben und Stiefeltritten einen Weg. Dann entdecken sie Fernet und seine sechs SS-Männer. Umstellt von den Rotarmisten, werden sie von einigen durchsucht. Man nimmt ihnen die Waffen ab und läßt die Uhren und sonstige Wertgegenstände auch noch mitgehen.
Die wenigen Überlebenden des französischen SS-Bataillons werden nicht mehr nach Potsdam gelangen.
Fernet und seine Männer werden als Gefangene der Roten Armee vom Brückenbogen weg zu einer Sammelstelle geführt. Sowjetsoldaten auf Lastwagen fahren unaufhörlich in Kolonnen über den Potsdamer Platz in alle Richtungen. Die Sieger singen, spielen Akkordeon, schwingen Flaschen. In einem unglaublichen Gewimmel füllen sie die Straßen. Die Rote Armee kampiert in den Straßen der Reichshauptstadt. Auf Trümmerhaufen sitzen die Eroberer von Berlin und betrachten die vorbeiziehenden Gefangenen. Einer von ihnen ruft: „Hitler kaputt!"
„Ja, Hitler kaputt", antwortet von Wallenrodt mit bitterem Lächeln*.

---

* SS-Obersturmführer von Wallenrodt, Adjutant des Marschbataillons der SS-Division Charlemagne in Berlin, kehrte aus der Gefangenschaft nicht zurück. Seine Familie glaubt, daß er in einem sowjetischen Lager an Erschöpfung gestorben ist.

Einige Rotarmisten richten drohend ihre Waffen auf die gefangenen Angehörigen der französischen Waffen-SS. Ihre Mienen sind eindeutig.
„Bum! Bum!" rufen sie.
„Der Tanz um den Skalp beginnt", bemerkt Fernet, der nunmehr den bittersten Weg seines Lebens antritt und, auf seinen Stock gestützt, immer mehr hinkt und mit dem Schicksal hadert, das ihn Kriegsgefangener werden läßt*. Zu zweit gehen sie nebeneinander, begleitet von finster dreinblickenden Wachtposten. Das grausame Brandmal der Niederlage bedrückt sie.
Solange sie noch leben, sind sie eine ungeheure Herausforderung gegenüber der Macht, die sie zermalmt. Lachend oder haßerfüllt stehen die Russen um sie herum. Die Einnahme Berlins kam der Roten Armee sehr, sehr teuer zu stehen. Die Sieger sind nicht nur trunken vom Alkohol, sie schwanken auch vor Müdigkeit, sind berauscht von Plünderung und Vergewaltigung. In ihren Augen spiegelt sich noch der Schrecken der Schlacht und das Verlangen nach Rache, je nach Herkunft der Soldaten aus dem Vielvölkerstaat Sowjetunion.
Ein Rotarmist nähert sich den Gefangenen. Er packt Albert-Brunet, der neben Fernet geht, am Arm und zieht ihn zu einem Haus. Einer der Wachtposten fährt dazwischen und holt den Gefangenen wieder zu den anderen zurück.
„Ich bin ihm sauber entwischt", sagt der Unterscharführer schlicht zu seinem Kommandeur.

---

* SS-Hauptsturmführer Fernet konnte, nachdem seine Fußverletzung ausgeheilt war, nach Frankreich zurückkehren. Er wurde aber an der Grenze verhaftet und zu zwanzig Jahren Zwangsarbeit verurteilt. Im Jahr 1949 ist er aus dem Gefängnis entlassen worden. Da Unterscharführer Vaulot und Oberscharführer Apollot im Kampf gefallen sind, ist er heute der einzige lebende französische Ritterkreuzträger.

Aber der Sowjetsoldat kommt zurückgerannt und ergreift erneut Albert-Brunet am Kragen seines Kampfanzuges. Er schreit: „SS! SS!"
Der Rotarmist hat seine Pistole gezogen. Die ganze Kolonne bleibt einige Sekunden stehen. Ein Schuß fällt. Mit einer Kugel in die Schläfe aus nächster Nähe stürzt Albert-Brunet wortlos zu Füßen Fernets. Seine Kameraden wollen zu ihm. Aber die Wachen stoßen sie mit ihren Gewehrkolben zurück. Befehle schwirren durch die Luft. In einer Blutlache bleibt mitten auf der Straße der leblose getreue Weggefährte Albert-Brunet zurück.

*

Der Weg der Gefangenenkolonne mit den französischen SS-Männern führt an der Reichskanzlei vorbei, die von den Rotarmisten geplündert wird. Zu Dutzenden bewegen sie sich zwischen den schwarz gewordenen Mauern und der verstörten Kolonne. Alles ist hoffnungslos grau in grau in den Gehirnen der Gefangenen. Und unter der grauen Farbe der Schlacht und der Niederlage sind Bronze, Stein und Marmor nur noch verschwommen erkennbar. Der Hoheitsadler liegt zerbrochen auf den verwüsteten Stufen.
Noch einmal ertönt der donnernde Höllenlärm, den die französischen SS-Männer eine Woche lang als Kampfkulisse ihrer Tage und Nächte im sterbenden Berlin ertragen mußten*.

---

* Während der Schlacht um Berlin haben die französischen SS-Männer der Kompanien Labourdette, Michel, Olliver, Rostand und der Kampfschule Weber nach amtlichen Angaben zweiundsechzig sowjetische Panzer vernichtet. Von den Männern der Waffen-SS, die in Berlin im Einsatz waren, sind insgesamt in einer Woche über achthundert Panzer und Panzerfahrzeuge außer Gefecht gesetzt worden.

Sowjetpanzer, die aus Richtung Tiergarten kommen, fahren wie zu einer riesigen Parade auf das Brandenburger Tor zu. Mit roten Fahnen geschmückt, rollen sie auf der Allee. Die sterbende Ruinenstadt erzittert unter dem gewaltigen Dröhnen, das anschwillt wie das Feuer einer ungeheuren Schmiede, das von einem riesigen Blasebalg geschürt wird. Der Himmel färbt sich immer noch vom blutigen Widerschein der brennenden Häuser und ganzer Stadtviertel. Rauchwolken ziehen über die Stadt, die in Ruß, Tränen und Trauer versinkt. Der Todeskampf ist beendet.
Es gibt keine Reichshauptstadt, kein Berlin mehr.
Die Säulen und Aufbauten des Brandenburger Tores tragen die Spuren der gnadenlosen Kämpfe. Die Quadriga scheint in ihrem Lauf angehalten worden zu sein. Die wilden Pferde bäumen sich auf vor dem dämmerigen Hintergrund von Sturm und Feuer.
Der 2. Mai 1945 geht im Dröhnen der Panzer und im Prasseln der Brände zu Ende.
Die französischen SS-Männer ziehen am Ehrenmal vorbei, das mit seinen verstümmelten Konturen immer noch aufrecht steht. Wie eine letzte Hoffnung, wie ein letztes Aufbäumen.
Diejenigen aber, die vor der Reichskanzlei ihre letzten Maschinengewehrgurte verschossen haben, tauchen jetzt in die tiefe Nacht. Am Ende ihres Weges erwartet sie Gefangenschaft, Gericht und Verurteilung. — Aber der Trost einer unvergänglichen Erinnerung an einen zerbrochenen Traum bleibt ihnen.
Im Ehrenhof der zerstörten Reichskanzlei werden kein Fackelträger und kein Schwertträger mehr Wache halten. Fluchbeladen sind auch die Krieger aus Bronze im Dunkel einer ungewissen Zukunft versunken.

ANHANG

DIE VERTEIDIGUNG VON KOLBERG
VOM 4. MÄRZ BIS 19. MÄRZ 1945

Nach dem Unglück von Belgard und dem Fall Körlins gelang es etwa sechshundert Versprengten der SS-Division Charlemagne, den Hafen von Kolberg zu erreichen. Es waren überwiegend Männer der Divisionsstabseinheiten, die ebenso erschöpft wie demoralisiert waren, darunter viele ehemalige Frontkämpfer von 1914—18, wie SS-Obersturmführer Multrier, dem Luftschutzbeauftragten im Lager Wildflecken.
Dennoch gelang es SS-Obersturmführer Ludwig, dem ehemaligen Verbindungsoffizier bei der LVF, sowie SS-Untersturmführer Bueler, einem Schweizer und ehemaligen Mitarbeiter seines Landsmannes Dr. Riedweg in der Germanischen Leitstelle, eine Marschkompanie aufzustellen, die durch etwa zweihundert entschlossene Frontkämpfer verstärkt wurde.
Die Verteidigung der Stadt Kolberg, die voller Flüchtlinge war, lag in den Händen des Stadtkommandanten Oberst Füllriede. Er verfügte über rund 3300 Soldaten aller Waffengattungen, darunter 2200 Infanteristen und sieben Kompanien Volkssturm. Die Bewaffnung war nicht ausreichend. Sie bestand aus drei Batterien, Kaliber 10,5 cm, zwei Geschützen, einer Werferbatterie und acht Flakgeschützen; dazu kamen 100 t Munition.
Die Sowjets setzten drei Infanteriedivisionen und mehrere Panzereinheiten zum Sturm an, außerdem mehr als zwanzig schwere Batterien eines Panzer-Artillerieregiments und zahlreiche „Stalinorgeln" und schwere Granatwerfer.

Die französischen Freiwilligen, die, angehängt an das Fallschirmjägerbataillon Hempel, an der Verteidigung Kolbergs teilnahmen, lagen im Mittelpunkt des Verteidigungsabschnitts unter heftigem Beschuß aus 12-cm-Granatwerfern und erlebten mehrere Angriffe mit Flammenwerfern. Sowjetische Lautsprecher forderten sie immer wieder in französischer Sprache auf, sich zu ergeben.
Am 10. März gelang es SS-Oberscharführer Franc und SS-Unterscharführer Ayme-Blot an der Spitze einiger Männer, den Friedhof von Kolberg freizukämpfen, der sich beim Gaswerk am Rand der Eisenbahnlinie befand. Die französischen SS-Männer drangen durch die sowjetischen Linien durch und konnten 24 Stunden lang eine Gasse offenhalten, wodurch etliche deutsche Panzer von außen her durchbrechen und zur Verstärkung in die Stadt gelangen konnten. Die Belagerung der Stadt dauerte bis zum 18. März. Anschließend erhielt die Marschkompanie der SS-Division Charlemagne den Befehl, sich vom Gegner zu lösen und die Verschiffung vorzubereiten. Am Morgen des 18. März war der sowjetische Druck so stark, daß die letzten französischen SS-Männer unter Führung Ludwigs und Buelers in den Häusern am Rand eines Gehölzes längs des Strandes nochmals Stellung beziehen mußten. Es waren nur noch etwa dreißig Mann.
SS-Obersturmführer Ludwig ließ noch Verstärkung aus der Stadt Kolberg anfordern. Einige Dutzend meldeten sich freiwillig. Doch ehe die Gruppe herangeführt war, wurde sie bei einem Beschuß aus Stalinorgeln völlig aufgerieben.
Die Kompanie Ludwig konnte nicht nur die Stellung bis in die Nacht halten, sondern Einbrüche der Sowjets durch Gegenstöße bereinigen. Dann erhielt sie den Befehl, sich auf Booten einzuschiffen, die sie auf Kriegs- und Frachtschiffe brachten.

Der Widerstand der Verteidiger von Kolberg ermöglichte die Evakuierung von 35 000 Einwohnern, mehr als 50 000 Flüchtlingen, unzähligen Verwundeten und von nahezu allen überlebenden Soldaten der zwei Wochen dauernden harten Kämpfe.
Nach der Ausladung in Swinemünde wurden die aus Kolberg geretteten französischen SS-Freiwilligen nach Wildflecken geleitet und teilten später das Schicksal des Ende März 1945 von SS-Obersturmbannführer Hersche aufgestellten Marschregiments.

DIE BELAGERUNG VON GOTENHAFEN VOM 20. MÄRZ BIS 1. APRIL 1945

Bei den Kämpfen um Bärenwalde und Elsenau in Pommern am 26. Februar 1945 wurden zahlreiche französische SS-Einheiten vom Gros der SS-Division Charlemagne abgeschnitten. Sie konnten deshalb dem Befehl zur Sammlung in Greifenberg nicht Folge leisten und waren gezwungen, den Bewegungen der deutschen Truppen zu folgen, die sich nach Nordosten zurückzogen und anschließend den Verteidigungsring von Danzig bildeten.
Nach dem 3. März 1945 sammelte SS-Hauptsturmführer Obitz, der Kommandeur des II. Bataillons des Regiments 57, in Schlawe die Reste seiner Einheit, zu denen noch Überlebende der 1. Kompanie des Regiments 58 unter SS-Obersturmführer Fantin stießen. Kurz darauf traf am Bahnhof in Schlawe ein Eisenbahntransport französischer Freiwilliger unter Führung von SS-Hauptsturmführer Martin ein, dem stellvertretenden Führer der Artillerieabteilung der SS-Division Charlemagne. Er brachte eine Verstärkung von hundert Mann mit, die ihren Sonderlehr-

gang auf der Artillerieschule Josephsstadt in Böhmen-Mähren beendet hatten.

Ab 4. März bestand auch für diese Männer keine Hoffnung mehr, Greifenberg und die Oder erreichen zu können. Sie wurden daher der 4. SS-Polizei-Division angeschlossen, die am Mittag des 4. März von Schlawe mit dem Eisenbahntransport abfuhr und um Mitternacht auf dem Bahnhof Stolp eintraf.

Ein einzelnes russisches Flugzeug griff den Transport an und landete in die Eisenbahnwagen mit den Geretteten der SS-Division Charlemagne einen Volltreffer. Man zählte fünfzig Tote, darunter SS-Untersturmführer Colnion, Kompanieführer der 8. Kompanie des Regiments 57, der mit achtzehn Jahren der jüngste SS-Führer der früheren französischen SS-Sturmbrigade 7 war. Unter den sechzig Verwundeten befand sich auch SS-Hauptsturmführer Obitz, der auf dem Seeweg evakuiert wurde. Er kam ums Leben, als das Schiff von einem russischen U-Boot torpediert wurde.

Am 6. März traf der Transport in Neustadt ein. SS-Hauptsturmführer Martin hatte inzwischen die Führung der französischen Einheit der Waffen-SS übernommen. SS-Obersturmführer Fantin wurde sein Adjutant. Sie konnten drei Kampfkompanien von etwa je hundert Mann aufstellen, die unter Führung von drei Oberjunkern zunächst in den Norden der Stadt in Ruhestellung verlegt wurden.

Martin und Fantin begaben sich nach Danzig, um beim Ortskommandanten der Waffen-SS Befehle einzuholen. Inzwischen stießen die Sowjets bis Neustadt vor, trafen aber auf heftigen Widerstand und bereiteten daher die Einschließung der Stadt vor. Um diesem Zugriff zu entgehen, setzten sich die drei Kompanien der französischen Waffen-SS rechtzeitig ab und gelangten nach einem schwierigen Nachtmarsch nach Danzig. Von ihnen war ein Drittel verwundet.

Am 20. März 1945 wurde aus der Einheit Martin, die noch zwischen zweihundert bis dreihundert Mann stark war, ein SS-Ersatzbataillon gebildet. Dieses gelangte, immer noch an die 4. SS-Polizei-Division angehängt, im Nordwesten des Hafens von Gotenhafen (heute Gdynia) zum Einsatz.

Die französischen SS-Männer lagen in der dritten Verteidigungslinie hinter Deutschen und Letten in Stellung. Die Sowjets durchstießen die Abwehrfront, wurden jedoch vor dem Bataillon Martin zum Stehen gebracht, das bei diesen erbitterten Kämpfen schwere Verluste erlitt.

Am 1. April wurde das französische SS-Ersatzbataillon abgelöst und über das Wasser auf die Halbinsel Hela gebracht, wo die Sammlung der Geretteten aus dem Verteidigungsring von Danzig erfolgte. Am nächsten Tag wurde das Bataillon Martin auf ein Postschiff verladen, das am 5. April in Kopenhagen landete.

Von den einen Monat zuvor in Schlawe gesammelten fünfhundert Mann waren noch etwa hundert Männer übriggeblieben. Sie wurden nach Neustrelitz geleitet, wo SS-Obersturmführer Fantin das Eiserne Kreuz I. Klasse erhielt und wieder die Führung einer Kompanie übernahm. Dreiviertel der französischen SS-Männer des Bataillons Martin waren vermißt. Sie sind im Kampf verwundet worden, in der Ostsee ertrunken oder vor Danzig gefallen.

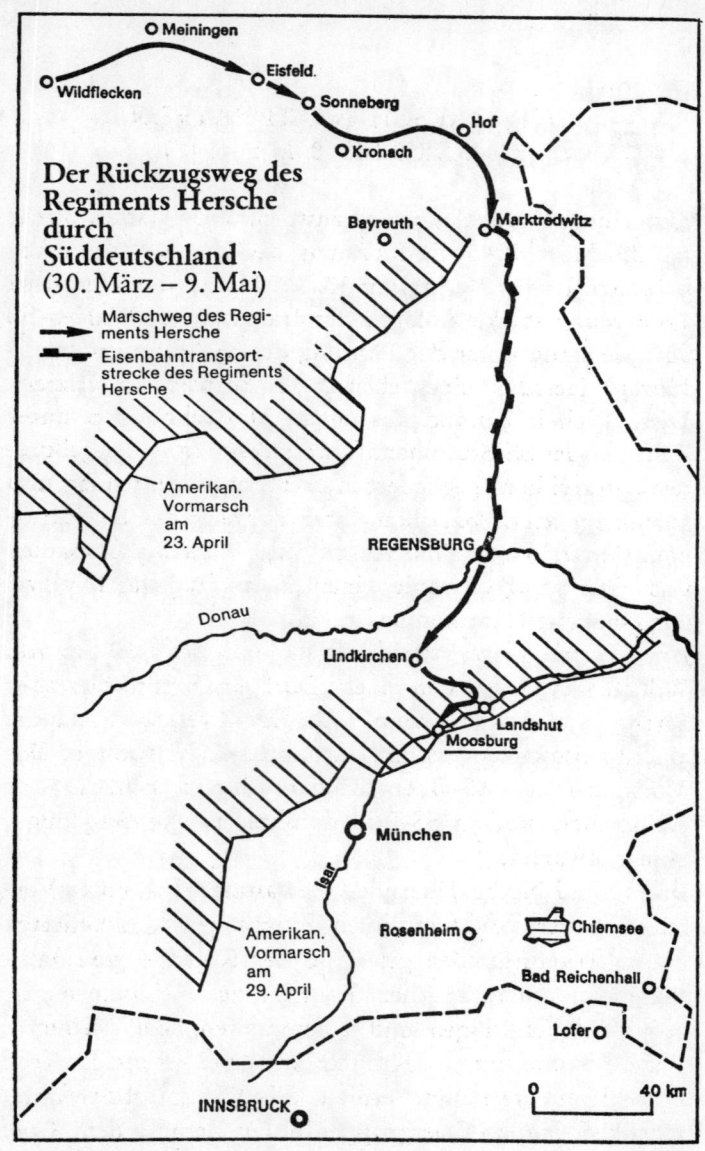

DER MARSCH NACH BAYERN
(31. MÄRZ BIS 8. MAI 1945)

Unter dem Druck des amerikanischen Vormarsches wurde am 29. März 1945 die Räumung des Lagers Wildflecken befohlen. In der Nacht vom 30./31. März brach eine etwa 1200 Mann starke Kolonne der französischen Waffen-SS auf. Sie stand unter der Führung des SS-Obersturmbannführers Hersche, eines ehemaligen Schweizer Offiziers. Diese Einheit bestand aus einem Marschbataillon unter Führung des SS-Sturmbannführers Katzian, eines geborenen Österreichers, gegliedert in drei Kampfkompanien, und aus einem Sonderbataillon unter Führung des SS-Sturmbannführers von Lölhöffel mit zwei Arbeitskompanien und einer Strafkompanie, einem Kampfzug der Division und einer Werkstattkompanie.

Am 1. April quartierte sich die Kolonne etwa 60 km von Wildflecken entfernt in einem Dorf ein, mußte dies aber bereits in der Nacht vom 1./2. April verlassen, da die amerikanischen Panzer in bedrohliche Nähe rückten. Das Marschziel des SS-Obersturmbannführers Hersche war Neustrelitz, wo ihn SS-Brigadeführer Krukenberg ungeduldig erwartete.

In Tag und Nacht dauernden Gewaltmärschen unter Vermeidung der von feindlichen Flugzeugen kontrollierten Hauptverkehrsstraßen gelang es der Kolonne, den nachstoßenden amerikanischen Panzern zu entkommen. Sie zog durch Thüringen und Oberfranken über Meiningen, Eisfeld, Sonneberg und Kronach und erreichte am 13. April Hof. Hier angelangt, erhielt SS-Obersturmbannführer Hersche vom SS-Obergruppenführer Berger, dem Chef

des SS-Führungshauptamtes, den Befehl, nicht mehr nach Mecklenburg zu marschieren, sondern die Alpenfestung zu erreichen*.
Im Verlauf des weiteren Marsches schmolz die Kolonne durch Auflösung einzelner überflüssig gewordener Einheiten nach und nach auf etwa 600 Mann zusammen, die am 14. April Regensburg erreichten.
Am 18. April nahm ein Teil an einem Rückzugsgefecht bei Wartenburg teil. Später kämpften Angehörige dieser französischen Waffen-SS-Einheit zusammen mit deutschen und holländischen Freiwilligen der SS-Division Nibelungen gegen amerikanische Panzereinheiten bei Moosburg in Bayern am Zusammenfluß von Isar und Amper.
Nach weiteren Rückzugskämpfen kam das Gros der Kolonne nach Rosenheim, wo es vom Tod Adolf Hitlers erfuhr. Die Reste gelangten bis Lofer bei Salzburg, dort wurden sie von der Kapitulation überrascht.
Einige Splittergruppen, darunter auch SS-Obersturmführer Kreutzer, ein ehemaliger Angehöriger der französischen SS-Sturmbrigade 7, bei den Kämpfen in den Karpaten schon dabei und ehemals Lehrer im Ausbildungslager Neweklau, hatten sich entschlossen, nach Italien zu marschieren. In Innsbruck stieß SS-Obersturmbannführer Gamory-Dubourdeau, der ehemalige Kommandeur des Regiments 57 der SS-Division Charlemagne, zu ihnen. Er kam zu dieser Zeit vom SS-Führungshauptamt in Berlin. Die Einheit zog über den Brenner und gelangte bis Bozen,

---

* SS-Obergruppenführer Gottlob Berger ist im Januar 1975 in seinem Heimatort Gerstetten verstorben. Er war der Beauftragte für die Anwerbung europäischer Freiwilliger und ihrer Eingliederung in die Waffen-SS. Anläßlich eines Gespräches im Sommer 1974 gab er dem Autor dieses Buches bekannt, daß er seinerzeit den Einsatz der französischen Waffen-SS zunächst in Berlin vorgesehen hatte, jedoch auch in Berchtesgaden, falls Adolf Hitler sich entschlossen hätte, die Reichshauptstadt zu verlassen und den Adlerhorst auf dem Berghof aufzusuchen.

wo sie in amerikanische Gefangenschaft geriet. Die französischen SS-Männer erreichten bei den Amerikanern die Zusage, daß man sie vor Ablauf eines Jahres nicht an Frankreich ausliefern werde. Im übrigen wurde ihnen der Kriegsgefangenenstatus zuerkannt.

DER RÜCKZUG AUS MECKLENBURG
28. APRIL BIS 2. MAI 1945

Nachdem am 24. April 1945 das SS-Sturmbataillon der SS-Division Charlemagne nach Berlin gezogen war, blieben im Raum Neustrelitz noch ungefähr siebenhundert französische SS-Männer zurück, davon dreihundert Einsatzfähige, die zum größten Teil dem Bataillon 58 angehörten, und vierhundert Mann des Arbeitsbataillons. Hinzu kamen noch drei Lastkraftwagen mit zusammen neunzig Männern, die nicht mehr nach Berlin gelangt waren.
Da SS-Standartenführer Zimmermann infolge seiner beim Durchbruch von Dievenow erlittenen Verwundung im Lazarett lag, übernahm die Führung dieser Einheit der SS-Division Charlemagne SS-Sturmbannführer Boudet-Gheusi, der ehemalige Kommandeur des schweren Bataillons der Division. Seinem Stab gehörten noch die SS-Obersturmführer Bénétaix und Aubert und sein Adjutant, SS-Untersturmführer Radici, an. Das neu formierte Kampfbataillon 58 unterstand dem deutschen SS-Hauptsturmführer Kroepsch. Es bestand aus drei Kompanien, die von SS-Obersturmführer Fantin, SS-Untersturmführer Laune und SS-Standartenoberjunker Omont geführt wurden. Dr. Métrais war als Truppenarzt und Abbé Verney als Feldgeistlicher den französischen Einheiten in Neustrelitz zugeteilt worden.

Am 25. April wurde von den Sowjets die gesamte Oderfront aufgerollt. Die Franzosen des Bataillons 58, die der 7. Luftlandedivision unterstanden, kämpften zu dieser Zeit im Raum Prenzlau, wo sich noch kurz zuvor das Hauptquartier der Heeresgruppe Weichsel unter General Heinrici befunden hatte. In aller Eile wurde im Bereich Neustrelitz—Neubrandenburg eine Widerstandslinie aufgebaut, die von wallonischen, flämischen und lettischen SS-Verbänden und der 1. Marinedivision verteidigt wurde.
Am 27. April standen die sowjetischen Panzer bereits 15 Kilometer vor Carpin. SS-Sturmbannführer Boudet-Gheusi hatte seinen Gefechtsstand nach Zinow, südwestlich von Neustrelitz, verlegt. Die französische Waffen-SS hatte den Befehl erhalten, die Panzersperren von Fürstensee und Carpin zu halten. Aber die Sowjets stießen weiter vor und hatten bereits die ehemaligen Standorte der SS-Division Charlemagne im Raum Strelitz, Bergfeld und Goldbaum eingenommen. Nach harten Kämpfen an den Panzersperren, bei denen die französischen Freiwilligen drei sowjetische Panzer vernichteten, wurde das französische Bataillon am 29. April abgelöst und nach Westen verlegt, um es dem sowjetischen Zugriff zu entziehen.
Am Abend des 1. Mai 1945 erreichten die Männer nach einem langen Marsch, auf dem sie von anglo-amerikanischen Flugzeugen angegriffen wurden, eine Linie, die etwa von Wismar nach Schwerin verlief. Der Vormarsch der britischen Truppen schnitt den französischen SS-Männern jedoch die Hoffnung ab, sich nach Dänemark absetzen zu können. Der Ring um Mecklenburg war bereits geschlossen.
Am 2. Mai versammelte SS-Sturmbannführer Boudet-Gheusi seine Männer und gab ihnen bekannt, daß er beabsichtige, sich den Engländern zu ergeben. Er überließ es jedoch allen, sich Zivilkleider zu beschaffen und auf eigene Faust zu versuchen, der englischen Gefangenschaft zu ent-

gehen. Um 15.00 Uhr des gleichen Tages begab sich eine kleine Gruppe zu einer Einheit der britischen Armee, die den Bahnhof Bublitz in Mecklenburg besetzt hatte. Die Engländer beschlossen, SS-Sturmbannführer Boudet-Gheusi und seinen Adjutanten, SS-Untersturmführer Radici, den Sowjets zu übergeben. Den beiden SS-Führern gelang es jedoch, zu fliehen und in der Masse deutscher Kriegsgefangener unterzutauchen. Beide wurden aber später an Frankreich ausgeliefert. SS-Untersturmführer Radici wurde wegen seiner früheren Tätigkeit in der Miliz erschossen. SS-Sturmbannführer Boudet-Gheusi ging nach seiner Entlassung aus französischer Haft in seine Heimat nach Nizza, wo er vor einigen Jahren gestorben ist. Abbé Verney hatte sich in einer Pfarrei niedergelassen und ist ebenfalls verstorben. Dr. Métrais lebt noch in den Pyrenäen. Er hat eine beachtliche Abhandlung über seine Erinnerungen als Arzt in einem Bataillon der französischen SS-Division Charlemagne, besonders über die Kämpfe in Pommern, verfaßt.

Der Fall Karlstein

Anfang Mai 1945 hatten sich ein Dutzend Männer der französischen Waffen-SS, die nach den Kämpfen bei Moosburg in Bayern versprengt waren, den Amerikanern ergeben. Einige dieser Männer, darunter SS-Obersturmführer Krotoff, gehörten dem Regiment des SS-Obersturmbannführers Hersche an. Unter den anderen war Leutnant Briffault, ein ehemaliger Offizier der LVF, der 1944 nicht in die Waffen-SS eingetreten war, kurz vor seiner Gefangennahme aus dem Lazarett entlassen worden war und sich zuletzt beim Stab der Parti Populaire Français (PPF) am Bodensee befunden hatte.

Die Amerikaner hatten diese Gefangenen zusammen mit deutschen Wehrmachtsangehörigen in die Gebirgsjägerkaserne in Bad Reichenhall verbracht. Am 6. Mai 1945 besetzten Teile der gaullistischen 2. Panzerdivision diese Stadt, die ihnen von den Amerikanern im Zuge der vorgeplanten Zonenabgrenzung überlassen wurde.

Als die französischen SS-Männer vom Anmarsch der 2. Panzerdivision unter General Leclerc erfuhren, brachen sie aus der Kaserne aus und flohen in die nahen Waldungen. Sie wurden jedoch von den Gaullisten bald entdeckt und wieder eingefangen. General Leclerc unterzog sie einem persönlichen Verhör (siehe Bild eines Kriegsberichters). Er warf ihnen vor allem vor, als Franzosen deutsche Uniform getragen zu haben. Die Gefangenen konterten mit der Feststellung, daß Leclerc und seine Soldaten ja auch amerikanische Uniformen tragen würden. Die stolzen, unbeugsamen Antworten der französischen SS-Männer veranlaßten ihn, alle Gefangenen einschließlich Leutnant Briffault kurzerhand erschießen zu lassen.

Wie umfangreiche spätere Nachforschungen und Zeugenaussagen ergeben haben, fand weder eine Gerichtsverhandlung noch eine aktenkundige Festlegung des Vorganges statt. General Leclerc gewährte den Opfern lediglich einen priesterlichen Beistand durch einen Geistlichen seiner Division.

Die Erschießung fand am 8. Mai 1945, um 17 Uhr, in der Nähe des Ortes Karlstein bei Bad Reichenhall wenige Stunden vor dem offiziellen Waffenstillstand statt, als alle Waffen an allen Orten in Deutschland längst schwiegen. Die Leichen mußten unbestattet liebenbleiben. Sie wurden drei Tage später von den Amerikanern im Beisein eines ihrer Pfarrer beerdigt. Die Toten ruhen heute in einem Sammelgrab auf dem Friedhof in Bad Reichenhall, wo auch zur Erinnerung eine Gedenktafel angebracht ist.